Stefan Reinecke

OTTO SCHILY

Vom RAF-Anwalt zum Innenminister

Biografie

Hoffmann und Campe

1. Auflage 2003

www.hoffmann-und-campe.de
Schutzumschlaggestaltung: Büro Hamburg/Isabel Bünermann
Foto: Daniel Biskup/Photoagentur laif
Bildrecherche: Konstantin Gerszewski
Satz: Dörlemann Satz, Lemförde
Druck und Bindung: GGP Media, Pößneck
Printed in Germany
ISBN 3-455-09415-5

HOFFMANN
UND CAMPE

Ein Unternehmen der
GANSKE VERLAGSGRUPPE

Für Karin, Manuel Moritz
und Luis Luca

Inhalt

Vorwort 9

1 Idyll und Grauen – Kindheit und Jugend 19
Im Geiste unversehrt 26
Zurück in Bochum – die Nachkriegsjahre 33
Die 56er – Otto Schily und die skeptische Generation 42

2 Die Stadt der Revolte – Otto Schily in Berlin 51
Der Bürger und die Revolte 60

3 Zwei deutsche Leben – der Kurras-Prozess 77
Freispruch 82

4 Das Pathos der Tat – die Kaufhausbrandstiftung in Frankfurt 87
Gudrun Ensslin – »ein Mensch des Absoluten« 89
Der Prozess 95

5 Ein linker Staranwalt – Schily und der erste Prozess gegen Horst Mahler 103
Die Gründung der RAF 114
Hitlers Kinder? – der Antisemitismus und die Neue Linke 115

6 Die Paranoia erreicht den Gerichtssaal – die Mahler-Prozesse 1971 und 1973 123

7 Zwischen allen Fronten – Otto Schily und die RAF-Anwälte 133
Am Abgrund – die Kassiber-Affäre 135
Die linken Rechtsanwälte – eine kleine Typologie 141
Der Krieg eskaliert 149
Das »Info« 158
Die Propagandaschlacht um die Haftbedingungen 162

8 Schily in Stammheim 166
Der erste Prozesstag 169
Schilys Stil: Ironie, Schlagfertigkeit, Aggressivität 171
Der Eklat 176
Vietnam, die Nazis und die Grenzen der Verteidigung 179
»Anonymer Mord« – die Sprache des Verfolgungswahns 183
Der Kronzeuge Müller 185
Prinzings Sturz 187
Der große Lauschangriff 189
Das Ende der ersten RAF-Generation 191
Schily und die RAF – ein Resümee 194

9 Es grünt – die Rückkehr der Achtundsechziger in die Republik 200
Der Solitär im Chaos-Kollektiv – Schily in Bonn 213
Lernprozesse – die Leiden des Otto S. 226
Lehrer und Schüler – die Debatte um das Gewaltmonopol 231
Vertrautes Terrain – Schily als Außenpolitiker 235
Schilys Stasi-Akte 238
Warum Otto Schily bei den Grünen so oft verloren hat 241
Schily und die »Härte des Staates« – die RAF-Debatte bei den Grünen 245

10 Der Flick-Ausschuss – wie Schily beinahe den Kanzler gestürzt hätte 256

11 Anthroposophie, Wertkonservativismus und Nazizeit 267

12 In Israel 275

13 Genosse auf dem zweiten Bildungsweg – Otto Schily und die SPD 284

Jenseits von links und rechts – Schily und die Nation 289

14 Die bleierne Zeit – der Politstar als Provinzpolitiker 296

Rednerpult und Robe – der Politiker als Anwalt 300

Krise und langsamer Aufstieg – Schilys Karriere nach dem »Asylkompromiss« 1993 307

Schilys Seitenwechsel – die Debatte um den großen Lauschangriff 316

15 Staatstragend – der Minister Otto Schily 326

Das kurze Glück des Anfangs – die Reform des Staatsangehörigkeitsrechts und das Zuwanderungsgesetz 331

Im Zweifel gegen den Angeklagten – Otto Schily und das Asylgesetz 334

Ein Auftritt – Otto Schily in der Katholischen Akademie 337

16 Macht macht manchmal dumm – das NPD-Verbotsverfahren 340

Exkurs: Horst Mahler – ein Leben als imaginärer Weltbürgerkrieg 350

17 Ein Held der inneren Sicherheit – Schily nach dem 11. September 2001 356

Doppelmoral – Genua 2001 369

Resümee 373

Bibliografie 380

Personenregister 395

Vorwort

1996 geht Otto Schily in die »Paris Bar« in der Kantstraße. Er ist Bundestagsabgeordneter der SPD mit ungewisser Zukunft. Denn er hat mit seiner Partei zu kämpfen, vor allem in Bayern, in seinem Wahlkreis München-Land. In der »Paris Bar« setzt er sich zu Michel Gaißmayer, der dafür bekannt ist, dass er viele Leute kennt. Auf der anderen Seite des Restaurants sitzt der Fußballtrainer Otto Rehhagel, den der FC Bayern München entlassen hat. »Der Rehhagel wäre gut für einen gemeinsamen Auftritt in meinem Wahlkreis«, sagt Schily, und Gaißmayer meint: »Ich kann ihn ja fragen.« Doch Schily nimmt das lieber selbst in die Hand. Er winkt den Ober zu sich, legt seine Visitenkarte auf das Tablett und sagt: »Bringen Sie die zum Rehhagel.« Der Kellner tut, was Schily von ihm verlangt hat, und dann passiert – nichts. Rehhagel reagiert nicht. Und Schily ist außer sich. Das ist eine Missachtung des Parlaments, sagt er.

Otto Schily gilt als arrogant – und es gibt eine Reihe von Auftritten, die diesen Ruf solide begründet haben. Doch die obige Anekdote zeigt nicht nur einen Politiker, der selbstverständlich davon ausgeht, dass sich alles um ihn dreht. Vom Ober die Visitenkarte überbringen zu lassen ist eine Geste, die aus der Zeit gefallen zu sein scheint. Sie passt eher in eine Novelle von Tschechow als ins Jetzt.

Otto Schily ist im Laufe der Jahre oft mit Figuren aus der Französischen Revolution verglichen worden. Golo Mann hat der RAF-Anwalt und hartnäckige Frager im Flick-Ausschuss an den Tugendterroristen Robespierre erinnert, andere haben etwas freundlicher Danton assoziiert. Kanzler Schröder nennt den Innenminister »mein Fouché«, nach Bonapartes intrigantem Polizeiminister. Schily scheint, als RAF-Anwalt und als autoritärer Minister, für Linke und Rechte, Geschichte zu repräsentieren.

Zu seinem Stil gehört die notorische Neigung, zu spät zu kommen. In den siebziger Jahren verteidigt Schily öfters den linken Berliner Verleger Klaus Wagenbach, dem seine Bücher damals politische Prozesse zuhauf einbringen. Der Angeklagte Wagenbach ist zu seinem Prozess erschienen, der Staatsanwalt und der Richter ebenso, nur Anwalt Schily fehlt. Nach einer halben Stunde lässt der entnervte Richter Schilys Kanzlei anrufen: Dort ist zu erfahren, dass der Anwalt auf dem Weg sei. Dann geht die Tür auf, und Schily stürzt mit flatternder Robe und sich nach allen Seiten entschuldigend herein. So etwas passiert oft. Es ist eine mehr oder weniger bewusst eingesetzte Methode, die anderen spüren zu lassen, auf wen es ankommt: auf ihn. Das ist keine klassenkämpferische Missachtung der Justiz, eher die Geste eines Fürsten, der kommt, wann es ihm beliebt.

Otto Schily gehörte damals zur »neuen Linken«, die in den Sechzigern entstanden war. Er ist, wie Joschka Fischer, wenn auch mit weniger dramatischen Kurven, vom Kritiker der Republik zu deren Repräsentanten geworden, vom RAF-Anwalt zum Kanther-Nachfolger. Das ist eine Erfolgsgeschichte, sagen seine politischen Freunde von heute. Das ist eine Verratsgeschichte, sagen viele politische Freunde von gestern. Die Frage steht im Zentrum dieser Biografie: Wie viel Kontinuität, wie viel Bruch ist in diesem Leben? Wie ist Otto Schily geworden, was er ist?

Wenn man Fotos aus den siebziger und achtziger Jahren neben das Bild des Ministers legt, sieht man eine Kluft. Im Frühjahr 2001, als Umweltschützer den Castor-Transport blockieren, sagt Minister Schily: »Niemand hat das Recht, einen Transport, der nach Recht und Gesetz durchgeführt wird, zu verhindern oder zu erschweren« und brummt der Organisation Robin Wood Schadensersatzforderungen auf. Wer sich wegtragen lassen will, muss zahlen. So ist das. Es gibt ein Foto aus dem Herbst 1983. Polizisten tragen den grünen Abgeordneten Schily in Bonn weg, der aus Protest gegen die Nachrüstung das Verteidigungsministerium blockierte. Schily lächelt auf dem Bild etwas verkniffen. Aktionen, bei denen man gegen das Gesetz verstößt und sich dreckig macht, waren nie sein Stil. Aber trotzdem hat er dies, aus wohl erwogenen Gründen, einmal getan. Was hätte er 1983 gesagt, wenn ihm der CSU-Innenminister Zimmermann die Rechnung für den Einsatz präsentiert hätte?

Das sind Fragen, von denen Schily nichts wissen will. Ein Teil seiner Vergangenheit stört ihn: Würde er sie sich vergegenwärtigen, könnte er dann noch so eisern auftreten, wie er es tut? Deshalb braucht er die Konstruktion, dass er eigentlich schon immer so war wie jetzt.

Aber das Rätsel, wie Schily wurde, was er ist, kann man nur bedingt mit Fotos lösen. Die scharfen Kontraste zwischen den Bildern des Law-and-order-Ministers und des RAF-Verteidigers suggerieren, dass es eine einfache Antwort gibt: die Geschichte von den vergessenen Idealen, die beim Aufstieg nach oben abhanden gekommen sind. Diese Geschichte gibt es, aber sie ist nur ein Teil der Wahrheit. Für einfache Antworten ist das Leben von Otto Schily zu komplex. Es ist ein Leben mit Zickzacklinien und, in der Mitte, ein paar Achsen. Schily selbst sieht vor allem diese Gerade: Von Stammheim bis zu den Anti-Terror-Gesetzen – immer war er im Einsatz für den Rechtsstaat. Das ist richtig. Aber auch längst nicht die ganze Wahrheit.

Schily geht gern in Kneipen. Auch das gehört zu seiner Biografie. Im »Zwiebelfisch« am Savignyplatz hat er in den Siebzigern oft Schach gespielt, manchmal mit George Tabori. In den Siebzigern ist er auch Stammgast im »Exil« in Berlin-Kreuzberg am Paul-Lincke-Ufer. Im Hinterzimmer spielt er oft Billard, natürlich Carambolage, denn das ist fein und hat Kultur, Pool ist für Amateure. 1978 erzählt Schily den »Exil«-Machern, dass die »Paris Bar« verkauft wird und dass sie sich das mal anschauen sollten. Die »Paris Bar« war in den sechziger Jahren ein etwas schmuddeliges Bistro, dass von Intellektuellen, Studenten und Kunstprofessoren bevölkert wurde und in dem Schily manchmal Skat spielte. Ende der Siebziger dämmert die Bar ihrem Ende entgegen. Schily vermittelt den Kontakt zu den aus der Kunstszene stammenden Besitzern des »Exil«, die aus dem Schuppen in den Achtzigern die legendäre »Paris Bar« machen.

Otto Schily mag den öffentlichen Raum, Restaurants und Bars, das Spiel von Sehen und Gesehenwerden. In der Kneipe ist Kontakt ohne Verpflichtung möglich, man kann kommen und gehen, wann man will, man kann auftreten, ohne Verbindlichkeiten einzugehen. Schily scheut Nähe, die Zwangsnähe der Kollektive, die Heimeligkeit des Genossen-Du ohnehin, aber seine Abneigung reicht weiter, bis an die Grenze des Misanthrophischen. Nichts ist ihm fremder als die Achtundsechziger-Parole, dass das Private politisch ist. Vor dreißig Jahren, 1974, erschien im »stern« über ihn ein Porträt. Auch da hat er Privates sorgsam vermieden. Schily hat auch nie die Ambivalenz mancher Politiker gegenüber den Medien gehabt – so wie Gerhard Schröder, der sich in Talkshows mit seiner Frau Hillu in den Neunzigern als Clinton zwei inszenierte und der 1998 seinen Urlaub mit Doris Schröder-Köpf in einen Wahlkampffototermin verwandelte. Schily hat sein Privatleben wie ein Anwaltsgeheimnis behandelt. Denn er ist in Fragen der Etikette altmodisch, und misstrauisch ohnehin, ganz besonders gegenüber Journalisten. Was er gar nicht ausstehen kann, sind Journalisten, die ihn nach seinem Privatleben fragen.

Ich habe Otto Schily dreimal getroffen. Zweimal im Ministerium, einmal abends im »Café Einstein« in Berlin-Schöneberg. Ich habe ihn nicht nach der RAF gefragt, nicht nach Privatem, sondern nach seiner Jugend, seinem Verständnis des Anwaltberufes, der ihn mehr als alles andere geprägt hat. Im Ministerium war der Minister etwas müde und eilig, im »Einstein« wach und gut aufgelegt. Wir haben über Rudolf Steiner und Lenin geredet, über den Schriftsteller Günter Bruno Fuchs, den er gekannt hat, und über Berlin in den frühen sechziger Jahren. Schily kann plaudern und auf eine etwas knorrige Art sympathisch sein.

Am liebsten, sagt er im »Einstein«, wäre er Journalist geworden beim »Abend«, einem gehobenen Boulevardblatt in Berlin, das Anfang der Achtziger bankrott ging. Der »Abend« kam mittags heraus. Die Redakteure arbeiteten von mittags bis spätabends. »Das wäre ideal für mich gewesen. Spät aufstehen, lange arbeiten. Aber das ist nichts geworden. Als Musiker bin ich nichts geworden, als Schauspieler nicht, als Journalist nicht. So musste ich halt Politiker werden«, sagt er mit leicht altväterlicher Ironie. Er erzählt, dass ein Polizist vor seinem Haus steht, denn das ist so vorgeschrieben. Wenn seine Frau Linda mal um ein Uhr nachts nach Hause kommt, dann sagt der Polizist manchmal »Guten Morgen, Frau Schily«. Das ist ärgerlich, aber auch daran kann der Innenminister nichts ändern. Der Polizist bleibt. »Da sehen Sie es: Ich bin machtlos«, sagt Schily. Er hat diesen leichten Ton, nicht im Ministerium, aber hier. Sehen Sie, scheint dieser aufgeräumte ältere Herr zu sagen, ich bin nicht der Tyrann, der seine Untergebenen knechtet.

Zwischendurch kommt zufällig der Korrespondent der »New York Times« am Tisch vorbei, man plaudert kurz, und Schily scheint das zu gefallen. Zu Auslandskorrespondenten, sagen deutsche Journalisten, ist der Minister freundlich, aufgeschlossen, bei vielen einheimischen hingegen gilt er als hartleibig, nachtragend, kleinlich. Das mag damit zu tun haben, dass Auslandskorrespondenten in Schilys Augen einen Vorteil haben: Sie kommen von weit her, und sie gehen in aller Regel dorthin zurück. Und dass Menschen wieder gehen, hält Otto Schily für eine ihrer erfreulicheren Seiten. Ein Anwaltskollege, der ihn seit fast dreißig Jahren kennt, sagt, dass er seine »Kraft nicht aus sozialem Kontakt, sondern aus Einsamkeit bezieht«.

Um Schily ist viel Distanz, schon lange, nicht erst, seit er Minister, nicht erst, seit er Politiker geworden ist. Es ist erstaunlich, dass diese Ferne bei seinem intensivsten, eindrücklichsten öffentlichen Auftritt verschwunden war, wie eine Fassade, die weggerückt wurde. Das war am 13. März 1997 im Bonner Parlament bei der Debatte um die Wehrmachtsausstellung des Hamburger Instituts für Sozialforschung, gegen die der Stahlhelmflügel der Union Sturm lief. Schily verteidigte die Ausstellung, die Kür seiner Rede war eine persönliche Anmerkung. Er sprach von seinem Onkel Fritz Schily, einem Oberst der Luftwaffe, der »aus Verzweiflung über die Verbrechen des Hitler-Regimes den Tod suchte«. Er sprach von seinem Bruder Peter, der vergeblich vor den Nazis fliehen wollte und in Russland schwer verwundet wurde. Er sprach von seinem Vater, dem er »unendlich viel verdanke«, der ein Gegner der Nazis war, aber erst in den fünfziger Jahren einsah, wie töricht es gewesen wäre, für dieses Deutschland in den Krieg zu ziehen. Und er sprach von Jindrich Chajmovic, dem Vater seiner Frau Linda, der »als jüdischer Partisan in Russland gegen die deutsche Wehrmacht kämpfte. Nun sage ich einen Satz, der in seiner Härte und Klarheit von mir und uns allen angenommen werden muss. Der Einzige von allen vier genannten Personen – der Einzige! –, der für eine gerechte Sache sein Leben eingesetzt hat, was Jindrich Chajmovic. Denn er kämpfte gegen eine Armee, in deren Rücken sich die Gaskammern befanden, in denen seine Eltern und seine gesamte Familie ermordet wurden.«

Bei dieser Rede stockte Schily zweimal die Stimme. Es war jene große Rede, die er immer im Bundestag hatte halten wollen. Aber Ehrgeiz und Wahrhaftigkeit schließen sich nicht aus. Es war ein wahrhaftiger Augenblick: der Versuch, die eingeübte Dramaturgie von Vorwurf und Abwehr zu durchbrechen, ohne schwammig zu werden, ohne zu relativieren. Es war eine ungewöhnliche Rede, gerade für jemand wie Schily, der stets so kontrolliert und verschlossen wirkt.

Es gibt drei wichtige Frauen in Schilys Leben. Die Pianistin Lissa Bauer, seine Freundin Anfang der sechziger Jahre, macht den etwas schüchternen Dreißigjährigen mit der Westberliner Boheme bekannt. Christine Hellwag wird seine erste Frau. Auch über sie lernt der damalige FDP-Wähler Otto Schily die Revolte kennen. Es ist eine heftige, komplizierte Beziehung. Es ist die Zeit um 1968, eine wilde Zeit, nicht nur politisch. Die bürgerlichen Konventionen zerbrechen, Selbstbefreiung und Hedonismus stehen auf dem Programm. Die Ehe wird geschieden. Seiner jetzigen Frau Linda Tatjana Chajmovic begegnet Schily 1977. Ihr Vater war, wie schon aus Schilys Rede bekannt, Partisan, ihre Mutter im Konzentrationslager. In den neunziger Jahren hat Linda für Steven Spielbergs Shoa Foundation Interviews mit Überlebenden des Holocaust geführt. In den Achtzigern erwacht Schilys Interesse für Israel. Er fährt zweimal dorthin, er greift die linke Palästina-Solidarität an, deren moralische Abgründe ihm in den Siebzigern nicht so aufgefallen waren.

»Herr Schily, hat Ihre Frau Ihr Verhältnis zu Israel beeinflusst?«

»Mein Frau ist Jüdin«, sagt Otto Schily. Die Frage ist zu intim, das Thema beendet. Jemand, der den Minister gut kennt, meint, dass diese Antwort bei Schily ein kristallklares Ja bedeutet.

Ein paar Tage später treffe ich Jenny Schily, seine Tochter aus erster Ehe, geboren 1967. Sie ist Schauspielerin. 1998 sind Otto und Jenny in München zusammen auf der Bühne aufgetreten und haben die dramatisierte Fassung des Briefwechsels von George Bernard Shaw und der Schauspielerin Stella Patrick Campbell vorgetragen. Es sind ironische Liebesbriefe, aber sie sind so »verkopft«, hat Jenny der »Süddeutschen« gesagt, dass der Text auch für Vater und Tochter »funktioniert«.

Jenny ist bei ihrer Mutter groß geworden. Nach der Schule ist sie nachmittags manchmal in die »Paris Bar« gegangen, wo ihr Vater oft gegessen hat. Mitte der siebziger Jahre ist er mit ihr in seinem Citroën DS in Urlaub gefahren, vier Wochen lang bis in die Türkei. Nur die beiden, allein. Jenny erinnert sich an die Hydraulik des Citroën, der sich scheinbar von alleine auf und nieder bewegte: ein Kindheitsbild. Schily hat sie manchmal von der Kita und der Schule abgeholt, so oft es eben ging. Er hat immer viel gearbeitet und immer wenig Zeit gehabt, sagen seine Bekannten. Das war in den sechziger Jahren so, erst recht in den Siebzigern, 134-mal ist er von 1975 bis 1977 nach Stammheim geflogen. Wenn er dort Ablehnungsanträge begründete, hat er damals oft daran gedacht, dass Jenny »ihren Papa so wenig sieht«. In den Siebzigern wurde Jenny manchmal in der Schule auf ihren Vater angesprochen, weil der die RAF-Terroristen verteidigte, das Böse schlechthin. Jenny war sehr stolz auf ihren Vater, der es wagte, etwas Richtiges zu tun, obwohl ihn so viele Leute für einen Genossen der Terroristen hielten.

1984 fahren die beiden in Urlaub nach Sri Lanka, Jenny ist siebzehn, eigentlich nicht das Alter, in dem Mädchen der Sinn danach steht, mit ihrem Vater Urlaub zu machen. Sie kommen dort an, gestresst nach langer Reise, das Hotel ist nicht so, wie es sein soll, unten steht ein Weihnachtsbaum für die europäischen Gäste. Ein absurdes Bild. Aber es wird, trotz der Widrigkeiten, ein schöner Urlaub, sagt Jenny. »Man kann mit Otto lachen, auch wenn einiges schief läuft. Das entspannt viel.« Jenny Schily ist loyal zu ihrem Vater. Sie hat freundliche Erinnerungen an ihn und ihre

Kindheit. Das ist nicht selbstverständlich eingedenk der komplizierten familiären Lage.

»Haben Sie sich gewünscht, mehr von Ihrem Vater zu haben?«

Jenny überlegt eine Weile und sagt: »Es hatte auch sein Gutes, dass ich bei meiner Mutter groß geworden bin. Mein Vater ist eine starke Persönlichkeit. Das Nichtalltägliche hat auch Positives.«

Ein lebenskluger Satz. Ein Satz, in dem Arbeit steckt. Und Abgeklärtheit. Es ist die Abgeklärtheit, die man in der Nähe von Otto Schily braucht.

Dieses Buch fußt, neben den Gesprächen mit Otto Schily und publizierten Texten aus Büchern, Zeitungen und Zeitschriften, die in der Literaturliste aufgeführt sind, auf Gesprächen mit Roland Appel, Bommi Baumann, Nicolas Becker, Marieluise Becker-Busche, Lukas Beckmann, Werner Birkenmaier, Horst Bubeck, Jürgen Busche, Daniel Cohn-Bendit, Michael S. Cullen, Klaus Eschen, Harun Farocki, Tilman Fichter, Michel Gaißmayer, Hartmut Gaßner, Peter Glotz, Armin Golzem, Kurt Gronewold, Maria Hölscher, Dietmar Hüsemann-Menge, Axel Jeschke, Hubert Kleinert, Udo Knapp, Hans Peter Krüger, Wolfgang Krüger, Günter Langer, Ines Lehmann, Helmut Lippelt, Horst Mahler, Renate Mohr, Urs Müller-Plantenberg, Christa Nickels, Herta Parchent, Rupert von Plottnitz, Ulrich K. Preuß, Thorwald Proll, Bernd Rabehl, Illo von Rauch, Jürgen Reents, Fred Riedl, Ulrich Roloff-Momin, Dieter Rückhaberle, Jenny Schily, Konrad Schily, Peter Sellin, Christian Semler, Jürgen Treulieb, Roland Vogt, Klaus Völker, Klaus Wagenbach und Uwe Wesel. Ohne ihre Kooperationsbereitschaft wäre das Buch nicht möglich gewesen. Danken möchte ich zudem Christoph Becker-Schaum, Andreas Förster, Peter Graf, Volker Heise, Marcel Kolvenbach, Rainer Lingenthal, Siegward Lönnendonker, Gerhard Mauz, Stefan Moes, Jens Petersen, Reinhard Schwarz, Klaus Stern und ganz besonders Barbara Wenner für ihre Hilfsbereitschaft, Tipps und Geduld.

Otto und Jenny Schily Mitte der siebziger Jahre

1. Kapitel

Idyll und Grauen – Kindheit und Jugend

»Es gibt nichts Komischeres, als uneingeweiht in den Mysterienspielen der Anthroposophen zu sitzen.«
Friedrich Dürrenmatt

Otto Schily wird am 20. Juli 1932 geboren. Es ist ein bedeutsames Datum – und das mit diesem Tag verbundene Ereignis wirft eine Art zufälliges Schlaglicht auf die Karriere des heutigen Innenministers der Bundesrepublik Deutschland. In Berlin wird Carl Severing, der letzte sozialdemokratische Innenminister in Preußen und nun Minister im Kabinett von Otto Braun, von Reichskanzler Franz von Papen abgesetzt. Die legal gewählte preußische Regierung ist still aus dem Amt geputscht worden. Dieser Staatsstreich öffnet Hitlers Machtergreifung sechs Monate später Tür und Tor. Preußen, die republikanische Bastion, fällt widerstandslos. SPD und Gewerkschaften nehmen den Verfassungsbruch tatenlos empört hin. 66 Jahre später wird Otto Schily als erster regulärer sozialdemokratischer Bundesinnenminister in der Geschichte der Bundesrepublik vereidigt werden: ein ferner Nachfolger des unglückseligen Carl Severing, der, wie die gesamte SPD-Führung 1932, aus Angst vor dem Bürgerkrieg das Notwendige scheute.

Der 20. Juli 1932 ist ein schicksalhafter Tag, Otto Georg Schily ein besonderes Kind, geboren in eine außergewöhnliche Familie. Er hat zwei ältere Brüder, Peter und Michael, eine größere Schwester, Maria, genannt Mädi. Konrad, sein jüngerer Bruder, wird 1937 geboren. Die Familie wohnt in Bochum, der Vater Franz ist leitender Angestellter im Bochumer Verein, dem neben Krupp und Rheinmetall in den Dreißigern führenden Industriebetrieb und Waffenproduzenten im Ruhrgebiet.

Die Schilys sind eine Familie mit facettenreichen Traditionslinien. Der Komponist Peter Cornelius (von dem die Opern »Der Cid« und »Der Barbier von Bagdad« stammen) gehört dazu, ebenso Victor Schily, Jurist, Revolutionär, Demokrat und Vertreter der Internationalen Arbeiterassoziation in Paris. Karl Marx schrieb über ihn: »Schily ist nicht nur einer meiner ältesten und intimsten persönlichen Freunde, er ist einer der tüchtigsten, tapfersten, zuverlässigsten Mitglieder der Partei.« 1849, nach der gescheiterten demokratischen Revolution 1848, versucht Schily in der Eifel eine Revolte gegen die preußische Regentschaft anzuzetteln. Er organisiert einen Überfall auf die Polizeiwache in Prüm, scheitert militärisch und flieht vor dem drohenden Todesurteil in die Schweiz. Zuvor hat er, wie Otto Schily belustigt erzählt, »ordnungsgemäß die erbeuteten Waffen wieder abgeliefert«. Im Hause Franz Schilys ist von Victor nur hinter vorgehaltener Hand die Rede: Das Sozialrevolutionäre gilt als suspekt, trotz Victors deutschen Ordnungssinns.

In der Familie dominiert das Musische, Künstlerische, auch Elitäre. Otto Schilys Großmutter (väterlicherseits) ist die westfälische Porträtmalerin Julia Schily-Koppers (1855–1944), sein Großvater der Berliner Professor Theodor Schmuz-Baudiß, selbst Maler mit Neigung zum Jugendstil und von 1908 bis 1925 Leiter der Königlichen Porzellan-Manufaktur, einer preußische Institution. Wenn der Bundesinnenminister bei Auslandsreisen Gastgeschenke übergibt, dann ist stets Porzellan der KPM Berlin dabei, und stets erwähnt Schily bei solch einem Anlass die Rolle seines Großvaters. Otto Schily schätzt die familiäre Tradition sehr hoch, höher, als es heutzutage in der egalitären Bundesrepublik, in der Vergangenheit nicht mehr so viel zählt, üblich ist. Die Revolte gegen die eigene Herkunft, die so viele bundesdeutsche Nachkriegsbiografien kennzeichnet, existiert bei Otto Schily nicht. Es gibt auch kein verschämtes Verschweigen, wie etwa bei Joschka Fischer, der in Frankfurter Spontizeiten lieber unerwähnt ließ, dass er aus dem Vertriebenenmilieu stammt. Ein Schily zu sein ist eine Art Adel, den man gern nach außen trägt.

Auch die Mutter Elisabeth Schmuz-Baudiß kommt aus besseren Kreisen. Sie hat in Berlin am Konservatorium Musik studiert und spielt exzellent Klavier und Geige. Der Vater Franz stammt aus Leipzig, hat in Bonn und Freiburg studiert, in München als Historiker promoviert und eine Weile in den Niederlanden gelebt. Er spricht fließend Niederländisch, Französisch, Englisch (und einigermaßen Portugiesisch und Russisch) und will eigentlich Archivar werden. In den zwanziger Jahren verdient er als Kaufmann und Auslandskorrespondent sein Geld, 1923, im Jahr der Inflation, wird er arbeitslos. Eine neue Anstellung findet er beim Hüttenwerk Bochumer Verein, einer AG, die faktisch eine Tochter des mächtigen Konzerns Vereinigte Stahlwerke ist. 1924 schreibt er an seine Frau Elisabeth nach Holland: »Ich bin in Bochum, das ist alles so schrecklich hier, wir werden wohl nicht länger als drei Monate bleiben.« Es kommt anders. Sie bleiben 32 Jahre lang, bis zu ihrem Tod 1955.

Bochum ist in den zwanziger Jahren eine Malocherstadt, die von Kohle und Stahl lebt, eine Stadt, die in den Gründerjahren enorm gewachsen ist. Die schmale Oberschicht ist, seit Bochum im 19. Jahrhundert Kreisstadt der preußischen Provinz Westfalen wurde, protestantisch und nach Berlin orientiert. Auch in der Weimarer Republik ist Bochum, verglichen mit urbanen Zentren wie Leipzig oder München (wo Franz Schily groß wurde bzw. studierte) eine Provinzstadt, weitgehend ohne vorzeigbare bürgerliche Kultur. Geprägt wird die Püttstadt um die Jahrhundertwende von Arbeitsmigranten, von katholischen, aus Polen und Masuren eingewanderten Proletariern. Daher rührt Franz Schilys anfängliche Abneigung gegen Bochum: Es ist der Stoßseufzer des polyglotten, großstädtischen Kulturbürgers, den es ins Exil verschlagen hat. Man ist Besseres, zumindest Interessanteres gewohnt.

Die Schilys sind hier eine exotische Erscheinung. Sie gehören zu der dünnen, eher protestantischen Oberschicht – und auch innerhalb dieser Oberschicht sind sie etwas Außergewöhnliches. Denn die Eltern werden in den Dreißigern Mitglieder der Anthroposophischen Gesellschaft, Anhänger der Lehren Rudolf Steiners. Der Vater engagiert sich für die Idee der Dreigliederung der Gesellschaft, ein Gesellschaftskonzept, das einen sozialen Impuls mit liberalem Antietatismus verbindet, die Mutter in der Christengemeinschaft, der anthroposophischen Interpretation des Christentums. Die Eltern sind überzeugte Anthroposophen – aber, was für Anthroposophen typisch ist, nicht missionarisch. Man will durch Tun überzeugen.

Franz Schily, der im Ersten Weltkrieg Leutnant und Kompanieführer in Frankreich war, ist ein konservativer Gegner der Nazis. »Ich habe Deinen Herrn Hitler gesehen«, schreibt er 1932 an einen Bekannten, der mit der Nazibewegung sympathisiert, »aber mit dem wird es nur noch schlimmer.« Wie fast alle, von Rechtskonservativen bis zu den Kommunisten, hält er Hitler für eine Spukgestalt, die nach ein paar Monaten wieder verschwinden wird. Franz Schily schaut auf die Nationalsozialisten von der hohen Warte des Kulturbürgers, der sich angesichts der Herrschaft des »Mobs« (so Franz Schily in einem anderen Brief) angewidert abwendet. Dass er, als Reserveoffizier, wegen seiner anthroposophischen Haltung nicht zur Wehrmacht einberufen wird, kränkt Franz Schily später: Man ist Patriot und erst in zweiter Linie Gegner der Nazis.

Die Anthroposophen werden, als weltanschauliche Konkurrenz der Nazis, sukzessive verboten, die letzte Waldorfschule wird 1941 in Dresden geschlossen. Anlass ist der bizarre »Friedensflug« von Rudolf Heß am 10. Mai 1941. Heß, immerhin Hitlers Stellvertreter, ist kein Anthroposoph, aber ein Anhänger von Naturheilverfahren und biologisch-dynamischem Landbau. Zeitweise interessiert er sich auch für die Waldorfpädagogik: Die Idee einer umfassenden Bildung passt vage zu dem Affekt der Nazis gegen den »jüdischen Intellektualismus«. Den Flug von Heß nach England nimmt der Sicherheitsdienst der SS zum Anlass, die Anthroposophen endgültig zu zerschlagen. Am 9. Juni 1941 finden reichsweite Verhaftungen und Durchsuchungen bei Anthroposophen und Mitgliedern der Christengemeinde statt. Auch bei Franz und Elisabeth Schily klingelt die Gestapo und beschlagnahmt die anthroposophische Literatur. »Trotz der Bedrohung war mein Vater empört«, sagt Konrad Schily.

1935 zieht die Familie in die Farnstraße, in eine gemietete Doppelhaushälfte mit Garten in einer Villengegend im Bochumer Süden. Den Schilys geht es in den Dreißigern wirtschaftlich gut. Langsam und kontinuierlich macht der Vater Karriere. 1932 wird er Prokurist, 1942 Direktor im kaufmännischen Bereich (allerdings kein Vorstandsmitglied). Der Bochumer Verein wird nach 1933 neben Krupp und Rheinmetall zum führenden Rüstungsproduzenten, hergestellt werden Geschützrohre, Torpedos und Granaten. Franz Schily ist wichtig für den Betrieb, so wichtig, dass er trotz seines Engagements für die anthroposophische Bewegung befördert wird. Das ist erstaunlich, zumal der Bochumer Verein in den Dreißigern in einen »nationalsozialistischen Musterbetrieb« verwandelt wird. Die SA malträtiert in einem Wachlokal auf dem Werkgelände 1933 und 1934 politische Gegner, in dem Betrieb geben Nazi-Organisationen den Ton an. Anfang 1945 sind im Werk 7500 Zwangsarbeiter beschäftigt. Mehr als tausend davon sind KZ-Insassen aus Buchenwald. Vom Herbst 1944 bis zum März 1945 existiert eine Außenstelle des KZs auf dem Werkgelände. Als die Alliierten näher rücken, werden die Häftlinge zu einem »Todesmarsch« nach Buchenwald gezwungen. Der Leiter des Lagers auf dem Werkgelände, Hermann Großmann, wird 1948 in Landsberg hingerichtet.

Die Zwangsarbeiter werden zumeist vom technischen Direktor angefragt und vom Vorstandsvorsitzenden angefordert. Die kaufmännische Abteilung hatte damit in der Regel nichts zu tun. Ob Franz Schily Kontakt mit KZ-Häftlingen hatte, ist ungewiss. Im Archiv des Bochumer Vereins findet sich wenig über seine Tätigkeit vor 1945. Dass er von den Zwangsarbeitern nichts wusste, ist indes ausgeschlossen. 1944 ist fast jeder fünfte Einwohner Bochums ein Zwangsarbeiter.

Mit fünf Jahren gräbt Otto im Garten ein Loch. Er will ins Erdinnere, Zwerge suchen. Er ist neugierig. »Es beschäftigte mich nachts in meinen Träumen«, erklärte Otto Schily 1984. »Ich war aber doch so realistisch, dass ich mir zugleich den Kopf darüber zerbrach, wie ich mit meinen Exkursionen in der Vertikalen vorankommen könnte, ohne die Arbeit der Bergleute in den Zechenstollen, die zu durchqueren waren, zu stören. Aus den vermuteten, befürchteten oder erwünschten Begegnungen wurde bedauerlicherweise nichts. Das kühne Unterfangen wurde vorzeitig beendet, als ich die Grabungen auf das Kräuterbeet meiner Mutter auszudehnen trachtete. Jenes Kindheitsunterfangen, in dem wunderbaren Schwebezustand zwischen Traum und Wirklichkeit, spiegelt in sehr buchstäblicher Form meine Neigung zum deutschen Tiefsinn.«

Die Eltern Elisabeth und Franz Schily

Schily erzählt diese Geschichte in seiner »Rede über das eigene Land: Deutschland«. In ihr steckt eine realistische Selbsteinschätzung: Er ist als Kind ein Einzelgänger, klein, fast zerbrechlich, aber hartnäckig. Oft ist er krank, manchmal geht er monatelang nicht zur Schule. Den üblichen Schlägereien, mit denen die Hierarchien ausgefochten werden, geht er aus dem Weg. Für die Jungsspiele auf dem Schulhof ist Otto ungeeignet. Wer klein ist, braucht andere Fähigkeiten. Wer beim Kämpfen sowieso den Kürzeren zieht, muss aufmerksam sein, schnell wahrnehmen, gut reden und zielstrebig sein können. All das lernt Otto – und er ist cholerisch, genauso wie Vater und Mutter. Wenn ihm etwas nicht passt, wirft er zu Hause auch mal mit einem Buch um sich.

Das Zentrum des Lebens ist die Familie. Es geht streng zu, aber auch lebendig. Nachts balancieren die Kinder manchmal im Nachthemd auf dem Fenstersims des Kinderzimmers, um zum Balkon des großen Bruders Michael zu gelangen. »Das war schön für uns Kinder«, so Schily, »und schrecklich für die Mutter.« Der Vater entwickelt kleine Theaterstücke, die er mit Puppen vorspielt und in denen die Familienmitglieder sanft karikiert werden. »Es war auch möglich«, betont Otto Schily, »den Vater zu karikieren.«

Ein introvertiertes Kind –
Otto Schily 1942

Bei einer Theateraufführung der Weihnachtsgeschichte spielt Otto 1947 einmal mit blutunterlaufenen Augen und weißem Gesicht den bösen König Herodes – mit derart durchschlagendem Erfolg, dass ein Kind weinend aus dem Raum flieht. Die Fähigkeit, empfindsame Gemüter in Angst und Schrecken zu versetzen, bleibt ihm zeitlebens erhalten, nur die Maske ändert sich.

Das Elternhaus ist eine seltene Verbindung verschiedener Milieus und Eigenschaften – von Geld und Kultur, Groß- und Bildungsbürgertum, von eiserner Disziplin und freundlicher Toleranz, von Weltoffenheit und schrulliger Esoterik. »Ich hatte nicht sehr viele Freunde, und ich war ein introvertiertes Kind«, sagt Otto Schily. Das ist verständlich, denn in der Tat trennt ihn viel von den anderen Kindern. Er stammt aus einer besseren Familie, hinzu kommt, dass viele die Christengemeinschaft für Sektiererei halten, die Hausmusik für elitär, und dass die Schilys im Reformhaus einkaufen, ist für die meisten ein Spleen von Besserverdienenden. In der proletarischen Kultur hängt viel von der physischen Kraft ab und von einem hemdsärmeligen Pragmatismus, der das Schöngeistige beinahe zwangsläufig ausschließt: Wer überleben will, muss anpacken können. Zu dieser Umwelt hat das anthroposophisch erzogene, Cello spielende Kind des Direktors eine geradezu selbstverständliche Distanz – eine habituelle soziale Grenze, die mehr oder weniger sichtbar ist. 1974 sagt Otto Schily dazu: »Wir haben uns als eine Familie gefühlt, die etwas Besonderes ist.« Und Otto ist, wie sich zeigen wird, besonders besonders.

Im Geiste unversehrt

1942 beginnen die Bombardierungen der Alliierten im Ruhrgebiet. Bochum erlebt 150 größere Bombenangriffe, den schwersten im November 1944, als britische Flugzeuge 10000 Spreng- und 130000 Brandbomben über dem Stadtzentrum abwerfen. Bochum brennt buchstäblich nieder. Auch das Haus in der Farnstraße geht in Flammen auf.

Elisabeth ist schon 1942 mit den vier jüngeren Kindern nach Bayern gezogen, nach Garmisch-Partenkirchen, in die Villa ihres Vaters. Sie werden erst 1946 zurückkehren. Der Vater bleibt in Bochum. Partenkirchen beschert den Kindern neue Freiheiten. »Wir sind viel in die Berge gegangen«, so Schilys ältere Schwester Maria Hölscher. »Es gab einen verwilderten Garten, das war für uns ein Paradies.«

Schily erinnert sich gut an seinen Großvater, Theodor Schmuz-Baudiß, insbesondere hat sich dem Kind das Bild eines Mannes eingeprägt, der, stets in Rauchschwaden eingehüllt, im Salon oder der Wohnstube saß. »Der Großvater war ein wilder Raucher. Das Haus war geschwängert von Zigarettenrauch. Er rauchte Orient-Zigaretten. In den Packungen gab es Bilder von Nilpalmen, die wir Kinder bekamen. Ich kann mich an den Geruch genau erinnern.«

Otto besucht die Volksschule, später ein Gymnasium, singt im Kirchenchor in der Barockkirche des Franziskanerklosters Sankt Anton, spielt Geige und Cello. Von den Schulschwestern bekommt Otto manchmal Fleißkärtchen, verziert mit kitschigen, bunten Engelsgesichtern, die er liebt. Bei den Franziskanern lernt er die – durch Außendruck erzwungene – religiöse Toleranz kennen. Draußen sind die Feinde, die Nazis, drinnen, in der Kirche, ist es nicht so wichtig, ob man Anthroposoph, Katholik oder Protestant ist.

Bei einer der Schulschwestern nimmt er Klavierunterricht. Sie erscheint ihm in der Erinnerung als eine »engelhafte Gestalt«. Im Winter geht sie manchmal mit Otto nach Wamberg, zur höchst gelegenen Kirche Deutschlands. Begeistert stapft er hinter ihr her, bergauf, durch den verschneiten Hohlweg, über den man die

In Partenkirchen: Maria, genannt Mädi, und Otto

Kirche erreicht. Dort spielt die Schwester Orgel, Otto tritt den Blasebalg. Zu Hause führt man regelmäßig Streichquartette auf, abends im Bett singen die Kinder improvisierte Opern, und in einem nahe gelegenen Benediktinerkloster in Ettal verfolgen Otto und seine Mutter die Kammermusikkonzerte des Paters Augustinus, der dort seine selbst komponierten Stücke aufführt.

Von seiner Kindheit erzählt Otto Schily wie von einem Zauberland. Es ist ein unschuldiges Land, schön und geheimnisvoll, doch bedroht. Draußen lauern Nazis oder Proletarierkinder, nur die Intimität der Familie gewährt Schutz, und die Musik entführt ihn in eine bessere Welt. Die Mutter bläut den Kindern ein, dass sie nichts über die (von den Nazis verbotene) anthroposophische Christengemeinschaft erzählen dürfen. Ein Hausmädchen denunziert die Schilys, doch das bleibt ohne Folgen. Die Lektion für Otto ist dennoch klar: Drinnen, in der Familie, herrscht Solidarität, dort liest man sich mit knurrendem Magen beim Strümpfestopfen Cervantes' »Don Quichotte« vor, während draußen Hitler regiert, den die Mutter stets »Verbrecher« nennt. Die Grenze zwischen dem Privaten und dem Öffentlichen muss, das weiß der Junge, um jeden Preis unüberwindbar bleiben.

Die Schilys, etwa 1943: Peter, Otto, Franz, Konrad, Maria und Michael

Es ist eine Kindheit zwischen Idyll und Grauen. Der Schrecken, das sind die Bomben, die auch einmal auf Partenkirchen fallen, von Flugzeugen der Alliierten, wohl auf dem Rückweg. »Man hatte das Gefühl, dass sich das Gebäude verflüssigt. Es war wie ein Erdbeben«, erinnert sich Otto Schily. Der Schrecken, das ist das letzte sinnlose Gefecht, das ein paar Wehrmachtsoldaten in Partenkirchen gegen die einrückenden US-Truppen anzetteln, und die Artilleriegeschosse, die über die Villa von Theodor Schmuz-Baudiß hinwegfegen und Otto zu Tode ängstigen. Der Schrecken, das ist auch die Geschichte seines ältesten Bruders

Peter, der Ende der dreißiger Jahre erfolglos versuchte, in die Schweiz zu fliehen, um sich dort gegen die Nazis zu engagieren. Im Krieg meldet er sich freiwillig, wird vor Leningrad als Pionier schwer verletzt, überlebt durch einen Zufall und verliert ein Auge. Später in Bochum hört Otto fasziniert die Geschichte seines Bruders, der von dem Moment erzählt, da er sein eigenes Auge plötzlich in der Hand hatte.

Aber der schlimmste Schrecken ist der Hunger. 1944 und 1945 gibt es immer weniger zu essen. Die Mutter verteilt die Wochenrationen, je ein halbes Brot und 125 Gramm Butter, an die Kinder. Otto versteht es, besser als die Geschwister, sich seine Portionen sorgsam einzuteilen. Ein Zwölfjähriger, der mit knurrendem Magen das Brot beiseite legt. Er ist diszipliniert. Im Frühling 1945 gibt es kaum noch etwas, das er sich aufsparen kann. Man bekommt für die Lebensmittelmarken nichts mehr. Die Schilys versuchen, bei den Bauern Essbares einzutauschen. Doch es gibt in Garmisch-Partenkirchen nicht allzu viele Bauernhöfe. »Wir waren alle zu schüchtern, um ›hamstern‹ zu gehen. Wir haben gehungert wie die meisten anderen auch. Nur die Padres von dem Kirchlein in St. Anton steckten uns öfter etwas zu, was uns über das Schlimmste hinweghalf«, erinnert sich Maria Hölscher. Die Neigung der bayerischen Bauern, der Tochter des reichen preußischen Professors, der in der Villa wohnt, etwas abzugeben, hält sich zudem in Grenzen. Man hat ja selbst kaum etwas. So sind wohl auch die Bauern Teil des feindlichen Draußen.

Die Kinder sammeln Brennnesseln, um Salat zu machen, Kaffeesatz, Unkraut und Kartoffelschalen. Otto hat an den Beinen Hungerödeme und bemerkt fasziniert, dass er sich das schwarze Fleisch mit dem Messer herausschneiden kann, ohne dass es wehtut. »Das war nichts Heroisches angesichts dessen, was andere durchgemacht haben«, sagt er heute. Es war normal. Es ging vielen so. Aber es ist eine existenzielle, nicht löschbare Erfahrung. Essen wegwerfen kann Schily auch heute noch nicht. Und er isst hastig, ganz so, als gäbe es bald nichts mehr. In Partenkirchen lernt Otto Georg Schily: Von Fremden abhängig zu sein bedeutet, dem Tod nahe zu sein. Otto erleidet den Hunger, die Erniedrigung des Bettelns und die Angst vor den Bomben, die Welt innen aber bleibt unbeschädigt. Und je größer der Außendruck ist, umso enger rückt man zusammen.

Im April 1945 nimmt die US-Armee Garmisch-Partenkirchen ein. Die Villa, in der nicht nur die Schilys, sondern auch Ausgebombte aus München wohnen, wird requiriert. Eine Zeit lang lebt die Familie in dem Franziskanerkloster St. Anton, die Not bleibt. Otto geht manchmal nicht in die Schule, weil ihm brauchbare Kleidung fehlt. 1946 kehrt Elisabeth Schily mit den Kindern nach Bochum zu ihrem Mann zurück. Das Haus in der Farnstraße ist ein Schutthaufen, Otto sucht in den Trümmern nach Resten seines Spielzeugs. Die wieder vereinte Familie wohnt zunächst in einer Werkswohnung in der Rembrandtstraße. Auf dem Grundstück in der Farnstraße bauen die Schilys später eine Villa. 1951, ein Jahr, bevor Otto am Graf-Engelbert-Gymnasium Abitur macht, ziehen sie dort ein.

Franz Schily macht nach 1945 eine steile Karriere. Er ist sprachgewandt, weltoffen, hat Kontakte ins Ausland und ist unverdächtig, ein Nazi gewesen zu sein. 1945 rückt er in den Vorstand des Werkes auf. 1955 ist Franz Schily zudem Vizepräsident der Bochumer Industrie- und Handelskammer, im Vorstand des BDI, Präsident des Komitees der Gießereiverbände in der Montanunion, Vorstandsmitglied der Edelstahl-Vereinigung, der Wirtschaftsvereinigung Eisen- und Stahlindustrie und Mitglied in zwei Dutzend anderen Organisationen. Zudem ist er in der Schutzgemeinschaft deutscher Wald und im Verein der Freunde des Bochumer Theaters aktiv. Sozial und kulturell engagiert, politisch ungebunden und proeuropäisch, verkörpert er den »anderen« Deutschen. Die Bochumer »Ruhr Nachrichten« schreiben 1954 stolz: »Dr. Schily wirkt wie ein Gelehrter. Er verkörpert nicht den Managertyp, den Amerikaner allzu gern propagieren. Er verbreitet keine Nervosität um sich, sondern strahlt Ruhe aus. Durch seine geistigen und charakterlichen Qualitäten gibt er ein Vorbild.« Erfolgreich, aber nicht amerikanisch-nervös, sondern charakterfest: ein deutsches Vorbild. »Eine herausragende Unternehmerpersönlichkeit, der ich unendlich viel für mein Leben verdanke«, sagt Otto Schily 1997 im Bundestag über seinen Vater.

Viele von Otto Schilys Generationsgenossen machen nach 1945 eine einschneidende Erfahrung: Der Vater verblasst. Er ist verschwunden, abwesend, im Krieg geblieben. In der Familie ist, was vor dem Krieg selbstverständlich war, fraglich. Viele Väter, die von den Schlachtfeldern zurückkehren, symbolisieren die totale militärische Niederlage und den totalen moralischen Bankrott. Viele sind vom Krieg neurotisiert, viele für den Neuaufbau nur bedingt tauglich – sei es, weil sie, zumindest solange die Entnazifizierung betrieben wird, als Nazisympathisanten kaltgestellt werden oder weil sie resignieren. So spiegelt sich die historische Katastrophe in den berstenden familiären Verhältnissen wider. Als moralische Autoritäten sind viele dieser Väter jedenfalls oft unbrauchbar – es ist kein Zufall, dass die Westdeutschen Konrad Adenauer, einen patriarchalischen Vertreter der Großvatergeneration, zu ihrem Repräsentanten wählen.

Bei den Schilys ist das anders. Es gibt keinen Riss in der Ehe, keinen vom Krieg traumatisierten Ehemann, der mit grauem Gesicht plötzlich vor der Tür steht, keine Ehefrau, die den Mann nicht mehr wiedererkennt, den sie geheiratet hat, keinen Vater, der um seinen Platz in der Familienordnung kämpfen muss, keinen Sohn, die stellvertretend den Platz des abwesenden Vaters einzunehmen hat.

Franz Schily ist nicht schwach, nicht angeschlagen, nicht kontaminiert durch die Nazizeit. Man war Opfer, zumindest ein wenig. Er ist auch nicht, wie viele andere Väter, in der neuen Zeit auf seine Söhne angewiesen, die besser Englisch sprechen und besser »organisieren«, sprich: klauen können, was man zum Leben braucht. Franz Schily verkörpert für Otto keine untergegangene Welt, nicht den verlorenen Krieg und keinen moralischen Offenbarungseid.

Für viele Kinder beginnt im April und Mai 1945 auch eine neue Freiheit. Die üblichen Kontrollinstitutionen sind zerfallen. Manche Kinder streifen in kleinen Banden durch die Trümmer und »organisieren« etwas. Mag sein, dass der rebellische Impuls der »Achtundsechziger«, der um 1940 Geborenen, hier eine biografische Wurzel hat: Die Kinder erleben den Zusammenbruch der

Autoritäten, einen kurzen Sommer der Anarchie und Ende der Vierziger und in den Fünfzigern die stählerne Restauration jener Autoritätsverhältnisse und jener bürgerlichen Welt, deren Untergang sie doch mit eigenen Augen gesehen haben. Otto Schilys Altersgenosse Hans Magnus Enzensberger hat die Auslöschung der bürgerlichen Welt in dem Gedicht »Herbst 1944« beschrieben:

> Zwar dem, der im Gras lag,
> kamen sie herrlich vor, wie sie hoch oben glitzerten,
> am wolkenlosen Oktoberhimmel
> die Bomberströme und schade
> war es nicht um die Andenken,
> die in der Ferne verbrannten
> auf dem moderigen Dachboden:
> Sammeltassen und Engelshaar,
> Großvaters Pariser Postkarten
> (Oh là là) und sein Koppelschloß
> aus einem anderen Krieg,
> löchrige Unterröcke, Orden,
> Puppenhäuser, die Psyche aus Gips und ein paar
> vergessene Gottesbeweise
> In einer Zigarettenschachtel –
> aber im Keller die Leichen
> sind immer noch da.

Das artifizielle Enzensberger-Ich sieht das gesamte symbolische Inventar bürgerlicher Bigotterie in Rauch aufgehen: das Koppelschloss des wilhelminischen Militarismus, die Puppenhaus-Innerlichkeit, die verkniffene, schenkelschlagende Sexualität (Oh là là). Die Bombenteppiche der Alliierten machen einer Welt den Garaus, die nichts anderes als den Untergang verdient zu haben scheint: So sinkt das Wertesystem des preußisch-deutschen Bürgertums, das durch die Allianz mit Hitler seine Daseinsberechtigung verloren hat, in Trümmer. Was bleibt, sind die Leichen im Keller. Kein Wunder, dass es für Jugendliche, die dieses Desaster erlebt haben, eine Identität nur jenseits dieser Wertewelt, im

Existenzialismus, in der begierig angenommenen US-Kultur oder im Rückzug ins Private geben wird.

Für Otto Schily stellt sich die Sache anders dar. Die Welt draußen ist in Trümmer gefallen, doch die Familie bietet in jeder Lebenslage Orientierung. Franz und Elisabeth Schilys anthroposophische Sicht, die Bedeutung von Musik und Literatur, die eigene Familiengeschichte, von der nichts verborgen oder geschönt werden muss – all das ist intakt, gestärkt, nicht geschwächt durch den Zusammenbruch von Nazideutschland. Das Weltbild des deutschen Bürgertums mag erst mal in Scherben liegen, das der anthroposophischen Schilys nicht. Es ist kein Zufall, dass es im Leben von Otto Schily keinen radikalen Bruch mit dem Bürgertum geben wird.

Zurück in Bochum – die Nachkriegsjahre

1946 geht Otto Schily in Bochum auf das Graf-Engelbert-Gymnasium. Er hat, kriegsbedingt, einige Wissenslücken: Die erste Lateinarbeit gibt ihm der Lehrer mit dem Kommentar »unzensierbar« zurück. Am Ende bringt er es in Latein auf ein »gut«. Otto ist kein überragender Schüler, eher solide im oberen Drittel.

In Otto Schilys Kindheit ist noch viel 19. Jahrhundert. Auch das, nicht nur die Klassenzugehörigkeit, unterscheidet ihn etwa von Gerhard Schröder und Joschka Fischer, die in einfachen, aber gegenwartsbezogenen Verhältnissen groß werden. Bei den Schilys geht es streng zu: Es herrscht keineswegs leerer Drill, sondern eine Mischung aus Disziplin und Zuneigung, Gefühl und Härte. Die Kinder essen zum Beispiel separiert von den Eltern an einem eigenen Tisch. Dort sitzt Otto, bis er fünfzehn, sechzehn Jahre alt ist. Kinder- und Erwachsenenwelt sind getrennt, strikter, als man es sich heute vorstellen kann. Das sichert den Kindern einen eigenen Bereich, aber es rückt die Eltern auch ferner. Der Vater, sagt Otto Schily heute, war ein bedeutender Mann, die Mutter eine exzellente Geigerin. Wenn er über seine Eltern spricht, klingt höchster Respekt an, viel Dankbarkeit, Liebe weniger.

1946, vor der Währungsreform, ist das Leben weiterhin karg. Auch bei den Schilys isst man öfters getrocknete Rote Beete und ein Gericht, das Franz Schily »Kalte Pappe« nennt: Roggennudeln mit Süßstoff. »Von dem Geruch«, sagt Schily, »wird mir heute noch schlecht.« Doch auch später, als die Krise längst überwunden ist, werden die Kinder preußisch knapp gehalten. Otto muss zu seinem Ungemach die alten, kratzenden Sachen seiner älteren Geschwister auftragen. Zur Konfirmation schicken ihn die Eltern mit geflicktem Jackett – für Otto eine peinliche Situation, denn er will einem Mädchen imponieren, was offenbar auch kleidungsbedingt missglückt. Seine Schwester Maria, die Anfang der fünfziger Jahre studiert, bekommt 150 Mark – nicht wenig für eine Studentin, aber für die Tochter des Vorstandsvorsitzenden des Bochumer Vereins nicht viel. In den Fünfzigern hat Franz Schily als Dienstwagen einen Mercedes 300 mit Chauffeur. Die Kinder dürfen manchmal auf einer Dienstreise mitfahren. Sonst müssen sie die Straßenbahn nehmen, auch wenn der Chauffeur gerade mal beschäftigungslos vor der Tür wartet. Privat ist privat, Dienst ist Dienst. Eine Frage des Prinzips. Fünfzig Jahre später wird Bundesinnenminister Schily freitagnachmittags durch die Gänge des Ministeriums gehen und kontrollieren, welcher Beamte noch pflichtbewusst seiner Arbeit nachgeht.

Sozial geht es mit den Schilys nach 1946 steil bergauf. Die Demontagen der Westalliierten bleiben spärlich, die Kohle- und Stahlindustrie im Ruhrgebiet ist, vor allem dank der Zwangsarbeiter, in viel besserem Zustand, als es im Mai 1945 den Anschein hatte. Auch der Bochumer Verein beginnt langsam zu florieren. So bahnt sich schon Ende der Vierziger das Wirtschaftswunder an. Ermöglicht wird der rasche Aufschwung durch die US-Hilfe, den Marshallplan, den Aufbauwillen der Westdeutschen, den Kalten Krieg, der das gestern noch besetzte Feindgebiet Westdeutschland in einen strategisch wichtigen Bündnispartner verwandelt, und – im Ruhrgebiet – auch durch den Zustand der Fabriken. Die Bochumer Innenstadt existiert nicht mehr, die Logistik ist ramponiert, viele Transportwege sind zerstört. Aber jenseits der Trümmerberge existieren viele intakte, vor allem relativ neue Produktionsstätten, die es ohne die Millionen von verschleppten Zwangsarbeitern nicht gäbe. Die Eisenhüttenindustrie der Ruhr übertrifft bereits zur Jahreswende 1947/48 die gesamte französische Stahlproduktion.

Die Schilys haben ein offenes Haus: Otto und sein Vetter Fritz Schily, den die Familie aufgenommen hat, bringen oft Freunde mit, die Mutter musiziert mit Bekannten. Es gibt auch keinen nach außen gekehrten, demonstrativen Standesdünkel. Franz Schily, in Bochum ein mächtiger Mann, singt im städtischen Chor. Dass er Anthroposoph ist, darüber redet Franz Schily kaum. Ein Bekannter, gleichfalls Anthroposoph, entdeckt erst nach fünfzehn Jahren, dass Schily der gleichen Gemeinschaft angehört.

Die Schilys leben, trotz ihrer solitären anthroposophischen Gesinnung, weltzugewandt. Daneben ist man, nicht auffällig, eher nebenher, statusbewusst. Fritz ist beispielsweise Anfang der fünfziger Jahre Mitglied in einem Tennisclub (zu dieser Zeit ein echtes Upperclass-Vergnügen). Konrad möchte dort als Balljunge ein paar Groschen verdienen – doch der Vater verbietet es. Er sagt: »Es gibt viele, die das nötiger haben als du. Denen nimmst du das nicht weg.« Es ist schwer zu sagen, wo bei diesem Satz hochgeschraubte Sozialmoral endet und ordinäres Standesbewusstsein beginnt. Jedenfalls herrscht im Hause eine klare Vorstellung davon, was sich für einen Schily gehört. Ein Schily ist kein Balljunge. Ein Schily geht nicht mit seiner Gesinnung hausieren. Ein Schily lebt nicht auf großem Fuße. Ein Schily unterscheidet genau zwischen privat und Dienst. Ein Schily ist offen für die Welt, aber strikt darauf bedacht, Innen und Außen zu trennen. Und vor allem gibt ein Schily nicht mit dem Geld an, das er verdient.

Einmal geht Maria zum Bochumer Verein, um ihre Freundin zu besuchen, die dort als Sekretärin arbeitet. Der Pförtner ist harsch, unfreundlich und sagt: »Wer sind Sie eigentlich?« »Maria Schily.« Der Ton ändert sich schlagartig. So mag Direktor Franz Schily zwar manchmal Lehrlinge mit in sein Haus bringen, persönlich eher bescheiden leben, sozial engagiert sein – von außen, von unten aus betrachtet, sieht man in den Schilys, was sie sind: die Spitze der sozialen Hierarchie.

Im März 1988 weint der grüne Abgeordnete Schily im Bundestag, als er eine Rede über Israel hält: »Das Blut«, sagt er, »kann man nicht abwaschen«, dann versagt seine Stimme. Wolfgang Clement, damals Chefredakteur der SPD-nahen Boulevardzeitung »Hamburger Morgenpost«, sieht die Szene abends im Fernsehen. Zuerst ist er von dem Bild beeindruckt: ein Parlamentarier, der vom Grauen der Geschichte übermannt wird. Er zögert einen Moment, dann sagt er: »Wenn man dem Kerl doch nur richtig trauen könnte.« Jürgen Busche, damals stellvertretender Chef des Blattes, widerspricht. Busche kennt Schily als Verteidiger in Stammheim – und schätzt ihn. »Auf Schilys Wort kann man sich verlassen«, sagt er und begreift nicht, woher Clements Misstrauen rührt.

Ein paar Tage später versteht Busche es. Clement erzählt von seiner Jugend in Bochum. Er wohnte nur ein paar Straßen entfernt von Schilys Haus, aber in einem anderen Milieu. Clement ist katholisch, er gehört zur unteren Mittelschicht. In Bochum 1950 zur unteren Mittelschicht zu gehören heißt, dass Messdiener Clement auch mal vor Hunger in der Kirche umkippt. Die Schilys sind anders. Sie sind keine Messdiener und fallen nicht vor Hunger um. Sie spielen nicht Fußball wie alle katholischen Jungs in Bochum, sondern lieber Boccia und Krocket im eigenen Garten. Der kleine Wolfgang Clement sitzt manchmal auf der Gartenmauer der Schily-Villa und schaut der Familie dabei zu. Es ist ein Blick in eine andere Welt, nicht proletarisch, nicht katholisch, sondern großbürgerlich, preußisch, elitär. Eine Welt, der man nicht so recht über den Weg trauen kann. Auch mehr als dreißig Jahre später hat das Misstrauen gegen den Sohn des Direktors, der was Besseres ist, Bestand.

Nach 1945 herrscht in Deutschland ein ideologisches Vakuum. Der Nazi-Größenwahn ist vorbei, jetzt besteht großer geistiger Nachholbedarf. Die Kirchen haben Konjunktur. Bei Schilys ist das Sinn- und Moraldefizit geringer ausgeprägt, aber auch hier sucht man Neues. Linker Antifaschismus und sozialistische Ideen kommen nicht in Frage. Affinitäten gibt es zu der Caux-Bewegung, einem Ableger der aus den USA stammenden evangelischen Bewegung für »Moralische Aufrüstung«, MRA (Moral Re-Armament). 1946 expandiert das MRA, dessen europäisches Zentrum in Caux in der Schweiz liegt, nach Europa und startet eine aufwändig durchgeführte und zeitweilig sehr erfolgreiche Missionsarbeit. Konrad Adenauer und der französiche Außenminister Robert Schuman besuchen das Zentrum in Caux, die US Army unterstützt die Bewegung logistisch, ein eigenes Theaterstück tourt durch die Republik. Das MRA tritt für den wahren, erneuerten christlichen Glauben ein, proklamiert Ehrlichkeit, Reinheit, Selbstlosigkeit und dienende Nächstenliebe als absolute göttliche Werte und prangert den Materialismus an, der, zusammen mit dem Atheismus, als Grund der Nazikatastrophe erkannt wird. Das klingt heute exotisch – Ende der vierziger Jahre ist dies auch in den Kirchen eine übliche Deutung der NS-Zeit. Ein Schwerpunkt des MRA ist das Ruhrgebiet. Dort macht das MRA insbesondere der KPD harte Konkurrenz. In den Fünfzigern, mit dem Beginn des Kalten Krieges, wandelt sich das MRA vollends zu einem antikommunistischen Agitationsinstrument. Damit beginnt ihr Niedergang. Interessant ist die intellektuell eher anspruchslose Caux-Bewegung für die Schilys, weil sie etwas Neues ist, weil sie eine wirkungsvolle, auf Praxis und Moral zielende religiöse Botschaft unter die Leute bringt und weil sie den Materialismus ablehnt – der dichteste Berührungspunkt mit dem Anthroposophischen.

Ottos Jugend verläuft unspektakulär. Er spielt in einer Jazzband Bass, in den Ferien arbeitet er im Büro beim Bochumer Verein, um mit Schreibarbeiten ein bisschen Geld zu verdienen. In der Schule redet man auch über Politik. Im Hause Schily denkt man liberal-konservativ, ist skeptisch gegenüber Adenauers Neigung, Katholizismus und Staat zu vermengen, weil dies Steiners Idee der Dreigliederung der Gesellschaft in Recht, Wirtschaft und Geist widerspricht. Im anthroposophischen Weltbild soll sich der Staat auf seine Kernaufgabe – die Sicherheit – beschränken, die Vermischung von Staat und Religion, Staat und Wirtschaft gilt als grundfalsch.

Die Sympathie gehört der FDP, vor allem dem etwas blassen liberalen Vizekanzler Franz Blücher. Die FDP steht Ende der Vierziger und Anfang der Fünfziger weit rechts von der CDU. Vor allem in Nordrhein-Westfalen wird sie zu einem Auffangbecken für Ex-Nazis – bis die britischen Alliierten 1953 der Unterwanderung der Partei durch frühere SS-Leute mit spektakulären Verhaftungen ein Ende machen. Die Union konnte nach 1945 auf christlichen Widerstand verweisen, der Führer der SPD, Kurt Schumacher, war im KZ gewesen. Dem deutschen Liberalismus fehlt nicht zufällig ein solches Symbol. Theodor Heuss, die überragende Figur des Nachkriegsliberalismus, hatte 1933 für Hitlers Ermächtigungsgesetz gestimmt. Die FDP votierte 1952 für eine Generalamnestie für »so genannte Kriegsverbrecher«. Erst Mitte der fünfziger Jahre gelingt es schließlich dem bei den Schilys ebenfalls geachteten Nationalliberalen Thomas Dehler, einen sichtbaren Trennungsstrich zum Rechtsextremismus zu ziehen. Doch Franz (und mit ihm Otto) Schily neigt zur FDP, weil diese Partei nicht konfessionsgebundenen, antibürokratischen, aufs Individuelle bedachten Bürgern am ehesten entspricht. Das ist offenbar wichtiger als die anrüchige Rolle, die die FDP in den Gründerjahren der Republik spielt.

Debattiert wird im Hause Schily über die Abrechnung des preußisch-nationalistischen Individualisten Ernst von Salomon mit der *reeducation* (Umerziehung) der Alliierten. 1951 erscheint sein autobiografischer Roman »Der Fragebogen«, der die Affekte der Bundesdeutschen gegen die Siegermächte geschliffen ironisch zum Ausdruck bringt. Linke Autoren, wie etwa die Katholiken Walter Dirks und Eugen Kogon oder der Protestant Martin Niemöller, spielen keine Rolle. Konrad Schily, damals etwa vierzehn Jahre alt, erinnert sich, dass der Vater mit Fritz und Otto über die NS-Zeit geredet und einmal zu ihnen gesagt hat: »Es ist so schwer, die Gegenwart zu durchschauen. Das werdet ihr auch noch merken.« Die NS-Zeit ist ein, aber nicht *das* Thema. Später sagt der Vater, es sei verrückt gewesen, dass er sich damals gegrämt habe, als die Nazis ihn wegen seiner Weltanschauung nicht zur Wehrmacht einziehen wollten.

Doch prägender als die Caux-Bewegung, die Debatte um die Wiederbewaffnung oder die Amnestie für Nazitäter ist für Otto Schily die Musik und die Anthroposophie. Diese ist ein vielge-

Sohn des Direktors – Otto Schily, etwa 1950

staltiges, widersprüchliches Produkt der Säkularisierung, ein bürgerlicher Reflex auf den Aufstieg der Industriegesellschaft. Sie rückt das Individuum ins Zentrum und ist skeptisch gegen Materialismus, Maschinenwelt und Massengesellschaft. Und diese Skepsis teilt der Jugendliche Otto Schily in hohem Maße.

Die Anthroposophie ist eine teils absonderliche, teils anregende, nach Zeiten und Moden wechselnde Melange aus Rationalismus, Goethe-Kult und Humanismus, entlegenem, geheimwissenschaftlichem Hokuspokus indischer Herkunft, christlich-esoterischen Deutungen, liberalen Ideen und magisch-primitivem Analogiedenken. Auf die Ausdifferenzierung der Industriegesellschaft antwortet die Anthroposophie mit dem Beharren auf Ganzheitlichkeit, auf die Massengesellschaft mit dem Lob des Einzelnen. Steiner sympathisiert eine Weile sogar mit anarchistischem Individualismus und Max Stirner.

Rudolf Steiners 89000 Seiten umfassendes Werk ist keine geschlossene Theorie. Es enthält 5965 Vorträge über Naturwissenschaften, Räterepublik, Geister, die Philosophie von Johann Gottlieb Fichte, Architektur, Mystik und Gymnastik – im Grunde alles, was zwischen 1890 und 1925 auf der Tagesordnung steht. Es passt viel in das Steiner'sche Haus, in dem der Meister Widersprüchliches unterbringt. Und es gibt zwei markante Leerstellen: Sex und die Freud'sche Psychoanalyse, die um die Jahrhundertwende unüberhörbar wird. Doch die Erkenntnis, dass das Ich nicht Herr im eigenen Haus ist, stört den metaphysisch überhöhten Ich-Begriff der Anthroposophen erheblich.

Anthroposophie hat sektenhafte Seiten und ist andererseits eine brauchbare Quelle für produktive Anwendungen in Medizin, Pädagogik und Landwirtschaft. Fundamental ist die Orientierung an Werten, der Glaube an die Überlegenheit des Geistes, der die Materie überwindet, und in der Praxis oft eine Lust- und Sinnesfeindlichkeit. Anthroposophie ist in hohem Maße Interpretationssache. Man kann sie offen interpretieren – aber auch hermetisch. Manche Anthroposophen sind von einer Technikfeindschaft beseelt, die auch Mikrofone und Elektrorasierer (Fernseher sowieso) für Teufelszeug hält. Die anthroposophische Ästhetik, viel Rundes, wenig Ecken, ist auf Nachahmung des Organischen aus. Auch das macht sie anschlussfähig für die Ökobewegung der achtziger Jahre.

Franz Schily engagiert sich mit anthroposophischen Unternehmern aus Süddeutschland in den Fünfzigern für die Dreigliederungsidee. In der »FAZ« veröffentlicht er 1955 unter dem Titel »Brüderlichkeit in der Wirtschaft« ein Plädoyer für eine neue Wirtschaftsordnung, inspiriert von der Idee eines Dritten Weges zwischen Plan und Markt. Der Staat soll sich aus der Ökonomie ganz und gar heraushalten, aber auch die Macht von Markt und Konkurrenz gilt es einzudämmen. Preise und Produktionskapazitäten, so Schily, sollen »von einem Zusammenschluss von Erzeugern, Verbrauchern und Händlern« festgelegt werden. All das folgt Steiners Axiom, dass Freiheit zum Geist, Gleichheit zum Recht gehört und beides in der Ökonomie nichts verloren hat. Das ist auch Franz Schilys Glaubenssatz, der nicht frei von doktrinärer Verhärtung ist: Warum hat ein von freien Tarifpartnern ausgehandelter Flächentarifvertrag nichts mit Freiheit und Gleichheit zu tun?

Schilys Aufsatz ist im politischen Spektrum der frühen Bundesrepublik nicht leicht zu verorten. Es ist kein Plädoyer für eine reaktionäre Ständeordnung, hat aber eine starke korporativistische Tendenz. Gleichzeitig erinnert er an die Versuche der Arbeiterbewegung, mit Konsumgenossenschaften eigene, alternative Produktions- und Distributionsarten jenseits des Marktes zu entwickeln. Die »FAZ« reagiert auf den ideologisch irrlichternden Text des Vorstandsmitglieds des BDI ziemlich verwirrt und veröffentlicht ihn nur mit einem redaktionellen Nachwort und der Mahnung: »Wenn man Dr. Schilys Ausführung zu Ende denkt, kommt man in bedenkliche Nähe der so genannten Wirtschaftsdemokratie oder schließlich der vollen Planwirtschaft.«

1952 schreibt Otto Schily seinen Abituraufsatz zum Thema persönliche Freiheit: »Was uns heute Not tut, ist, die Dinge wesenhaft oder, wie Goethe sagt, ideenhaft anzuschauen. Wir dürfen nicht bei der äußerlichen Erscheinung, bei der materiellen Seite des Lebens stehen bleiben, wir müssen vordringen zur geistigen Substanz, zu den geistigen Hintergründen. Denn die Wirklichkeit liegt nicht nur im Bereich unseres heutigen rationalen Bewusstseins, sondern auch durchaus im metaphysischen. Die unmittelbare Äußerung der Geistigkeit der Menschen ist das Denken, wenn es nicht zu einer rein mechanischen ›Intellektmaschine‹ erstarrt. In dem Denken ist uns ein Mittel gegeben, zu einer Erkenntnis unserer selbst und damit auch unserer Freiheit und Unfreiheit zu gelangen.«

Diese Sätze sind eine Art Basiskurs Anthroposophie. Zuerst wird Rudolf Steiners zum Stammvater der Bewegung stilisiertes Idol, Goethe, zitiert (42 Jahre später lässt sich Otto Schily übrigens auf dem Cover seines Buches »Flora, Fauna und Finanzen« ironiefrei vor einer Goethe-Büste fotografieren). Es folgt der antimaterialistische Kernsatz: Der Geist ist das Wesentliche, die Methode, ihn zu erfassen, ist Goethes anschauendes Denken. (Bei Steiner ging dies so weit, dass er sich anschauend denkend in ein Samenkorn meditierte, bis ihm eine »kleine Lichtwolke« erschien.) Dazu gehört auch das Bekenntnis zur Metaphysik, der Glaube an das Übersinnliche, der in der anthroposophischen Esoterik zum Obskuren neigt. Dritter Punkt: Denken muss ganzheitlich sein, nicht maschinell.

Otto Schily plädiert in diesem Aufsatz gleichfalls für die Dreigliederung der Gesellschaft in Recht, Wirtschaft und Geist. Im Recht soll, so Schily mit Steiner, Gleichheit herrschen, in der Wirtschaft Brüderlichkeit, im Geistesleben Freiheit. Das ist die bürgerliche Trias von 1789. Lässt man Steiners bizarre Ableitungen der Dreigliederung aus der Dreiteilung des Menschen beiseite, so ist dies ein Konzept, Gesellschaft nicht von Interessen her, sondern von Ideen aus zu denken. Der zwanzigjährige Otto trägt in diesem Aufsatz exakt das Weltbild seines Vaters vor. Von ödipaler Revolte keine Spur.

»Otto ist kein Anthroposoph, aber er kennt die Ideen«, sagt Konrad Schily heute. Konrad begründete in Witten-Herdecke, keine zwanzig Kilometer vom Haus der Eltern in Bochum entfernt, eine anthroposophisch inspirierte Privatuniversität. Er war zwanzig Jahre lang mit einer Tochter von Hanns Voith verheiratet, einem anthroposophischen Industriellen und Gesinnungsgenossen seines Vaters Franz im Kampf für die Steiner-Idee der Dreigliederung der Gesellschaft. Auch Maria heiratete, wohnt im Bochumer Süden, ist Mutter von zehn Kindern und sympathisiert stark mit der Anthroposophie. Peter, der Älteste, der im Krieg ein Auge verlor, wurde praktischer Arzt in Bochum und wohnte in der elterlichen Villa in der Farnstraße. Michael, der 1952 in den Alpen bei einer Bergtour starb, wollte Priester der anthroposophischen Christengemeinschaft werden.

Man muss sich dieses Szenario kurz vergegenwärtigen: Die Schily-Kinder bleiben allesamt den beiden Magnetfeldern ihrer Eltern verhaftet: Bochum und der Anthroposophie. Einer heiratet die Tochter eines Mannes, der eine Art Pendant des eigenen Vaters ist, einer wohnt im Haus der Eltern. Nur einer geht weg von Bochum, entfernt sich, intellektuell und geografisch, weiter als die Geschwister von der Elternwelt: Otto.

In der Öffentlichkeit gilt er gelegentlich als Anthroposoph. Das ist unscharf und verkennt das Wesentliche: Interessant ist weniger, dass Otto Schily die Anthroposophie kennt, bemerkenswert ist, dass er stets in einer Halbdistanz zu ihr blieb. Sie prägt seinen altertümlichen Blick auf die Welt, impft ihn früh gegen Sektierertum, das es in diesen Kreisen zuhauf gibt. Diese kritische Nähe zum Anthroposophischen ist kein Bruch mit dem Vater. Otto imitiert damit seinen Stil: Das Anthroposophische ist eine Privatsache, nicht oder nur ganz selten für die Öffentlichkeit bestimmt.

Die 56er – Otto Schily und die skeptische Generation

Nach dem Abitur macht Otto Schily im Garten ein Freudenfeuer mit seinen Schulheften. Er ist, durch seine Herkunft, privilegiert, man liest bei den Schilys Charles Dickens im Original.

Doch mit den Bildungsinstitutionen, mit Prüfungen und Lernen tut Otto sich vergleichsweise schwer. 1952 studiert er in München Jura, der Stadt, in der sein Vater als Historiker promovierte. Es ist nicht einfach, diesen Familienkokon, das vertraute, verlässliche Innen zu verlassen und selbst etwas zu werden. Und Jura, das Rechtsleben, in dem, wie er in seinem Abituraufsatz schreibt, »die Freiheit in der freiwilligen Unterwerfung unter das Gesetz« besteht, ist eher ein Notausgang. »Das Jurastudium war zunächst einmal eine Verlegenheitslösung. Wenn einem gar nichts mehr einfällt, dann macht man Jura. So war das auch bei mir«, hat er 1974 dem »stern« gesagt. Jura ist die dritte Wahl: Seine erste Neigung gilt der Musik, er beherrscht Geige, Cello und Klavier, die zweite die Bühne. Hausmusik ist für Otto Georg so selbstverständlich wie heute für Zehnjährige die Playstation. Doch die Freiheit, die Kunst, das Schöne, Wahre und Gute zu wählen, dazu fehlen der Mut und das Vertrauen in das eigene Talent. So zieht er Jura der Musik vor und wählt die sichere Seite.

Das liegt in den fünfziger Jahren im Trend. Die Generation der Zwanzigjährigen scheut das Ungewisse. Sie wollen 1952 nichts Exotisches, wollen kein Abenteuer, sie wollen normal sein – das ist der Reflex auf die Erfahrung der Kriegs- und Nazikatastrophe. Sie haben den Zusammenbruch des Drill-, Terror- und Glaubenssystems der NS-Zeit erlebt. In dieser Erfahrung wurzeln ihr Widerwille gegen Kollektive und Ideologien und das Desinteresse gegenüber der Politik und den öffentlichem Angelegenheiten. 1957 tritt die Union mit dem Wahlslogan »Keine Experimente« an – und gewinnt die absolute Mehrheit. Die von Krieg, NS-Diktatur, Niederlage, Verdrängung des Holocaust und der Teilung welthistorisch überstrapazierten Bundesdeutschen wollen Ruhe, Ordnung, Autorität, auch die Jüngeren. Ein Jurastudium, sagt sich Schily pragmatisch, eröffnet Möglichkeiten. Strafverteidiger zu werden hat zwar nichts mit Musik, aber einiges mit Schauspielerei zu tun.

1954 schreibt Gerhard Sanden im »Handelsblatt« über die *twentysomethings* der Fünfziger: »Sie sind alle Einzelkämpfer, keine Heere. Offene Aufsässigkeit, revoltierende Aufrufe, viel sagende Bekenntnisse werden als unpraktisch verachtet. Sollte jemals wieder eine Diktatur kommen, gleichviel unter welchem Ordnungstitel: Gegen diese gut getarnte Generation schweigender Individualisten hat sie kaum eine Chance.« Die griffige Formel für diese Diagnose liefert 1957 der Soziologe Helmut Schelsky: »Die skeptische Generation«. Die Jungen haben 1945 gesehen, wie Erwachsene, die gestern noch als Autoritäten galten, Uniform, Parteiabzeichen und Gesinnung wechselten wie ein altes Hemd. Väter, die so schwach sind, kann man nicht stürzen. Die ödipale Revolte fällt für diese Generation aus – ebenso Weltrettungsideen, deren katastrophale Auswirkungen man am eigenen Leibe erlebt hat. Diese Generation, so Schelsky, »scheut Abenteuer und bevorzugt Sicherheit, das minimale Risiko, damit das mühselig und glücklich wieder Erreichte, der Wohlstand und das gute Gewissen, die gebilligte Demokratie und die private Zurückgezogenheit, nicht wieder aufs Spiel gesetzt wird. Diese Generation ist angepasster, wirklichkeitsnäher, erfolgssicherer als je eine Jugend zuvor.«

Otto Schily ist kein typischer Vertreter seiner Generation. Sein Wertesystem war nicht bankrott, die ödipale Revolte fiel nicht aus, weil der Vater zu schwach, sondern weil er unangreifbar war. Doch trotz Schilys speziellem biografischem Hintergrund teilt er die Grundstimmung seiner Generation: Nüchternheit, Pragmatismus, Ideologieskepsis. Er ist ein Einzelgänger in einer Generation von Einzelgängern.

In München geht er mal zum SDS, der damals noch ein braver Nachwuchsverband der SPD ist, in dem Zweiundzwanzigjährige mit Schlips Sie zueinander sagen. Aber das Sozialdemokratische ist Schily fremd. Lieber beschäftigt er sich mit Philosophie. »Es war ein Studium nach eigenem Entwurf«, sagt er. Zu studieren, und so lange zu studieren wie Schily, ist in den Fünfzigern ein Eliteprivileg: 85 Prozent seiner Altersgenossen arbeiten mit zwanzig Jahren schon. Er hört den spanischen Philosophen Ortega y Gasset und vor allem Romano Guardini, einen katholischen Religionsphilosophen, der die NS-Zeit in innerer Emigration verbrachte. Guardini, der unter anderem Lehrer des Linkskatholiken Walter Dirks ist, äußert sich wenig zu aktueller Politik und entwickelt eine unspektakuläre christlich fundierte Ethik, die Unionspolitiker wie Hanns Seidel beeinflusst. Es ist der Versuch, einen konservativen Staatsbegriff und die Demokratie, Autoritätsdenken und den Pluralismus unter einen Hut zu bekommen. Guardini sagt über sich selbst: »Ich persönlich glaube wirklich, ein Demokrat zu sein – ich füge sofort hinzu, ein katholischer Demokrat, der absolute Werte und objektive Autoritäten als gegeben anerkennt.« Guardinis »Ende der Neuzeit« ist in den Fünfzigern eine Art Kultbuch katholischer Intellektueller: skeptisch gegen die Massengesellschaft, aber zu pragmatisch, um sich in den finsteren Geschichtspessimismus jenes Jahrzehnts einzufügen. Das Weltbild, in dem Schily das Denken lernt, ist elitär gestimmt, die fünfziger Jahre sind in Westdeutschland voll modischer Verachtung für die Massengesellschaft, in der viele christliche Intellektuelle praktischerweise den wahren Grund für die Nazikatastrophe sehen. Schily liest die katholische Zeitschrift »Hochland«, in der Guardini schreibt. Und er reist viel, nach Dänemark, Schweden und Italien.

Am 26. September 1955 verunglücken Otto Schilys Eltern bei einem Autounfall in der Nähe von Ulm. Ihr Mercedes rast in einen US-Militärtransporter, der auf der Autobahn gewendet hatte. Franz Schily und der Chauffeur sind sofort tot, die Mutter stirbt neun Tage später. Es ist ein Schock, ein Ereignis, das die Geschwister noch mehr zusammenschweißt. »Wem es schlecht geht, der kann sich auf die anderen verlassen. Das ist eine gute Erfahrung«, sagt Otto Schily.

1955 geht Schily von München nach Hamburg, an das Europakolleg. In München regieren die Kardinalsröcke, in Hamburg die Pfeffersäcke, aber bei den Pfeffersäcken geht es etwas freier zu, schreibt er an den jüngeren Bruder Konrad. Der Wechsel ist ein wichtiger Entwicklungsschritt für ihn. In Hamburg ist er viel mit anderen Studenten zusammen, anders als in München, wo er eher ein Einzelgänger war. In Hamburg liest er Hegels »Phänomenologie des Geistes«, von der er, so Schily, »die Beweglichkeit des Geistes« lernt.

Und er hat geerbt. Er ist, für einen Studenten, reich und kauft sich ein Auto, 1955 ein Luxusartikel für einen Dreiundzwanzigjährigen. Auch das Europakolleg, ein Studentenheim mit Clubraum, Hörsaal, ansehnlichem Hof und Einzelzimmern, ist 1955 Luxus. 1956 lernt er dort Uwe Wesel kennen, Sohn eines Hamburger Hafenarbeiters, der in den Siebzigern Vizerektor der Freien Universität in Berlin wird. Die beiden bilden mit Meinhard von Gerkan, der später ein einflussreicher Architekt wird, ein Trio. Man frühstückt spät, interessiert sich für Frauen und Kultur – und auch das Studium. »Wir waren dort die drei Snobs. Wir fühlten uns den anderen überlegen«, erinnert sich Uwe Wesel. Schily ist 24 Jahre alt. Er hat ein hageres, feines Gesicht, trägt gern Anzüge vom Schneider und ist eher schüchtern, vor allem Frauen gegenüber.

Das Jurastudium ist, wie in München, säuerliche Pflicht, keine Herzenssache. 1958 macht das Europakolleg eine Exkursion nach Luxemburg: Auch Schilys Freundin nimmt daran teil. Otto zwingt sich, in Hamburg zu bleiben, weil die Hausarbeit für sein Examen noch längst nicht fertig und die Zeit knapp ist. Im letzten Moment, fünf Minuten bevor der Bus abfährt, entscheidet er sich um – und fährt mit. »Das war einer der Gründe, warum seine Hausarbeit nicht so besonders wurde. Wir haben die Arbeit dann in letzter Sekunde, kurz vor zwölf Uhr nachts, beim Oberlandesgericht in den Briefkasten gesteckt«, erinnert sich Uwe Wesel. »Ich habe mich mit der Hausarbeit unglaublich schwer getan«, sagt Schily. Auf die Rückseite schreibt er: Sub tormentis scribtum. Unter Qualen geschrieben. Sein erstes juristisches Staatsexamen besteht Schily 1958 – spät und mit Ach und Krach. Abends geht er im Europakolleg oft in den Keller. Dort hat er sich aus Holzbalken ein kleines Podest gebaut, auf dem er Cello spielt.

Wie vielen seiner Altersgenossen liegt es ihm fern, sich in einer Partei verbindlich zu engagieren. Aber er ist nicht unpolitisch. Er achtet den SPD-Kronjuristen Adolf Arndt und den Liberalen Thomas Dehler, der unter Adenauer Justizminister ist, sich aber zusehends gegen dessen Teilungs- und Westintegrationskurs wendet. Schily wählt FDP und Gustav Heinemanns »Gesamtdeutsche Volkspartei«.

Heinemann war Anfang der fünfziger Jahre Innenminister unter Adenauer, aus Protest gegen dessen Westintegration und Wiederbewaffnung trat er aus CDU und Kabinett aus. Wer GVP wählte, votierte für eine Opposition gegen Adenauers Außenpolitik. GVP zu wählen war eine fast snobistische Wahl (so snobistisch, dass aus der GVP nichts wurde und Heinemann, wie später Schily, erst nach seinem Wechsel zur SPD wieder ein Ministeramt innehatte). GVP zu wählen hieß auch, für die politische Moral, nicht unbedingt die historische Vernunft zu votieren, für die Übereinstimmung von Wort und Tat. Adenauers Kurs der Westintegration entsprach der Machtlogik der internationalen Lage. Die Westintegration war, angesichts des eskalierenden Kalten Krieges, ein realitätstüchtiges Konzept, doch der Preis von Adenauers Politik war die Zementierung der deutschen Teilung. Es war offenkundig bigott, den westdeutschen Beitritt zur Nato zu forcieren und rhetorisch unverzagt die Einheit zu beschwören. Auch dagegen wandte sich die GVP, eine kleine, flüchtige Opposition innerhalb des herrschenden Bürgerblocks. Die Sympathie für die Einzelkämpfer Heinemann und Dehler, beide bürgerliche Abweichler, passt zu Otto Schily, dem jungen, einzelkämpferischen Bildungsbürger.

Am 4. November 1956 hört Otto Schily im Radio den Appell der Aufständischen in Budapest. Der ungarische Ministerpräsident Imre Nagy, der am 1. November den Austritt aus dem Warschauer Pakt und die Neutralität Ungarns verkündet hat, und seine Mitarbeiter sind von sowjetischen Panzern eingeschlossen. »Sie haben«, so Schily, »in sehr dramatischer Form um Hilfe gefleht. Wir waren davon völlig aufgewühlt. Wir dachten: Das können wir nicht einfach geschehen lassen.« Der Versuch, einen Sozialismus mit menschlichem Antlitz zu etablieren, wird vom sowjetischen Militär niedergewalzt. Schily will, mit Meinhard von Gerkan, spontan einen Jeep und auf dem Schwarzmarkt ein Maschinengewehr kaufen und den Aufständischen zu Hilfe eilen. »Das war meine militante Versuchung. Ich habe ihr widerstanden. Das Ganze endete in einem Ausflug mit meiner Freundin«, sagt Schily.

Im November 1956 versuchen die Briten im Schatten der Ungarnkrise, die Gunst der Stunde zu nutzen, um die Verstaatlichung des Suezkanals durch Ägypten rückgängig zu machen. Sie bombardieren Ägypten. Otto Schily, mit Trenchcoat und Baskenmütze, und Uwe Wesel ziehen mit einem selbst entworfenen Plakat zur Hamburger Universität: »Eden nach Nürnberg« steht darauf zu lesen. Robert Anthony Eden ist der britische Premierminister, Nürnberg Symbol des Prozesses der Alliierten gegen die Nazis.

1956 verbietet das Bundesverfassungsgericht die KPD: Zeitungsredaktionen werden durchsucht, Parteiakten beschlagnahmt, Kommunisten, die schon in Nazigefängnissen saßen, verhaftet. Die Partei ist Mitte der fünfziger Jahre nur in der Fantasie antikommunistischer Staatsschützer eine mächtige Organisation. Sie hat sich, nach ein paar Wahlerfolgen Ende der vierziger Jahre, angesichts der deutschen Teilung in eine Sekte einiger Unentwegter verwandelt. Das KPD-Verbot ist kein Zeichen einer selbstbewussten Demokratie, die sich mit Augenmaß zu wehren versteht, sondern Ausdruck antikommunistischer Paranoia. Den Skandal, dass Kommunisten, die von den Nazis unterdrückt wurden, erneut drangsaliert werden, nimmt die westdeutsche Öffentlichkeit nicht wahr. Das ist der blinde Fleck des bundesdeutschen Antitotalitarismus in den fünfziger Jahren: Er ist weniger aus Freiheitsliebe als aus Angst und Verdrängung der eigenen totalitären Vergangenheit geboren. Der vierundzwanzigjährige Jurastudent Otto Schily hält das Urteil des Bundesverfassungsgerichtes für richtig

Schilys politisches Engagement in den fünfziger Jahren ist sporadisch, eher zufällig verdichtet in jenen zwei, drei Wochen im Spätherbst 1956. Zu demonstrieren ist die Ausnahme. Das bleibt auch 1968 so: Der Einzelgänger scheut die Masse.

Staatstreu, liberal, antitotalitär, so sind Schilys Positionen in den Fünfzigern. Er wendet sich gleichermaßen gegen den neokolonialistischen Angriff der Briten und Franzosen auf Unabhängigkeitsbestrebungen ägyptischer Nationalisten wie gegen die sowjetische Repression gegenüber dem ungarischen Satellitenstaat. Schily treibt, wie die Ungarn-Anekdote und auch das Anti-Briten-Plakat zeigen, eher der moralischer Impuls als die politische Analyse. Die Folie ist dabei der juristische Umgang mit den NS-Verbrechen. Die westlichen Siegermächte müssen sich an den

Der Einzelgänger –
Schily um 1955

Maßstäben messen lassen, die sie gegenüber dem Hitlerregime markiert haben. Eden nach Nürnberg.

Das ist ein polemischer, zorniger Satz, ein mehr als gewagtes historisches Gleichheitszeichen zwischen der letzten Zuckung des britischen Empire-Imperialismus und dem NS-Regime. Darin klingt noch das Echo von Ernst von Salomons Attacke gegen die Moral der Alliierten nach. Zwanzig Jahre später wird der RAF-Anwalt Schily Gudrun Ensslin mit dem Verweis auf den Vietnamkrieg verteidigen und versuchen, den US-Präsidenten Richard Nixon vor das Gericht in Stammheim zu zitieren, um den kriegsverbrecherischen Charakter des US-Engagements in Vietnam vorzuführen.

Schily erscheint 1956 als Mensch mit ausgeprägter politischer Moral, die durch die Erinnerung an die NS-Verbrechen ihre Schubkraft erhöht. Dieses Bild stört sein Ja zum KPD-Verbot. Damit ignoriert er das Naheliegende: den Skandal, dass ein deutscher Staat elf Jahre nach 1945 deutsche Kommunisten wieder wegen ihrer Gesinnung einsperrt. Doch offenbar ist ein anderes Motiv stärker: die Überzeugung, dass ein legitimer Staat sich gegen seine Feinde wehren muss. 1974 sagt er im Rückblick: »Man schämt sich ja fast zu sagen, dass ich früher einmal für das Verbot der KPD gewesen bin. Aber die Irrtümer der Vergangenheit sind die wichtigsten Merkprozesse.« 45 Jahre später wird er als Bundesinnenminister in dem NPD-Verbotsverfahren die Korrektur des Irrtums korrigieren und wieder im Jahr 1956 ankommen. Im Zweifel für die Staatsräson – und gegen Freiheitsrechte. So verschieden die Fälle KPD und NPD liegen – in einem ähneln sie sich: Eine Gefahr für die bundesdeutsche Demokratie sind sie beide nicht.

In den fünfziger Jahren formt sich Schilys Blick auf die Welt. Schily wird seine Meinungen – nicht seine Grundüberzeugungen – ziemlich oft achselzuckend ändern. Er ist kein Renegat: kein Kommunist, der zum Antikommunisten wird, kein libertärer Achtundsechziger-Sozialist, der dreißig Jahre später zum Deutschnationalen wird. Otto Schily wird nicht verraten, was er glaubt. Er glaubt auch selten an etwas Extravaganteres als das Grundgesetz. »Er war früher ein Liberaler, und er ist es immer noch. Auch wenn er nicht gemerkt hat, dass er inzwischen über die Grenze getreten ist«, urteilt Uwe Wesel.

So erkennt man bei Schily ein paar Grundzüge, die über die Ausbeulungen und Zeitgeist-Verwerfungen von den fünfziger Jahren bis zur Jahrtausendwende hinweg den Zwanzig- mit dem Siebzigjährigen verbinden. Politik als Kampfterrain sozialer Klassen zu verstehen, liegt ihm eher fern. Er begreift Politik als Feld, wo Moral, Argumente und Rhetorik zählen. Er misstraut den Kollektiven und schätzt das Individuum. Dieser Blick wird, nur scheinbar paradox, auch sein Verhältnis zu den Achtundsechzigern und der RAF prägen. Seine Affinität zur linken Revolte fußt nicht auf dem Glauben an ein geschichtsmächtiges proletarisches Kollektiv. An der Revolte faszinieren ihn Personen, bürgerliche Individuen, die ihren Gewissenskonflikt handgreiflich in einer Tat dokumentieren. Leute wie Gudrun Ensslin beispielsweise, die meint, dass schuldig wird, wer tatenlos dem US-Krieg in Vietnam zuschaut.

2. Kapitel

Die Stadt der Revolte – Otto Schily in Berlin

»Er trat 1964 auf wie Proust, hatte einen Spazierstock in der Hand mit Silberknauf und sprach lieber über Musik als über Juristerei.«

Christian Semler über Otto Schily

1958 trifft Otto Schily eine Entscheidung, die sich als existenziell erweisen wird. Er geht nach Berlin. Das ist nicht selbstverständlich: Im November 1958 stellt Nikita Chruschtschow das so genannte Berlin-Ultimatum. Briten, Franzosen und US-Amerikaner sollen innerhalb von sechs Monaten aus Westberlin abziehen. Die Stadt rückt noch enger in den Fokus des Kalten Krieges – wenn diese Konfrontation »heiß« wird, dann hier. Man muss kein Abenteurer sein, um Ende der fünfziger Jahre nach Westberlin zu ziehen – aber es ist auch nicht gerade das bevorzugte Ziel durchschnittlicher, strebsamer bundesdeutscher Jungakademiker. Otto Schily wäre vielleicht ein geachteter, aber nicht sonderlich bekannter Strafverteidiger geworden, wenn er nicht in Westberlin, sondern in einer freundlichen schwäbischen Provinzstadt seine Kanzlei eröffnet hätte. Die Revolte in Berlin in den Sechzigern wird auch den etwas schüchternen, snobistischen Juristen prägen, der scheinbar durch kaum etwas zu beeindrucken ist, und sein Leben durcheinander wirbeln. In den späten Sechzigern beginnt seine Karriere als öffentliche Figur, als Anwalt der APO.

Schily bekommt in Berlin rasch mit, wo sich etwas tut. Er hat ein Sensorium für das Neue. Vor allem hat er eine Freundin, Lissa Bauer, die sich in der Kulturszene Berlins blendend auskennt. 1959 kommen die Germanistikstudenten Klaus Völker und Hanspeter Krüger auf die Idee, Lesungen moderner Literatur zu organisieren. Völker mietet einen kleinen Heizungskeller in der Waitzstraße in Berlin-Charlottenburg. Lesungen existieren 1960 in Berlin noch nicht. Der Waitzkeller ist kein offizielles Lokal, sondern ein illegaler Club ohne Genehmigung. Es gibt keine öffentlichen Ankündigungen, keine Kritiken in den Zeitungen. Klaus Völker verschickt persönliche Einladungen. Die Miete beträgt 65 Mark, zehn Mark steuert Günter Grass bei. Uwe Johnson liest und debattiert dort Texte von Erwin Strittmater, Günter Grass liest »Katz und Maus«, der Student und spätere Schriftsteller Hermann P. Piwitt eine Erzählung, der Literaturprofessor Peter Szondi einen Essay über »Othello«, Robert Wolfgang Schnell Paul Scheerbarts »Ich liebe dich! Ein Eisenbahnroman«. Aus dem Osten kommen Johannes Bobrowski und Christa Reinig. Man sitzt auf Obstkisten und diskutiert die literarische Moderne. Wer auf die Toilette muss, geht in die Kneipe auf der anderen Straßenseite. Im Juli 1960 taucht Fritz Lang im Waitzkeller auf, der in Berlin gerade »Die tausend Augen des Doktor Mabuse« dreht und sich abends langweilt. Er saß, so Klaus Völker, »auf dem einzigen, ziemlich abgewetzten Sessel und wehrte alle Fragen, die sich auf Kracauers ideologiekritische Filmtheorie bezogen, missgelaunt ab. Später hat er dann von seiner Wahl zum Ehrenpräsidenten des Zuhälterrings Alexanderplatz Nord erzählt.«

Der Keller ist Treffpunkt einer bürgerlichen Boheme, von Architekten, Malern, Künstlern, Fotografen, Schauspielern, Dramaturgen. Otto Schily ist manchmal dabei, denn die Pianistin Lissa Bauer ist eine zentrale Figur des Kreises. »Früher hätte man gesagt, Lissa war so etwas wie die Muse dieser Gruppe. Sie hat viele Leute zusammengebracht«, sagt der Filmregisseur Harun Farocki. So kommt Schily früh zu den Lesungen, noch bevor der Literaturprofessor Walter Höllerer die Idee populär macht. Schily ist neugierig, kulturell interessiert, und er hat einen empfindlichen Sinn für Innovatives, Interessantes. »Er wirkte nicht wie ein Student, mehr wie ein Dandy: immer mit Krawatte, immer besser angezogen als alle anderen«, erinnert sich Hanspeter Krüger, der später Redakteur beim SFB wird und mit Schily und anderen in den Siebzigern das Haus in Berlin-Schöneberg kauft, in dem Schily heute wohnt.

1960 träumt Schily noch immer von einer Schauspielerkarriere. Er trainiert, 28 Jahre alt, seine Atemtechnik und nimmt Sprechunterricht. Friedrich Wilhelm von Sell, damals Justiziar beim SFB, vermittelt ihm 1960 einen Termin bei Walter Franck, einem in den Fünfzigern viel beschäftigten Schauspieler am Schiller- und Schlossparktheater. Schily kommt »voller Ehrfurcht und ein bisschen bibbrig« (Schily) in Francks Wohnung. Die Haushälterin öffnet und führt ihn in das Wohnzimmer mit Samtvorhängen, gedämpftem Licht und altbarocker Einrichtung. Schily schaut sich unsicher um. Aus einer Ecke ertönt eine tiefe Stimme: »Wer sind Sie, junger Mann? Was wollen Sie?« Schily antwortet wahrheitsgemäß: »Ich bin Otto Schily. Ich möchte Schauspieler werden.« Dann kommt die vernichtende Frage: »Wie alt sind Sie? Warum kommen Sie erst jetzt?« Damit war das Gespräch zu Ende – und Schilys Schauspielerträume auch. Schily versteht es, diese Anekdote heute so zu erzählen (Francks tiefe Stimme spricht Burgtheaterdeutsch mit rollendem R), dass wenig Zweifel an seinem Talent zum Schauspielerischen bleibt.

In den sechziger Jahren wird das eingemauerte Westberlin zu einem sozialen Experimentierfeld, zu einem in der Republik einmaligen Biotop, in dem sich die gesellschaftlichen Umwälzungen und die Kulturrevolution der späten Sechziger viel früher und extremer zeigen als anderenorts. In keiner zweiten Stadt der Republik existieren in der Mitte des Jahrzehnts ein ähnlich kreatives Bohememilieu und eine so radikale, subversive und aktive außerparlamentarische Bewegung. Nirgends sonst prallen die studentische Gegenkultur und eine betonfeste Mehrheitsgesellschaft so hart aufeinander wie hier.

Doch vorerst bewegen die Mauer und US-Panzer am Checkpoint Charlie die Gemüter, nicht Rudi Dutschke und die Anti-Springer-Kampagne. Nach dem 13. August 1961 gelangen Studenten, die im Osten wohnen, nicht mehr an die Universitäten im Westen. Die Empörung über die hilflose Infamie und den Wortbruch der SED ist im Westen allgemein (der Jurastudent Hans-Christian Ströbele hilft Ostberlinern, in den Westen zu kommen). Otto Schily erinnert sich: »Ich hatte einen Schneider in der Leipziger Straße im Ostsektor, dem ich als armer Student immer Stoffe brachte, aus denen er mir Anzüge machte. Eines Tages, irgendwann im Frühjahr 1961, sagte er zu mir, Herr Schily, es tut mir furchtbar Leid, aber ich kann Ihnen bald keine Anzüge mehr anfertigen. Ich fragte ihn, warum. Er sagte: Weil die eine Mauer bauen werden zwischen Ost- und Westberlin. Er hatte das wahrscheinlich von einem seiner SED-Kunden erfahren. Ich war damals so naiv zu glauben, es sei unmöglich, eine Riesenstadt wie Berlin einzumauern. Hätte ich nur! An den Tag des Mauerbaus erinnere ich mich noch genau. Ich bin mit Leuten zur Mauer gefahren und habe ausdauernd gehupt. Wir dachten offenbar, dass davon gleich die Mauer zusammenfällt, wie bei den Trompeten von Jericho.« Ein »armer Student« ist Schily 1961 nicht. Er hat geerbt, eine Vorliebe für extravagante Autos und bevorzugt eine bequeme Art, seine Meinung zu demonstrieren: die Autohupe.

Die politische Lage ist in den frühen Sechzigern bedrohlich. Die Welt scheint zweimal, 1961 in Berlin und 1962 in Kuba, nur knapp einer Katastrophe zu entgehen. Doch Recht und Moral in diesem Konflikt sind für Liberale klar verteilt, gerade von Westberlin aus gesehen. Die USA verkörpern Demokratie, Wohlstand, Freiheit und Pluralismus. Sie haben die Deutschen 1945 besiegt und befreit, jetzt verteidigen sie Westeuropa mit nuklearem Schutz gegen den aggressiven, repressiven Realsozialismus sowjetischer Prägung. Am 26. Juni 1963, ein paar Wochen bevor er in Dallas erschossen wird, kommt der US-Präsident John F. Kennedy nach Westberlin. Mehr als eine Million Bürger jubeln ihm bei seiner Fahrt zum Rudolf-Wilde-Platz zu. Acht Stunden braucht sein Wagen für die 53 Kilometer lange Strecke, ein Triumphzug über Berge von Blumen und Konfetti. Seit Hitler in den späten Dreißigern haben die Berliner niemanden mehr so euphorisch, so rückhaltlos gefeiert. Am Schöneberger Rathaus, unter der Freiheitsglocke, sagt Kennedy seine in Deutschland fortan berühmtesten Worte: »Ich bin ein Berliner.« Einer unter den Hundertfünfzigtausend auf dem Rudolf-Wilde-Platz ist der Student Otto Schily, der »vor Begeisterung aus dem Häuschen« ist. Vietnam ist 1963 noch fern. Erst sechs Jahre später, als US-Präsident Nixon nach Berlin kommt, fliegen die ersten Farbeier.

1963 absolviert Otto Schily sein zweites juristisches Staatsexamen, wie beim ersten ohne zu glänzen. Er hat lange studiert, länger als die meisten anderen. »Ich habe das erste Examen geschmissen«, sagt er, »weil ich lieber mit einer jungen Dame verreisen wollte. Ich bin kein Examenstyp.« Dann fängt er in der Kanzlei des Wirtschaftsanwalts Dr. Hans-Günther Neufeldt in Dahlem in der Königsallee an. Er bestreitet Zivilprozesse: Es geht um Wirtschaftsrecht, unlauteren Wettbewerb, Urheberrecht, Gesellschaftsverträge, Scheidungen, Erbschaftsstreitigkeiten.

Manchmal taucht er bei den Vernissagen der neu entstandenen Galerieszene auf. Regelmäßig besucht er den »Kreis zur gegenseitigen geistigen Ausbeutung«, zu dem der Dramaturg der Schaubühne, Dieter Sturm, und der Literaturwissenschaftler Klaus Völker gehören. Man trifft sich zu Hause und berichtet und diskutiert Neues aus den beruflichen Fachgebieten, Theater, Architektur, Rechtswesen. Diese Szene ist kein homogener, kein streng bildungsbürgerlich ausgerichteter Kreis. Man ist noch unpolitisch, meist irgendwie künstlerisch orientiert. Gern sitzt man in der Kneipe »Die Försterin« am Adenauerplatz, einer Art Holzbude mit kleinem Gärtchen und dickem Wirt. Manchmal hält sich hier auch ein junger, dandyhafter Mann auf, der bei einem schwulen Fotografen wohnt und sich schnell und meist erfolglos mit anderen prügelt: Andreas Baader.

Nach dem Mauerbau 1961 geht es mit Westberlin ökonomisch bergab. Industrieunternehmen, auch Facharbeiter wandern nach Westdeutschland ab, es folgen Teile des Großbürgertums, die nach München, Hamburg und Düsseldorf ziehen, weil ihnen die Lage zu brisant erscheint. Die gesellschaftliche Struktur wird dadurch offener, poröser, weniger betoniert, der Zugang nach oben leichter als etwa in München oder Hamburg, wo ein alteingesessenes, traditionelles Establishment die Stadt prägt. Es gibt in Westberlin kaum Salons, deshalb sind die Kneipen, von der »Försterin« über die »Paris Bar« bis zum »Zwiebelfisch«, wichtige Orte. Der Großbürger Schily kommt 1958 in eine Stadt, die das Großbürgertum im Begriff ist zu räumen. Das ist eine Bedingung für seinen Aufstieg: In Westberlin kann Otto Schily Repräsentant eines Bürgertums werden, das die meisten nur noch aus Romanen kennen.

Um dem ökonomischen Niedergang Westberlins nach 1961 gegenzusteuern, steigen Anfang der Sechziger die Subventionen für Kultur. Der Kulturbetrieb nimmt, gewissermaßen beflügelt durch den Mauerbau, einen rasanten Aufschwung. Beckett und Peter Weiss arbeiten am Schillertheater, Hochhuth inszeniert an der Freien Volksbühne, Walter Höllerer etabliert das Literarische Colloquium in der Carmerstraße. All diese Spielstätten liegen nur einen Steinwurf von der »Paris Bar« entfernt.

Eine wesentliche Rolle spielt dabei die Ford Foundation, die Stipendien für hochkarätige Gäste finanziert. 1963 kommt, gesponsert von der Ford Foundation, der exzentrische polnische Schriftsteller Witold Gombrowicz für ein Jahr nach Berlin. Klaus Völker kümmert sich um den eigenwilligen Literaten, einen Existenzialisten, der neben dem Marxismus vor allem die Idee verachtet, dass Literaten ihrem Vaterland etwas schuldig sind. Er ist ein entschiedener Individualist, ein Nonkonformist, der allergisch auf alle kollektiven Vereinnahmungen reagiert. Manche vergleichen seine Werke mit denen Eugène Ionescos. Völker macht Gombrowicz, der etwas von dem Kulturleben in Berlin sehen will, mit dem Waitzkeller-Kreis bekannt – unter anderem mit Lissa Bauer und Otto Schily. Zwanzig Jahre später erinnert Schily sich daran, wie er damals Gombrowicz wahrnahm.

»Ich war damals mit Lissa Bauer befreundet und interessierte mich sehr für Literatur, Musik und generell die schönen Künste. Das war eine schöne Sache damals in Berlin, diese Einladung von Künstlern. In diesem Zusammenhang habe ich Witold Gombrowicz oft getroffen. Wenn ich heute versuche, mich zu erinnern, kann ich gut sein Gesicht vor mir sehen: ein schönes Gesicht, sehr ausdrucksvoll, aber ich kann keinen Satz aus unseren Gesprächen wiedergeben. Ich bin ein sehr schlechter Zeuge, vielleicht weil ich Gombrowicz mit viel Respekt gegenübergetreten bin. Ich war ein kleiner, unbekannter Anwalt und vollkommen eingeschüchtert von ihm. In meiner Bibliothek steht ein Foto von Gombrowicz an der Seite von Albert Einstein! Für uns junge Berliner stand Gombrowicz auf einer Ebene mit Samuel Beckett, auch wenn sie sehr unterschiedlich waren.

Er war in den damaligen Berliner Verhältnissen eine außergewöhnliche Erscheinung. Er verfügte über intellektuelle Eleganz. Eleganz kann man nur schwer rational erklären. Das ist eine Sache der Intuition, keine Attitüde, keine Haltung, mehr eine Aura.

Uwe Wesel, ein Freund von mir, meinte einmal, dass man die Politik nach ästhetischen Gesichtspunkten beurteilen sollte. Dieser Satz hätte auch von Gombrowicz stammen können. Denn für ihn war Ästhetik sehr bedeutsam, sogar in moralischen Fragen. Diese seltsame Kombination von Ästhetik und Moral, die keineswegs Amoralität produziert – das machte sein Wesen aus.

Zudem war Gombrowicz auf bestimmte Weise anachronistisch. Er hat stets versucht, seine Individualität allen Tendenzen seiner Epoche entgegenzustellen. Ernst Bloch hat das die Ungleichzeitigkeit genannt. Insofern war Gombrowicz ein ungleichzeitiger Mensch. Durch seine Eleganz und die anachronistische Haltung erhob er sich gegen den Niedergang der Kultur, gegen die Warenwelt. So versuchte er einen literarischen Zirkel ausgerechnet in einer kulturellen Wüste zu etablieren – in dem trostlosen »Café Zuntz« am Kurfürstendamm. Das war eine großartige Geste. Aber es hat nicht funktioniert. Er war sehr traurig darüber.

Es gibt eine Geschichte von ihm, die ich sehr liebe: ›Verbrechen mit Vorbedacht‹. Sie spielt in einem polnischen Dorf und erzählt die Geschichte eines Mordes. Aber es ist kein gewöhnlicher Bericht à la ›Ein Mord ist begangen worden, man sucht den Täter‹. Hier ist es genau umgekehrt. Man kennt den Täter, und es ist der Mord, nach dem man sucht. Peter Lilienthal hat daraus einen TV-Film gemacht, 1967 für den SFB. Mich interessiert die Umkehrung der Situation. Das ist eine gute geistige Übung. Und mehr noch: Die Geschichte gleicht der Realität, in der wir Juristen uns bewegen. Wir haben oft keine Ausgangsthese: Etwas ist passiert, und wir suchen Fakten, die zu den handelnden Personen passen, und nicht umgekehrt Personen, die zu den Fakten passen. Aber diese Geschichte hat eine viel komplexere Logik.

Wir haben nie über Polen oder Politik gesprochen. Aber man fühlte, dass er auf die Lage Berlins sensibel reagierte. Ich glaube, dass er damals ein stärkeres Gefühl für die Geografie hatte als ich. Heute habe ich dieses Bewusstsein auch. Gombrowicz war polnisch bis ins Mark. Aber er mied die üblichen Emigrantengespräche, etwa warum er Polen verlassen musste. Bei ihm verstand sich das Polnische von selbst, allerdings auf eine für Polen untypische Art und Weise. Er war ein Pole, der zum Kosmopolit konvertiert war.«

Der unbekannte Anwalt, der als Lissa Bauers Freund Zutritt zur Boheme hat, und der große Literat. In dieser Erinnerung, die Rita Gombrowicz 1984 aufzeichnete, ist eine fast sprachlose Schüchternheit zu spüren: die Ehrfurcht vor einem Gesandten aus der Welt der großen Namen, der Welt von Albert Einstein, eine Welt voller Bedeutung, der anzugehören einer von Otto Schilys Lebensträumen ist. Noch der verwegene, ja entlegene Versuch, Witold Gombrowiczs prinzipienfeste Egozentrik mit Blochs Konzept der Ungleichzeitigkeit zu nobilitieren, bekräftigt, wie staunend beeindruckt Schily auf diesen Mann schaut. Der heftige Eindruck, den Gombrowicz bei ihm hinterlässt, scheint drei Gründe zu haben: Neben seinem Ruhm fesselt Schily das Anachronistische, der Habitus, aus der Zeit, der Konsum- und Warenwelt gefallen zu sein. Und Gombrowicz ist ein bedingungsloser Individualist, ein Solitär, der auf die anderen hinabzuschauen pflegt, so wie es Schily auch tun wird. Gombrowiczs legendäre Arroganz, seine manchmal jede Vernunft sprengende Lust am Widerspruch, verfliegt allerdings in Windeseile, wenn er eine schlechte Presse bekommt. Auch dies ist ein Zug, der Schily nicht ganz fremd ist.

Schily, so beschreiben ihn viele in den sechziger Jahren, ist eine freundliche, dezente Erscheinung. »Er trat 1964 auf wie Proust, hatte einen Spazierstock in der Hand mit Silberknauf und sprach lieber über Musik als über Juristerei«, sagt Christian Semler, der in der Revolte 1967 einer der SDS-Führer war, in den Siebzigern Vorsitzender der maoistischen KPD/AO wurde und seit den späten Achtzigern als Journalist bei der »taz« arbeitet. Das Anthroposophische ist bei Schily leise zu spüren, er ist skeptisch gegen das technologisch Machbare, eine Haltung, die damals, ein paar Jahre vor der Ölkrise und dem Bericht des Club of Rome, bestenfalls als absonderlich empfunden wird.

Schily fährt einen Sportwagen, einen weißen MG, später, bis in die Achtziger, einen Citroën DS. Der Citroën ist das Traumauto linker Bürger: groß, luxuriös, bequem – und kein Mercedes. Mittags geht er oft in die »Paris Bar«, die damals noch kein Schickeriatreff wie in den Neunzigern ist, sondern ein etwas bizarres, alt-

Bürgerlicher Bohemien am Tresen

modisches, verschlissenes, billiges Lokal mit dem Ruf, etwas Besonderes zu sein. Zum Stammpublikum zählen Kunstprofessoren aus der nahe gelegenen Hochschule der Künste. Es ist ein Ort, an dem sich viel vermischt, Intellektuelle, die stundenlang in Büchern lesen, und Alkoholiker, Eilige, die schnell etwas essen wollen. Es herrscht eine Atmosphäre des Laisser-faire, man kann sich zu Hause fühlen und zugleich inkognito. Ein »Steak minute« kostet eine Mark, und man trinkt billigen Rotwein. Die »Paris Bar« existiert seit 1950, in der Küche arbeitet ein ehemaliger Kantinenkoch der französischen Armee. An der mit Sternen verzierten Decke hängt ein altes Air-France-Modellflugzeug, und Fotos vom unvermeidlichen Eiffelturm und der Croisette in Cannes schmücken die Wände. »Es sah aus wie in einem Roman von Franz Jung über die bürgerliche Boheme«, erinnert sich Harun Farocki.

Schily ist in der »Paris Bar« Stammgast – von den Sechzigern bis in die Neunziger. In einer Nische spielt er oft Skat, auch mal von mittags bis abends. Dabei zeigt sich die andere, härtere, cholerische Seite von Otto Schily. Er spielt gut und flippt manchmal aus, wenn andere nicht so konzentriert bei der Sache sind. Macht Schilys Mitspieler einen Fehler, dann knallt Otto schon mal wütend die Karten auf den Tisch. Er kann nicht verlieren, schon gar nicht, wenn die Fahrigkeit anderer schuld ist. Manche seiner Mitspieler reizen mitunter extra zu hoch, bloß um nicht mit Schily zusammenspielen zu müssen: Lieber verlieren, als von ihm niedergemacht zu werden, heißt die Devise.

Der Bürger und die Revolte

Otto Schily ist Mitte der sechziger Jahre ein zurückhaltender Musik- und Kunstliebhaber. Vielleicht wäre er diese Figur geblieben und hätte die Revolte nur von ferne, per Zeitungslektüre, erlebt, wenn er nicht in jenem lockeren Bohemekreis Christine Hellwag getroffen hätte, Enkelin des berühmten linken Architekten Bruno Taut. Christine studiert Theaterwissenschaften, aber das ist nicht so wichtig. Sie ist jung, schön, sehr schön, und fasziniert von der Studentenbewegung. Sie gehört nicht zum inneren Kreis des SDS, der bis 1967 ein straff organisierter Eliteverband ist, sondern tritt erst 1967 in den SDS ein – in dem Moment, als er sich von einer Kaderorganisation in eine offene Gruppe verwandelt. Als Beruf gibt sie bei ihrer SDS-Aufnahme an: »Hausfrau«. Sie ist radikal, aktionistisch, kennt sich mit den Schriften von Herbert Marcuse aus und ähnelt ein bisschen der britischen Schauspielerin Julie Christie, die in den sechziger Jahren ein Star ist.

1968 verteidigt Schily sie in einem Prozess. Sie hatte, zusammen mit Christian Semler, ein Plakat mit einem Rosa-Luxemburg-Zitat vor dem Schöneberger Rathaus hochgehalten: »Die Sozialdemokratie ist ein stinkender Leichnam«.

1965/66 bahnt sich die Revolte an. Man diskutiert in dem Kreis die neuen Suhrkamp-Bände, zettelt Großraumdebatten um Marxismus und Existenzialismus, Sartre, Camus, Marcuse, um die wiederentdeckten radikalen Frühschriften von Adorno und Horkheimer, um Politik und Ästhetik an, ent- und verwirft neue Pläne zu Theaterstücken, Filmen, Büchern. Schily hält sich eher zurück. Wenn, dann redet er über Literatur, Uwe Johnson oder Peter Weiss. Außerdem hat er keine Zeit, er muss arbeiten, viel arbeiten. Auch am Wochenende, auch abends um sieben noch mal kurz. Er ist erfolgreich, sehr diszipliniert. Aber er kann auch, in seiner dezenten Art, locker sein.

Otto Schily orientiert sich 1967 weniger an Kennedy und Dehler als an Marx und Engels. Als 1967 ihr erstes Kind zur Welt kommt, nennen Otto und Christine Schily sie Jenny Rosa – nach Karl Marx' Frau Jenny und der vom Freikorps ermordeten polnischen Sozialistin und Mitbegründerin der KPD Rosa Luxemburg. Wie für viele in Westberlin hat sich innerhalb von ein, zwei Jahren das gesamte politische Koordinatensystem verschoben. Der Name Jenny ist allerdings für Schily nicht nur politisches Bekenntnis – und schon gar keine Abwendung von der eigenen Familientradition wie für viele andere »Achtundsechziger«, denn wie schon erwähnt, war einer seiner Vorfahren, Victor Schily, mit Karl Marx befreundet.

Der Frankfurter Bankierssohn Tom Königs verschenkt Anfang der siebziger Jahre sein Erbe an den Vietcong. Für Schily wäre das, trotz heftiger Sympathie für den Befreiungskampf der Vietnamesen, undenkbar. Das Erbe auszuschlagen ist nicht nur eine altruistische Tat, es ist mehr als persönlicher Verzicht, um einem allgemeinen, kollektiven Ziel zu dienen. Das Erbe nicht anzunehmen, bedeutet auch, sich selbst außerhalb der Generationenfolge zu stellen. Für Schily kommt das nicht in Frage.

Otto Schilys Linksschwenk 1967 ist nicht ungewöhnlich. 1967 ist links in. Der CDU-Staat produziert einen unübersehbaren Reformstau. Gotteslästerung, Homosexualität und Ehebruch sind – bis 1969 – strafbar. Außenpolitisch klammert sich die Union, wider besseres Wissen, an die Doktrin, dass Bonn mit der DDR nicht verhandelt. Das Bildungssystem widerspricht schroff allen Chancengleichheitsversprechen und macht das Studium zum Vorrecht der Privilegierten. Vieles schreit regelrecht nach Aufbruch, Wechsel, Veränderung. Das Arbeits- und Pflichtethos des Wiederaufbaus verblasst in den sechziger Jahren, Konsum und individuelle Freiheiten werden wichtiger, und die »Honoratiorenpartei« Union ist unfähig, darauf zu reagieren. Mitte der Sechziger entwickeln sich, nicht nur in der SDS-Subkultur, sondern auch innerhalb der Institutionen und der »offiziellen Öffentlichkeit«, Debatten, die um das bundesrepublikanische Selbstverständnis kreisen. Eine wichtige Rolle spielen Historiker wie Fritz Fischer, dessen Buch »Griff nach der Weltmacht«, das die Legende von der deutschen Unschuld an Ausbruch und Verlauf des Ersten Weltkriegs widerlegt, für Furore sorgt. Der Historikertag 1964 befasst sich mit der Rolle der Arbeiter- und Soldatenräte 1918, und 1966 werfen jüngere Wissenschaftler einen kritischen Blick auf die autoritären politischen Ideen des Widerstands vom 20. Juli 1944 – und kratzen damit an der Gründungslegende der Republik. »1968« hatte intellektuell einigen Vorlauf.

Der wichtigste Anstoß für die APO ist die Bildung der Großen Koalition, die seit Dezember 1966 in Bonn regiert. Denn nun formiert sich erstmals jenseits der SPD eine unabhängige Neue Linke. Bis dato hat die SPD in der Opposition wie ein Magnet alle linken Strömungen angezogen – trotz der reformistischen Wende in Godesberg und des Ausschlusses des linken SDS. Das ist nun vorbei. Jürgen Habermas schreibt 1967 in der Frankfurter Studentenzeitschrift »Diskus«: »Die sozialdemokratischen Führer sind in die abgewirtschaftete Regierung der CDU/CSU eingetreten. Sie liefern das Alibi für die Verschleierung des Konkurses und die Fortsetzung einer gescheiterten Politik. Wir haben Grund, die neue Regierung mehr zu fürchten als die alte.« Dass die Große Koalition sich sogleich daranmacht, mit ihrer Zweidrittelmehrheit im Parlament die Notstandsgesetze vorzubereiten, passt ins finstere Bild. Diese Gesetze werden für viele zum Menetekel. Die bürgerliche Demokratie, für viele in der »Neuen Linken« ohnehin nur formaler Mummenschanz, scheint sich unaufhaltsam in

Richtung autoritäres Regime zu bewegen. Der Bundestag, so die Einschätzung vieler, hört faktisch auf, Kontrollorgan der Regierung zu sein.

Justizminister Gustav Heinemann befürwortete die bundesdeutschen Notstandsgesetze mit dem nüchternen Hinweis, dass sie besser, praktischer und demokratischer seien als der Status quo, nach dem im Notstandsfall die Gesetze der Alliierten gälten. Das waren gute Argumente. Der Widerstand gegen die Notstandsgesetze hatte etwas Panisches, er entzündete sich an einem Symbol, und er meinte mehr als die konkreten Vor- und Nachteile eines Gesetzes. Die hyperventilierende Angstrhetorik gegen die »NS-Gesetze« begreift man nur, wenn man sie im Zusammenhang betrachtet. Viele unabhängige Liberale und Linke bezweifeln 1967, dass die von den Alliierten verordnete bundesrepublikanische Demokratie zu wesentlichen Reformen fähig ist. 1966 stockt der rasante Wirtschaftsboom einen Moment lang, prompt zieht die NPD in ein paar Landesparlamente ein und macht sich daran, bei der Bundestagswahl 1969 die Fünfprozenthürde zu überwinden. 1967 scheint das Selbstverständliche fragwürdig, das Akzeptierte skandalös. Sebastian Haffner, Anfang der sechziger Jahre liberalkonservativer Autor der Springer-Zeitungen, sieht 1967 die Bundesrepublik »kurz vor dem Faschismus«. Sind die Notstandsgesetze also womöglich die Vorbereitung auf einen Ausnahmezustand, Vorspiel einer zweiten Machtergreifung? Ist die bundesdeutsche Musterrepublik wirklich so weit von 1933 entfernt?

Mit Krawatte in der Szene

Über solche Fragen debattiert 1967 nicht nur der SDS. Die APO entsteht: ein buntes, loses Zweckbündnis, das von Liberalen wie Rudolf Augstein mit Geld unterstützt wird. Sogar ein aufgeklärtes, liberales CDU-Mitglied wie der »Zeit«-Verleger Gerd Bucerius hat Sympathien für die Außerparlamentarische Opposition, in deren Reihen manche sind, die drei Jahre später in den Untergrund gehen.

Die besser verdienende Oppositionellen in Berlin, die sich in der Bundesrepublik der Großen Koalition zwischen dem Ex-Nazijuristen Kurt Georg Kiesinger und dem Ex-Widerstandskämpfer Willy Brandt heimatlos fühlen, treffen sich im 1967 gegründeten Republikanischen Club. Der RC wird von der so genannten Keulenriege, älteren SDS-Semestern um Horst Mahler mit Neigung zur DDR, dominiert. Der Club funktioniert als eine Art Bündnis, das Gewerkschaftler wie Lothar Pinkall, den Schwiegersohn des IG-Metall-Vorsitzenden Otto Brenner, linke Sozialdemokraten, FDP-Mitglieder und sogar SDSler zusammenbringt. Entstanden ist der RC aus der klandestinen »November Gesellschaft«, zu deren innerem Kreis Mahler, sein Freund Walter Barthel und Dietrich Staritz gehörten: Barthel und Staritz waren Zuträger der Stasi. Auch der spätere FDP-Ehrenvorsitzende William Born, ebenfalls Unterstützer des RC, arbeitet nebenher für das Ministerium für Staatssicherheit (MfS). Der RC, so hofft man wohl im Ostberliner MfS, soll ein Bündnis werden, in dem auch die SEW, der Westberliner Ableger der SED, einen Platz hat. Kurzum: Dass Ostberlin die RC-Gründung verdeckt mit Geld unterstützt hat, ist nicht ausgeschlossen. Es wäre keine lohnende Investition gewesen. Versuche, den Club dem SED-Kurs näher zu bringen, scheitern kläglich. Die Revolte hatte ihre eigene Dramaturgie.

Der RC wird am 20. Mai 1967 gegründet. Der später wegen mangelhafter Distanzierung von der RAF vom Dienst suspendierte Psychologieprofessor Peter Brückner hält den ironisch gestimmten, linksbürgerlich ausgerichteten Eröffnungsvortrag unter dem Titel »Hier raucht man, und man nennt sich Bürger, Paris 1790«. Er sagt: »Allseitige Aneignung innerer und äußerer Wirklichkeit – wie Marx schreibt – ist nur als kollektive Leistung denkbar. Sie etwa im Club anzustreben kann leicht den Eindruck einer postjakobinischen Verschwörung machen, wenn die politischen Verhältnisse und die Sprachregelungen des Establishments für den Thermidor ein Knüppel aus dem Sack sind. Meine lieben Mitverschwörer: Der Republikanische Club soll gewiss für das Establishment und für den Thermidor ein Knüppel aus dem Sack sein: Jemand, der sich seinen politischen Kopf nicht selbst abschlägt, sondern wenigstens am Feierabend davon Gebrauch machen wird. Doch ist der Kopf der Clubbisten nicht der einzige gefährliche Körperteil. Ich wage mit anzudeuten, solch ein Club könnte sich auch als Versammlung von Menschen auslegen, die ein Stück repressionsfreier Lust für eine gute Sache halten.«

Otto Schily ist einer der lustvollen Mitverschwörer. Er zählt formal nicht zu den Gründungsmitgliedern, ist aber bei der Gründungsveranstaltung dabei und arbeitet, unter anderem mit Mahler, die Satzung aus. Er gehört nicht zur alten »Keulenriege«, bei den Antiautoritären des SDS gilt er als SPD-Sympathisant. Die Rede von Peter Brückner beeindruckt ihn: 31 Jahre später, 1998, wird er sie bei einer Reflexion über die Revolte zitieren.

Die Räume des RC sind gediegen: Jugendstillampen, Sessel, alte englische Stehpulte prägen den Stil. Das Treppenhaus ist mit Marmor und Spiegelglas verziert. Am Tresen sitzen Publizisten wie Hans Magnus Enzensberger, Studenten wie Peter Schneider, Rechtsanwälte wie Horst Mahler, politischer SPD-Nachwuchs wie Herta Däubler, Professoren wie Johannes Agnoli. »Der Club versteht sich als Teil der Linken«, so steht es in der Satzung. Der RC, so liest man in einem von Enzensberger verfassten Aufruf, soll ein Ort sein, an »dem sich, frei von Vereinsmeierei und institutioneller Betriebsamkeit, jene Leute treffen, deren Horizont noch nicht auf den der Springer-Zeitungen geschrumpft ist: linke Leute, Leute, die im Parlament niemand mehr vertritt«. Der RC findet sich in einer zum Club umfunktionierten großbürgerlichen Zwölfzimmerwohnung in der Wielandstraße 27, direkt am Kurfürstendamm. 1967, vor den Zellteilungen des SDS in proletarische Sekten, hat die Linke noch Magnetwirkung auf andere Milieus. »Die Leute, die sich im RC treffen«, stellt Karl-Heinz Bohrer im Juni 1967 in der »FAZ« fest, »sind sicherlich nicht alle links.

Ihre sozialen Vorstellungen könnten sicherlich zum Teil bürgerlich genannt werden.«

Doch der RC bleibt kein kontemplativer linksliberaler Debattierclub, in dem »ernste Menschen über ernste Themen reden«, wie sich der Hamburger Anwalt Kurt Gronewold erinnert – der RC wird von den Ereignissen mitgerissen. Als Fritz Teufel freigesprochen wird, tanzt der Kommunarde Dieter Kunzelmann in Unterhosen im RC. Nach dem 2. Juni 1967 wird der Club zum Aktionszentrum. So mischen sich in ihm immer stärker die Milieus: 1968 prägen die antiautoritären Radikalen den Club. Daneben gibt es die Traditionalisten, die mehr oder weniger große Sympathien für die DDR hegen und die wachsende Militanz der Bewegung scharf kritisieren. Und die Liberalen, die im RC bei einem guten Glas Wein ein gepflegtes Gespräch über die Weltlage führen wollen und weder mit dem Realsozialismus noch mit der antiautoritären Kulturrevolution viel am Hut haben. Manfred Rexin, einer der Wortführer der Liberalen im RC, schreibt im Mai 1968 an den RC-Vorstand: »Der Club ist nicht das geworden, was wir uns im Frühjahr 1967 vorgestellt haben – unvermeidlicherweise, wird man sagen, die Verhältnisse haben es so gefügt. Die Idee, der RC könne, etwa nach Art der französischen Clubs, den permanenten Dialog zwischen linken Intellektuellen und kritischen Studenten einerseits und den progressiven Kräften in Parlament und Verwaltung andererseits eröffnen, hat sich spätestens am Abend des 2. Juni als irrig erwiesen.«

Schily gehört zu den Liberalen, die – im Jargon je nach rhetorischem Militanzniveau – »Scheißliberale« oder »Schilis« genannt werden: schicke Linke. Otto Schily, der auch nachts in den Kneipen selten ohne Krawatte gesehen wird, ist der Idealtypus eines »Schili«. Der Republikanische Club, klagt ein Aktivist 1968 in einem RC-internen Papier, wird immer mehr zu einer Art Lokal, in dem die Clubmitglieder »bei Wein und Bier ihren kapitalistischen Alltag kompensieren«. Die Antiautoritären wollen mehr: Der bürgerliche Alltag soll revolutioniert werden. Tagsüber als normaler Arzt oder Angestellter zu arbeiten und abends über die Revolte zu reden – das reicht nicht. Doch Schily hat wenig Lust, seinen Alltag zu revolutionieren.

Im RC macht er sich nützlich, kümmert sich um Unpolitisches, etwa einen langwierigen Briefwechsel mit dem Bezirksamt Charlottenburg um die Frage, ob der Club für Parkplätze sorgen muss. Im April 1969 veranstaltet er im RC eine Diskussion über »Autoritäre Tendenzen in der jüngsten Rechtsprechung und Gesetzgebung«. Sonst hält er sich zurück. Er liest die maoistische »Peking Rundschau« und geht gelegentlich auf eine Vietnamdemonstration. 1968 bringt er zusammen mit Christian Ströbele, der als Referendar bei dem Anwalt Horst Mahler arbeitet, gesammeltes Geld für den Vietcong nach Ostberlin in die nordvietnamesische Botschaft.

Die so genannte Politisierung, das Initiationserlebnis der Neuen Linken, verläuft bei Schily ziemlich unspektakulär. Er wechselt seine Meinung, nicht seinen Habitus, und offenbar nur zögerlich die Lektüre. »Otto hat mal behauptet, dass er die marxistische Wirtschaftstheorie von Ernest Mandel gelesen hat. Aber das habe ich ihm nicht geglaubt«, sagt Uwe Wesel. Christian Semler erinnert sich indes daran, dass Schily ihm schon 1967, noch bevor die »Kapital«-Schulung zum obligatorischen Eintrittsritual für die Bewegung wurde, erklärte, er halte das »Kapital« für eine unverzichtbare Lektüre.

Otto Schilys Initiationserlebnis, die Erfahrung, die ihm die Lage klipp und klar vor Augen führt, hat nichts mit Kritischer Theorie zu tun. Es ist ein Ereignis, auf das Schily, wenn es um 68 geht, oft zurückkommt. Es ist ein Vorfall, bei dem er nicht als Handelnder auftritt, sondern als Beobachter. Doch was er sieht, ist schlimm, schlimm genug, um sich »deutlich in meine Erinnerung« (Schily) zu fräsen. Es ist die schockartige Erkenntnis, dass sich das bundesdeutsche Bürgertum keineswegs so benimmt, wie er es sich vorstellt.

Weihnachten 1967 protestieren ein paar Studenten vor der Berliner Gedächtniskirche gegen den Krieg in Vietnam. Sie bilden ein Spalier mit Stellwänden voller Fotos von gepeinigten Vietnamesen, versehen mit einem Bibelvers: »Was ihr getan habt einem unter diesen meinen geringsten Brüdern, das habt ihr mir getan« (Matthäus 25, 40). Als die Studenten ihre Plakate in die Kirche tragen wollen, eskaliert die Situation. Schily ist dabei. Er hat zuvor von Christine von der geplanten Dutschke-Rede erfahren. Er erinnert sich:

»Der Unmut der Besucher des Weihnachtsgottesdienstes war groß. Sie hatten ihre Weihnachtsgans im Bauch, erwarteten eine erbauliche Predigt ihres Pastors und wollten sich dabei und bei der behaglichen Verdauung nicht stören lassen. Nun geschah Folgendes: Vor dem Altar postierte sich ein junger, schlecht rasierter Mann mit seinem bekannt dämonischen Gesicht und der unverwechselbaren, etwas singenden Stimme und begann eine Ansprache mit folgenden Worten: ›Liebe Schwestern und Brüder …‹ Weiter kam er nicht, denn die vorher so friedliche Versammlung der Gottesdienstbesucher verwandelte sich in Sekundenbruchteilen in eine hasserfüllte, geifernde, brüllende Menge. Die Menschen schrien mit wutverzerrter Miene Rudi Dutschke nieder und schlugen auf ihn ein. Ein älterer Mann schlug mit seinem Krückstock so heftig auf den Kopf des Wehrlosen ein, dass ihm das Blut aus der Stirne rann.«

Die Geschichte ist verbürgt, so hat sie sich zugetragen. Der Gemeindepfarrer erstattete Anzeige gegen Dutschke wegen Hausfriedensbruch und Sachbeschädigung, die Berliner Polizei brachte die Legende in Umlauf, Dutschke sei betrunken gewesen.

Doch diese Erzählung ist auch eine symbolische Verdichtung, ein Text, der Schily charakterisiert: Rudi Dutschke tritt darin als das moralische Individuum auf, als der Einzelne, der die Wahrheit sagt, das Kollektiv als Mob. Diese Erzählung spielt Weihnachten, ein Datum, an dem die Kluft zwischen Anspruch und Wirklichkeit des Bürgerlichen besonders deutlich wird. Schilys Blick ist auch der des Groß- und Kulturbürgers auf den kleinbürgerlichen Mob, verwandelt in eine Menge, die »Kreuzigt ihn« zu schreien scheint. Die Szene ist ein Echo des Schreckens, der vom Volk ausgeht, von der Masse, den Bauern, die 1945 die Schilys fast haben verhungern lassen. »1968« erinnert Schily weniger als kulturelle Revolte, als antibürgerliches Happening oder geistige Fundamentalverschiebung, sondern als *Verlust an Bürgerlichkeit.*

Wer sich 1967 zur APO zählt, verkehrt in drei einschlägigen APO-Lokalen in der Schlüterstraße, nicht weit vom SDS-Zentrum am Kudamm und vom RC entfernt. Wer hier auftaucht, ist

Mitglied einer Elite, der Gegenelite der APO, oder will dazu gehören. Der »Schotten« ist eine dieser Kneipen, ein paar Schritte weiter gibt es ein kleines griechisches Restaurant, die »Taverna«, in der sich SDS-Häuptlinge treffen, schließlich die »Herta«, ein stets verrauchtes, volles Lokal. Hier debattiert man über Ludwig Marcuse, Eldrige Cleaver und die nächste Aktion. Hier erfährt man, was man gelesen haben muss, um mitreden zu können. Schily geht manchmal in die »Herta« und den »Schotten«, wo die Studentin Gudrun Ensslin öfters am Flipper steht. Im »Schotten« (zuvor bekannt als »Die Blaue Grotte«, eine Kneipe, die 24 Stunden geöffnet hatte und vor allem von Zuhältern frequentiert wurde) trinkt Rudi Dutschke seinen Apfelsaft, Rudolf Augstein ist auch manchmal dort anzutreffen und Peter Weiss, wenn er in Berlin ist und wissen will, was in der Westberliner Linken los ist. Im »Schotten« wie in der »Herta« gibt es die fünf wesentlichen Dinge, die eine SDS-Kneipe braucht: Flipper, Kicker, eine Music Box und billiges Bier und billigen Wein. Ende 1968 kommt Schily mit seinem Freund Uwe Wesel, der gerade Professor an der FU geworden ist, in den »Schotten«. Christine sieht die beiden und sagt: »Otto, bist du verrückt? Du und der Klassenfeind?« »Der Klassenfeind, das war ich«, sagt Wesel.

Schily geht hin und wieder spätabends, nach Mitternacht, in die »Herta«, kickert und spielt Schach. Die Favoriten in der Music Box sind »Hey Jude« von den Beatles und »A Whiter Shade of Pale« von Procol Harum. Das Publikum ist ziemlich bunt gemischt: Auch Gerhard Raspé, Vorstandsvorsitzender des Schering-Konzerns, ist mitunter hier. Schily trinkt, anders als andere, maßvoll. Das Kiffen, Haschisch, die neue Szenedroge, die im »Schotten« und auch in der »Herta« konsumiert wird, ist ohnehin nicht seine Sache. Außerdem muss er sich um seine Kanzlei kümmern. Das ist ein Unterschied zu den antiautoritären Aktivisten, deren berufsrevolutionärer Alltag aus »Teach-ins«, Fraktionskämpfen, Debatten und Demonstrationen besteht. Schily, der mit sehr wenig Schlaf auskommt, muss morgens früh raus.

Global, von Los Angeles über Woodstock bis Westberlin und Prag, beginnt sich eine mit antibürgerlichem Gestus auftretende Jugendkultur herauszubilden, die ein eigenes ästhetisches Zeichensystem entwickelt. Die Beatles und die Stones, Minirock und lange Haare sind die angesagten popkulturellen Unterscheidungsmerkmale, mit denen sich die Jugend von den Erwachsenen abgrenzt. Eine Revolte steht vor der Tür, die vieles, was bislang unveränderlich schien, umstülpen wird. Die Grenzen zwischen Privatem und Öffentlichem verflüssigen sich, Sexualität und (vorerst symbolisch) Gewalt werden enttabuisiert.

Otto Schily lebt mit Christine im schicken Grunewald. In der Richard-Strauß-Straße bewohnt das Paar eine Etage einer ansehnlichen Villa. Es gibt einen großen Garten, im spärlich möblierten Wohnzimmer steht ein Flügel. Einige SDS-Genossen, die auf den Partys der Schilys erscheinen, sehen in den beiden ein Traumpaar: kultiviert, links, etabliert, und das alles gegenüber dem Haus, in dem ein Held der Achtundsechziger, Walter Benjamin, groß wurde.

Schily erscheint stets im Anzug, mit Taschenuhr und goldener Kette, pflegt daheim manchmal Cello zu spielen und nutzt seine Intelligenz und sein rhetorisches Talent, um in Erbschaftsstreitigkeiten oder Scheidungsprozessen zu glänzen. Die Träume der Rebellen von einer Umkehrung der Sitten, von Sex, Drogen, Rock'n'Roll und Revolte sind nicht seine Träume. Bei dem Slogan »Die Fantasie an die Macht« hält Schily sich, wie sich später zeigen wird, an den zweiten Teil. Er hat einen Beruf, er ist zehn Jahre älter als die radikalen Studenten, er liebt Bach, nicht die Rolling Stones, sein Kontakt mit der Popmusik beginnt und endet bei den Beatles.

Als 1968 Georg von Rauch, Udo Knapp, Bommi Baumann und andere eine Kommune gründen, unterschreibt Schily für sie den Mietvertrag. Sonst hätten sie, langhaarige Antiautoritäre, die Wohnung nicht bekommen. Es ist ein großbürgerliche, edle Wohnung in der Wielandstraße in Charlottenburg, mit Stuck und acht Zimmern. In der Kommune leben bald ein Dutzend und mehr Leute, man finanziert sich zum Teil über Raubdrucke, das Essen wird gerne geklaut. Die Wielandkommune ist, neben der berühmten K1, ein Zentrum der militanten Polit-, Selbsterfahrungs- und Kifferszene. 1969 beginnt die Kommune auseinander zu fallen: Einige wollen lieber Kinderläden gründen, andere wie Georg von Rauch und Bommi Baumann radikalisieren sich und bereiten ihren Weg in den Untergrund vor. Von Rauch, Gründungsmitglied der »Bewegung 2. Juni«, wird 1971 unter nie ganz geklärten Umständen von einem Polizisten erschossen. Schily bringt seine Hilfsbereitschaft für die Kommunarden Scherereien wegen unbezahlter Rechnungen ein.

Nicht nur der Habitus trennt Schily von den Antiautoritären. Es ist eine tief verwurzelte Neigung zum mittleren Maß, zu jener praktischen Vernunft, die er braucht, um seine Klienten vor Gericht zu vertreten, und eine Abneigung gegen alles, was seiner Karriere im Weg stehen könnte. Kurzum: Schily ist 1968 ein »Sechsundfünfziger«, ein Vertreter der nüchternen Generation der fünfziger Jahre. Als die Truppen des Warschauer Paktes im August 1968 in Prag einmarschieren und, wie schon 1956, die Öffnung des Realsozialismus mit Gewalt unterdrücken, demonstriert Schily vor der tschechoslowakischen Militärmission in Westberlin. Aufgerufen haben zu der Demo SDS, SHB und RCDS. Schily steht, wie der Großteil des SDS, auf der Seite der Antitotalitären – die Distanz zum Realsozialismus ist unverrückbar.

»Der Marxismus«, schreibt Norbert Elias, »ermöglichte den Jüngeren eine entschiedene Distanzierung von den Untaten der Väter und versprach den Eintritt in eine neue, gerechte Welt. Kurz gesagt, die Lehre von Marx diente als Gegengift gegen die Lehre Hitlers und befriedigte das Sinnverlangen der bürgerlichen Nachkriegsgeneration.« Mit dem Vietnamkrieg bricht für einen Teil der Nachwuchselite in Windeseile das bisher gültige moralische Orientierungssystem zusammen, in dem die USA als »gute Autorität« firmierten. Manche, die 1963 noch Kennedy zujubelten, schreiben vier Jahre später Abhandlungen über den US-Imperialismus. In dem Moralvakuum gedeihen begierig aufgenommene marxistisch inspirierte Welterklärungsmodelle. Die Kontinuität der NS-Eliten in der Bundesrepublik, My Lai, der Bildungsnotstand und die aggressive Westberliner Polizei verschwimmen zu einem System, das bekämpft werden muss. So wächst in einer von staatlicher Repression beschleunigten Radikalisierung der Wille zur Tabula rasa, zum ganz Anderen, zur Revolution. Auch Schily redet in den Siebzigern von Klassenjustiz. Aber dass deshalb der bürgerliche Rechtsstaat nur Lug und Trug ist, der nach der Revolution abgeschafft wird, glaubt er keineswegs. Es gibt viele Berührungspunkte zwischen Schily und der Neuen Linken – das fundamentale Misstrauen in die bürgerlichen Institutionen teilt er nicht. Und der Konversion zum Marxismus, zum dialektischen Materialismus steht seine anthroposophische, idealistische Grundprägung entgegen.

So zieht ihn auch der Strudel der Revolte, die fantastische Illusion, hier und jetzt Geschichte schreiben zu können, die die Bewegung bis zu ihrem Zusammenbruch 1969 vorantreibt, nicht mit – oder nur ein bisschen. 1968 scheint es in Westberlin ja manchmal wirklich so zu sein, dass ein paar hundert Studenten und Intellektuelle, von denen Schily einige kennt, dabei sind, das morsche, reformunfähige System der postfaschistischen Bundesrepublik zum verdienten Einsturz zu bringen. Doch auch das bringt ihn nicht dazu, seinen prägnantesten Wesenszug aufzugeben: Distanz. Bernd Rabehl, der damals mit Christian Semler zusammenwohnt und einer der führenden Figuren im SDS ist, erzählt, sie hätten ihn nie »als Genossen betrachtet. Er war der Bürger unter den Rebellen: steif, zurückhaltend, unnahbar.« Ende 1968 trifft sich Otto Schily mit dem Anwalt Klaus Eschen und Christian Semler, dem ein Verfahren wegen der berühmten Schlacht am Tegeler Weg droht, als die Studenten erstmals die überraschten Polizisten verprügelten. Man berät die Verteidigungsstrategie. Beim Abschied vor dem Anwaltsbüro in der Kantstraße 165, dem Schimmelpfeng-Haus, reckt Schily zum Abschied die erhobene Faust in die Luft. »Das sah linkisch aus. Wie eine Anpassungsgeste. Es passte einfach nicht zu ihm«, sagt Klaus Eschen.

Außerdem ist Schily verheiratet – ein Makel in den Augen vieler Aktivisten, die mit Macht dabei sind, die repressive bürgerliche Moral und Konvention endlich loszuwerden. Manche Radikale verheimlichen vor ihren Genossen und Kommunarden, dass sie verheiratet sind. Antibürgerliche Reden schwingen, klammheimlich heiraten – das ist eine besonders krude Art der Bigotterie.

Viele der SDS-Szene wissen, dass es 1969 in der Ehe der Schilys ein Problem gibt. Denn Christine ist mit Jörg Schlotterer liiert, der im SDS-Zentrum am Kurfürstendamm wohnt und im Ruf steht, einer der begehrtesten Männer im SDS zu sein. Schlotterer wohnt später, unter anderem mit Holger Meins, in einer großen Wohnung am Tempelhofer Ufer. 1971 ziehen dort Rio Reiser und Co. ein, die anarchistische Band »Ton Steine Scherben«. Es ist, so die Erzählungen, die die »Ton Steine Scherben«-Mitglieder ihren Biografen Kai Sichtermann, Jens Johler und Christian Stahl berichtet haben, ein wildes Leben mit viel Beziehungswechseln, Drogen und nahe am Untergrund. Die RAF versucht immer mal wieder, die Band für sich zu instrumentalisieren, Bommi Baumann geht dort ein und aus. Christine ist oft dort, unter anderem mit Anne Reiche, die 1972 als Mitglied der »Bewegung 2. Juni« verhaftet wird. Schlotterer hat den »Scherben«-Biografen erzählt, dass ihn 1970 vielleicht nur eine Beziehungskrise vor der RAF geschützt hat: »Der Blues zwischen Christine und mir hatte mich zeitweilig völlig gelähmt, vielleicht aber auch davor bewahrt, bei einer ebenso unsinnigen wie folgenreichen Aktion mitzumachen: bei der so genannten Baader-Befreiung. (...) Ich sollte eigentlich zu einem ›konspirativen Treffen‹ kommen, an dem dann, wie ich später erfahren habe, die Baader-Befreiung geplant wurde. (...) Die haben die Rote Armee gegründet, und ich hatte Psycho wegen Christine.«

Das ist nicht Schilys Welt. Otto und Christine lassen sich scheiden. Sie haben weiter Kontakt, schon wegen ihrer Tochter Jenny. Christine und Jenny wohnen weiterhin in der Richard-Strauß-Straße, Otto zieht nach Charlottenburg ins Westberliner Zentrum.

1968 macht Schily in der Kneipe, im »Schotten« und der »Herta«, vielleicht so etwas wie ein Tauschgeschäft. Die lockeren Umgangsformen täuschen darüber hinweg, dass hier, wo auch Mahler und Ströbele manchmal auftauchen, ein Ort ist, an dem die informellen Hierarchien der Gegenelite dargestellt werden. Hin und wieder kommt ein verdienter SDS-Genosse mit einem Bier in der Hand an Schilys Tisch und sagt: »Schily, ich habe ein Problem.« Meistens geht es um kleine Delikte, etwa Warenhausdiebstahl, eine Mietauseinandersetzung, ein kleines Demonstrationsdelikt, nichts Wichtiges, nichts, mit dem Schily berühmt werden kann. Dann übernimmt er den Prozess, oft kostenlos. Schily hilft – dafür gehört er dazu, in gewissen Maßen. Er ist einer von außen – dabei, aber anders. So wird es bleiben. »Mit dem Duzen habe ich mich immer schwer getan, bis heute. Ich lege Wert auf eine gewisse Distanz. Das ist gut für alle Beteiligten. Das hat sich bewährt«, sagt Otto Schily dreißig Jahre später mit viel Sinn für Understatement.

Schily schaut auf die Kulturrevolte mit dem zwiespältigen Blick des Bürgers, der gleichermaßen angezogen und befremdet ist. Ihn fasziniert die Revolte, die Atmosphäre des Aufbruchs, aber eben als Zuschauer. Mag sein, dass er die lockeren Antiautoritären, die nicht so preußisch, diszipliniert, ehrgeizig sind wie er, gelegentlich sehnsüchtig betrachtet – so wie man eben etwas betrachtet, das man selbst nicht ist. Ein paar Jahre später, Anfang der Siebziger, gibt er in einem »stern«-Interview eines der wenigen privaten Statements ab, einen für seine Verhältnisse offenherzigen Satz, den es ohne die Nächte in der »Herta« und im »Schotten« wohl nicht gegeben hätte, ein Echo der Revolte: »Das freie Verhältnis zur Sexualität war bei mir damals, in den fünfziger Jahren, noch nicht vorhanden.«

1968 ist Schily eine Randfigur der Bewegung, auch als Anwalt. Im Rampenlicht steht ein anderer erfolgreicher Westberliner Anwalt: Horst Mahler. Mahler ist der APO-Anwalt, die Schlüsselfigur. Er berät den SDS juristisch, wenn es um Demonstrationsverbote geht. Er vertritt die Stars der Bewegung vor Gericht: Rudi Dutschke, Rainer Langhans, Fritz Teufel, Peter Brandt, den rebellischen Sohn des Außenministers, Beate Klarsfeld, die 1968 in einer spektakulären Aktion Bundeskanzler und Ex-NSDAP-Mitglied Kurt Georg Kiesinger ohrfeigt. Schily ist, obwohl vier Jahre älter als Mahler, ein ziemlicher Nobody.

Mahler ist in den Sechzigern eine schillernde Figur. Mitte der fünfziger Jahre war er in einer rechtsextremen schlagenden Verbindung, dann trat er der SPD bei, die ihn als Linksabweichler ausschließt. 1961 gehört er der SED-nahen Vereinigung Unabhängiger Sozialisten (VUS) an. Walter Barthel, sein engster politischer Freund, mit dem er 1967 den Republikanischen Club mitbegründet, ist Stasi-Mitarbeiter.

Mahlers Geschichte ist auch die einer Doppelexistenz: Er ist ein politischer Rebell, der sich im Zickzack zwischen rechts und links immer am Extremen orientiert, andererseits ist die Lebensgeschichte des Flüchtlingskindes Horst Mahler auch ein bundesdeutsches Aufsteigermärchen. Mit 28 hat er bereits eine eigene florierende Kanzlei als Wirtschaftsanwalt in Berlin. 1964 verteidigt er einen Autohändler im so genannten Thyssenbank-Prozess, in dem der Streitwert spektakuläre 750 Millionen Mark beträgt. Ein Betrugsfall: Autohändler haben zum Schein Waren verkauft, eine Reihe Banken sind in das Geschäft involviert, am Ende bleibt die Thyssenbank auf achtzehn Millionen Mark Minus sitzen. Mahler vertritt den schuldigen Hauptangeklagten, den Berliner Autohändler Wemhoff. Wemhoff ist auch der Protagonist seines zweiten großen Verfahrens. Denn der Autohändler sitzt fünf Jahre lang in Untersuchungshaft – zu lange, meint Mahler. 1966 klagt er als erster deutscher Anwalt bei der Europäischen Kommission für Menschenrechte in Straßburg.

So gehört Mahler 1966 in doppelter Hinsicht zur Elite: Er bewegt sich in der feinen Gesellschaft und der APO, er ist der Starjurist der Bewegung, der auch Unternehmer mit geschliffenen Plädoyers vertritt. Auf SDS-Demos erscheint er oft mit Krawatte, seriöser schwarzer Brille und Regenschirm. Manchmal trägt er einen Anzug, der die gleiche Farbe hat wie sein BMW: violett.

Schily und Mahler lernen sich Mitte der sechziger Jahre kennen, als Gegner in einer Erbschaftsangelegenheit vor dem Kammergericht in der zweiten Instanz. Mahler erinnert sich daran so: »Ich hatte die Berufung übernommen und eine gute Begründung geschrieben. Der Richter wandte sich vor dem Verfahren an Schily und sagte: ›Wollen Sie die Klage nicht zurücknehmen?‹ Sie hatte – offenbar wegen meiner Begründung – wenig Aussicht auf Erfolg. Schily sagte ganz cool, man müsse doch diesen und jenen Aspekt berücksichtigen, und begann zu reden. Dann wandte sich der Richter an mich und sagte: ›Wollen Sie die Berufung nicht lieber zurückziehen?‹«

Otto Schily hat eine grimmigere Fassung dieser Begegnung im Gedächtnis: »Es ging um einen Erbschaftsstreit. Mahler war ein bekannter Anwalt, er zog immer eine Medienmeute hinter sich her. Er kam an mit diesem schwarzen Faltenwurf, mit der Geste: Wo ist die Wanze, die ich zertreten kann? Die Wanze war ich, und sie erwies sich als widerspenstig. Ich habe den Prozess gewonnen.« Eine »Medienmeute«, die sich für einen Erbschaftsstreit in der zweiten Instanz interessiert? Schily als »Wanze«? Da scheint ein heftiges Konkurrenzbewusstsein die Erinnerung zu dramatisieren.

Wie es wirklich war, weiß man nicht. Unstrittig ist: Schily gewann, Mahler verlor den Prozess. Mahler war so beeindruckt von seinem Kontrahenten, dass er versuchte, ihn mehr und mehr in die politischen Prozesse mit einzubeziehen. Bei den Schilys zu Hause ist Mahler nur ein paar Mal. Später besucht ihn Christine in der Haft, Otto bringt ihm die Gesamtausgabe von Hegel ins Gefängnis. Eng befreundet sind Mahler und Schily nicht. Sie sind, bis 1969, immer auch Konkurrenten. 1967 halten Schily manche noch für einen Mitarbeiter von Mahler. »Das hat Schily gar nicht gepasst«, erinnert sich Wolfgang Krüger, der von 1968 bis 1971 als Referendar in Schilys Kanzlei arbeitete.

Am Abend des 2. Juni 1967 fällt in der Nähe der Deutschen Oper, im Hof der Krummen Straße 66, ein Schuss. Der 2. Juni wird der Katalysator einer schließlich heillosen Eskalation und der Beginn der Studentenbewegung als Massenphänomen. Und es ist der Beginn von Schilys Karriere als politischer Anwalt.

3. Kapitel

Zwei deutsche Leben – der Kurras-Prozess

»Die Studenten müssen nun den Rechtsstaat gegen die Polizei verteidigen.«
Otto Schily im Juni 1967 nach den tödlichen Schüssen auf Benno Ohnesorg

Am Abend des 1. Juni 1967 geht ein junger Mann, Mitglied der Evangelischen Studentengemeinschaft und mäßig an Politik interessiert, in den Jugendclub »Ça Ira« in Berlin. Er ist neu in der Stadt – und in der Politszene ein Unbekannter. Erst am Tag zuvor hat er den »Extradienst«, das Mitteilungsblatt der APO in Westberlin, abonniert. In dem Club kommt er mit Jugendlichen ins Gespräch, die das brutale Verhalten der Polizei bei Demonstrationen beklagen. Der junge Mann hält das für Übertreibung, Hysterie. Am nächsten Abend, dem 2. Juni 1967, einem Freitag, liegt er auf einem Operationstisch im Krankenhaus Berlin-Moabit und blutet aus Mund, Nase, Ohren und einer Wunde im Hinterkopf. Während die Ärzte versuchen, ein Knochenstück aus seiner Schädeldecke zu entfernen, stirbt er. Es ist kurz nach 21 Uhr. Der Theologiestudent Benno Ohnesorg war zur falschen Zeit am falschen Ort.

Das Unglück hatte eine Stunde vorher seinen Lauf genommen. Ein paar hundert Studenten hatten vor der Deutschen Oper in der Bismarckstraße gegen den Staatsbesuch des Schahs demonstriert. Es gab Sprechchöre »Schah, Schah, Scharlatan«, ein paar Tomaten flogen, das war alles. Um acht ertönte in der Oper die iranische Nationalhymne. Draußen war alles weitgehend ruhig. Um 20.07 Uhr rückten achthundert Polizisten an. Das Kommando lautete: »Knüppel frei. Räumen.« Es gab keine Vorwarnung. Die Menge, darunter auch Passanten und Schaulustige, floh in Panik. Die Polizisten prügelten, laut Zeugenaussagen, besonders heftig auf Studentinnen in grellen Kleidern und Männer mit Bärten ein. Peter Tautfest, damals Student, später Journalist und Korrespondent der »taz« in den USA, war Augenzeuge: »Die Polizei trieb die Flüchtenden mit Gummiknüppeln in Richtung Krumme Straße. Ich schrie den Polizisten zu, dass es nicht schneller gehe, trotzdem schlugen sie immer weiter. Ich habe gesehen, wie ein Polizist einem jungen Mann auf das Auge schlug, so dass die ganze Gesichtshälfte blutüberströmt war. Ecke Krumme Straße bildete sich ein Engpass: Wer dort entlang wollte, musste sich zwischen einem Bauzaun auf der einen Seite und einem Kordon schlagender Polizisten auf der anderen Seite drängen. Mit anderen Worten: Die Polizisten, die die Menge in Richtung Krumme Straße trieben, trieben sie auf einen Polizeikordon zu, der wahllos auf die Ankommenden einschlug. Was der Einsatzleiter befohlen hatte, kommt dem gleich, in einem Kino Feuer zu legen und die Ausgänge zu verschließen.«

Dieser Einsatz war Rache, Rache an den Studenten, die mit zivilem Ungehorsam den staatlichen Autoritäten auf der Nase herumtanzten. Rache der Mehrheitsgesellschaft an den Rebellen, die sie für Feinde, für Kommunisten hielten. Benno Ohnesorg rannte in Sandalen im Pulk, der von Greiftrupps verfolgt wurde. Um 20.30 Uhr bog er in der Krummen Straße in einen Hof ein. Dort verprügelte eine Hand voll Polizisten einige Demonstranten. Als Benno Ohnesorg sich ein paar Schritte von dem Handgemenge entfernte, fiel ein Schuss, abgefeuert in Kopfhöhe von dem vierzigjährigen Kripobeamten Karl-Heinz Kurras. »Bitte, bitte nicht schießen« sollen Benno Ohnesorgs letzte Worte gewesen sein

Der Skandal war nicht nur dieser Schuss, der Skandal war auch die Reaktion. Der Regierende Bürgermeister Heinrich Albertz (SPD) erklärte noch am Abend, dass er »das Verhalten der Polizei nachdrücklich« billige: »Die Polizei, durch Rowdys provoziert, war gezwungen, scharf vorzugehen.« »Bild« schrieb am 3. Juni: »Gestern haben in Berlin Krawallmacher zugeschlagen, die sich für Demonstranten halten. Ihnen genügt der Krawall nicht mehr. Sie müssen Blut sehen. Sie schwenken die Rote Fahne, und sie meinen die Rote Fahne. Hier hört der Spaß und der Kompromiss und die demokratische Toleranz auf.« Die Polizei erklärte am 3. Juni, Kurras sei mit Messern angegriffen worden und habe in

Notwehr geschossen. Aber niemand hatte Messer gesehen. Der Senat erklärte, ein fehlgeleiteter Warnschuss habe Benno Ohnesorg getroffen. Kurras sagte der »B.Z.« ein paar Tage später, dass im Gewühl »meine Hand, in der sich die Waffe befand, hin und her gerissen wurde und der Schuss sich löste«. Zeugen hatten etwas anderes gesehen: dass Polizisten auf Ohnesorg eingeprügelt hatten und dann ein Schuss fiel. Die Polizei, schrieb Karl Heinz Bohrer in der »FAZ«, handelte »nicht im Affekt«, sondern mit einer geplanten »Brutalität, wie sie bisher nur aus Zeitungsberichten über faschistische oder halb faschistische Länder bekannt ist«. In einer Polizeikantine wird Kurras spontan als Held gefeiert.

Dieser Schuss veränderte die Republik. Die Studentenbewegung war bislang vor allem ein Debattierzirkel gewesen, der illegal Plakate geklebt und zu symbolischen Regelübertretungen gegriffen hatte. Nun war vieles anders. Der SDS wurde aus seinem Westberliner Universitätsgetto hinauskatapultiert. Nun, nach dem 2. Juni, strahlte die Bewegung über das studentische Milieu hinaus. Kurras' Schuss und die Vertuschungsversuche machten aus normalen, unauffälligen Studenten in Frankfurt und Köln, Hamburg und Tübingen, die den SDS nur aus der Zeitung kannten, innerhalb weniger Tage Revoluzzer: Auf spontane Demonstrationen folgten Verbote und Polizeieinsätze. War dieses Spiel einmal in Gang, ergab sich der Rest. Auf die Überreaktion der Polizeipräsidenten, auf die hysterischen Antworten der Mehrheitsgesellschaft war Verlass. »Härte aus Schwäche« nannte die »Zeit« die brachiale Reaktion des Staates. Die Bewegung hatte einen Märtyrer, nun wuchs sie von ganz allein. Der SDS wurde populär. Ohne den 2. Juni würde es das heute allgemein akzeptierte Gleichheitszeichen zwischen SDS, Studentenbewegung, den Studenten und schließlich den »Achtundsechzigern«, mithin den für selbstverständlich gehaltenen Kurzschluss zwischen einem linksradikalen, elitären, politischen Debattierclub und der ersten Nachkriegsgeneration nicht geben.

Seit dem 2. Juni stand ein Thema praktisch auf der Tagesordnung, über das zuvor eher abstrakt geredet worden war: Gewalt und Gegengewalt. Die Staatsgewalt erschoss einfach so, ohne Grund, einen Studenten – war damit nicht jeder gemeint? Der

Berliner Polizeipräsident Erich Duensing meinte in der Nacht des 2. Juni zu einem Senator: »Nun haben die ihren Toten. Aber ich sage Ihnen, einer ist noch zu wenig.« Die Anti-SDS-Propaganda der Presse lief ungerührt weiter, die Politiker hetzten weiter, die Justiz urteilte nach politischer Opportunität. Fritz Teufel saß, fälschlicherweise angeklagt, am 2. Juni einen Stein geworfen zu haben, monatelang in Untersuchungshaft, Kurras war auf freiem Fuß. Die Gewerkschaft der Polizei forderte ein Ende der weichen Welle gegen die Studenten. War das nicht längst der Notstand, gegen deren gesetzliche Legitimierung die Bewegung opponierte? War es nicht sogar noch schlimmer, nämlich nicht der Ausnahme-, sondern der Normalzustand?

Was am 2. Juni um 20.30 Uhr geschah, war ein Geschichtszeichen, ein Trennungsstrich, der die Entfernung zwischen den Generationen der Republik markierte. Die autoritäre Mehrheitsgesellschaft, die Hitler, den Zweiten Weltkrieg, die Teilung erlebt hatte und phobisch auf alles reagierte, was »kommunistisch« oder bloß anders war als man selbst, wurde mit der Nachkriegselite konfrontiert, die in den steifen, aber friedlichen und prosperierenden fünfziger Jahren groß geworden war und ihre Rechte forderte. Dieser Widerspruch war nirgends so augenfällig und schroff wie in Westberlin. Nirgends war der dichotomische Antikommunismus, der nur Freund oder Feind kennt, so vehement, so lebendig wie hier. Nirgends war die Mehrheitsgesellschaft, 22 Jahre nach Krieg und Hitler, sechs Jahre nach dem Mauerbau, so neurotisiert. Nirgends war die Jugend so vital wie in Westberlin, dem Provisorium, der Experimentierwerkstatt, der Zuflucht für viele Westdeutsche, die nicht zur Bundeswehr wollten oder aus der Enge schwäbischer Kleinstädte flohen. Der studentische Widerstand wirbelte das verdeckte, verschwiegene, hässliche Erbteil der Bundesrepublik auf.

Am 2. Juni 1967 entsteht auch der Tunnelblick vieler neuer Linker, die die Bundesrepublik, den autoritären CDU-Staat, für ein faschistoides System halten – und sich selbst für die auserwählte Avantgarde, die für sich im Extremfall das Recht auf Notwehr beansprucht. Ein kleiner Teil der bürgerlichen Jugend revoltiert in einem Akt wütender, zitternder Selbstermächtigung – die Alten panzern sich in angststarrer Aggression. Auch die lange, bis in die neunziger Jahre andauernde hartnäckige Feindschaft vieler Linker gegen die Institutionen der Republik, auch das tief sitzende Misstrauen gegen den Staat wurzelt in der Erfahrung des 2. Juni. Fritz Teufel sagt dreißig Jahre später über den 2. Juni: »Für uns hatte damals die Staatsgewalt geschossen. Wir haben das falsch interpretiert. Heute glaube ich nicht, dass Kurras die Staatsgewalt repräsentiert hat.«

Spätestens nach dem 2. Juni war die Kommunikation zwischen Gegen- und Mehrheitskultur ein Dialog zwischen Gehörlosen. Es wurden Dolmetscher gebraucht. Zum Beispiel Vertreter eines angesehenen bürgerlichen Berufsstandes, die gleichwohl das Vertrauen der Rebellen hatten: Anwälte.

Otto Schily war am 2. Juni 1967 dabei – als Beobachter, nicht als Demonstrant. Am 3. Juni geht er mit Christine zum Audimax der FU. Die Universität ist geschlossen, es ist Wochenende. Der Asta demonstriert auf dem Parkplatz vor der Uni gegen die Vertuschung. Auch Rudi Dutschke redet. Die Installierung eines eigenen Ermittlungssausschusses wird bekannt gegeben. Wilde, finstere Fantasien und Gerüchte kursieren: dass nun das alliierte Besatzungsrecht gelten wird, dass alle Demonstrationen verboten werden, dass US-Truppen den Campus besetzen könnten. »Da«, so der damalige SDSler Bernd Rabehl, »habe ich Schily zum ersten Mal gesehen. Er war eine sehr elegante Erscheinung, er fiel auf.« Nach dem 2. Juni werden die Anwälte zu Schlüsselfiguren: Es geht nun um juristische Fertigkeiten, darum, Beweismittel, Fotos, Zeugenaussagen sicherzustellen und zu bewerten. Schily ist im richtigen Moment am richtigen Ort.

Der studentischen Ermittlungsausschuss tut nun, was man dem bürgerlichen Staat nicht mehr zutraut: Er versucht herauszufinden, was geschehen war. Denn kein Parlamentarier, kein Politiker hatte gegen die offenkundig falschen, widersprüchlichen, tendenziösen Erklärungen von Polizei und Senat protestiert. Dieser Ausschuss, so Christian Semler dreißig Jahre später, »war vielleicht das Beste, was die Bewegung zustande gebracht hat«. Es gelang, durch Zeugenaussagen zu rekonstruieren, was am 2. Juni wirklich geschehen war. Mit der offiziellen Notwehrversion hatte dies nichts zu tun. Auch konnte nachgewiesen werden, dass Fritz Teufel, angeklagt wegen schweren Landfriedensbruchs, unschuldig war. Die der Revolte eher distanziert gegenüberstehende »FAZ« schrieb: »Die Dokumentation wirkt sachlich und verantwortungsbewusst zusammengestellt. Erschütternd der ›Schnappschuss‹, der Ohnesorg etwa zwanzig Sekunden vor dem tödlichen Schuss in verhandelnder Geste mit dem Polizisten zeigt.« Horst Mahler arbeitet bei der Aufklärung mit, Otto Schily ebenso. Der AStA-Ermittlungsausschuss und die Anwälte treffen sich im RC. Die Rivalität zwischen den Traditionalisten um Mahler und den Antiautoritären um Dutschke, Kunzelmann und Rabehl, die 1966 noch um die Herrschaft im SDS gekämpft hatten, ist beigelegt. Neben der Recherche steht die Frage im Raum: Was tun? Wie soll die Bewegung auf den 2. Juni reagieren? Manche votieren für Gegengewalt, Brandanschläge auf Polizeiautos. Schily widerspricht. Er plädiert für Vernunft, Deeskalation und eine reformistische Strategie. Dem Ausschuss sagt er, dass nun »die Studenten den Rechtsstaat gegen die Polizei verteidigen müssen«.

Freispruch

Am 3. November 1967 beginnt vor der 14. Großen Strafkammer beim Berliner Landgericht der Prozess wegen fahrlässiger Tötung. Otto Schily vertritt den Bruder und den Vater von Benno Ohnesorg. Horst Mahler hat ihm diese Nebenklage angeboten, Schily hat sofort zugesagt. Es ist der Beginn seiner Karriere als öffentliche Figur. Fortan spielt er, in den siebziger Jahren als RAF-Verteidiger bis in die Achtziger als Bürgerlicher bei den Grünen, die Rolle eines Übersetzers, eines Bindegliedes zwischen der Welt der linken Subkultur und der bundesdeutschen Normalität. Und das tut er so gekonnt und effektiv wie kein Zweiter.

Viele hoffen, dass Kurras verurteilt, dass nach der Politik nicht auch noch die Justiz versagen werde. Horst Mahler, als Nebenkläger Vertreter der Witwe von Benno Ohnesorg, versucht als Erstes, Kurras vor ein Schwurgericht zu bringen, weil er vorsätzlich geschossen habe. Doch das wird abgelehnt.

Ehrgeizig und engagiert –
Schily in seinem Büro

Das kurze, tödliche Zusammentreffen von Benno Ohnesorg und Karl-Heinz Kurras war mehr als ein tragisch verunglückter Polizeieinsatz. Es war ein Symbol, die Konfrontation zweier Gesellschaften. Hier ein naiver, wissbegieriger Student, aufgewachsen im Nachkriegsdeutschland, der sein Recht zu demonstrieren für demokratische Selbstverständlichkeit hält. Dort ein autoritärer Beamter, Sohn eines ostpreußischen Polizisten, der mit sechzehn an der Ostfront gekämpft hatte und dreimal als Infantrist verwundet worden war. In der Sowjetischen Besatzungszone saß er wegen antisowjetischer Propaganda drei Jahre im Zuchthaus, 1949 wurde er begnadigt und ging in den Westen. Seit 1965 arbeitete Karl-Heinz Kurras bei der Politischen Abteilung der Berliner Kripo. Er mag Waffen. Er ist Mitglied im Schützenverein Wannsee und kürzlich wegen unerlaubten Waffenbesitzes zu vierhundert Mark Geldstrafe verurteilt worden. Wenn der Blick des Richters ihn streift, springt Kurras auf und nimmt Haltung an. Er ist, so Gerhard Mauz im »Spiegel«, ein »Mann, der dem Staat dient, weil ihn dieses Dienen selbst schützt, weil es ihm seinen Platz gibt. Er ist ein Deutscher, für die Verhältnismäßigkeit bei der Anwendung von Autorität und Gewalt hat er keinen Sinn. Er ist Demokrat aus Angst, nicht der Freiheit wegen.«

Die Beweislage war kompliziert. Kurras hatte das Magazin seiner Pistole gewechselt, deshalb war unklar, wie viele Schüsse er abgefeuert hatte. Kurras, der sich als Opfer der Demonstranten präsentierte, verhedderte sich in einem Gespinst von Widersprüchen. Der Polizeiobermeister Horst Geier gab zu Protokoll, er habe sich nach dem Schuss umgedreht und gesagt: »Mensch, bist du wahnsinnig geworden?« Kurras habe gestottert: »Die ist mir losgegangen.« Ein Psychiater mochte nicht ausschließen, dass sich der Angeklagte in psychischem Ausnahmezustand befand. Der Staatsanwalt forderte schließlich acht Monate auf Bewährung – weil kein Zeuge gesehen hatte, dass und wie Kurras geschossen hatte. Auch Mahler legte sich in seinem Schlussplädoyer nicht darauf fest, dass Kurras »wissentlich und willentlich« geschossen hatte. Doch weil der Rechtsfriede in Gefahr sei, müsse auf die Bewährung verzichtet werden. Schily plädierte, anders als Mahler, nicht dafür, das Urteil vom Rechtsfrieden (also letztlich der Wirkung des Urteils) abhängig zu machen. Offenbar war es ihm zu wolkig, das Urteil politischer Opportunität anheim zu stellen.

Am 21. November 1967 ist Karl-Heinz Kurras frei. Die 14. Strafkammer des Landgerichtes Moabit hat »keinen Anhaltspunkt für eine vorsätzliche Tötung oder eine beabsichtigte Körperverletzung durch einen gezielten Schuss« entdeckt. Keine Bewährung, ein Freispruch – obwohl Kurras selbst nach dem Schuss gesagt hatte: »Die ist mir losgegangen«, obwohl es eine Reihe Indizien gab, die zeigten, dass er keineswegs in Todesangst und bedrängt von Demonstranten geschossen hatte, sondern unbedrängt ein paar Meter entfernt von seinem Opfer. Für sicher hielt der Richter zweierlei: Kurras war unglaubwürdig. Und: Ohnesorg war »auch nachdem er tödlich getroffen war, weiter mit Schlagstöcken geschlagen worden«. Und doch erschien dem Gericht zu viel zu ungewiss.

Juristisch war dieses Urteil zweifelhaft – politisch komplettierte es den Skandal. Kein Parlamentarier hatte sich im Fall Ohnesorg für die Studenten engagiert, Senat und Polizei hatten von Beginn an, als am Abend des 2. Juni die Falschmeldung kursierte, ein Polizist sei erstochen worden, Aufklärung verhindert. Sogar der Berliner RCDS, die CDU-nahe Studentenvereinigung, zweifelte an der Justiz. Die APO missverstand dieses Urteil schon richtig. Der Fall Ohnesorg, sagte Schily zehn Jahre später, war »ein Schlüsselerlebnis. Damals bin ich ins Zweifeln gekommen über die Gesellschaftsverhältnisse.«

Juristisch ist der Fall Kurras der erste Erfolg des politischen

Rechtsanwalts Otto Schily – auch wenn der Prozess schließlich als Farce endet. 1968 hebt der Bundesgerichtshof den Freispruch auf – von den Revisionsanträgen lässt der BGH nur den von Schily gelten. Das Gericht hatte das Tonband eines Reporters der »Süddeutschen Zeitung« übersehen. Die Aufzeichnung zeigte, dass Kurras, anders als von ihm behauptet, nur einen Schuss (und keinen vorhergehenden Warnschuss) abgegeben hatte. Das Revisionsverfahren beginnt im April 1969 – und wird abgeblasen, weil Horst Mahler im Rollkragenpullover und ohne pflichtgemäße Robe auftritt. Der Richter verweist auf die Robenbestimmung von 1927, Mahler auf die repressive Wirkung von Roben auf Angeklagte, die glauben müssten, es vom Richter über den Staatsanwalt bis zu ihrem Verteidiger mit staatlichem Autoritätspersonal zu tun zu haben. Der Robenstreit wird erbittert bis in die letzte Konsequenz ausgetragen, der Prozess scheitert. Christa Ohnesorg, Bennos Witwe, entzieht Mahler entnervt das Mandat.

Otto Schily versucht, sich in dem überhitzten Streit neutral zu verhalten. Wenn er spricht, zieht er die Robe an, danach legt er sie ab. Am dritten Verhandlungstag, dem 24. April 1969, kurz bevor der Prozess endgültig platzt, muss er diese Übung ziemlich rasch hintereinander vollführen. Robe an, reden, Robe aus, setzen, Robe an, reden, Robe aus, setzen. Der Vorsitzende Richter Michna sagt: »Herr Verteidiger, Sie streifen gerade die Grenze des Lächerlichen.« Die Bemerkung trifft Schily, der eigentlich von sich aus nicht viel gegen die Robe einzuwenden hat. »Korrekte Kleidung«, sagt er 1969 zu seinem Referendar Wolfgang Krüger, »ist wichtig, damit die Mandanten das Gefühl haben, dass die Richter ihren Verteidiger ernst nehmen.« Dieser probierte halbe Robenwechsel bleibt Otto Schilys schärfster Verstoß gegen die bürgerlichen Benimmregeln.

Der dritte Prozess findet schließlich im Oktober 1970 statt. Horst Mahler hat inzwischen die RAF mitgegründet und sitzt seit seiner Verhaftung im September 1970 in Untersuchungshaft. Otto Schily bemüht sich, so gut es nach drei Jahren geht, die Fakten zu recherchieren. Er beraumt einen Lokaltermin am Tatort an, lässt Schüsse auf Tonband aufnehmen und mit der Aufzeichnung des »SZ«-Journalisten vergleichen, kritisiert einen Zeugen, der Journalist ist und sich mit Karl-Heinz Kurras duzt, und er wehrt die Versuche von Kurras' Verteidiger Gerd Joachim Roos ab, der Kapital aus der beginnenden Baader-Meinhof-Hysterie schlagen will und argumentiert, Kurras sei »ein Opfer der inzwischen aufgegangenen Saat der Gewalt«, er sei am 2. Juni nur mit dem Leben davongekommen, weil er geschossen habe. Schily retourniert kühl, dass solche »selbstgerechten, pathetischen Erklärungen und historischen Manipulationen« nichts nutzten. Seine Taktik ist klar: Er will mit Fakten das Naheliegende beweisen – dass Kurras fahrlässig und unbedrängt geschossen hat. Ein Anwalt der Nebenklage unterstellt Kurras, absichtlich, vorsätzlich geschossen zu haben – Schily unterstützt den Antrag nicht. »Schily hat, anders als Mahler, meistens versucht, mit dem Gericht und der Staatsanwaltschaft zu kooperieren. Er hat ihnen gezeigt, dass er sie ernst nimmt und respektiert – auch wenn viele zu dumm waren, um das zu begreifen«, sagt der Rechtsanwalt Klaus Eschen.

Doch es ist alles umsonst. Fast alles spricht dafür, dass Benno Ohnesorg starb, weil ein verängstigter, autoritätsfixierter Beamter in einem maßlos übersteigerten Polizeieinsatz fahrlässig zur Waffe griff. Doch am 22. Dezember 1970 wird Kurras endgültig freigesprochen – mit der gleichen Begründung wie 1967. Dieses Urteil zeigt, wie zögerlich die bundesdeutsche Justiz mit politisch heiklen Verfahren und Fehlern staatlicher Autoritäten umging. So endete die juristische Bearbeitung des Todes des Studenten Benno Ohnesorg. Und so begann der Aufstieg des politischen Strafverteidigers Otto Schily.

4. Kapitel

Das Pathos der Tat – die Kaufhausbrandstiftung in Frankfurt

»Ich kann nicht glauben, dass der Tag ausbleibt, da die Leute es satt haben, nur satt zu sein und all die schönen Lebensmittel für den Lebenszweck zu halten.«
Gudrun Ensslin

Die Studentenbewegung setzt bis 1968 ziemlich strikt auf die Politik symbolischer Regelverletzungen. Auch die Radikalen in der Kommune 1, die sich medial geschickt als Bürgerschreck inszenieren und im SDS als »Springers Hofnarren« gelten, halten sich faktisch an das Gewaltverbot. Sie spielen indes mit Gewaltbildern, verbrennen Weihnachtsbäume auf dem Kurfürstendamm, planen im April 1967 ein Puddingbombenattentat auf den US-Vizepräsidenten Hubert Humphrey und benutzen in Flugblättern halb ironisch Gewaltfantasien. »Burn, warehouse, burn«, heißt es in einem K1-Flugblatt, das 1967 nach dem Brand in einem Brüsseler Kaufhaus in Berlin kursiert. Es ist ein Spiel mit Bildern. Bis jetzt.

Vier, die bislang eher am Rande der Revolte standen, machen Ernst mit der Gewaltrhetorik der Antiautoritären: die Germanistikstudentin Gudrun Ensslin, ihr Freund Andreas Baader, der in der Kommune 1 ein und aus geht, Horst Söhnlein, der in München das »action Theater« betreibt, und Thorwald Proll, der ebenfalls zum Umkreis der K1 zählt. Sie wollen ein Zeichen setzen gegen die Konsumgesellschaft, gegen die Ignoranz der satten Bundesrepublik, die über die Schrecken des Vietnamkrieges hinwegschaut.

Am Abend des 2. April 1968, kurz vor Schließung des Geschäfts um halb sieben, laufen Andreas Baader und Gudrun Ensslin eine bereits ausgeschaltete Rolltreppe im Kaufhaus Schneider hoch und deponieren eine Brandbombe. Nachts explodieren die Brandsätze. Das Feuer wird rasch gelöscht, Sachschaden entsteht vor allem durch die Sprinkleranlagen. Bei der Nachrichtenagentur »dpa« meldet sich, kurz bevor das Feuer ausbricht, eine anonyme Anruferin und sagt: »Im Kaufhof und bei Schneider brennt es. Es ist ein politischer Racheakt.« Die Polizei kommt den Tätern schnell auf die Spur: Andreas Baader gibt noch am Abend des Anschlags im »Club Voltaire« mit der Tat an. Das passt ins Bild. Die Attentäter gehen nicht sonderlich konspirativ, sondern leichtsinnig, fast planlos vor. Ensslin und Baader treten im Kaufhaus extrem auffällig in Erscheinung. Am Abend schauen sie der Feuerwehr zu.

Menschen kommen bei dem Brand nicht zu Schaden. Die Gefahr (die der Staatsanwalt in seinem Plädoyer in grellen Farben an die Wand malt), dass die beiden Kaufhäuser hätten niederbrennen oder dass das Feuer gar auf umliegende Häuser hätte übergreifen können, hat faktisch nicht bestanden.

Dennoch ist dieser Anschlag etwas grundlegend Neues, ein Bruch mit den symbolischen Regelverstößen. Er ist die erste gezielte, gewalttätige Aktion, getragen von einem Pathos der Tat, mit einer antiintellektuellen Einfärbung, die sich gegen das Heiligste des SDS, die Theorie, wendet. Endlich, sagt Andreas Baader am 2. April 1968 nachts im »Club Voltaire«, ist mal nicht »bloß geschwätzt« worden. Der SDS distanziert sich anfangs von der Brandstiftung und erklärt: »Der SDS ist zutiefst darüber bestürzt, dass es in der Bundesrepublik Menschen gibt, die glauben, an den gesellschaftlichen und politischen Verhältnissen in diesem Land durch unbegründbare Terroraktionen ihrer Opposition Ausdruck verleihen zu können.«

Der 2. April 1968 markiert den Einstieg in eine Logik der Militanz, in der die Möglichkeit, dass das Gewaltniveau eskaliert, eingeschlossen ist. In der Bewegung wird die Tat im Sommer 1968 zusehends populärer. Nach dem Dutschke-Attentat und dem Pariser Mai wächst bei vielen Aktivisten das Gefühl, dass man endlich zurückschlagen kann und muss. Die Bewegung wird größer und radikaler. In München sterben zwei Menschen, der Journalist Klaus Frings und der Student Rüdiger Schreck, bei einer militanten Demonstration. Horst Mahler kommentiert die Toten in München mit dem Satz: »Solche Unglücksfälle sind unvermeidlich. Wenn ich mich an das Steuer eines Autos setze, dann muss ich auch damit rechnen, dass vielleicht ein Reifen platzt.« So klingt die neue revolutionäre Moral: Es gibt Tote erster Klasse, wie Benno Ohnesorg, und Tote zweiter Klasse, namenlose Unfallschäden, die der Maschine, der Revolte, zum Opfer fallen. Die Grenzen zwischen Regelverstoß, Gegengewalt und Militanz, zwischen Happening, Provokation und Terror beginnen zu verschwimmen. Die Kaufhausbrandstiftung ist ein wichtiger Schritt auf diesem Weg. Die Devise der Militanten heißt danach, so Bommi Baumann: »Wer die knallhärtesten Taten bringt, der gibt die Richtung an.« Die Idee, dass nur noch organisierte Gegengewalt helfen kann, ist 1968 keine exotische Spinnerei von Außenseitern. Auch in SDS-Kreisen denkt man nach den Schüssen auf Dutschke darüber nach. Insofern haben die »Achtundsechziger« eine moralisch-historische Haftung für die Militanz, die schließlich zur RAF führt. Die Trennung in gute Rebellen, die überfällige gesellschaftliche Reformen vorangetrieben haben, und böse Terroristen ist jedenfalls eine allzu freundliche rückblickende Frontbegradigung.

Gudrun Ensslin – »ein Mensch des Absoluten«

Die Prozessbeobachter in Frankfurt sind sich rasch einig, wer der intellektuelle Kopf der Aktion ist: die schwäbische Pastorentochter Gudrun Ensslin. Otto Schily ist ihr Wahlverteidiger. Schon bevor er das Mandat übernimmt, weiß er, wer Gudrun Ensslin ist. 1965 unterstützt Ensslin die Schriftsteller-Initiative für Willy Brandt, die im Schimmelpfeng-Haus am Zoo ihr Büro hat. Seit 1967 bewegen sich beide in der überschaubaren APO-Szene in Westberlin.

Gudrun Ensslins Entwicklung ist charakteristisch für viele im Umfeld des SDS: Sie wandelt sich von einer angepassten, idealistischen Bürgertochter zur reformistischen Aktivistin und schließlich zur Radikalen. Ihr politisches Interesse wächst, nachdem sie 1962 den Germanistikstudenten Bernward Vesper, den Sohn des von den Nazis hofierten Dichters Will Vesper, kennen gelernt hat.

Vesper und Ensslin gründen den kleinen Verlag Studio neue Literatur, 1964 bringen sie (neben in rechtsextremen Blättern annoncierten Werken von Bernwards Vater Will) eine Anthologie »Gegen den Tod – Stimmen gegen die Atombombe« heraus, die auch einen Text von Heinrich Böll enthält. Im Vorwort schreibt Gudrun Ensslin, dass es darum gehe, »das persönliche Grauen wachzurufen, das zur endlichen Umkehr, zur menschlichen, vernünftigen Handlung führen soll«. Vesper und Ensslin sind pazifistisch, kulturell engagiert und Teil der intellektuellen Nachwuchselite der SPD. 1965 unterstützen sie im »Wahlkontor« Brandts Kanzlerkandidatur. Vesper schreibt Reden für Karl Schiller, Ensslin arbeitet manchmal bis zur Erschöpfung und ist zunehmend enttäuscht darüber, wie wenig Einfluss die Intellektuellen nehmen können. Im selben Jahr wird die talentierte Studentin Stipendiatin der Studienstiftung des Deutschen Volkes. Der Glaube, mit ihrem Engagement etwas verändern zu können, verfliegt spätestens im Dezember 1966, als Willy Brandt in die Große Koalition eintritt. »Wir mussten erleben«, schreibt Ensslin damals, »dass die Führer der SPD selbst Gefangene des Systems waren, die politische Rücksichten nehmen mussten auf die wirtschaftlichen Mächte und außerparlamentarischen Mächte im Hintergrund.« »Sie war«, sagt Günter Grass über Ensslin Mitte der sechziger Jahre, »idealistisch, mit einer eingeborenen Abscheu vor jedem Kompromiss. Sie hatte ein Verlangen für das Absolute, die perfekte Lösung.«

Der Schock, der sie radikalisiert, ist der 2. Juni 1967. Wie viele kommt sie spätabends nach den Krawallen in das SDS-Zentrum am Kurfürstendamm, wo unter anderem Jörg Schlotterer und Tilman Fichter wohnen, der sich erinnert: »Sie wollte, dass wir uns bewaffnen und eine Polizeikaserne stürmen. Sie sagte: Das ist die Generation von Auschwitz, mit denen kann man nicht reden. Sie war wie ein Racheengel. Ich habe gesagt: Morgen um neun Uhr ist Vorstandssitzung des SDS, da wird entschieden, was passiert. Ich habe sie im Grunde rausgeworfen.«

Subtile Kritik und Theorie sind weniger Ensslins Sache, sie will etwas tun, wirken, aufrütteln. Im SDS nehmen sie viele nicht ernst: Den theoretisch geschulten Intellektuellen geht ihre agitatorische, schroffe Unbedingtheit auf die Nerven. »Sie war eine moralisierende Person, mit emotionalen Schüben wie am Abend des 2. Juni, die nach einer Woche aber wieder verpufft sein konnten. Interesse an marxistischer Gesellschaftsanalyse hatte sie, falls ich nicht völlig irre, nicht«, so Fichter. Ein Frankfurter Gerichtsmediziner, der 1968 ein paar Stunden lang mit ihr sprach, urteilte, dass sich hinter ihrer auffälligen verbindlichen Freundlichkeit eine ebenso auffällige innere Starre verberge. Ende 1967 geht sie mit ihrem neuen Freund, Andreas Baader, nach Frankfurt.

Der Protest, der sich anfangs am Konkreten entzündet, an Notstandsgesetzen, Vietnamkrieg, dem 2. Juni, wird immer mehr zur abstrakten Opposition gegen den Kapitalismus, gegen die bürgerliche Ordnung, gegen das »System«, das die »Umkehr« unmöglich macht, die Massen mit Konsumterror betäubt und jede Opposition integriert. Ein Tag nach dem Prozess sagt Ensslin einem Journalisten: »Ich kann nicht glauben, dass der Tag ausbleibt, da die Leute es satt haben, nur satt zu sein und all die schönen Lebensmittel für den Lebenszweck zu halten.«

In diesem mit Weltrettungsrhetorik aufgeladenen Diskurs von Ein- und Umkehr schimmert pietistisches Denken hindurch: Der Tag der besseren Einsicht wird kommen. Die Kritik gilt nicht der kapitalistischen Warenproduktion, sondern dem Massenkonsum, der die Suche nach der Wahrheit, dem Sinn, dem Eigentlichen, dem »Lebenszweck« verhindert. Dieser protestantisch-pädagogische Eros klingt eher nach Kanzel als nach »Kapital«-Schulung. Bernward Vesper, der als Zeuge im Frankfurter Prozess auftritt, sagt dort: »Gudrun ist, obwohl sie an vielen Aktionen teilgenommen hat, ein unpolitischer Mensch.«

Dieser hohe, moralische, zornige Ton, der eher an Friedrich Schiller als an Friedrich Engels erinnert, begründet die Skepsis mancher SDS-Aktivisten – und es ist genau dieser harte, aufrichtige Ton und Habitus, der bei manchen Bürgerlichen Eindruck macht. Bei gestandenen, kritischen Repräsentanten des bundesdeutschen »Systems« scheint sie so etwas wie Beschützerreflexe auszulösen. Helga Einsele leitet die Frauenhaftanstalt Preungesheim, in der Ensslin 1968 in Untersuchungshaft sitzt. Sie ist eine linke Sozialdemokratin, eine energische Justizreformerin aus dem

Umkreis des legendären hessischen Generalstaatsanwalts Fritz Bauer, dem Initiator des Frankfurter Auschwitzprozesses. Einsele ist höchst beeindruckt von Ensslin, die sich »bis zur Grenze des Tragbaren für ihre Mitgefangenen« einsetzt. Gudrun, so Einsele, ist »ein eindrucksvoller Mensch, weil sie so absolut ist und notfalls mit dem Leben für ihre Überzeugung eintritt«. Ensslin hat, anders als Baader, eine ausgeprägte soziale Ader. Geschenke, die sie in der Haftanstalt bekommt, gibt sie an Mitgefangene weiter. All das prädestiniert sie für die Rolle des gefallenen Engels.

Auch Ernst Heinitz, der 1963 John F. Kennedy die Ehrenbürgerwürde der Freien Universität als deren Rektor verlieh, ist von der Studentin hingerissen. Heinitz, der 1933 vor den Nazis nach Italien floh, ist Strafverteidiger, Richter am Kammergericht, engagiert in der Gefangenenfürsorge. In der Auseinandersetzung mit dem SDS an der FU gehört er zur Betonfraktion: Er hat weder Verständnis noch einen Hauch Sympathie für die studentische Revolte.

Heinitz, neben Schily Ensslins Verteidiger in dem Prozess, kennt seine Mandantin seit Mitte der sechziger Jahre. 1965 hat Heinitz, der Vertrauensdozent der Studienstiftung des deutschen Volkes, Ensslin zu einem Stipendium verholfen. »In den 52 Jahren meiner Lehrtätigkeit habe ich nie ein so außergewöhnliches Mädchen kennen gelernt«, lautet sein damaliges Urteil. 1968 sagt er vor Gericht: »Wir in der Studienstiftung sehen es mit Besorgnis, dass die Begabtesten, Kritischsten es sind, die sich nicht mit den Verhältnissen abfinden wollen und die auf Abwege kommen. Sie ist ein gutes Mädchen.«

In Untersuchungshaft strickt sie einen Pullover für Maria Pia, die Frau von Ernst Heinitz. Horst Mahler gegenüber zeigt sie sich von einer anderen Seite. Nach einem Gespräch mit dem Verteidiger in Preungesheim wird Gudrun Ensslin in ihre Zelle zurückgebracht. Im letzten Moment dreht sie sich noch einmal um, schaut Mahler ins Gesicht und sagt: »Du wirst auch noch die Kalaschnikow in die Hand nehmen.« Die »Konkret«-Journalistin Ulrike Meinhof, die Ensslin in Preungesheim besucht, verzichtet auf einen geplanten Text über sie: »Wenn veröffentlicht wird, was sie mir gesagt hat, kommen die nie mehr aus dem Knast.«

Zwei aus gutem Hause – Gudrun Ensslin und ihr Anwalt

Auch Otto Schily ist von Ensslin beeindruckt. Er fragt Heinitz oft nach seinen Erfahrungen mit ihr. Schily hat anfangs ein Mandat für alle vier Angeklagten. Das ist, wegen möglicher Interessenskollisionen, keine glückliche Konstruktion. So gibt er Anfang September 1968 drei Mandate ab – und ist nun ausschließlich der Wahlverteidiger von Gudrun Ensslin. Die Entscheidung fällt nicht schwer. Schily interessiert sich nicht für Baader, den Dandy mit den schlechten Manieren, der, wie die »Frankfurter Rundschau« schreibt, den Eindruck macht, »eher aus Zufall Marcuse gelesen zu haben«, nicht für Thorwald Proll, der sich mit dadaistischen Wortassoziationen als Politclown inszeniert, nicht für Horst Söhnlein, den ein böses Schicksal in diesen Prozess verschlagen zu haben scheint. Schily interessiert sich für Gudrun Ensslin, die Ernste, Entschlossene, Reflektierte. In dem Prozess hält sie dem Staatsanwalt entgegen: »Ich rede nicht über verbrannte Schaumstoffmatratzen, ich rede über verbrannte Kinder in Vietnam.«

Heinitz, 66 Jahre alt, schaut »väterlich«, Helga Einsele »mütterlich« auf Ensslin. Schily könnte ihr älterer Bruder sein. Und es gibt einige Berührungspunkte zwischen dem Anwalt und der Studentin: ein verwandtes geistig-kulturelles Orientierungssystem und biografische Ähnlichkeiten. Beide stammen aus wohlanständigen bürgerlichen Haushalten, die Distanz zum Nationalsozialismus gewahrt haben und in denen individuelle Verantwortung auf der Werteskala ganz weit oben steht. Gudruns Vater, Helmut Ensslin, ist Pfarrer und steht während der Nazizeit der »Bekennenden Kirche« nahe. Fritz Erler und Gustav Heinemann, den Schily in den Fünfzigern bewundert, besuchen gelegentlich die Ensslins, die gegen Adenauer, gegen die deutsche Spaltung und die Wiederbewaffnung sind. Wie bei den Schilys pflegt man die Hausmusik. Gudrun spielt Geige.

In der Debatte um die Motive der RAF wurde später das schwäbische Pfarrhaus, gleichsam Symbol deutscher Innerlichkeit, als Wiege des Terrors ausgemacht. Christiane Ensslin, die jüngere Schwester, widerspricht dieser Deutung: »Mein Vater war Pfarrer und Künstler und sehr weltoffen. Es wurde sehr, sehr viel geredet. Und jedes meiner Geschwister, mich eingeschlossen, hatte zu dem, was am Tisch gesprochen wurde, immer eine eigene Meinung. Deswegen ging es oft sehr laut zu. Das macht einen nicht zum Terroristen.«

Richtig ist, dass der Konnex Pfarrhaus – Terror schnell zum Klischee gerann, zu einer nützlichen Formel, die das schwer Begreifbare handlich zu erklären schien. Die Wahrheit war komplexer. Doch trotz aller Vorsicht gegenüber den Fallen schlichter Eindeutigkeit ist die religiöse Einfärbung, eine Mischung aus Moral, Strenge und Weltabgewandtheit, bei Ensslins Radikalisierung unübersehbar. Ihre Mutter sagt, Gudrun sei immer »ein Mensch des Absoluten« gewesen.

1968 glaubt Ensslin nicht mehr an das, woran Schily zweifelt: an die Reform, an den Traum von den guten, gerechten Männern, an Gustav Heinemann, der die Vereinbarkeit von Bürgerlichkeit, Antifaschismus und politischer Moral verkörperte und jetzt die Notstandsgesetze rechtfertigt, die seit dem 2. Juni für viele Rebellen der Inbegriff des Faschismus von morgen sind. Ensslin ist der Star in einem selbst inszenierten protestantischen Drama: das Individuum in Gewissensnot. Schily steht dem kollektivistischen Neomarxismus recht kühl gegenüber – Ensslins aus Abkehr von den Idealen ihrer Jugend geronnene Radikalität versteht er besser.

Ensslin, so Schily in seinem Schlussplädoyer, ist exemplarisch für die Entwicklung der kritischen Jugend in der Bundesrepublik. So wird sie, neben Horst Mahler und Christine, die dritte wichtige Figur, die ihm die Revolte und deren Abgründe nahe bringt.

Schily engagiert sich für seine Mandantin – und er tut mehr, als ein Verteidiger tun muss. Er besucht zum Beispiel Gudruns Eltern in Stuttgart. Gudrun Ensslin bewegt die Frage, was mit ihrem Sohn Felix, der damals ein Jahr alt ist, geschehen soll, ob er bei seinem stets überforderten Vater Bernward Vesper im Berliner Kinderladenmilieu oder besser in bürgerlichen Verhältnissen groß werden soll. Sie diskutiert dieses Problem mit ihrem Anwalt Otto Schily, der darüber auch mit Vesper spricht. Schily scheint in dem Rosenkrieg, der sich zwischen der inhaftierten Gudrun und ihrem Ex-Verlobten Vesper entwickelt (präzise beschrieben von Gerd Koenen in seiner Studie »Vesper, Ensslin, Baader«), eine Art vermittelnde Rolle zu spielen. Später, nach Vespers Selbstmord 1971, ist Schily dessen Testamentsvollstrecker und fungiert auch als Amtsvormund von Felix.

Der Prozess

Der Prozess vor der vierten Strafkammer des Frankfurter Landgerichts beginnt am 14. Oktober 1968. Der Star auf der Verteidigerbank ist Horst Mahler, das Interesse gilt auch Ernst Heinitz, Otto Schily spielt in der öffentlichen Wahrnehmung nur eine Nebenrolle. Im Gerichtssaal sind drei, die achtzehn Monate später die RAF gründen werden: Ensslin, Baader und der Anwalt Horst Mahler.

Der Richter, Landgerichtsdirektor Gerhard Zoebe, fragt zu Beginn des Prozesses: »Sind Sie Herr Baader?« Thorwald Proll steht auf und sagt: »Ja.« »Sind Sie geboren am 6. Mai 1943?« »Nein«, sagt Proll, »1789.« Der Richter verhängt eine Ordnungsstrafe von drei Tagen, Proll ruft: »Ich erhöhe auf vier.« Horst Söhnlein fragt, während er abgeführt wird: »Gibt es jetzt Schläge?« »Vielleicht«, sagt ein Justizbeamter. Der Richter rügt diesen Satz nicht. Nach zehn Minuten sitzt nur noch Gudrun Ensslin auf der Bank der Angeklagten.

Die Brandstifter: Thorwald Proll, Horst Söhnlein, Andreas Baader und Gudrun Ensslin vor Gericht

Es gibt, beobachtet der »Spiegel«-Reporter Gerhard Mauz 1968, »kaum einen treffenden, witzigen, boshaften oder ordinären Einfall junger Angeklagter, zu dem sich nicht ein Richter oder Staatsanwalt findet, der ihn katastrophal beantwortet; der sich also erfolgreich provozieren und ›entlarven‹ lässt.« Das ist die eiserne Mechanik vieler politischer Prozesse der späten sechziger und siebziger Jahre: Die Angeklagten provozieren oder schweigen, die Richter antworten mit autoritären Gesten, mit exakt den Machtdemonstrationen, die die Angeklagten in ihrem Bild vom repressiven System bestärken. Die Anwälte solidarisieren sich, mal mehr, mal weniger, mit ihren Mandanten. Weil Ensslin bei der Vereidigung der Zeugen sitzen bleibt, wird sie »wegen Ungebühr vor Gericht« zu drei Tagen Haft verurteilt. Zoebe hat vor Beginn des Prozesses Formulare drucken lassen: »In dem Strafverfahren gegen Baader u.a. wird gegen den Zuhörer … eine Ordnungsstrafe von … aufgrund folgenden Sachverhaltes verhängt …« Doch das Publikum bleibt, bis auf den Tumult nach der Urteilsverkündung, ruhig. Zoebe streicht das Wort »Zuhörer« durch und schreibt »Angeklagter« darüber. Mahler und Eschen, der Proll und Söhnlein vertritt, weigern sich, ihre Roben zu tragen. Schily verhält sich in der Robenfrage, wie im Kurras-Prozess, pragmatisch: Wenn er redet, zieht er die Robe an, dann legt er sie beiseite. Mit diesem ziemlich umständlichen, leicht komischen, aber im Effekt praktischen Mittelweg vermeidet er fruchtlosen Zwist mit den Richtern, ohne seine Mandanten oder radikalere Anwälte zu düpieren. »Schily«, so Klaus Eschen, »hat Prozesse immer strikt für seine Mandanten geführt – nie, wie manche andere Anwälte, für sich selbst.«

Von den Angeklagten, urteilt die »Frankfurter Rundschau« am 31. Oktober 1968, »ist nur Gudrun Ensslin ernst zu nehmen.« Am dritten Prozesstag gibt sie zu, mit Baader im Kaufhaus Schneider den Brand gelegt zu haben. Menschen sollten nicht verletzt werden, Ziel sei gewesen, ein Zeichen gegen die Gleichgültigkeit der Gesellschaft gegen den Vietnamkrieg zu setzen. »Wir haben gelernt, dass Reden ohne Handeln Unrecht ist«, sagt sie. Und: »Es war ein Fehler und Irrtum. Darüber wird mit anderen zu reden sein.« Die Sprunghaftigkeit, die schon die Tat kennzeichnete, charakterisiert auch ihr Verhalten im Prozess. Wenig später zieht sie ihr Geständnis teilweise zurück und behauptet, jemand habe ihr und Baader die Brandsätze gegeben, sie habe nur gewusst, dass in den Tüten etwas Gefährliches sei. Damit spielt sie dem Staatsanwalt in die Hände, der in seinem Plädoyer erklärt, von Überzeugungstätern könne keine Rede sein.

Heinitz und Schily haben sich in dem Prozess auf eine Arbeitsteilung verständigt: Heinitz, der *coram publico* die Tat ausdrücklich verurteilt, soll Ensslins Charakter und ihre Motive herausstreichen, Schily die juristische Anklage – Menschen gefährdende Brandstiftung – widerlegen. Schily versucht mit einiger Raffinesse, wenn auch erfolglos, zu beweisen, dass im Grunde nur eine große Schrankwand gebrannt habe, folglich läge als Straftatbestand lediglich eine Sachbeschädigung vor. Und Schily tut noch mehr: Er inszeniert eine politische Verteidigung.

Am 28. Oktober 1968 beantragt Schily, einen Text von Bertrand Russell zu verlesen. Er ist als »Voltaire Flugschrift« erschienen, Gudrun Ensslin hat ihn aus dem Englischen übersetzt. Er heißt »Appell an das Gewissen Amerikas«. Darin steht: »Man begreift, der Krieg in Vietnam unterscheidet sich nicht von dem Krieg, den die Deutschen in Osteuropa geführt haben. Der Vietcong entspricht den Partisanen Jugoslawiens, den illegalen Widerstandsgruppen Norwegens und Dänemarks zur Zeit der Nazibesetzung. Nur wenn man das erkennt, begreift man, warum es einem kleinen Bauernvolk gelingt, die starke Armee der mächtigsten Industrienation der Welt nicht zum Zuge kommen zu lassen … Es ist unmöglich, so zu tun, als gäbe es keine Kriegsverbrechen, als wüsste man weder von Folter noch Napalm. Es wäre würdelos, nicht den Mut zu haben, das Elend zu erkennen und sich ihm zu widersetzen.«

Dieser Text ist nur am Rande eine Analyse der politisch-ökonomischen Interessen der US-Intervention, es ist ein Appell an das Gewissen, ein Plädoyer für die Pflicht des Einzelnen, dem Unrecht zu widerstehen. Dieser gesinnungsethische Gestus passt zu Ensslin – und zu Schily. »Vielleicht«, sagt Klaus Eschen, »wollten wir, die Anwälte, in Frankfurt den 20. Juli 1944 noch mal nachspielen, aber mit besserem Ausgang.«

Schily will mit der Verlesung des Russell-Textes die Gründe der Tat zur Sprache bringen. Dieser Versuch wird eine Schlüsselszene des Prozesses. Sie ist nicht spektakulär, es gibt keinen Radau, kein Happening und keine Ordnungsstrafe, aber sie erklärt viel. Gudrun Ensslin steht auf und widerspricht Otto Schily, ihrem Wahlverteidiger. Sie will nicht, dass der Russell-Text, dass »ihr« Text verlesen wird. »Das hat keinen Wert«, sagt sie. Schily geht zu ihr, spricht mit ihr und setzt sich durch. Ensslin zieht ihren Einspruch zurück und sagt mit schüchternem Trotz: »Aber nur unter der Bedingung, dass das Gericht genauso gut zuhört wie bei der Zeugenvernehmung.«

Es ist ein scheuer Satz, aus dem die Furcht spricht, nicht ernst genommen, nicht anerkannt zu werden. Ein Satz, in dem die betonierte Dialogblockade für einen Moment einen Riss bekommt. Die Autoritäten, deren Recht zu urteilen sie nicht akzeptiert, sollen wenigstens zuhören. Die Tür geht einen Spalt weit auf. Doch Vietnam, sagt der Staatsanwalt, gehört nicht hierhin. Das Gericht berät sich kurz und lehnt Schilys Antrag ab. Grund: Es sei bekannt, dass »es verschiedene literarische und politische Auseinandersetzungen mit dem Vietnamkrieg« gibt.

Schily begründet später seinen Revisionsantrag unter anderem

NIXON
begeht
VÖLKER-
MORD

mit dieser Ablehnung. Der Russell-Text beweise, was das Gericht nicht wahrhaben wolle. Dass es nicht verschiedene Texte und Haltungen zum Vietnamkrieg gibt, sondern dass sich »eine neutrale Haltung zu dem US-Krieg verbiete«. »Klug und engagiert« nennt Klaus Eschen Schilys Verteidigung. Auch der Revisionsantrag wird abgelehnt.

Der Prozess offenbart drastisch das Missverständnis zwischen den Generationen. Ensslin weigert sich, die Legitimität des Gerichts anzuerkennen. Sie ist auf dem Weg ins *off*, weg von der Vaterordnung, weg von der Welt, in der alte Männer das Wort führen. Im Gericht sieht sie nur stählerne Autorität, blinde Agenten des »Systems«. Richter Zoebe, sonst eher ein Liberaler, sieht in den Angeklagten Störenfriede, die mit Ordnungsstrafen zur Räson gebracht werden müssen. So reproduzieren sich die Bilder, die sich Radikale und Repräsentanten der bundesdeutschen Ordnung gegenseitig voneinander machen. Und die Sprachlosigkeit wächst.

In seinem Schlussplädoyer zeichnet Schily von Gudrun Ensslin das Bild einer Gewissenstäterin, die unschuldig sei. »Das Schlüsselerlebnis Vietnam« habe ihr die Augen für den Widerspruch zwischen bürgerlichen Idealen und der Wirklichkeit geöffnet. Die Tat an sich müsse man ablehnen, doch handle es sich um einen verständlichen »Ausbruch des Ohnmachtgefühls« seiner Mandantin. Außerdem seien im Kaufhaus Schneider »nur einige Einrichtungsgegenstände verfeuert« worden. Die Maßlosigkeit der Anklage zeige, »in welche Ecke solche Leute gedrängt werden«. Schily fährt fort: »In der kapitalistischen Wirtschaftsordnung gehört die Vernichtung von Gütern aller Art aus Gründen des Profits zur Tagesordnung. Wie man da sechs Jahre Zuchthaus für einen angebrannten Schrank fordern kann, ist mir unbegreiflich.« Es ist eine leidenschaftliche, couragierte Rede für Ensslin, für ihre Motive, ihre Ideen. »Sein Plädoyer«, erinnert sich Horst Mahler, »endete in Tränen. Er war innerlich aufgewühlt. Das war echt. Otto gehört nicht zu den Anwälten, die vor Gericht eine theatralische Show abziehen. Das war nicht sein Stil.«

Am 31. Oktober 1968 wird das Urteil verkündet. An diesem Tag sind die Fluglotsen im Bummelstreik. Das Flugzeug aus Berlin, in dem Eschen, Mahler und Schily sitzen, kommt eine Stunde zu spät in Frankfurt an. Schily hat das Gericht gebeten zu warten – doch als er den Gerichtssaal betritt, ist die Sitzung unterbrochen und fast alles vorbei. Richter Zoebe hatte die Urteilsverkündung mit dem Satz eröffnet: »Die Tat, um die es hier ging, ist in der Studentenschaft weitgehend missbilligt worden.« Der Satz ist ein Affront: Das Gericht hatte beharrlich fast alles Politische aus dem Prozess verbannt, jetzt beginnt Zoebe, politisch zu argumentieren. Gudrun Ensslin sagt: »Das interessiert uns nicht. Wir möchten hier raus.« Dany Cohn-Bendit, der im Zuhörersaal sitzt, ruft: »Nicht das Gericht, sondern ein Studentenparlament muss entscheiden, ob die Angeklagten zur APO gehören oder nicht« – eine polemische, aber auch intelligente Antwort. »Der Unruhestifter Cohn-Bendit ist aus dem Saal zu entfernen«, sagt Zoebe und verurteilt Cohn-Bendit zu drei Tagen Haft. Dann bricht der Tumult aus. Söhnlein und Baader springen über die Barrieren, die Zuschauer, darunter viele SDSler (es findet gerade der SDS-Kongress in Frankfurt statt), stürmen den Raum. Die Polizei räumt den Saal. Vor der Tür fliegen Rauchbomben. Eine Studentin wird bewusstlos aus dem Gericht getragen. Dieses Handgemenge ist die gewalttätigste Szene, die sich bis dahin in einem bundesdeutschen Gerichtssaal zugetragen hat.

Das Urteil lautet: drei Jahre, um die Angeklagten, wie es in der Urteilsbegründung heißt, »von weiteren Straftaten abzuschrecken und die Öffentlichkeit vor den Angeklagten zu sichern«. Es ist – auch ohne die Täter moralisch zu veredeln – ein unangemessenes Urteil. Wer in Deutschland Ende der sechziger Jahre wegen schwerer Körperverletzung verurteilt wird, hat mit etwa einem Jahr Gefängnis zu rechnen. Die Kaufhausbrandstifter haben niemanden verletzt. Doch das Gericht folgt lieber dem Staatsanwalt, dessen Plädoyer zufolge halb Frankfurt nur knapp einem Flammenmeer entronnen ist. Rudolf Walter Leonhardt schreibt dazu in der »Zeit«: »Diese Präventivstrafe, die davon ausgeht, was alles hätte geschehen können, öffnet einem unerwünschten Besucher den Weg in den Gerichtssaal: der Fantasie. Ein Brand wird ebenso wenig dadurch menschengefährdend, dass Menschen hätten sterben können, wie eine schwere Körperverletzung dadurch zum Mord wird, dass der Verletzte ja auch hätte sterben können.«

Schily, der nach dem 2. Juni 1967 die Antiautoritären noch aufgefordert hatte, gerade jetzt den Rechtsstaat zu verteidigen, ist kritischer, wütender geworden. Denn es ist dieser Rechtsstaat, der Gudrun Ensslin, die »Überzeugungs-, ja Gewissenstäterin«, aus Rachsucht ins Zuchthaus schickt, während Kammergerichtsrat Hans-Joachim Rehse ungeschoren davonkommt. Rehse hatte am Volksgerichtshof 231 Todesurteile unterschrieben, 1968 wird er in Berlin freigesprochen, weil seine Urteile sich »im Rahmen dessen bewegten, was damals gesetzlich vertretbar war«. Vor allem diese Begründung bringt Schily in Rage. Wie kann ein Rechtsstaat faktisch die Opfer von damals noch einmal verurteilen? 1968 ist Rehse frei, Ensslin im Gefängnis – wo bleibt da das Recht?

Nach dem Frankfurter Prozess gehen Schily, Mahler und Eschen vom Gericht zum Frankfurter Bahnhof, um zum Flughafen zu fahren. Das Strafmaß, der autoritäre Habitus des Gerichts, der Unwille, über Politik und Motive zu reden, all das empört Schily. »Heute habe ich die Brücken zur bürgerlichen Gesellschaft hinter mir abgebrochen«, sagt er.

Doch nach seiner Rückkehr verfliegt diese Idee wieder. Denn in Berlin ist alles noch so, wie es war. Die Villa, der Garten, der Flügel im Wohnzimmer, das Cello. Und Schily ist dabei, seine Rolle zu finden. Das größte Wagnis, das er eingeht, ist, sich selbständig zu machen, und auch das nur, weil in der Dahlemer Kanzlei der Haussegen schief hängt. Neufeldt ist ein streng konservativer Wirtschaftsanwalt, der Schilys Aktivitäten seit dem Kurras-Prozess mit Stirnrunzeln verfolgt. Als Schily das Mandat für den Frankfurter Prozess übernimmt, ist für ihn das Maß voll. »Wir können nicht gleichzeitig Kaufhausbesitzer und Kaufhausbrandstifter vertreten«, sagt er. Schily zieht mit seinem Büro in den vierten Stock des Schimmelpfeng-Hauses, eines Neubaus in der Kantstraße. Zunächst ist er besorgt, ob ihm die Selbständigkeit glückt. »Im ersten Monat habe ich fünfhundert Mark verdient. Das sah nicht gut aus. Ich hatte Geld für ein halbes Jahr, nicht für länger. Wäre die Kanzlei bis dahin nicht in Schwung gekommen, hätte ich mich anderswo bewerben müssen«, so Schily. Aber es kommt ganz anders. Die Mahler-Prozesse machen aus ihm einen der berühmtesten und umstrittensten Anwälte der Republik.

5. Kapitel

Ein linker Staranwalt – Schily und der erste Prozess gegen Horst Mahler

»Wir, die revoltierenden Studenten, hatten 1968, trotz unseres demonstrativen Bruchs mit den Konventionen, den verzweifelten Wunsch nach Dialog, der keine Antwort fand. Wir suchten nach bürgerlichen Leuten, die die Brücke zu uns nicht abbrachen. Deshalb war Helmut Gollwitzer wichtig – und Otto Schily auch.«

Udo Knapp

Am 11. April 1968 um 16.35 Uhr schießt der Hilfsarbeiter Josef Erwin Bachmann Rudi Dutschke nieder. Bachmann, Leser des NPD-Blattes »Nationalzeitung« und der »Bild«, fragt: »Sind Sie Dutschke?« und drückt dreimal ab. »Du dreckiges Kommunistenschwein«, sagt Bachmann und flieht. Dutschke liegt blutend auf dem Kurfürstendamm, neben ihm sein Fahrrad und ein Schuh. Er wollte in einer Apotheke Medizin für seinen Sohn Hosea Che besorgen.

Bachmann läuft den Kudamm hinunter und versteckt sich im Keller des Rohbaus Nestorstraße 54. Kurz nach 17 Uhr umstellt die Polizei den Bau und wirft Rauchgasgranaten in den Keller, ohne Erfolg. Bachmann schießt – insgesamt fünfzehnmal. Eine halbe Stunde später dringt ein Polizist in den Keller ein – der Attentäter schießt auf den Beamten, trifft aber nicht. Der Polizist feuert zurück, Bachmann, der kurz zuvor zwanzig Schlaftabletten geschluckt hat, bricht, in Brust und Arm getroffen, zusammen.

Horst Mahler und Otto Schily haben schnell von dem Attentat erfahren. Schily ist, wie schon am 2. Juni, zur richtigen Zeit am richtigen Ort. Als sie am Kurfürstendamm vor dem SDS-Zentrum ankommen, ist Dutschke schon auf dem Weg ins Krankenhaus. Sie beobachten die Schießerei in der Nestorstraße. Als

Bachmann auf einer Bahre herausgetragen wird, fahren sie zum Westend-Krankenhaus. Dort ist ein Ärzteteam dabei, eine Kugel, die Dutschke links oberhalb der Schläfe getroffen hat, herauszuoperieren. Sie sprechen mit einem Arzt, dann fahren sie zurück zum SDS-Zentrum. Dort herrscht ratlose Hektik. Was tun? Nichts? Abwarten, ob Dutschke überlebt? Springer angreifen? Den Senat?

Um 20 Uhr haben sich zweitausend APO-Sympathisanten im Audimax der TU versammelt. Horst Mahler ist dabei, spricht aber nicht vor dem Auditorium. Die Stimmung schwankt zwischen Trauer, Depression und Wut. Bernd Rabehl sagt: »Ich darf daran erinnern, welche Pogromhetze gerade von den Abgeordneten dieses Berliner Senats nach dem 2. Juni stattfand. Ich erinnere daran, dass Neubauer und Schütz zusammen mit der Springer-Presse die Verantwortung für einen Mörder tragen, der sich an Rudi herangemacht hat, um ihn niederzuschießen. Und ich spreche ganz deutlich aus, die wirklichen Schuldigen heißen Springer, und die Mörder heißen Neubauer und Schütz.« Rabehl gilt als besonnen, seine Rede gibt die Richtung an. Die Menge beschließt, dass der Senat zurücktreten muss, dass Springer enteignet wird, dass man jetzt zur Kochstraße zieht. Die Demonstranten marschieren, in der ersten Reihe Horst Mahler, quer durch Berlin zum Springer-Hochhaus, das längst mit Stacheldraht geschützt wird. Schily nimmt daran nicht teil. Die Wege haben sich inzwischen getrennt. Mahler ist auf dem Weg, sich vom Anwalt der Bewegung in deren Aktivisten zu verwandeln, Schily auf dem Weg nach Hause. Er sympathisiert mit der Bewegung, aber lieber aus der Entfernung.

Nach 23 Uhr spitzt sich die Situation in der Kochstraße zu. Steine fliegen. Einige Demonstranten, auch Mahler, gelangen in den Vorraum zur Eingangshalle des Verlagshauses. Allerdings werden sie von der Polizei schnell wieder abgedrängt. Ob Mahler überhaupt dorthin wollte, ist zweifelhaft. Juliana Ströbele-Gregor, die Frau von Christian Ströbele, sagt später in dem Prozess aus: »Ich wurde von hinten gedrängelt und drängelte meinerseits den Beklagten. Horst Mahler wurde genauso geschoben wie ich. Das Drängeln fing hinten an und setzte sich keilförmig Richtung

Springer fort.« Die Lage eskaliert erst danach. Brandbomben fliegen, die der Verfassungsschutzagent Peter Urbach herbeigeschafft hat. Die Feuerwehr versucht zu löschen, die Polizei setzt Wasserwerfer ein, um die Menge in Schach zu halten. 106 Scheiben gehen zu Bruch, Verlagsfahrzeuge brennen.

Schily durchlebt in den letzten Wochen des Jahres 1968 einen wahren Prozessmarathon. Nur vier Tage nach dem Frankfurter Urteil beginnt in Berlin das Ehrengerichtsverfahren gegen Mahler. Gemeinsam mit Josef Augstein, dem Bruder des »Spiegel«-Verlegers, übernimmt Schily die Verteidigung. Während drinnen im Landgericht verhandelt wird, findet auf der Straße die legendäre Schlacht am Tegeler Weg statt. Studenten, verstärkt durch Rockerbanden, skandieren »Hände weg von Mahler« und verprügeln die überraschte Polizei. An diesem 4. November erringt die Bewegung auf der Straße erstmals einen Sieg. Christian Semler und andere Militante im SDS feiern die Aktion – offenbar rechnen sich Erfolge der Bewegung nun in der Anzahl verletzter Polizisten. Der Straßenkampf am Tegeler Weg ist einer der letzten Scheinsiege des SDS.

Es gibt ein Foto von jenem 4. November 1968. Links Otto Schily, ein lächelnder, elegant gekleideter, gut aussehender Mittdreißiger mit Goldkette, Taschenuhr, Weste und weißem Binder. In der Mitte geht Josef Augstein, rechts Horst Mahler mit dunkler Krawatte. Es wird nicht das letzte Mal sein, dass Schily Mahler verteidigt. Das Berufsverbot für Mahler können Schily und Augstein abwenden, doch es steht noch ein Straf- und Zivilprozess ins Haus.

Springer fordert von Mahler Schadensersatz: 506996,71 Mark für verbrannte Lieferwagen, zu Bruch gegangene Scheiben, die Arbeitszeit, die Springer-Angestellte mit der Demonstration verbracht hatten, anstatt zu arbeiten, und den Wert von »18 Supermann-Heften und 26 verbrannten Exemplaren der ›Bild‹-Zeitung«. Schily hält Springers Forderung für ein »zivilprozessuales Abenteuer«, seine Forderung, meint Schily ironisch, sei »angesichts der Einkommensverhältnisse meines Mandanten ein Kompliment«.

Die Anwälte des Anwalts: Schily, Augstein, Mahler

Faktisch wolle Springer »einen Mann, der aus ideellen Gründen Studenten verteidigt, mundtot machen und dessen wirtschaftliche Existenz vernichten«. In der Tat steht (auch wenn schlussendlich Axel Springers auf 70000 Mark heruntergehandelte Forderung nie vollstreckt wird) Mahlers bürgerliche Existenz auf dem Spiel. Und mit Schily sieht die APO, auf die 2500 Prozesse zurollen, in dem Verfahren den Versuch, ihren bekanntesten Verteidiger schachmatt zu setzen – und zwar in dem Moment, in dem er gebraucht wird.

Die Anklage basiert auf einer spekulativen Konstruktion: Mahlers Rädelsführerschaft. Wo eine gewalttätige Demonstration ist, so die Logik, muss auch ein Plan, ein Kopf sein. In dem Zivilprozess antwortet Schily im September 1968 auf die Vorwürfe von Springer-Anwalt Hans-Joachim Rust, der ein Sammelsurium von Halbwahrheiten gegen Mahler und die APO ins Feld führt. So soll Mahler unter anderem Mitglied eines »ZK« der APO sein, in dem auch »Chris Schily« mitwirken soll. All das existiert nur in der Fantasie des Konzerns. »Es entspricht der Ideologie, die von den Klägerinnen verfochten wird«, so Schily, »dass ein ›Führer‹ vorhanden sein muss, der die Bewegungen und Veränderungen im gesellschaftlichen Leben auslöst. Soweit diese gesellschaftlichen Bewegungen nicht in einer Richtung verlaufen, die das Gefallen der Klägerinnen finden, heißen solche Führer in ihrem Sprachgebrauch ›Rädelsführer‹. Die Klägerinnen werden jedoch lernen müssen, dass politische Willensäußerungen nicht dadurch zustande kommen, dass bestimmte Drahtzieher oder Rädelsführer am Werke sind … Die Verantwortung für die Gewaltakte trägt allein der Springer-Konzern.«

Schily weiter: »Die Kritik des SDS und des Republikanischen Clubs richtet sich nicht gegen die Presse allgemein [wie der Springer-Anwalt behauptet], sondern allein gegen die faschistische Meinungsmanipulation, die der Springer-Konzern insbesondere in Berlin praktiziert.« Zu dem mit vielen empörten Adjektiven umrankten und einem eher harmlosen Mahler-Zitat ausstaffierten Vorwurf, Mahler befürworte Gewalt, bemerkt Schily: »Bei den streng pazifistischen Klägerinnen müssen« alle Überlegungen, in welchem Fall Gewalt legitim ist, »naturgemäß auf größte Entrüstung stoßen. Das hindert die Klägerinnen zwar nicht, gleichzeitig den grausamen Ausrottungskrieg, den die USA gegen das vietnamesische Volk führen, gutzuheißen, einschließlich der Anwendung von Napalmbomben, chemischen Kampfmitteln und ähnlichen Wunderwerken der Technik. Aber dort sind Skrupel gegen eine Gewaltanwendung nach der Ideologie der Klägerinnen nicht angebracht, weil es sich bei den Opfern um Kommunisten handelt.«

Es ist ein scharfer, polemischer, fast sarkastischer Text, der weit über das rein Juristische hinauszielt und die wesentlichen politischen Ideen der Bewegung zur Sprache bringt: den Widerstand gegen den Vietnamkrieg und die »faschistische« Macht des Springer-Konzerns. Mahler gefällt die Verve seines Verteidigers.

Schilys Zweifel am bundesdeutschen Parlamentarismus klingt indes moderater: »Die antiparlamentarische Einstellung von einigen Angehörigen des SDS und des Republikanischen Clubs resultiert … aus der entdemokratisierenden und entpolitisierenden Funktionsweise des parlamentarischen Systems. Da ein parlamentarisches System, in dem der Bürger an den politischen Vorgängen und Entscheidungen nur in der Weise teilnimmt, dass in Zeitabständen von vier Jahren ihm mit Sprüchen wie ›SPD vorn‹ oder ähnlichem Stumpfsinn die Stimmabgabe für eine der etablierten Parteien anempfohlen wird, im Übrigen der Bürger jedoch von der Beteiligung an politischen Entscheidungen ausgeschlossen wird, nicht sehr attraktiv ist und nicht als das Nonplusultra einer Demokratie angesehen werden kann, erscheint es begreiflich, dass sich die Kritik auch gegen das heute in der Bundesrepublik und Westberlin praktizierte parlamentarische System richtet.«

Ein langer, verschlungener, aber klarer Satz. Schilys Kritik ist nicht von Systemüberwindung inspiriert, sondern von einem radikaldemokratischen Geist, der lange Zeit sein politisches Denken bestimmen wird. Sie zielt auf Verbesserung, auf Ergänzung durch plebiszitäre Elemente, nicht auf Abschaffung der repräsentativen Demokratie.

Am 26. September 1969 schreibt Mandant Mahler an Schily: »Lieber Otto, ich habe da einen verdammt guten Anwalt gegen Springer, dass man fast fürchten muss, dieser Anwalt werde auch in Zukunft die Juristerei noch ernst nehmen – ein grausiges Schicksal für diesen Anwalt. Die Frechheit dieses Anwalts – die übrigens literarischen Rang hat – berechtigt allerdings zu den allerschönsten Hoffnungen. Aus Dankbarkeit könnte ich fast das Ziel der Bewegung, die ganze Juristerei abzuschaffen oder die Justiz zu zerschlagen, verraten – nur um Dir die Freude am Katz-und-Maus-Spiel noch ein bisschen zu lassen. Doch ich glaube, angesichts des Kräfteverhältnisses wird Dir Dein Sparringspartner wohl noch ein paar Jährchen erhalten bleiben.« Das Lob ist so berechtigt wie die Kritik: Schily will die Justiz nicht zerschlagen. Er will sie verbessern. Das ist ein Unterschied ums Ganze.

Schily ist ein Kind dieser Bundesrepublik, deren Legitimation er nur in Ausnahmesituationen in Frage stellt. 1968 geht es vielen Jurastudenten, Referendaren und Juristen anders. Der Kontakt mit dem bundesdeutschen Justizalltag radikalisiert viele – von der moralischen Empörung über die nachlässige Verfolgung von

NS-Tätern zum fundamentalen Kampf gegen die Klassenjustiz und Rückzug in eine Gegenidentität ist es für viele nur ein kleiner Schritt. Diese Konsequenz gibt es für Schily nicht. Er liest die maoistische »Rote Pressekorrespondenz«, aber er bleibt auf Distanz. Udo Knapp, damals SDS-Aktivist, meint: »Schily war Ende der Sechziger, Anfang der Siebziger für uns wichtig, weil er eine potenzielle andere bürgerliche Elite verkörperte, die gegen die Nazis gewesen und trotzdem fest in der deutschen Geistesgeschichte verankert war. Wir, die revoltierenden Studenten, hatten 1968, trotz unseres demonstrativen Bruchs mit den Konventionen, den verzweifelten Wunsch nach Dialog, der keine Antwort fand. Wir suchten nach bürgerlichen Leuten, die die Brücke zu uns nicht abbrachen. Deshalb war Helmut Gollwitzer wichtig – und Schily auch.«

Der erste Mahler-Prozess wird mit gewaltigem Aufwand betrieben. 102 Zeugen, darunter 66 Polizeibeamte und elf Springer-Journalisten, werden vernommen. Doch die wesentliche Frage bleibt unklar: Warum Mahler? Warum nicht Bernd Rabehl, der die Rede im Audimax hielt? Warum nicht ein anderer SDSler? Warum nicht der Verfassungsschutzagent Peter Urbach, warum nicht der Chef des Berliner Verfassungsschutzes oder der politisch Verantwortliche, der Berliner Innensenator? Es bleibt der Verdacht, dass an Mahler ein Exempel statuiert werden soll. Wer Mahler verurteilt, sagt Schily in seinem Schlussplädoyer, müsste »zugleich Tausende von kritischen Studenten und Persönlichkeiten wie Golo Mann und Heinrich Böll verurteilen«. Schily mag es, große Namen zu zitieren – ebenso wie in dem Kaufhausbrandprozess, in dem er in seinem Revisionsantrag ausdrücklich auf die moralische Autorität Bertrand Russell hinwies. Der antiautoritäre, subversive Gestus vieler Rebellen, die jede Hierarchie in Frage stellen, ist ihm fremd. Schily hat kein gebrochenes Verhältnis zur Autorität und keine Scheu vor der Welt der großen Namen – im Gegenteil. Er will dorthin, und er weiß, wie man sich dort, in der Welt der Reichen und Berühmten, verhält.

Das beweist er erstmals öffentlichkeitswirksam im März 1970 vor der vierten Strafkammer des Landgerichts Berlin. Fünfmal haben die Verteidiger, Otto Schily und Kurt Gronewold, versucht, Axel Springer, den fast mythischen Feind der APO, vorzuladen, den Verleger, der »faschistische Meinungsmanipulation« praktiziert und dessen Konzern schuld an den Schüssen auf Rudi Dutschke ist. Mal musste Springer mit dem dänischen Außenminister über sowjetische Flüchtlinge verhandeln, nie konnte, nie wollte er kommen. Doch jetzt, am 4. März, ist er da, umgeben von Managern, Anwälten, Konzernangestellten. Schon das ist ein Erfolg, der allein der Beharrlichkeit der Verteidigung zuzuschreiben ist. Horst Mahler hat inzwischen das Interesse am Prozess und am Rechtsstaat verloren. Während der Verhandlung blättert er, demonstrativ gelangweilt, in Akten. Als er Springer »dieses Würstchen« nennt, bekommt er drei Tage Ordnungsstrafe und muss zum ersten Mal ins Gefängnis.

Der Zeuge Axel Cäsar Springer verkörpert, was die Linke an der Republik hasst: den steilen, skrupellosen Aufstieg, wirtschaftlichen Erfolg, fast grenzenlose publizistische Macht, antikommunistisches Ressentiment, blinde Treue zu den USA. Mehr als die Hälfte aller Programmzeitungen, mehr als zwei Drittel der Zeitungen in Berlin, fast alle Sonntagszeitungen, fast alle Jugendzeitungen gehören dem Konzern. Springer ist ein Symbol für alles, was in der Bundesrepublik falsch läuft. Auch Liberale wie Ralf Dahrendorf, die mit der antikapitalistischen Rhetorik der APO nichts am Hut haben, wollen 1968 von Springer nur eines: dass er, als politischer Meinungsmacher, verschwindet. Springer ist für die APO die Inkarnation des Bösen.

Viele erwarten, dass Otto Schily, der vor Gericht scharf, ja arrogant aufzutreten versteht, den Zeugen ohne Erbarmen in die Zange nimmt. Doch es kommt etwas anders. Springer, das politische Symbol, ist das eine – der Zeuge Axel Cäsar Springer etwas anderes. Denn der prominente Verleger ist kein geifernder Ideologe, sondern ein melancholischer Herr, der sichtbar leidet. Man kann seinem Gesicht ablesen, dass er es für eine Zumutung hält, hier sein zu müssen. Doch er ist kein Kämpfer. Springer, so ein Ex-Mitarbeiter, ist ein liebenswürdiger, empfindlicher Mensch. Schon in der Schule ging er Prügeleien lieber aus dem Weg. So wie Schily auch. Klaus Eschen erinnert sich: »Schily und Springer

Der Zeuge Axel Cäsar Springer: »Ich war nicht im Dienst«; im Hintergrund Mahler (links), Gronewold und Schily (rechts)

waren zwei Feingeister, die auf einer Wellenlänge funkten. Manche meinten, dass Schily eine Aggressionshemmung gegen Springer hat.« Aber das ist nur die halbe Wahrheit. Die andere Hälfte lautet: Otto Schily begegnet Springer auf Augenhöhe. Er ist konziliant im Ton, aber unnachgiebig in der Sache.

Wann, fragt Schily, hat Springer von den Schüssen auf Dutschke erfahren? Hat er Maßnahmen zum Schutz des Verlagsgebäudes veranlasst? Hat er mit dem Regierenden Bürgermeister telefoniert? Sein Ton ist kühl, nüchtern, gelassen. Springer sagt: »Ich war nicht im Dienst.« Er weiß auch nicht, warum es die Demonstranten ausgerechnet auf seinen Konzern abgesehen hatten. Er ist nur der Verleger. Schily zitiert die Hetzschlagzeilen der »Bild«-Zeitung gegen Dutschke & Co. Seit 1966, so Schily, zielt der Konzern auf »Unterdrückung und Einschüchterung der kritischen Studenten, die als Kriminelle, Psychopathen, Wirrköpfe, Rowdys, Halbstarke, Gammler, Terroristen und so weiter« diffamiert werden. Die »Berliner Morgenpost«, so Schily, schrieb, man müsse die »Störenfriede ausmerzen«. »Das Wort ›ausmerzen‹ ist eine Entgleisung«, sagt Springer. Abgesehen davon, sei er nicht zuständig, denn er habe die Schlagzeilen nicht gemacht: »Wenden

Sie sich an den Chefredakteur der ›Morgenpost‹.« Schily antwortet: »Die Adresse sind für uns Sie.«

Es ist eine schwierige, langwierige Verständigung. Immer wieder beanstandet Springers Anwalt Dietrich Scheid Schilys Fragen, das Gericht zieht sich zur Beratung zurück und entscheidet: mal so, mal so. Springers Strategie ist einfach: möglichst wenig sagen, möglichst wenig Verantwortung zugeben. Schily hält dagegen: »Sie wollen«, sagt er zu Springers Anwalt Scheid, »die Bedeutung Ihres Mandanten herunterspielen.« Schily hingegen will Springers individuelle Verantwortung für seinen Konzern dingfest machen, seine Motive zur Sprache bringen. Und er ist so hartnäckig, dass Springer sich zumindest ein Mal aus der Reserve locken lässt: Er beschwert sich beim Richter, dass Schily »dauernd ungerügt von dem Völkermord« der USA in Vietnam reden darf. »Ist es denn kein Völkermord?«, fragt Schily. »Ich gehe nicht so weit, die USA zu kritisieren, wenn mir der letzte Einblick versagt bleibt«, antwortet Springer. »Am Kriegsende haben auch viele Leute gesagt, sie hätten den letzten Einblick in die Judenverfolgung nicht gehabt«, kommentiert Schily.

In der Pause geht Axel Springer, der sensible Mann, dem das Schroffe und Rohe nicht liegt, zu Schily und Gronewold und lädt sie in seine Villa in Berlin ein. Die Verteidiger lehnen dankend ab. Nach dem Prozess sagt Springer über Schily: »Der Mann ist großartig. Schade, dass er auf der anderen Seite steht. Den würde ich sonst zu meinem Justiziar machen.«

Gerhard Mauz, der einflussreichste, eloquenteste Gerichtsreporter seiner Zeit, schreibt im »Spiegel«: »Die meisten im Saal, ob sie ihn beschimpfen oder die Schildknappen mimen, behandeln Springer als zornige oder nützliche Vorstellung von ihm. Herr Schily attackiert, indem er zitiert und vorhält, doch immerhin: Er spricht Axel Springer als jemanden an, den es gibt.« Das ist eine Art öffentlicher Adelsschlag für den Rechtsanwalt Otto Schily. Spätestens jetzt, seit dem 4. März 1970, ist er auch im öffentlichen Bewusstsein dort, wo er ohnehin hinzugehören glaubt: auf dem Weg nach oben. Er wohnt inzwischen in Charlottenburg, im Zentrum von Westberlin. Er ist nicht mehr nur der arbeitsame Anwalt aus Grunewald, der Scheidungs- und Wirtschaftsprozesse führt. Er ist kein Unbekannter mehr, den man verwechselt, so wie die »Welt«, die über den Kaufhausbrandstifterprozess berichtete, dass dort ein »Horst Schily« gegen eine Entscheidung des Gerichts protestiert habe. Otto Schily hat schon 1968 einen Ausschnittdienst beauftragt. Er will wissen, was über ihn in der Zeitung steht. Er ist auf dem Weg in das Zentrum – der Stadt des Geschehens, der medialen Aufmerksamkeit. Er ist dabei, ein Mann mit öffentlichem Namen, der Staranwalt der Linken zu werden.

Dieser Aufstieg verdankt sich Schilys Engagement, seinem Talent, seinem feinen Gespür für Tonlagen – und der in gewisser Hinsicht glücklichen Fügung, dass Horst Mahler den Platz räumt, den Schily einnimmt. Denn Mahler ist dabei zu tun, was Schily wütend in Frankfurt ankündigte: die Brücken zur bürgerlichen Gesellschaft hinter sich zu sprengen.

Mahler ist 1969 auf dem Weg in den Untergrund. Der Springer-Prozess, die trübe Aussicht, bald keinen Beruf und eine halbe Millionen Mark Schulden zu haben, haben seine Radikalisierung befördert. Doch die Ursache sind sie nicht. Mahler ist entschlossen, »seine Klasse zu verraten«. Im Frühjahr 1970 bereitet er sich mit seinem Ex-Mandanten Andreas Baader und Gudrun Ensslin auf den bewaffneten Kampf vor, die auf freiem Fuß sind, aber noch einer Reststrafe entgegensehen. Sie mieten eine konspirative Wohnung an, versuchen, sich – ausgerechnet über den V-Mann Peter Urbach – Waffen zu besorgen. Baaders Revisionsantrag im Frankfurter Kaufhausbrandstifterprozess wird im November 1969 abgelehnt. Seitdem wird er gesucht. Im April 1970 nimmt ihn die Berliner Polizei fest. Zuvor hatten Baader und Mahler gemeinsame Schießübungen veranstaltet.

Am 12. Mai 1970 schickt Schily seinem Mandanten Mahler eine knappe Mitteilung. Es soll neue Fotos von der Demonstration am Gründonnerstag 1968 geben, die ihn entlasten. Das Urteil im Strafprozess, zehn Monate auf Bewährung, ist unter die Amnestie der sozialliberalen Koalition gefallen, die damit klugerweise versucht, den Kreislauf von Ausgrenzung und Militanz zu stoppen. Doch der Zivilprozess und Springers monströse Schadensersatzforderung sind noch anhängig.

Die Gründung der RAF

Die Anwaltspost erreicht Mahler nicht mehr. Am 14. Mai befreien Ulrike Meinhof und andere Andreas Baader bei einem von Mahler arrangierten Treffen im »Institut für sozialen Fragen« in Berlin-Dahlem. Dabei wird der Institutsangestellte Georg Linke schwer verletzt. Mahler hatte, in einem NPD-Treff, die Waffen besorgt. Am diesem 14. Mai 1970 geht das lange Jahr 1967, das am 2. Juni begonnen hatte, symbolisch zu Ende.

Die Republik wird von einer sozialliberalen Reformkoalition regiert, die entschlossen die neue Ostpolitik durchsetzt. Die Revolte hat einen Politisierungsschub ausgelöst. Die Politik öffnet sich der Gesellschaft. Nach 1969 strömen dreihunderttausend neue, vor allem junge Mitglieder in die SPD. Jenseits der Sozialdemokratie existiert die Neue Linke weiter – ein nicht integrierbares kleines, oft in dogmatisch verhärteten, abgekapselten Gruppen organisiertes Milieu, das mit Bitterkeit sieht, dass der revolutionäre Impuls zur Schubkraft des Reformismus geworden ist. Und eine Gruppe von Desperados, deren zentrale Figuren Otto Schily kennt, gründet nach der Baader-Befreiung am 14. Mai die RAF.

Der Schuss am 14. Mai war nicht beabsichtigt, aber offenkundig einkalkuliert. Die Aktion ist im Grunde ein Desaster: Der moralische Kredit, den die Gruppe fortan im Übermaß der »Szene« abverlangen wird, ist schon im Moment ihrer Gründung verspielt. Doch der eskalierende Krieg zwischen RAF und Staat schafft, gewissermaßen als Nebenwiderspruch, den Typus des »Sympathisanten«, eine hilflos in Ambivalenzen eingezwängte Figur. Den Konservativen, die sichtbar am Verlust ihrer kulturellen Hegemonie durch »1968« leiden, gilt der »Sympathisant« als Hauptfeind, als dankbar entgegengenommener Beweis dessen, was man ja schon immer gewusst hat: dass zu viel Emanzipation zu Chaos, Regellosigkeit und Gewalt führt und dass die Intellektuellen, die der Republik »1968« eingebrockt haben, zwielichtige Figuren sind. Dieses Bild mag dem »Sympathisanten« noch gefallen – doch sein Dilemma ist kaum auflösbar: Will er dem Vorwurf entgehen, sich auf die Seite des autoritär auftretenden Staates zu schlagen, sieht er sich genötigt, den dummen, gefährlichen, zusehends zynischer und brutaler werdenden Aktionismus der RAF irgendwie (um es so konkret wie möglich zu sagen) zu verteidigen. Die RAF stellt undogmatische Linke vor einen kaum zu bewältigenden Loyalitätskonflikt. Nur wenige sind so konsequent wie Oskar Negt, einer der Köpfe der APO und in den Siebzigern im »Sozialistischen Büro« engagiert, der wohl einzigen Organisation, die zu Recht beansprucht, den undogmatischen Geist des SDS zu beerben. Negt plädiert schon Anfang der siebziger Jahre klipp und klar für eine eindeutige Distanzierung von der RAF. Doch die Eskalation ist nicht zu stoppen. Und ins Zentrum des Kampffeldes zwischen Staat und RAF rücken die Anwälte.

Hitlers Kinder? – der Antisemitismus und die Neue Linke

Am 9. November 1969, um halb sieben in der Früh, findet eine Putzfrau in der Garderobe des Jüdischen Gemeindehauses in der Fasanenstraße in Berlin-Charlottenburg einen zusammengerollten Trenchcoat. Darin ist eine zwei Kilo schwere Brandbombe versteckt. Der Wecker ist auf 11.30 Uhr eingestellt, den Zeitpunkt einer geplanten Kranzniederlegung vor dem Gemeindehaus. Allerdings ist der Zünder nass geworden. Die Bombe wäre, auch wenn sie nicht entdeckt worden wäre, nicht explodiert. In derselben Nacht werden jüdische Gedenkstätten mit PLO-Parolen beschmiert.

Genau 31 Jahre nach der »Reichskristallnacht«, in der der Nazimob jüdische Geschäfte und Synagogen in Deutschland in Brand gesetzt hatte, soll wieder ein Gemeindehaus brennen. Wer den Blindgänger in der Fasanenstraße deponierte, ist nie zweifelsfrei geklärt worden. Sicher ist allerdings, dass der Berliner Verfassungsschutz indirekt seine Finger im Spiel hatte. 1981 schrieb der Berliner Innensenator Peter Ulrich an Tilman Fichters Anwalt Peter Gerl: »Es kann nicht ausgeschlossen werden, dass der am 9. 11. 1969 im Jüdischen Gemeindehaus gefundene bombenähnliche Körper sich am 26. 2. 1969 vorübergehend im Besitz von Herrn Urbach befunden hat.«

Nicht juristisch, aber politisch war die Verantwortung für die Aktion schnell klar: Es waren Teile der sich selbst als antizionistisch verstehenden radikalen Linken, die, unterstützt von V-Mann Urbach, die Reichskristallnacht nachinszenieren wollten. Das damals von dem späteren AL-Politiker und Stasi-Spitzel Dirk Schneider und dem späteren Sozialdemokraten Tilman Fichter betreute Anarchoblatt »883« veröffentlichte vier Tage nach der Aktion ein Flugblatt der »Schwarzen Ratten – Tupamaros Westberlin« (einer Vorläufergruppe der »Bewegung 2. Juni«):

»Am 31. Jahrestag der faschistischen Kristallnacht wurden in Westberlin mehrere jüdische Mahnmale mit ›Schalom und Napalm‹ und ›El Fatah‹ beschmiert. Im Jüdischen Gemeindehaus wurde eine Brandbombe deponiert. Beide Aktionen sind nicht mehr als rechtsradikale Auswüchse zu diffamieren, sondern sie sind ein entscheidendes Bindeglied internationaler sozialistischer Solidarität. Das bisherige Verharren der Linken in theoretischer Lähmung bei der Bearbeitung des Nahostkonflikts ist Produkt des deutschen Schuldbewusstseins: ›Wir haben eben Juden vergast und müssen die Juden vor einem neuen Völkermord bewahren.‹ Die neurotisch-historizistische Aufarbeitung der geschichtlichen Nichtberechtigung eines israelischen Staates überwindet nicht diesen hilflosen Antifaschismus. Der wahre Antifaschismus ist die klare und einfache Solidarisierung mit den kämpfenden Feddayin. Jede Feierstunde in Westberlin und in der BRD unterschlägt, dass die Kristallnacht von 1938 heute tagtäglich von den Zionisten in den besetzten Gebieten, in den Flüchtlingslagern und in den israelischen Gefängnissen wiederholt wird. Aus den vom Faschismus vertriebenen Juden sind selbst Faschisten geworden, die in Kollaboration mit dem amerikanischen Kapital das palästinensische Volk ausradieren wollen.«

Der 9. November 1969 war die erste handfeste Manifestation eines bis dato für unmöglich gehaltenen Phänomens: des linksradikalen Antisemitismus. Dieter Kunzelmann schrieb ein paar Wochen später in »883«: »Fest steht: Palästina ist für die BRD und Europa das, was für die Amis Vietnam ist. Die Linken haben das noch nicht begriffen. Warum? Der Judenknacks.«

Im Republikanischen Club fanden sich nach dem 9. November

einige Mitglieder zu einer spontanen Sitzung zusammen. Das Tupamaro-Flugblatt war zuerst im RC aufgetaucht, am 11. November machte die Berliner Polizei eine Hausdurchsuchung, bei der, gewissermaßen gewohnheitsmäßig, als Erstes die Tür eingeschlagen wurde. Die »B.Z.« schrieb: »Heiße Spur der Bombenleger. Polizeiaktion in Berliner APO-Zentrum«. Doch der RC hatte mit der Aktion nichts zu tun.

Bei einer spontanen Sitzung im RC sind auch Jürgen Treulieb, Horst Mahler und Otto Schily dabei. Mahler hält die Aktion und das Flugblatt für richtig. Er sagt: »Objektiv ist es doch so, dass die Jüdische Gemeinde die Speerspitze des Zionismus hierzulande ist.« Schily und Treulieb sind fassungslos. Schily fährt aus der Haut: »Ihr könnt doch die letzten jüdischen Überlebenden nicht bekämpfen. Wie die zu Israel stehen, ist ihre Sache.« Die meisten anderen, so Treulieb, haben geschwiegen. (Mahler erinnerte sich 1999 in der »Zeit« ganz anders: »Ich wusste, wer die Bomben dorthin gebracht hatte, und habe das aufs Heftigste kritisiert.«)

Der RC-Vorsitzende Martin Schmidt schreibt am 12. November einen Brief an den Vorsitzenden der Jüdischen Gemeinde, Heinz Galinski: »Wir, als Sozialisten, kritisieren scharf die expansionistische Politik des zionistischen Israel. Dennoch glauben wir, dass in einem Land, das die Verbrennung von jüdischen Synagogen durch den faschistischen Terror erlebt hat, das Beschmieren von Denkmälern für die Opfer und Bomben in jüdischen Gemeindehäusern keine Mittel der politischen Auseinandersetzung sind.«

Diese Sätze sagen das Selbstverständliche (man sollte als Deutscher lieber keine jüdischen Gemeindehäuser anstecken) – und verschweigen das Skandalöse. Der Anschlag ist ein moralisches Fiasko für die Neue Linke, doch dem RC fällt nur rituelle Israelkritik ein. Kein Wort dazu, wie sich die jüdischen Gemeindemitglieder, die den Terror 1938 in Berlin erlebten, angesichts dieser Neuinszenierung von SA-Methoden gefühlt haben mögen. Kein Wort dazu, dass es praktizierter Antisemitismus ist, jüdische Deutsche als Repräsentanten Israels haftbar zu machen und damit symbolisch auszubürgern. Die Presseerklärung des RC schlägt einen noch schärferen, herzenskälteren Ton an: Die Bombe sei »kein geeignetes Mittel, um auf faschistische Entwicklungen in Israel hinzuweisen«.

Israel ist zur Spielfläche des Kampfes zwischen den Generationen in der Bundesrepublik geworden, zum Projektionsraum, in dem sich Mehr- und Minderheit gegenseitig als Faschisten titulieren.

Unverhüllter Antisemitismus war in der radikalen Linken nie mehrheitsfähig – doch die Mehrheit vermied stets klare Trennungslinien. Der »Extradienst«, das traditionssozialistische APO-Blatt, hatte eine überaus praktische Erklärung für den 9. November 1969 zur Hand: Weil antisemitische Anschläge immer von rechts kommen, können Linke nicht die Täter sein. Damit war das Problem semantisch entsorgt. Tilman Fichter widersprach den Tupamaros in »883« mit einem »Wie entsteht Antisemitismus?« überschriebenen Text schnell und heftig – das war ein Grund, warum er, der später wegen des Abdrucks des »Schwarze Ratten«-Flugblatts vor Gericht stand, freigesprochen wurde. Ein anderer Grund war das Geschick des wie gewohnt gekonnt und sicher auftretenden Verteidigers: Otto Schily.

Der 9. November 1969 war mehr als ein aus Zufall und Konfusion geborener Irrläufer des bundesdeutschen Linksradikalismus. Von dort führt eine Linie durch die Geschichte der militanten Linken in den Siebzigern, die ihr größtes Kapital, ihren moralischen Bonus, zu zerstören schien: den Glauben an die Lauterkeit ihrer Motive. Auf den Anschlag auf das Jüdische Gemeindehaus folgte die Ausbildung der RAF in Jordanien. 1972 verfasste Ulrike Meinhof eine Eloge auf den Mordanschlag, den der »Schwarze September« während der Olympischen Spiele auf israelische Sportler verübte. Die RAF und ihre Sympathisanten waren davon überzeugt, sich in einem Weltbürgerkrieg zu befinden, in dem »die Befreiungsbewegungen« gegen »den Imperialismus« kämpften. Und in diesem Krieg wurde die Fatah, die sich seit Mitte der Sechziger in eine marxistisch argumentierende Bewegung verwandelte, zur nahe liegenden Projektionsfläche. Palästina wurde, wie Kunzelmann meinte, »unser Vietnam«.

Damit ergab sich ein Zirkelschluss, der den antifaschistischen Grundimpuls der Revolte grotesk auf den Kopf stellte. Vietnam ist, so hatte Bernward Vesper durchaus im Sinne der Mehrheit der Neuen Linken zum Kaufhausbrandstifterprozess geschrieben, »das Auschwitz unser Generation«. So lautete die abstruse neue

Assoziationskette: Auschwitz gleich Vietnam gleich Palästina. Damit gingen Teile der militanten Linken dazu über, Palästina als den Ort zu betrachten, an dem es das Auschwitz ihrer Generation zu verhindern galt – und zwar indem sie originellerweise Terroristen unterstützten, die die Juden ins Meer treiben wollten. Der mit hochmoralischer Rhetorik versehene, geschichtslose Antiimperialismus führte Teile der radikalen Linken in ein historisches Niemandsland. Die Rebellen, die gegen die Generation der Nazieltern angetreten waren, waren dabei, deren antisemitische Ideologie fortzuführen.

Diese bemerkenswerte Verkehrung ist mehr als eine Entgleisung isolierter militanter Gruppen. Sie wurzelt in der antiautoritären Revolte. Die Vernichtung der Juden, der von Deutschen begangene Zivilisationsbruch, spielte auch im SDS (in dessen Kadern sich auffällig viele Kinder aus Nazifamilien fanden) keine besondere Rolle. Tilman Fichter meinte dazu später selbstkritisch: »Indem wir die politische Struktur und Praxis des Nationalsozialismus analysierten und gegen die ungesühnte Nazijustiz auf die Straße gingen, glaubten wir, für uns persönlich das Problem gelöst und eine eigenständige, internationalistische, antinationalistische Identität aufgebaut zu haben. Die Juden mit ihren oft allzu menschlichen Problemen – man schaue nur nach Israel – störten uns dabei im Zweifelsfall nur.« Der politisierte Teil der ersten bundesdeutschen Nachkriegsgeneration erklärte ausgerechnet die USA und Israel zu ihren zentralen Feinden. Dafür gab es unbestreitbare Gründe. Doch dass die hochreflektierten, an der Kritischen Theorie geschulten SDS-Kader es für eine Art Zufall hielten, dass sie die gleichen Gegner wie ihre Nazieltern bekämpften, ist mehr als erstaunlich.

Der »Antizionismus«, die Propaganda gegen das »chauvinistische und rassistische Staatengebilde Israel« (so der Frankfurter SDS 1970), war der blinde Fleck der Neuen Linken, der einen Defekt des gesamten Unternehmens bloßlegte. Die Bewegung neigte zu dem, was Peter Brückner bei Ulrike Meinhofs RAF-Texten diagnostizierte: »einem Amoklauf der Abstraktionen«. »1968«, das manchmal zu einem Fest der Aufklärung veredelt wird, geschah eine merkwürdige doppelte Bewegung. Der Impuls war, gegen die

Verdrängung der deutschen Schuldgeschichte in den fünfziger Jahren zu opponieren – doch gleichzeitig war »1968« eine Flucht aus der konkreten deutschen Geschichte in das Ungefähre vulgärmarxistischer Faschismustheorien, in denen der Nationalsozialismus zu einer Sonderform des Kapitalismus verkleinert wurde. Auch so konnte man sich die Auseinandersetzung mit der Vergangenheit seiner Eltern vom Leib halten.

»1968« wurde jene linke Subkultur begründet, ohne die es die sozialen Bewegungen der Republik, die Öko- und die Friedensbewegung in den siebziger und achtziger Jahren, so nicht gegeben hätte. Gleichzeitig ging »1968« mit der Radikalisierung auch ein Verlust an historischem Bewusstsein, an Erfahrungsklugheit einher. Der analytische Verstand der halben Bewegung wurde in den Denksportaufgaben des Ableitungsmarxismus vergeudet, einen Begriff für den Holocaust entwickelte sie nicht. Den rapiden Verlust an Realitätssinn, an Urteils- und Sprachvermögen erkennt, wer Ulrike Meinhofs hellsichtige Kritik des Israelbildes der deutschen Rechten von 1967 neben ihre formelhafte Rechtfertigung des Anschlags auf die israelischen Sportler 1972 in München legt. Nicht nur die RAF, auch Teile der Neuen Linken wurden nach dem Scheitern des SDS immer dümmer.

Dieser Irrweg wurzelt in einer Schlüsselsituation, die mit Vernunft und Augenmaß zu bewältigen die mentalen Fähigkeiten vieler Akteure überstieg: in den acht Tagen im Juni 1967, vom Abend des 2. Juni, als Benno Ohnesorg starb, bis zum 10. Juni, als die siegreiche israelische Armee in Ostjerusalem einzog. Israel hatte im Sechstagekrieg Ägypten, Syrien und Jordanien vernichtend geschlagen und den Sinai, die Westbank und die Golanhöhen erobert. Am 10. Juni 1967 war Israel nicht mehr das kleine, bedrängte Land, sondern militärisch eine dominierende Macht in der Region. In diesen Tagen entdeckte die deutschen Rechte ihr Herz für Israel: Die Springer-Presse feierte Moshe Dayan als neuen Rommel. Die westdeutsche Mehrheitsgesellschaft schien einem Kitsch-Philosemitismus verfallen, einem bizarren Traum, in dem man sich an der Seite der USA und Israels zu den Siegern zählte. Als Israel im Juni 1967 Ostjerusalem besetzte, jubelte »Bild«: »Es gibt keine Grenzen mehr im Berlin des Nahen Ostens.« Die Studenten tauchten in den Karikaturen der Springer-Presse als neue SA auf, die nun, statt Synagogen in Brand zu setzen, das Springer-Verlagshaus mit Molotowcocktails attackierte. In diesem Bild nobilitierte sich die Springer-Presse selbst zum Opfer, zum Juden – eine Rolle, in die sich nach dem 2. Juni auch viele Studenten fantasierten. In dieser Opferkonkurrenz zwischen der aggressiven kleinbürgerlichen Mehrheitsgesellschaft und der Opposition wurde, was tatsächlich in Nahost geschah, überblendet.

Die bundesdeutsche Linke war bis 1967 ausgesprochen philosemitisch: teils aus Vergangenheitsbewusstsein, teils weil man im Kibbuz-Israel ein sozialistisches Experiment sah. Und viele, die 1968 rebellierten, waren bis 1963, fasziniert von Kennedys Aufbruchsrhetorik, ausgesprochen proamerikanisch gewesen. Der Einfluss des Vietnamkrieges ist dabei kaum zu überschätzen. Er macht sichtbar, wie fragil das bundesdeutsche Selbstverständnis war. Er erschüttert das Bewusstsein, im Kalten Krieg auf der Seite der Guten zu stehen. Der Vorhang reißt auf, und dahinter ist die dürftige geistige Grundausstattung der Adenauer-Republik zu begutachten: Antikommunismus, Wohlstand, Westbindung, Integration der Nazieliten – all das sieht beim Anblick napalmverbrannter vietnamesischer Zivilisten auf dem Fernsehschirm plötzlich anders aus. Die USA, Vorbild und Über-Ich der Westdeutschen, führen einen unmoralischen Krieg – das betonfeste Weltbild der intellektuellen bundesdeutschen Nachswuchselite implodiert. Die Identifikation mit dem »Westen« kippt unter dem Eindruck des Vietnamkrieges – und vor allem der autoritären Antwort der bundesdeutschen Mehrheitsgesellschaft – in Windeseile in Opposition um. Und mehr noch: Die Neue Linke flüchtete in die Trutzburg einer Gegenidentität, in der es nicht weniger projektionsverhangen zuging als in der Mehrheitsgesellschaft. Dort halluzinierte man Dayan als neuen Wüstenfuchs, Jerusalem als Berlin, Arafat als Ulbricht – in der linken Subkultur wurden Israel und die USA zur Wiederkehr von Nazideutschland.

Für die Neue Linke waren diese acht Tage im Juni 1967 eine Überdosis an politischer Symbolik. Sie antwortete auf das Falsche mit dem Falschen. Die Mehrheit war pro-, also wurde die Neue

Linke antiamerikanisch, die Mehrheit war proisraelisch, also wurde die Neue Linke antizionistisch. Darin spiegelte sich der bundesdeutsche Generationskonflikt – die Kinder wollten auf keinen Fall so sein wie die Eltern.

Auf der Strecke blieb nach dem Juni 1967 auf der Linken mehr und mehr der Blick für das Offenkundige: dass in Vietnam und Palästina zwei vollkommen verschiedene Kriege stattfanden. Die USA führten in Vietnam einen Angriffskrieg. Die US-GIs hatten dort nichts verloren, ihr Rückzug war ein Sieg der Moral. In Israel und Palästina hingegen standen sich keineswegs jüdische Imperialisten, die dort nichts zu suchen hatten, und Palästinenser gegenüber, die Recht und die Moral auf ihrer Seite hatten. In Nahost kämpften zwei Völker und Gesellschaften um ihre Existenz – das Problem war, dass beide mit gleichem Recht den gleichen Boden beanspruchten. Der Krieg in Vietnam musste mit der Niederlage des Aggressors enden, der Krieg in Nahost kann nur mit einem Kompromiss gelöst werden. Doch diese eher einfache Erkenntnis ging in dem deutschen Generationskrieg der siebziger Jahre, in reliefartigen Freund-Feind-Bildern und einem Wirbelsturm von Projektionen unter.

6. Kapitel

Die Paranoia erreicht den Gerichtssaal – die Mahler-Prozesse 1971 und 1973

»Es wird kaum möglich sein, in diesem Klima unbefangene Richter zu finden.«
Otto Schily am 1. März 1971, dem ersten Tag des zweiten Verfahrens gegen Mahler

Die Neue Linke war in den Siebzigern unfähig, die Früchte der Revolte zu ernten. »Linke« und »Krise« bildeten fortan ein untrennbares Wortpaar, das in unzähligen Abhandlungen und Strategiepapieren eifrig und ergebnislos reflektiert wurde. Die Achtundsechziger-Bewegung hatte die Republik verändert – doch sie fühlte sich wie in innerer Emigration, wie fremd im eigenen Land. Sie hatte sich selbst mental ausgebürgert. Die Neue Linke und das kulturelle Milieu, das sie hervorgebracht hatte, war anfällig für einen – mehr oder weniger heftigen – Verfolgungswahn, der eine Erklärung für das rätselhafte »Scheitern« der Bewegung zu bieten schien. Die tief empfundene eigene Niederlage war einem übermächtigen, allgegenwärtigen »System« geschuldet. Die Linke lebte in dem Bewusstsein, »1968« verloren zu haben; »die Revolution«, was immer damit auch gemeint gewesen sein mag, war in sozialliberalem Reformismus versandet. Dies war die Wahrnehmungsfolie, auf der sich die Berufsverbote 1972 nicht als illiberaler Fehler darstellten, den schleunigst rückgängig zu machen erste Bürgerpflicht war, sondern als totalitäre Ausgrenzungspolitik, mit der das »System« zu sich selbst gekommen war.

Der »Radikalenerlass« selbst war, gewissermaßen spiegelsymmetrisch, von dem umgekehrten Wahn grundiert: Er fußte auf der Furcht, dass ein paar tausend oft zur Melancholie neigende Linksradikale als Postboten, Professoren oder Zugführer die Republik zum Einsturz bringen könnten. Der Düsseldorfer Ministerpräsident Heinz Kühn (SPD) brachte die verzerrte Wahrnehmung, die den Berufsverboten zu Grunde lag, auf den Begriff. Der Radikalenerlass, so Kühn, sei zwingend nötig, damit »bei uns Andreas Baader nicht Polizist und Ulrike Meinhof nicht Lehrerin werden«. In Berlin wurde 1975 an der Verfassungstreue einer Kunsterzieherin gezweifelt, weil sie Mitglied der »Neuen Gesellschaft für Bildenden Kunst« war, einem linken, basisdemokratisch organisierten Kunstverein, der in den Siebzigern Künstler wie Klaus Staeck und Käthe Kollwitz ausstellte und für den sich auch Schily lange Zeit engagierte.

Die unbewältigte Nazigeschichte, die in einer paradoxen Zeitumkehr in den späten siebziger und achtziger Jahren immer näher zu rücken schien, kehrte als eine Gespensterschlacht wieder, die aus einem harten politischen Kampf einen Krieg machte, in dem es nur Sieg und Niederlage und kein Dazwischen gab. Von Antje Vollmer stammt die Beobachtung, dass im Deutschen Herbst 1977 manche regierende Sozialdemokraten die RAF für die Rückkehr faschistischen Terrors hielten. Die Siebziger waren eine ideale Zeit für Paranoiker – auf beiden Seiten.

Der rabiate Bruch zwischen den Generationen war ein globales Phänomen der späten Sechziger. Dieser Bruch war ein Resultat der radikal veränderten Erfahrungswelt zwischen 1945 und 1967. Selten hatten in der Geschichte zwei Generationen in so verschiedenen, so radikal veränderten Erfahrungswelten gelebt. Die Elterngeneration war – nicht nur, aber besonders in Deutschland – vom Krieg geprägt, von nackter Existenznot, später vom Stolz auf den Wiederaufbau. Die Kinder wurden in den rasant prosperierenden fünfziger und sechziger Jahren groß, dem Beginn des Massenkonsums, in dem Telefon, Kühlschrank, Autos, später Fernseher und Pop selbstverständlich werden sollten. Vor allem das Fernsehen produzierte, auf den ersten Blick unmerklich, aber umso nachhaltiger, ein egalitäres Bewusstsein, in dem die herkömmlichen sozialen Schichtungen und ihre Codes fraglich wurden. Die Pille beschleunigte die Abkehr von einer engen, kleinbürgerlichen Sexualmoral. So nahm in den Fünfzigern und

Sechzigern die, vor allem von den Jüngeren frequentierte, kommerzielle Freizeit- und Erlebniskultur einen ungeheuren Aufschwung – doch die herrschende Moral und das geltende Wertesystem stammten noch aus den dreißiger Jahren. So etablierte sich Jugend in den späten Fünfzigern als eine eigenständige, abgesonderte Kultur, als Subkultur. Und so stand in den Sechzigern eine von dem Drill der Nazizeit, den Bombennächten, der autoritären Verzichtsmoral der fünfziger Jahre geprägte Elterngeneration ratlos vor jungen Erwachsenen, die rebellierten, obwohl sie doch alles hatten, die sich in einer unverständlichen Slangsprache und rätselhaften Zeichencodes verständigten, die Bücher lasen, die die Eltern im besten Fall nicht kannten, und Musik hörten, die sie für Krach hielten.

Diese Spaltung der Generationen, die sich 1968 manifestierte, kennzeichnet alle westlichen Industriestaaten, doch in Deutschland war sie tiefer. Denn es gab zwischen den Generationen keinen vermittelnden nationalen Mythos. In den USA und Frankreich existierten revolutionäre Traditionen, auf die sich, wenn auch mit konträren Schlussfolgerungen, Revoltierende und Regierende gleichermaßen bezogen. In der Bundesrepublik, der Neugründung, war, verhüllt vom Wirtschaftswunder, vieles fragil, zerbrechlich, fragwürdig.

Das Selbstverständnis der Bundesrepublik war nichts Festes, es war im Fluss, es entstand in einem Prozess fortwährenden Widerspruchs. Nicht ohne Grund hat man daher 1968 als eine Art »zweite Gründung« der Republik bezeichnet, als eine – wenn auch nicht unbedingt anvisierte – Vervollständigung der bundesdeutschen Demokratie. »Die APO«, schreibt Heinrich August Winkler in »Der lange Weg nach Westen«, »bewies, was sie zu widerlegen trachtete: die Reformfähigkeit des demokratischen Systems.«

Die Bundesrepublik war seit Adenauer politisch, ökonomisch und militärisch Teil des Westens geworden – doch darunter war wenig Selbstverständliches: Nicht nur ihre äußeren Grenzen waren nicht endgültig festgelegt, auch ihre innere Verfassung stand auf schwankendem Boden. Wie einfach die historische Legitimität der Republik zu erschüttern war, zeigte 1968 Beate Klarsfeld, die Kiesinger ohrfeigte.

Der Graben zwischen den Generationen war in der Bundesrepublik tiefer, weil zum kulturell Trennenden noch etwas hinzukam: der Schuldvorwurf, den die Jüngeren oft berechtigt, oft leichtfertig und selbstgerecht gegen die Älteren erhoben. Die Demokratie fußte auf der Integration der Nazieliten, die, zumindest jenseits der Politik, in der Tat weitgehend bruchlos verlief. Das Echo auf das Schweigen der Eltern in den bundesdeutschen Wohnzimmern war die Kommunikationsverweigerung der Jüngeren nach der Revolte, der Rückzug in die ideologisch abgedichteten Räume der Politsekten. Die militanteste Form der Kommunikationsverweigerung war – zu schießen. Die RAF lässt sich ohne Blick auf das verspannte Generationsverhältnis, das auch in der NS-Zeit wurzelte, nicht verstehen. Es war kein Zufall, dass der hartnäckigste, brachialste linke Terror in den Staaten der faschistischen Achsenmächte der vierziger Jahre, Deutschland, Japan und Italien, entstand.

Im Verschwörungsblick der Neuen Linken verwandelte sich die Bundesrepublik der Siebziger in ein Schreckensszenario. Der Generationskonflikt, die Identifizierung des bundesdeutschen Staates mit den Nazieltern, legte sich wie ein Filter über die Wirklichkeit und verbannte aus dem Blickfeld, was dem katastrophischen Angst- und Wunschbild widersprach. Übersah man erst mal das Wesentliche – nämlich die demokratische Verfassung der Republik –, dann gab es in der Tat eine Menge Anlässe, die zu bekräftigen schienen, dass die Bundesrepublik sich am Rand eines neuen, weißen Faschismus befand.

Ein juristisches Beispiel für die von staatlicher Seite mal ungelenk, mal ruppig betriebene Konfrontation, die die Ohnmachts- und Ausgrenzungsfantasien der Neuen Linken anheizten, waren die Mahler-Prozesse 1971 und 1973. Der Kurras-Freispruch war fragwürdig, das Frankfurter Brandstifterurteil war tendenziös und hart. Doch die schlussendliche Verurteilung von Horst Mahler wegen der Baader-Befreiung und wegen Bankraubs war etwas anderes: Die Richter bewegten sich – offenbar aus Gründen politischer Opportunität – jenseits des juristisch Vertretbaren. Wo Beweise sein sollten, waren Vermutungen.

Mahler war am 8. Oktober 1970 in Berlin festgenommen worden. »Kompliment, meine Herren«, sagte er den Polizisten, die ihm sein Toupet herunterrissen und Handschellen anlegten. In der Wohnung, die der Verfassungsschutzagent Peter Urbach angemietet hatte, wurden Monika Berberich, Irene Goergens und Ingrid Schubert, allesamt RAF-Mitglieder, verhaftet. Man fand falsche Papiere, Pistolen und zehn Schrotpatronen.

Mahler war zuvor sechs Wochen lang mit Baader und Ensslin in einem militärischen Ausbildungscamp in Jordanien gewesen. Ende September hatte die »Baader-Mahler-Bande«, wie sie in manchen Zeitungen hieß, drei Banken in Berlin überfallen. Mahler rief nach seiner Verhaftung als Erstes seinen Anwalt an: Otto Schily.

Der Prozess wegen Beihilfe zum Mordversuch an dem Institutsangestellten Georg Linke und Gefangenenbefreiung beginnt am 1. März 1971 im Saal 700 des Landgerichts Moabit. Schily geht gleich zu Beginn in die Offensive und beantragt, das Verfahren einzustellen. Ein fairer Prozess sei angesichts der »Verurteilungspsychose«, der Vorverurteilung durch die Springer-Presse und Bundesinnenminister Genscher, der Mahler zum »Staatsfeind Nummer eins« gekürt hatte, unmöglich. »Es wird«, so Schily, »kaum möglich sein, in diesem Klima unbefangene Richter zu finden.«

Eine donnernde Ouvertüre, wenn auch ohne Aussicht auf juristischen Erfolg. Das Ziel ist eher publizistischer Art: Es ist eine Demonstration, dass in RAF-Prozessen die Unschuldsvermutung, ein Fundament des Rechtsstaates, nicht mehr gilt. Gerhard Mauz rechtfertigt im »Spiegel« Schilys Aktion: »Spektakulär ist nicht der Vorstoß der Verteidiger von Horst Mahler, Irene Goergens und Ingrid Schubert. Spektakulär ist vielmehr, dass wir uns erst nach diesem Vorstoß der Verteidiger überrascht die Augen reiben. War es nicht auch hierzulande zur – guten – Gepflogenheit geworden, wenigstens bis zum ersten Urteil von ›mutmaßlichen‹ Tätern zu sprechen? Ein Rechtsstaat ist nur ohne Vorbehalt ein Rechtsstaat.« Vor Prozessbeginn wird Schily nachts von anonymen Anrufern beschimpft, weil er Terroristen schütze. Auch das ist ein Effekt der Vorverurteilung.

Hans-Christian Ströbele, Horst Mahler, Otto Schily:
Rechtsstaat in Gefahr

Schily ist beim zweiten Mahler-Prozess im März 1971 in Höchstform. Er liefert eine erstklassige Performance – begünstigt durch den nervösen, überforderten Richter, den Landgerichtsdirektor Friedrich Geus, der für den Freispruch im Kurras-Prozess verantwortlich zeichnete, und die Staatsanwaltschaft, die sehr selbstbewusst auftritt, aber dafür wenig Grund hat. Die Anklageschrift ist 85 Seiten dick, vor allem aber ungenau. Zu Mahlers Beteiligung an der Baader-Befreiung heißt es: »Der angeschuldigte Mahler war von diesem Plan unterrichtet und billigte ihn.« So ist es wohl gewesen.

Aber Indizien, Aussagen, Zeugen, Belege? Der letzte Satz der Anklageschrift lautet: »Angesichts Mahlers außerordentlich enger Verstrickung mit der Tätergruppe ist es ausgeschlossen, dass die vom gleichen Geist beseelten Täter ein Mitglied ihrer Gruppe über die geplante Aktion – zu der auch der rücksichtslose Gebrauch der mitgeführten Schusswaffen gehörte – im Unklaren gelassen haben würden.« Beweise klingen anders. Selten gab es in der bundesdeutschen Rechtsgeschichte eine Anklage mit so vielen Konjunktiven.

Am zweiten Verhandlungstag lässt der Staatsanwalt verlauten, man verfüge über neue Erkenntnisse, wer auf Georg Linke geschossen habe. Schily interveniert sofort: »Ich halte es für unmöglich, wenn die Staatsanwaltschaft erklärt, wir haben neue Erkenntnisse, diese aber nicht vorlegt.« Staatsanwalt Hans-Dieter Nagel gibt kleinlaut zu, dass die Beweise bei der Bundesanwaltschaft lägen und er sie deshalb nicht beschaffen könne. Schily dazu: »Wieso? Geht das Telefon nicht mehr?«

Schily ist aggressiv und geistesgegenwärtig. Er beantragt, dass der Prozess ausgesetzt wird, bis das vollmundig angekündigte Material vorliegt. Richter Geus sagt den bemerkenswerten Satz: »Wir beraten jetzt über diesen Antrag und setzen dann das Verfahren in fünf Minuten fort.« Schily springt auf und ruft protestierend: »Warum dann noch eine Beratung?« Geus: »Herr Schily, Sie verstehen doch, wie ich das meine.« Schily versteht. Für seinen Befangenheitsantrag gegen das Gericht gibt es mehr als nur den Grund der öffentlichen Vorverurteilung seines Mandanten.

Als sich der Verteidiger Ulrich K. Preuß umständlich in einem Antrag, einen maoistischen Journalisten zuzulassen, verheddert, hilft Schily ihm mit einem eigenen Antrag aus der Bredouille. Geus reagiert darauf verblüffend tollpatschig: »Ich bin gegen jede Zensur«, sagt er – um im selben Atemzug den Journalisten der »Roten Presse Korrespondenz« aus dem Saal zu weisen. »Wenn in der roten Presse täglich zum Umsturz aufgerufen wird, dann hört es bei mir auf.«

Verteidigung besteht zu achtzig Prozent aus Schauspielkunst, hatte Schily seinem Referendar Wolfgang Krüger gesagt. Schauspielkunst besteht aus der Fähigkeit, das Tempo zu bestimmen, die emotionale Farbe zu wechseln, mal offensiv, mal zurückgenommen, mal aggressiv, mal verständig zu wirken und sich so als zentrale Figur zu inszenieren, als denjenigen, der den Ton bestimmt. Am Ende dieses für Friedrich Geus desaströsen 4. März 1971 sagt Otto Schily freundlich besorgt zu ihm: »Ich würde doch empfehlen, mit den Formulierungen etwas zurückhaltender zu sein.« So agitieren nicht politische Advokaten gegen die Klassenjustiz, so richten selbstgewisse Chefs verstörte Untergebene auf. Die »Bild«-Zeitung schreibt über den Anwalt Schily grimmig und in krummem Deutsch: »Otto Schily ist als Meister auf der ›Tastatur‹ der Strafprozessordnung ebenso gefürchtet wie der frühere Establishment-Anwalt Mahler selbst.« Die Zeiten, als man ihn für Mahlers Gehilfen hielt, sind vorbei. Am dritten Verhandlungstag, dem 8. März, kommt der Prozess, so der Korrespondent der Berliner Zeitung »Der Abend«, endlich ohne lästige »prozessuale Schachzüge der Verteidigung« in Gang. Denn Schily hat getan, was er oft macht: Er ist zu spät gekommen. Er kann es sich leisten. Das Verfahren endet mit einem Freispruch. Doch dabei bleibt es nicht.

Der dritte Mahler-Prozess beginnt am 9. Oktober 1973, wieder im Saal 700 des Moabiter Kriminalgerichts. Eine finstere Symbolik fügt es, dass dort 1968 Richter Egbert Weiß den Freispruch für den NS-Richter Hans-Joachim Rehse unterstützt hatte. Nun richtet Weiß über Mahler, der angeklagt ist, am 29. September 1970 in Berlin einen Bankraub der RAF angeführt zu haben.

Die Beweislage ist ähnlich vage wie 1972, das Urteil so falsch wie der Rehse-Freispruch. Die Bundesanwaltschaft glaubt über ein Mittel zu verfügen, das alle lästigen Zweifel beiseite fegt: das Ex-RAF-Mitglied Karl-Heinz Ruhland. Ruhland, ein arbeitsloser Binnenschiffer und eher schlichter Charakter, hatte die Sicherungsgruppe Bonn des BKA, die ihn 73 Tage lang vernommen hatte, faktisch zum Kronzeugen aufgebaut. In Düsseldorf wurde Ruhland zu bemerkenswerten milden vier Jahren Haft verurteilt. Bei seiner Verhaftung hatte er zudem die Waffe gezogen. Das BKA hatte ihm klar gemacht, dass – falls er nicht aussagt – eine Anklage wegen versuchten Mordes bevorstehen würde.

Der in Duisburg einsitzende Untersuchungshäftling Günter Smura schreibt am 24. Oktober 1972 einen Brief an Schilys Kanzlei, um auf diesen Umstand hinzuweisen.

»Sehr geehrter Herr Schily,
ich befinde mich zurzeit in einer Revisionssache in U-Haft. Im Jahr 1971–72 befand ich mich in der Strafanstalt Remscheid. Dort habe ich ca. Anfang Mai oder Ende April dieses Jahres Herrn Ruhland kennen gelernt. Im Baderaum der Anstalt habe ich Gelegenheit gehabt, mich vertraulich mit Ruhland zu unterhalten. Er sagte mir, dass die Sicherungsgruppe Bonn ihm versprochen habe, dafür zu sorgen, dass er, sobald Mahler verurteilt sei, wieder freikomme. Er ließ klar durchblicken, dass er unwahre Aussagen machen werde. Auf die Frage, ob er das richtig finde, meinte er: ›Mein Hemd ist mir näher als meine Jacke.‹ Worauf ich nur noch geantwortet habe: ›Du Dreckschwein.‹
Hochachtungsvoll«

In dem Prozess sagen fünf Zeugen unter Eid aus, dass Ruhland einen Deal mit dem BKA gemacht hatte. Schily und Christian Ströbele, der ebenfalls Mahler verteidigt, listen elf Widersprüche in Ruhlands Aussagen auf. Schily sagt in seinem Plädoyer: »Der Abschied von einem Kronzeugen ist sicherlich ein schwerer Entschluss, von einem Kronzeugen, in dessen Ausbildung so viel Zeit, Kosten, Mühe und Prestige investiert worden ist. 646 Protokollseiten über das Vernehmen des Kronzeugen zu juristischem Müll zu deklarieren, dass da einigen Leuten die Tränen kommen, wer wollte dafür nicht Verständnis aufbringen.« Doch das Gericht befindet, die Zeugen seien allesamt unglaubwürdig und nur Ruhland habe die Wahrheit gesagt.

Mahler hätte wegen Mitgliedschaft in einer kriminellen Vereinigung verurteilt werden müssen – das hätte ihm maximal fünf Jahre Haft eingebracht. Der Bankraub und die Baader-Befreiung, für die er schließlich zwölf Jahre bekam, konnten ihm faktisch nicht nachgewiesen werden.

So flüchtet das offenkundig auf Biegen und Brechen zur Verurteilung entschlossene Gericht am Ende zu der These, dass es so war, weil es so gewesen sein muss. Mahler, so die Urteilsbegründung, war an dem Bankraub beteiligt, weil es ausgeschlossen war, »dass er in dieser Situation ›Ohne mich‹ gesagt hätte«. Schily nannte diese Logik »Beweisvereinfachungstheorie«.

Es gab bis 1973 in der Geschichte der Republik nicht viele wichtige Gründe, fundamental am Rechtsstaat zu zweifeln: Der eindringlichste war die Unwilligkeit der Justiz, Nazijuristen zu verurteilen. Manche KPD-Prozesse der fünfziger Jahre waren mehr als zweifelhaft gewesen. Und gewiss gab es 1968 viele politisch tendenziöse Urteile gegen die Studentenbewegung – allerdings formierten sich in Politik und Justiz gleichzeitig liberale Strömungen. Dem sozialliberalen Amnestiegesetz entsprachen Urteile bundesdeutscher Richter, die schon 1968 Demonstranten, die Straßenbahnen blockiert hatten, von der Anklage der Nötigung freisprachen. Die bundesdeutsche Justiz entsprach nicht dem Zerrbild, das die Neue Linke von ihr in den Siebzigern zunehmend routiniert malte. Sie war kein Instrument der Klassenherrschaft, sondern ein Terrain, auf dem linke und rechte, liberale und autoritäre, progressive und konservative Kräfte kämpften.

Der dritte Mahler-Prozess indes endete mit einem mehr als windigen, allzu harten Urteil. Auch wenn wahrscheinlich der Richtige, Horst Mahler, für das Richtige, die Beteiligung an der Baader-Befreiung und einem Bankraub in Berlin, verurteilt wurde – es geschah aus den falschen Gründen. Und auf die kommt es im Rechtsstaat an. Wenn das Wahrscheinliche zum Beweis geadelt wird, nur weil dies politisch in die Landschaft passt, ein Kronzeuge etabliert wird, den es eigentlich gar nicht geben darf, wird das Recht zur Farce. Wer nach diesem Prozess nicht den Rechtsstaat ein wenig wanken sah, hatte nie an ihn geglaubt. Otto Schily sah jedenfalls die Demokratie in Gefahr. Nach dem Urteil sagte er auf einer Podiumsdiskussion in Berlin über das Mahler-Urteil: »Ich habe nie einen Hehl daraus gemacht, dass ich ein großer Anhänger rechtsstaatlicher Garantien bin. Aber: Demokratie ist in den Augen mancher nur so lange von Nutzen, als sie geeignet ist, die bestehende Gesellschaft, das heißt die Herrschaft der bürgerlichen Klasse, zu garantieren. Und wenn das nicht mehr funktioniert, werden auf einmal die Kulissen weggezogen.« Schily hat 1972 noch einen Grund, am Rechtsstaat zu zweifeln. Er hat Angst, verhaftet zu werden.

7. Kapitel

Zwischen allen Fronten – Otto Schily und die RAF-Anwälte

»Wenn von Mandanten Druck auf mich ausgeübt würde, wenn etwas verlangt würde, was mit meinen Anwaltspflichten nicht vereinbar wäre, wäre das das Ende des Mandats.«
Otto Schily 1975

1972 Schily wohnt in Charlottenburg im Westberliner Zentrum. Von seinem Büro in der Schaperstraße ist es nicht weit zu der Kneipe »Zwiebelfisch« und zur »Paris Bar«. Dort isst er oft mittags, zusammen mit Professoren von der Hochschule der Künste oder dem Architekten Josef Paul Kleihus. Manchmal kommt ein junger, meist mittelloser Maler vorbei, dem man einen Wein ausgibt: Markus Lüpertz. Dreißig Jahre später werden die Bilder von Lüpertz das Kanzleramt schmücken, und manchmal spielen Innenminister Schily, Bundeskanzler Schröder und Staatskünstler Lüpertz im Kanzleramt ein paar Runden Skat.

1969 hat sich die »Neue Gesellschaft für Bildende Kunst« gegründet, ein linker, basisdemokratisch organisierter Kunstverein. Die NGBK versteht sich als Gegenentwurf zu den gängigen Kunstvereinen: Die Entscheidungen fallen nicht im Vorstand, sondern auf den Mitgliederversammlungen. Dort wird ausgefochten, wer Geld für welche Ausstellung bekommt. Und man fokussiert die politischen Aspekte der Kunst. In den Siebzigern werden Werke von Klaus Staeck und Käthe Kollwitz ausgestellt, die russischen Suprematisten, englische Arbeiterkunst aus dem 19. Jahrhundert und Kupferstiche von William Hogarth. Der Blick für das Sozialhistorische, der heute etwas angestaubt wirkt, erscheint damals als neu und aufregend: Kunst ist nicht nur Artefakt, sondern Alltagsgegenstand. In der NGBK versieht man Bilder und Objekte mit Kommentaren. Heute ist dies gängige Ausstellungspraxis, in den Siebzigern wird es in den bürgerlichen Kunstvereinen als gesinnungsmotivierter Verstoß gegen den reinen Kunstgenuss verstanden.

Schily im Hinterzimmer seines Stammlokals »Exil« in Berlin-Kreuzberg

Schily, der über eine gewisse kunstgeschichtliche Bildung verfügt, wird 1969 Schriftführer im Präsidium. Er kommt oft zu den Mitgliederversammlungen, obwohl auch in der NGBK Basisdemokratie draufsteht, aber Fraktionskampf drin ist. So bekriegen sich auch in der NGBK die linksdogmatischen Gruppen, SEW, KPD/AO und Trotzkisten. Schily, so der spätere Berliner Kultursenator Ulrich Roloff-Momin, »hat sich aus diesen Kämpfen immer rausgehalten und ist ziemlich schnell unduldsam geworden«. Es ist seine erste Erfahrung mit Glanz und Elend der Basisdemokratie. Sicher ist: Sie geht ihm auf die Nerven.

Schily engagiert sich in der NGBK mehr als zwanzig Jahre lang. Am Zwist um inhaltliche, künstlerische Konzepte beteiligt er sich nicht. Er spielt in der NGBK die gleiche Rolle wie im Waitzkeller, wie in der Boheme der frühen Sechziger, wie in der Studentenrevolte: nicht die treibende Kraft, eher engagierter Beobachter.

Schily ist inzwischen ein bekannter linker Anwalt, seine Kanzlei hat einen guten Ruf. Er bearbeitet nicht nur politische Verfahren, von Demonstrationsdelikten bis zu Presseprozessen, sondern auch spektakuläre, überregional beachtete Strafprozesse.

1972 vertritt er in einem Prozess gegen den Berliner Boxpromotor Willy Zeller einen Boxer, der in einen Überfall auf eine Disco verwickelt war.

Am Abgrund – die Kassiber-Affäre

Doch im Juni 1972 wird es für Otto Schily ernst. Alles, was er aufgebaut hat, die Kanzlei, sein Ruf als unabhängiger, exzellenter Anwalt, die Hoffnung, weiter aufzusteigen – alles steht von einem Tag auf den anderen auf dem Spiel. Er gerät ins Fadenkreuz von BKA und Bundesanwaltschaft und wird als erster Verteidiger in der Geschichte der Bundesrepublik vom Bundesgerichtshof von einem Verfahren ausgeschlossen.

Am Mittwoch, dem 7. Juni 1972, betritt eine junge Frau eine Boutique am Hamburger Jungfernstieg. Als sie einen Pullover anprobiert, hebt die Verkäuferin die Lederjacke der Kundin auf, die im Weg liegt. Die Jacke ist schwer, ihr Blick fällt auf die Pistole, die in der Innentasche steckt. Die Verkäuferin ruft die Polizei. Zwei Polizisten nehmen Gudrun Ensslin fest. Eine Woche zuvor waren in Frankfurt Ensslins Freund Andreas Baader, Holger Meins und Jan-Carl Raspe festgenommen worden. Achtzehnmal zeigt das deutsche Fernsehen, wie Holger Meins, ein fast nackter, spindeldürrer Mann, der vor Schmerzen schreit, als ihm Polizisten den Arm umdrehen, abgeführt wird. In vielen bundesdeutschen Wohnzimmern betrachtet man diese Bilder wie Jagdtrophäen: Endlich haben wir sie.

Gudrun Ensslin wird in die Justizvollzugsanstalt Essen gebracht. Fünf Tage nach ihrer Verhaftung, am Montag, dem 12. Juni, bekommt sie dort Besuch von ihrem Verteidiger aus Berlin: Otto Schily. Ensslin hat kurze Haare und sieht anders aus als 1969 in Frankfurt: härter. Sie reden von neun Uhr morgens bis zwölf Uhr mittags – unbeaufsichtigt. Als Schily einmal aus dem Zimmer geht, um Streichhölzer zu holen, bleibt Ensslin ohne Aufsicht allein in dem Sprechraum zurück. Als Schily das Gefängnis verlässt, wird er nicht kontrolliert, obwohl dies Vorschrift ist.

Am Donnerstag, dem 15. Juni, wird Ulrike Meinhof in Hannover verhaftet. Bei ihr findet man einen Kassiber. Darin schildert Gudrun Ensslin ihre Verhaftung in Hamburg: »In dem Laden habe ich nur noch Scheiße im Hirn gehabt, erregt, verschwitzt etc. Sonst hätte ich ticken müssen, ich hab aber gepennt. Ging auch irre schnell, (...) 'ne Kripovotze hinter mir im Laden. Ich habe aber gepennt, sonst wäre jetzt eine Verkäuferin tot (Geisel), ich und vielleicht zwei Bullen.« Der RAF ist eine logistische Meisterleistung geglückt, die dem BKA Kopfschmerzen macht. Innerhalb von nur drei Tagen ist es gelungen, Anweisungen und Informationen aus dem Essener Gefängnis nach draußen zu schmuggeln. Aber wie?

Am Abend des nächsten Tages, des 16. Juni – es ist ein Freitag –, klingelt Otto Schily bei seinem Studienfreund Uwe Wesel, der damals Vizepräsident der FU Berlin war. Er ist bleich und ziemlich aufgelöst. »Uwe«, sagt er, »Sie müssen mich vertreten. Ich werde wahrscheinlich morgen verhaftet.« Es ist einer der wenigen Momente, in denen Schily, der kühle Anwalt, der sich stets an die Fakten hält, panisch ist. Er hat Angst, dass seine Karriere endgültig vorbei ist. Und er hat allen Grund dazu.

Denn Schily weiß bereits, was der Bundesgerichtshof verkünden wird: Er darf Gudrun Ensslin nicht mehr verteidigen. Schily hat von einem Journalisten erfahren, dass die Bundesanwaltschaft eine Pressekonferenz in Sachen Gudrun Ensslin angekündigt hat. Dafür kann es nur einen Grund geben: seinen Ausschluss aus dem Prozess. Schily verfügt über ausgezeichnete Kontakte zur Presse – vor allem zum »Spiegel«. Er weiß oft vieles früher als andere. Doch auch das wird ihm nichts nützen, wenn er nicht ausräumen kann, was der BGH behauptet. Gegen ihn, so der BGH, besteht »der dringende Verdacht, dass er sich als Mitglied an der kriminellen Vereinigung, der die Beschuldigte angehört, beteiligt hat«. Der Kassiber kann, so ein Bundesrichter, »nur durch Rechtsanwalt Schily« aus dem Gefängnis in Essen zu Ulrike Meinhof gelangt sein, weil dort nur Schily »unbeaufsichtigt mit Ensslin sprechen konnte«. Im Klartext: Für den Bundesgerichtshof (darunter der Richter Albrecht Mayer, der zu Schilys Intimfeind wird) ist Otto Schily Mitglied der RAF.

Dieser Vorwurf kann ihn alles kosten, seine Reputation als Anwalt zerstören und einen Prozess wegen Unterstützung einer kriminellen Vereinigung bescheren. Uwe Wesel soll ihn juristisch verteidigen. Wesel ist Hochschulprofessor mit einem prominenten Amt. Davon verspricht sich Schily, der stets auf Etikette schaut, einen Vorteil. Auf jeden Fall ist es klüger, Wesel zu beauftragen, als einen Anwalt mit RAF-Mandanten. Am Montag geht Schily wie immer in seine Kanzlei in der Schaperstraße. Er wartet auf die Polizei – was nun folgen muss, ist eine Hausdurchsuchung. Aber die Polizei kommt nicht. Sie ist damit beschäftigt, den Schrifttyp der Schreibmaschine des Kassibers mit Schriftsätzen aus Schilys Kanzlei zu überprüfen. Doch sie findet keine Übereinstimmung.

Wenn Schily in diesen Tagen die Sendungen des Ausschnittdienstes durchschaut, der ihm die Zeitungstexte liefert, in denen er vorkommt, mag ihm schwindelig werden. Nicht nur die Springer-Presse beginnt die Anwälte aufs Korn zu nehmen. Die »Kölnische Rundschau« etwa schreibt: »Die schwarzen Schafe unter den RAF-Anwälten sind bekannt: Otto Schily, Klaus Croissant, Heinrich Hannover, Kurt Gronewold, Wolf-Dieter Reinhard.« Solche Artikel können ihn ruinieren. Eine Braunschweiger Anwältin, die Schily in einem Arbeitsgerichtsprozess in Untervollmacht vertritt, schreibt nach seinem BGH-Ausschluss 1972: »Es tauchte im Übrigen vor Gericht die Frage auf, ob Sie noch die Zulassung als Rechtsanwalt hätten und eine Untervollmacht erteilen könnten. Bitte schreiben Sie mir darüber, damit ich hier alle Bedenken ausräumen kann.« Die Lage spitzt sich zu.

Doch Schily verfügt über eine robuste psychische Konstitution. »Seine Bedrängnis«, so Wesel, »war nach drei, vier Tagen wieder verschwunden.« Er geht in die Offensive und greift den Bundesgerichtshof an. Zehn Tage nach dessen Beschluss erscheint im »Spiegel« ein langes Interview mit Schily, in dem er sich in bestem Licht zu präsentieren versteht: sachlich, korrekt, unschuldig. Das Foto zeigt dazu einen skeptisch und seriös dreinschauenden Herrn mit einem ruhigen und bestimmten Gesichtsausdruck.

In dem Gespräch zerlegt Schily das zentrale Argument der Bundesanwaltschaft: dass es nur einen Verdächtigen, nämlich ihn, geben soll. Denn es gab zwei Wärterinnen, die, anders als vom BKA ermittelt, ebenfalls mit Ensslin allein waren. »Wenn sich«, so Schily, »der Justizminister von Nordrhein-Westfalen, Herr Neuberger, nach nur einer Woche hinstellt und sagt, es gibt nicht den leisesten Verdacht gegen Justizbeamte, und der Verdacht richte sich allein gegen mich, so sind die Grenzen der Fairness überschritten. Wenn es ein echter Kassiber ist, dann müssen sich die Verdachtsgründe gegen alle richten, die in irgendeiner Weise mit Fräulein Ensslin Kontakt hatten.« Zudem gibt ihm der »Spiegel« die Möglichkeit, sein striktes rechtsstaatliches Credo zu beweisen.

Muss, so die vorletzte Frage, ein RAF-Anwalt zur Polizei gehen, wenn sein Mandant Strafbares plant? »Darf er zögern, wenn er die Motive seines Mandanten billigt?«

Schily antwortet: »Nein. Die Verpflichtung steht im Gesetz. Und daran muss er sich halten.«

»Der Spiegel«: »Darf der Anwalt – wie es Ihr Stuttgarter Kollege Croissant tut – abwägen, ob mit einer Bombe möglicherweise ›jemand aus dem Volk‹ oder vielleicht ein Vertreter der herrschenden Klasse mit in die Luft geht?«

Schily: »Im Bereich der Anzeigepflicht kann der Anwalt überhaupt keine Abwägung vornehmen. Die Verpflichtung ist ganz eindeutig.«

Das ist offenkundig keine Antwort auf die Frage – und ein typisches Beispiel für den Kurs, den Otto Schily eisern bis zum Deutschen Herbst 1977 durchhalten wird: Er distanziert sich nicht von Anwaltskollegen, auch nicht, wenn sie handfeste Sympathien für die RAF haben. Vor allem aber hält er sich an das Gesetz – und zwar nicht ungefähr, sondern genau.

Das ist die Botschaft – sie wird gehört. Nicht Schily, der Bundesgerichtshof gerät nun in Verdacht, fahrlässig mit Rechtsvorschriften umzuspringen. Es stellt sich heraus, dass die Sicherheitsvorkehrungen in dem Essener Gefängnis alles andere als perfekt waren: Ensslin hatte, anders, als das BKA nach Karlsruhe gemeldet hatte, unbeaufsichtigten Kontakt mit anderen Gefangenen und weitere Möglichkeiten, den Text zu deponieren. Je mehr Fakten publik werden, umso vorschneller, ja fahrlässiger, erscheint der BGH-Beschluss, der auf den ersten Blick auf viele einleuchtend wirkte. Denn der BGH machte, basierend auf einem falschen BKA-Bericht, aus drei möglichen Tätern kurzerhand zwei Zeugen und einen Angeklagten. Dieses ungewöhnliche Verfahren rechtfertigten die Richter im September 1972 mit einem noch ungewöhnlicheren Argument: Nur Schily sei verdächtig, weil es zwischen Anwalt und Mandant »gleichgerichtete Interessen gibt, während diejenigen eines Vollzugsbeamten und die des Gefangenen durchaus gegensätzlicher Art sind«. Mit anderen Worten: Wenn Kassiber geschmuggelt werden, war es, laut BGH, immer der Anwalt. Das ist kein juristisches Argument, das ist ein Echo der Vorurteile, die an den Stammtischen der Republik kursieren: Die RAF-Anwälte sind schuld. Im Effekt bedeutete die BGH-Argumentation: Ein Strafverteidiger, der unbeaufsichtigt mit einem inhaftierten Mandanten spricht, braucht, falls dieser etwas aus dem Knast schmuggelt, ganz schnell selbst einen Anwalt.

Freundlich betrachtet war der BGH-Beschluss ein Schnellschuss – kritisch gesehen ein Versuch von BKA, BGH und Bundesanwaltschaft, Schily, ihren scharfsinnigsten Gegner, in den kommenden RAF-Prozessen durch ein Komplott aus dem Feld zu räumen. Die liberale »Zeit« hält die Kassiber-Affäre für einen Rückfall bundesdeutscher Justiz in die »traurige Tradition rechter Reichsrichter in der Weimarer Republik«. Und: »Wenn es mit rechten Dingen zugeht, wird Schily später auch Gudrun Ensslin verteidigen dürfen. Denn Bonn ist nicht Weimar, und Karlsruhe ist es nur zu Hälfte.«

1973 hebt das Bundesverfassungsgericht, aus formalen Gründen, Schilys Ausschluss auf, weil es für einen Verteidigerausschluss nur eine wacklige Rechtsgrundlage gibt. Die wird 1974 mit der »Lex Baader-Meinhof« betoniert. Der Bundestag schränkt darin – mit starrem Blick auf Stammheim – die Rechte der Verteidiger drastisch ein. Das Ermittlungsverfahren gegen Schily dauert sehr lange, erst 1978, ein Jahr nach dem Urteil in Stammheim, wird es ergebnislos eingestellt. Wie der Kassiber zu Meinhof kam, wurde nie geklärt. Uwe Wesel meint, dass ein Mitgefangener den Text aus der Anstalt zu einem RAF-Sympathisanten schaffte, der in einer Essener Gärtnerei arbeitete. Man hätte damals sogar herausbekommen können, wie es genau war – doch Schily wollte nicht. Denn damit wäre die Authentizität des Kassibers bewiesen, Ensslin als zentrale RAF-Figur ermittelt gewesen. Belastungsmaterial gegen die eigene Mandantin zu besorgen ist nicht Aufgabe des Verteidigers. Schily hätte das Mandat wohl niederlegen müssen.

Ein Ex-RAF-Anwalt meint: »Es war anders. Aber wie, kann ich nicht sagen, weil ich schweigepflichtig gegenüber einem Mandanten bin.« Andere kolportieren bis heute, dass Schily doch beteiligt war. Aber das ist nur ein Gerücht, ein unwahrscheinliches dazu. Dass sich Schily, kühl bis ins Herz auf Form und Distanz bedacht, zu einem solchen Regelverstoß hinreißen lässt, widerspricht seinem Selbstverständnis.

Schily wird in der Kassiber-Affäre von einem illustren Kreis unterstützt, der weit über die liberale, rechtsstaatlich orientierte Presse hinausreicht. 57 Berliner Rechtsanwälte protestieren, ein »Solidaritätskomitee für Otto Schily« gründet sich und veranstaltet vor seiner Kanzlei eine Protestkundgebung. Mehr als ein Dutzend Gefangene der RAF, darunter Horst Mahler und Ulrike Meinhof, treten in Hungerstreik – aus Protest gegen seinen Ausschluss. Der Bundesgeschäftsführer der FDP erklärt, das Verhalten des BGH sei »geradezu unglaublich«, und fordert von der Anwaltskammer Solidarität mit Schily. Der Durchbruch ist die Entscheidung des konservativ-liberalen Senatspräsidenten Paul Jericke, der Schily im September 1972 als Anwalt im dritten Mahler-Prozess zulässt, weil kein schwerer Verdacht mehr vorliege. Das ist ein Affront gegen die Generalbundesanwälte.

Die Kassiber-Affäre deutet Schilys ziemlich einzigartige Rolle in dem RAF-Komplex an. In der Republik tobt ein mentaler Bürgerkrieg – die Gesellschaft teilt sich im Sommer 1972 in (viele) Hysteriker und (wenige) Sympathisanten. In dieser Lage engagieren sich RAF-Gefangene und ein konservativer Richter (der übrigens kurze Zeit später in dem Prozess auf Mahlers Antrag wegen Befangenheit abgesetzt wird) dafür, dass Schily weiter RAF-Gefangene verteidigen darf. Schily ist etwas Besonderes: eine Art Scharnier in einer auseinander driftenden Gesellschaft.

Die Kassiber-Affäre 1972 ist die Ouvertüre zu der härtesten und folgenreichsten rechtspolitischen Auseinandersetzung in der bundesdeutschen Geschichte: dem Kampf von Bundesanwaltschaft und Regierung gegen die RAF-Verteidiger. Das Urteil des Bundesverfassungsgerichts in Sachen Ensslin-Kassiber wird 1974 zur Grundlage der »Lex RAF«, der einschneidenden Beschränkung von Verteidigerrechten. Schily aber kann Gudrun Ensslin weiter verteidigen. Es wird sein größter, wichtigster Auftritt in seiner Anwaltskarriere: Stammheim. Am Abend des 16. Juni, als Schily sich schon mit einem Bein im Gefängnis sah, hatte Uwe Wesel seinen verstörten Freund versucht aufzumuntern: »Otto, jetzt werden Sie berühmt.«

Die linken Rechtsanwälte – eine kleine Typologie

In den späten sechziger Jahren betrat ein neuer Typ von Strafverteidiger die Gerichtssäle der Republik: der linke Anwalt. Der linke Anwalt studierte die Strafprozessordnung sorgfältig und entdeckte, dass sie ihm seit ihrer Liberalisierung 1964 eine Reihe ungenutzter Möglichkeiten eröffnete. »Das neue Beweisantragsrecht oder dass Angeklagte schweigen konnten, ohne dass ihnen daraus ein Nachteil entstand, das war bis dahin vielen Anwälten nicht präsent«, meint Klaus Eschen, der 1969 zusammen mit Horst Mahler und Hans-Christian Ströbele das Sozialistische Anwaltskollektiv gründete.

Die Anwälte verstanden sich als dritte juristische Profession neben Staatsanwaltschaft und Gericht. Sie waren »Organ der Rechtspflege«, dem die Aufgabe zufiel, eine Brücke zwischen der Justiz und den Angeklagten zu bilden. Schroffe Konfrontation, fundamentale Angriffe gegen die Richter waren in dieser Inszenierung nicht vorgesehen. Rechts- und Staatsanwälte gehörten, in verschiedenen Rollen, der gleichen Welt an. Die Strafverteidiger in den fünfziger Jahren neigten eher zum theatralischen, blumigen Auftritt als zur raffinierten Nutzung prozessualer Möglichkeiten. Ein bekannter Berliner Strafverteidiger pflegte seinen Mandanten zu sagen: »Für 500 Mark bekommen Sie ein anstän-

Aggressiver Einsatz für den Mandanten: Klaus Detloff, Henning Spangenberg, Christian Ströbele, Otto Schily, Klaus Eschen

diges Plädoyer, für 1000 Mark zitiere ich die Weltliteratur, für 1500 Mark werde ich vor Gericht weinen.«

Mit solcher Grandezza ist es bei den linken Verteidigern vorbei. Die Formel »Organ der Rechtspflege« definieren sie neu. Die linken Anwälte machten ausgiebig von ihren Rechten Gebrauch, beanstanden Fragen und geben regelmäßig Prozesserklärungen ab. Sie wollen nicht mehr »Organ der Rechtspflege« in dem Sinne sein, dass sie gemeinsam mit Richtern und Staatsanwaltschaft dem Recht dienen, sie wollen »Organ der Rechtspflege« sein, indem sie viel stärker, ähnlich, wie es in den USA Usus ist, strikt die Interessen ihrer Mandanten vertreten. »Der Strafverteidiger«, so der Rechtsanwalt Hans Dahs 1975, »erforscht eben nicht die Wahrheit ›gleich, wem sie nutze oder schade‹, sondern tritt dem durch den Staatsanwalt repräsentierten Strafanspruch des Staates, dem der Richter zur Geltung verhelfen soll, entgegen.« So lautet auch das Selbstverständnis der linken Anwälte.

Beflügelt wurde dieser neue Stil auch durch eine technische Neuerung: den Kopierer. Früher hatten sich die Anwälte Notizen aus den Akten abgeschrieben, nun konnten sie darüber permanent verfügen. »Wir saßen mit den vollständigen Akten im

Gerichtssaal«, sagt Klaus Eschen, »während der Staatsanwalt drei Blatt Anklageschrift vor sich hatte. Wir waren einfach besser vorbereitet. Manche Gerichte waren uns gegenüber hilflos. Sie kannten das nicht. Irgendwie hielten die das für schwarze Kunst.« Viele Richter waren fassungslos über die Anwälte, die manchmal habituell kaum von ihren Mandanten zu unterscheiden waren. Sie fühlten sich grundlos angegriffen. Gewiss, es gab viele reaktionäre Richter, die voller Ressentiments auf die Angeklagten blickten. Manche waren einfach nur überfordert. Sie hatten es mit Angeklagten zu tun, die sie als »Faschisten« beschimpften und mitunter, wie die Zeugin Gudrun Ensslin im Mahler-Prozess, körperlich angriffen. Die Anwälte winkten bei jeder Kleinigkeit mit Befangenheitsanträgen. Und im Publikum saßen oft Sympathisanten der Beschuldigten, die die verbalen Angriffe ihrer Helden auf die Klassenjustiz beklatschten. Angesichts dieser Front verlor auch so mancher liberale Richter die Nerven.

Am 1. Mai 1969 gründen Mahler, Ströbele und Eschen das erste »Sozialistische Anwaltskollektiv« in der Meierottostraße 1 in Charlottenburg. Das Selbstverständnis lautet: politische Prozesse führen, Einheitslohn, Mandanten vertreten, die als »unterprivilegiert« gelten. »Wir haben«, so Klaus Eschen im Rückblick, »oft getan, was heute Mietervereine machen: dafür gesorgt, dass die Leute überhöhte Mieten wieder zurückbekommen. Außerdem haben wir Unterbringungsverfahren für die Psychiatrie rechtsförmig gemacht. Da ging es ja immerhin um Freiheitsentzug, aber das wurde vor Gericht im Fünfminutentakt erledigt. Waren die Leute einsichtig, waren sie krank. Waren sie nicht einsichtig, waren sie auch krank. Das war oft eine *catch-22*-Situation. Mit uns dauerten solche Entscheidungen nicht fünf Minuten, sondern zwei Stunden. Das war der Sinn des Kollektivs: das, was gesellschaftlich fällig war, in die Justiz zu bringen.«

In den siebziger Jahren setzt sich der egalitäre, demokratische Impuls der Studentenbewegung praktisch in der Gesellschaft um. Wohngemeinschaften wandeln sich vom exotischen Experiment zum normalen studentischen Dasein, eine alternative Lebenswelt entsteht, die von Sozialarbeiterprojekten bis zum Taxikollektiv reicht. Dabei spielen die linken Anwälte eine unscheinbare, aber wichtige Rolle. »Wer ein Kneipenkollektiv gründen wollte und nicht wusste, was eine GmbH ist, wer einen Kinderladen in Übereinstimmung mit den geltenden Verwaltungsvorschriften aufmachen wollte, ging in Berlin zu Schily, Eschen oder Ströbele. Die Anwälte waren Teil der informellen Struktur der Szene, und sie verfügten über das Herrschaftswissen«, erinnert sich Udo Knapp. Als gegen den Ex-AStA-Vorsitzenden der FU Jürgen Treulieb 1972 das erste Berufsverbot exekutiert werden soll und ein Text in der »Welt« Stimmung gegen ihn macht, hilft Schily und setzt eine rasche Gegendarstellung durch. Treulieb bekommt den Job an der neuen Universität in Osnabrück – auch dank Schilys Hilfe.

So weit zählt Schily zu den linken Anwälten – aber nicht ganz. Mahlers Versuch, ihn 1969 für das Sozialistische Anwaltskollektiv zu interessieren, scheitert. Schily lehnt ab. Zu Jürgen Treulieb sagt er im Republikanischen Club: »Das ist Quatsch. Was heißt denn Kollektiv? Ich – und kein Kollektiv – verteidige doch meinen Mandanten.« Auch der vatermörderische Affekt der Revolte ist Schily fremd. Als 1973 im Wagenbach Verlag Mitarbeiter, unterstützt von F. C. Delius, Yaak Karsunke und Peter Schneider, gegen den Verleger Klaus Wagenbach revoltieren und den Rotbuch Verlag gründen, vertritt Schily bei der komplizierten Trennung Wagenbachs Interessen. (Der Anwalt der Rebellen ist Klaus Eschen.) Die Sehnsucht, sich selbst neu zu erfinden (mit allen dazugehörigen Überforderungen), der Zweifel an allen Traditionen, der die Neue Linke beseelt, ist nicht Schilys Sache. Die Vehemenz, mit der in den frühen Siebzigern Bürgerkinder bürgerliche Tugenden bekämpfen, rührt auch aus der wütenden Erkenntnis, dass das Bürgertum nach 1933 widerstandslos mit den Nazis kollaboriert hatte. Nichts davon bei dem Kulturbürger Otto Schily.

Es ist auch kein Zufall, dass Schily – nicht Ströbele oder Eschen – bei manchen Richtern in Berlin einiges Ansehen genießt. Einer ist sogar ein ausgesprochener Bewunderer seines Talents. Werner Sarstedt, Präsident des fünften Strafsenats des Bundesgerichtshofs und Autor eines Standardwerkes über Revisionsrecht, sagt 1973, während die öffentliche Diffamierung von RAF-Verteidigern an der Tagesordnung ist: »Auf Schily lasse ich nichts kommen. Den akzeptiere ich jederzeit als Gesprächspartner. Von Schily kann man immer Hervorragendes erwarten.«

Seinen Stil prägt Schily in den frühen Siebzigern aus. Er wird, so Gerhard Mauz, »zum typbildenden Strafverteidiger Deutschlands«, der bereit ist, so ziemlich alles für seinen Mandanten zu tun, was legal ist. Er verteidigt einen Brandstifter und liest in der Nacht, bevor der Sachverständige in dem Prozess auftritt, Fachbücher über Brandschutz und die Feuerbeständigkeit bestimmter Materialien, um dem Experten bei der Befragung Kontra geben zu können. Er verteidigt seine Mandanten bis an die Grenze des Möglichen, auch wenn sie Schurken sind. Manchen geht Schilys Mixtur von aggressiver Rhetorik und politischer Verteidigung zu weit. Der Berliner Anwalt Gerd-Joachim Roos, Sozialdemokrat und Vorsitzender der »Vereinigung Berliner Strafverteidiger«, tritt 1977 wegen Schily aus dem Verband aus. Denn sein Stellvertreter Schily, so Roos, verwandele die Anwaltsvereinigung in einen »solidarischen Kampfverband« gegen Richter und Staatsanwälte.

Schilys Prozessführung ist originell. Manchmal wartet er mit Urteilen des Reichsgerichts auf, von deren Existenz die Staatsanwaltschaft nichts ahnt. Bekannt ist seine Neigung zu Hilfsbeweisanträgen, die auch in letzter Sekunde vor dem Plädoyer noch möglich sind. Das Gericht, das meist sein Urteil schon gefällt hat, muss sich mit diesen Anträgen gleichwohl noch befassen. Vor allem in Großverfahren passiert es, dass das Gericht die Ablehnungen nachlässig begründet und der Verteidigung damit beschert, was sie will: Revisionsgründe.

Vor allem versteht Schily es, Staatsanwälte, Zeugen oder Sachverständige vorzuführen, sobald sich Fehler, Lücken oder Widersprüche zeigen. Seine Wirkung im Gerichtssaal speist sich aus guter Vorbereitung, präziser Kenntnis der Strafprozessordnung, rhetorischem Talent und selbstbewusstem, oft arrogantem Auftreten. »Seine Auftritte«, sagt der Anwalt und Rechtswissenschaftler Ulrich K. Preuß, »waren mehr als Theater, mehr als Schaumschlägerei, mit der man die Presse beeindruckt, aber nicht die Profis, nicht die anderen Anwälte, nicht die Richter. Solche Auftritte bringen dem Anwalt vielleicht etwas, aber nicht dem

Mandanten. Schily hat so etwas nicht gemacht. Was er tat, hatte Substanz. Er war besser als alle anderen, auch als Heinrich Hannover.« Bei manchen seiner Auftritte im Moabiter Landgericht sitzen Referendare und angehende Staatsanwälte im Publikum, um etwas zu lernen.

Ein fester Bestandteil von Schilys Performance ist seine gefürchtete Neigung, zu spät zu kommen. Er kommt bei Gerichtsterminen zu spät, aber nicht nur dort. »Otto ist auch im Europakolleg 1956 immer zu spät gekommen, wenn man sich mit ihm verabredet hat«, erinnert sich Uwe Wesel. Das Recht zu haben, die anderen auf sich warten zu lassen, ist für Schily eine Art natürliches Vorrecht der Elite. Er ist ein Snob, und als solcher beurteilt er auch seine Umgebung. 1975 trifft Schily in Stuttgart auf dem Flughafen den jungen Referendar Nicolas Becker. Schily sucht einen Rechtsanwalt für seine Kanzlei – als Entlastung, weil der Stammheim-Prozess vor der Tür steht. Uwe Wesel hat ihm Becker empfohlen. Becker erinnert sich: »Das war so eine Art Vorstellungsgespräch. Aber Schily hat mich die meiste Zeit nach chinesischer Grafik gefragt. Die juristische Kenntnis hat er vorausgesetzt. Es kam ihm mehr auf den Horizont an als auf technische Fertigkeiten.«

In den Augen mancher autoritär gestimmter Richter und der konservativen Presse ist Schily, gerade weil er nicht richtig fassbar ist, gerade weil er irgendwo zwischen Establishment und Revolte zu stehen scheint, eine verstörende Figur. Manche Konservative halten seinen Habitus für Tarnung, seine »alerten Manieren« für Camouflage klassenkämpferischer Gesinnung, wie die »Welt« 1972 säuerlich vermerkt.

Schilys politische Ansichten sind links, aber nicht spektakulär, originell schon gar nicht. 1974 sagt er: »Wenn ich in Asien oder Südamerika leben würde, dann würde ich auch die Knarre in die Hand nehmen, um nicht vor Hunger zu krepieren. Das ist gar keine Frage.« Heute mag das mächtig revoluzzerhaft klingen, in den Siebzigern redet man so auf den einschlägigen Cocktailpartys und Juso-Kongressen. Das Zauberwort der Neuen Linken in den Siebzigern heißt »Klasse«. Wer von Klassengesellschaft spricht, zeigt, dass er das Wesen der bürgerlichen Gesellschaft erkannt hat: nicht Werte und Institutionen, sondern Interessen. Auch Schily redet oft und gern von Klassen. »Die Justiz«, erklärt er 1974 einem Fernsehteam des NDR, »identifiziert sich in einzelnen Fällen mit den Interessen der herrschenden Klasse. Sie spielt eine Schiedsrichterrolle in den Klassenkämpfen. Wenn man aufzeigt, dass die Justiz parteilich ist, Teil des Machtapparates, dann ist das nur die nüchterne Feststellung einer Tatsache, die dazu dient, die Justiz der Scheinobjektivität zu entkleiden.« Im Übrigen könne man das Ganze natürlich nicht pauschal betrachten. Klassenkämpfe, Machtapparat, Scheinobjektivität der Justiz – das ist das korrekte marxistische Vokabular, allerdings in etwas unübersichtlichen Satzkonstruktionen. So ist es oft. In Schilys politischen Stellungnahmen verpufft das Radikale in mäandernden Relativsätzen, in Einschränkungen und Differenzierungen. Auch die Distanz zur SPD setzt Schily 1974 in Anführungszeichen: »Zwar sprechen die Jusos von Systemüberwindung, aber wenn ich mir die Geschichte der Sozialdemokratie anschaue, dann kann ich daran nicht glauben. Aber bitte, ich lasse mich gerne eines Besseren belehren.« Hier ein großes Ich, dort die Sozialdemokratie – dieser Gestus wird bleiben, auch wenn Otto Schily 25 Jahre später die Systemüberwindung längst ad acta gelegt hat und der SPD zu viel Ferne zum Staat vorhält.

Bei der Neuen Linken, den K-Gruppen, den Resten der Undogmatischen, den diffusen RAF-Sympathisanten in Berlin gilt Schily als einer, der auf ihrer Seite steht. 1972 gibt die maoistisch orientierte »Rote Hilfe Berlin« (nicht zu verwechseln mit den späteren »Folterkomitees«) die Broschüre »Vorbereitung der RAF-Prozesse durch Presse, Polizei und Justiz« heraus. Darin findet sich, neben auf gut dreißig Seiten pflichtgemäß abgedruckten Anträgen von Uwe Wesel an den BGH, ein Schily-Foto. »Das ist Otto« steht daneben. Wie in einem Familienalbum. Das ist typisch für den Ton in der Neuen Linken, für Gefühl und Härte, großes, wattiges Wir-Gefühl und knallharte Fraktionierung. Doch die mit Filzstift gemalte Bildbeschriftung ist ein Irrtum. Dieses Foto zeigt nicht den »Genossen Otto«, sondern den ehrgeizigen, wohl situierten Rechtsanwalt Schily. Christian Ströbele, der Baader und Co. mit »Liebe Genossen« anredet, mag sich zum weiteren Familienkreis zählen lassen – Schily nur ungern. Seine Mandantin ist nicht die Genossin Gudrun, sondern »Fräulein Ensslin«. So sitzt er in den Siebzigern auf den Podien der Solidaritätsveranstaltungen und Teach-ins über Prozessfragen, wenn es um seine Mandanten geht, um Horst Mahler, der sich inzwischen zum Maoismus und zur KPD/AO bekehrt hat, oder um Katharina Hammerschmidt, eine Randfigur der RAF, der Schily geraten hat, sich zu stellen. Dann klärt Schily die juristisch Ahnungslosen auf, warum ein Revisionsantrag gegen das Mahler-Urteil aussichtslos ist und man es besser mit einem Gnadengesuch versuchen sollte. Oder er schildert, mit dem Pathos des Sachlichen, die Haftbedingungen, unter denen Katharina Hammerschmidt leidet – und schaut entgeistert zu, wie daraufhin ein Trupp KPD-AOler aufspringt und »Kampf der Klassenjustiz« im Saal skandiert. Im Februar 1973 demonstrieren sieben RAF-Anwälte, darunter Klaus Croissant, Kurt Gronewold und Jörg Lang, in Anwaltsrobe gegen die »Folter« der Gefangenen und den »schleichenden Faschismus«. Sie campieren mit Schlafsäcken vor dem Bundesgerichtshof und treten in einen symbolischen Hungerstreik. Auf Plakaten ist zu lesen: »BGH – Brauner Gangsterhaufen«. Der Nutzen des Spektakels ist gering, der Schaden groß: Der Ton zwischen RAF-Anwälten und Justizapparat verschärft sich danach enorm. Schily hält sich abseits. »So etwas kommt für mich nicht in Frage. Das ist nicht mein Stil«, sagt er.

So irren sich beide, die Neue Linke und die Konservativen. Otto Schily ist kein U-Boot im bürgerlichen Milieu, keine fünfte Kolonne der Linksradikalen. Er ist – vor allem anderen – ein Strafverteidiger, der seinen Job macht und für seine Mandanten das Beste herausholt. In der Springer-Presse taucht regelmäßig der Vorwurf auf, dieser Anwalt stehe seinen Mandanten Mahler und Ensslin gefühlsmäßig und geistig unbotmäßig nahe. Aber das ist falsch. Er bringt Mahler zwar alle Hegel-Bände ins Gefängnis, übermäßige Sympathien hegt er für seinen Ex-Konkurrenten nicht – zumal der ihm mit seinem Schlusswort (»Mit den Bütteln des Kapitalismus redet man nicht, auf die schießt man«) den Prozess verhagelt hat. Das Geheimnis des Erfolgs von Otto Schily ist nicht die Nähe zu seinen Mandanten, im Gegenteil. Es ist seine förmliche, professionelle Distanz. Es ist diese Distanz, die ihn befähigt, als einziger Verteidiger den wichtigsten, größten Strafprozess in der bundesdeutschen Geschichte von Anfang bis Ende durchzustehen: Stammheim.

Der Krieg eskaliert

Am 18. November 1974 steht Otto Schily neben Rudi Dutschke am offenen Grab von Holger Meins auf dem Friedhof in Hamburg-Stellingen. Er trägt einen schwarzen Regenmantel, unter dem Arm hat er eine Ausgabe des »Spiegel«, wirft eine Hand voll Erde auf den Sarg und dreht sich um. Dann tritt Rudi Dutschke an das Grab, reckt die Faust in die Luft und sagt, umringt von Fotografen: »Holger, der Kampf geht weiter.« Schily hat Dutschke überzeugt, zu dieser Beerdigung zu fahren. Rudi Dutschke hat danach alle Hände voll zu tun, um klar zu machen, dass diese Geste nicht als Unterstützung für den Terror gemeint war.

Holger Meins war 33 Jahre alt. Er ist das erste RAF-Mitglied, das in der Haft stirbt. Meins hat sich zu Tode gehungert. Die Anwälte Christian Ströbele und Siegfried Haag hatten im letzten Moment erfolglos versucht, das Schlimmste zu verhindern. Als Meins starb, war der für die Zwangsernährung verantwortliche Arzt in der JVA Wittlich nicht erreichbar. Weder der zuständige Richter Theodor Prinzing noch die Bundesanwaltschaft waren fähig und willens, im richtigen Moment das Richtige zu tun. Später mussten sich Anwälte wie Christian Ströbele noch den öffentlichen Vorwurf anhören, sie seien verantwortlich für die Hungerstreiks, weil sie, anstatt ihre Mandanten von dem Todestrip herunterzuholen, der RAF-Ideologie folgen würden.

Andreas Baader hatte zuvor im »Info«, dem von Kurt Gronewold aufgebauten Kommunikationssystem der RAF-Gefangenen, geschrieben: »Wir werden den Hungerstreik diesmal nicht abbrechen. Das heißt, es werden Typen dabei kaputtgehen.« Schily wird in den nächsten drei Jahren noch an einigen Gräbern von Mandanten stehen: von Katharina Hammerschmidt, Ulrike Meinhof, Gudrun Ensslin, Andreas Baader, Jan-Carl Raspe und Ingrid Schubert.

Schily und Dutschke am Grab von Holger Meins

Für die Szene ist der Tod von Holger Meins Mord, der Beweis, dass der Staat über Leichen geht. Schily sagt einen Tag nach Meins' Tod, am 10. November 1974, auf einer Pressekonferenz: »Wenn die Öffentlichkeit weiterhin bereit ist hinzunehmen, dass die im Hungerstreik befindlichen Gefangenen in Raten hingerichtet werden, dann wäre das ein alarmierender Hinweis auf den Zustand unserer Gesellschaft. Die Skrupellosigkeit, mit der hier das Leben junger Menschen geopfert wird, ist meiner Meinung nach ohne Beispiel.«

Schily ist zu schlau, um von Mord zu sprechen, so wie es viele Linksradikale tun, die gegen einen faschistischen Staat kämpfen. Es ist ein typischer Schily-Satz, lang, verschlungen, kompliziert, im Konjunktiv. Die Grammatik dämpft, der Grundvorwurf bleibt: Hinrichtung auf Raten. Das ist, verklausuliert, der Mordvorwurf. Und der ist falsch. Holger Meins hat sich selbst für den Kampf, für die Sache, der er sich ganz und gar verschrieben hatte, geopfert. Eine »Hinrichtung auf Raten« war sein Tod nicht. Denn zur Hinrichtung gehört ein Täter, jemand, der die Exekution ausführt.

Diese Verdachtsrhetorik ist Teil der Eskalation zwischen Staat und RAF, die sich vollzieht wie das Unheil in einer griechischen Tragödie: unabwendbar. Der Etat des BKA versechsfacht sich von

1970 bis 1975, die Daten von Millionen Bundesbürgern sind in PIOS, Horst Herolds Datenerfassungssystem, gespeichert. Die Rhetorik der Regierung wird schärfer – zumal seitdem Willy Brandt zurückgetreten ist und der frühere Wehrmachtsoffizier Helmut Schmidt schneidige Töne anschlägt. Als RAF-Terroristen 1975 die Botschaft in Stockholm überfallen, um die RAF-Gefangenen freizupressen, meint Schmidt, dass »es denen mal gezeigt werden« müsse. Die Rhetorik des Duells macht sich breit, eine Art paramilitärischer Tunnelblick, der nicht erfasst, was geschieht. 1972, als innerhalb von ein paar Wochen fast die gesamte Führung der ersten RAF-Generation verhaftet worden war, hatten viele im BKA und in der Regierung geglaubt, den Terrorismus zerschlagen zu haben. Das ist ein Irrtum: Die RAF ist kein Problem, das mit groß angelegten Polizeiaktionen, mit Prozessen, in denen die politische Motive keine wichtige Rolle spielen dürfen, mit markiger Starker-Staat-Sprache und neuen Gesetzen aus der Welt zu schaffen ist. Die RAF als Verbrecherbande zu behandeln und jene, die dieser Terminologie nicht folgen, als Sympathisanten zu geißeln ist keine weit blickende Politik, sondern ein archaischer Reflex, eine Politik der Schwäche, die sich als Stärke tarnt. Sie fußt auf einer grundfalschen Einschätzung: Die RAF ist keine gewöhnliche kriminelle Organisation, keine Mafia. Ihre Taten, die Banküberfälle, Anschläge und Morde, sind Mittel zum Zweck. Sie kämpfen nicht für Geld oder Luxus, sondern für eine Idee. Dafür nehmen die Angeklagten, zusehends Gefangene ihres paranoiden Weltbildes, auch ihren eigenen Tod in Kauf. Die Hardliner in der Regierung gehen in die Falle, die die RAF aufgebaut hat: Indem sie gebetsmühlenhaft der RAF politische und moralische Motive absprechen, arbeiten sie der Selbststilisierung der RAF noch zu.

Auch eine klügere Politik hätte Baader & Co. nicht von ihrem (selbst)mörderischen Egotrip abbringen können. Alle Versuche, etwa von Helmut Gollwitzer, Gustav Heinemann und Bischof Kurt Scharf, mit Ulrike Meinhof und Gudrun Ensslin in einen Dialog zu treten, scheitern. Den RAF-Gefangenen ist mit guten Absichten und politischen Argumenten nicht beizukommen. Sie wollen keinen Dialog, sie verachten alle, die ihre Tabula rasa, ihren totalen Bruch mit der zivilen Welt, mit Kindern und Freunden, nicht nachvollziehen. Von einer Anwältin verlangt Andreas Baader, dass sie ihre Kinder in eine Pflegefamilie gibt, um sich ganz dem Prozess zu widmen. Die Anwältin legt schließlich ihr Mandat nieder.

Doch eine kluge Politik hätte Mitte der siebziger Jahre begreifen können, was Not tut: eine Deeskalation der Sprache, eine Art mentale Abrüstung, die weniger auf geistige Resozialisierung der ersten RAF-Generation hofft als darauf, das Schlimmste zu verhindern: dass eine zweite und dritte Generation von verzweifelten Militanten entsteht.

Doch genau das Gegenteil geschieht: Auch die sozialliberale Regierung bedient die Bürgerkriegsrhetorik. Helmut Schmidt sagt nach dem Tod von Holger Meins, die Terroristen müssten schon ein paar Unbequemlichkeiten in Kauf nehmen und könnten nicht erwarten, »in einem Erholungsheim untergebracht zu werden«. So redet man in der Wagenburg. Es sind diese staatlichen Demonstrationen von Kälte, die der RAF mehr nutzen als ein paar Kassiber, die sie aus Gefängnissen nach draußen schmuggeln.

Als verleumdete Opfer, so die Wahrnehmung vieler Linker, die ihren Körper als letztes, verzweifeltes Mittel gegen die »Isolationsfolter« einsetzen, sind Baader & Ensslin mächtiger als je zuvor. Die Gefangenen werden in den Augen vieler Sympathisanten zu hilflosen Geiseln eines grotesk ins Faschistische überzeichneten Staates, die man befreien muss, die Anspruch auf praktische Solidarität haben. Die zweite und dritte Generation der RAF rekrutiert sich vor allem aus den Folterkomitees und Rechtsanwaltskanzleien. Darauf hatten weder das BKA noch die Regierung eine Antwort – im Gegenteil. 1975 überfällt ein »Kommando Holger Meins« in Stockholm die Botschaft und sprengt sie in die Luft.

Die Behauptung, Baader & Ensslin seien ganz normale Kriminelle, rückt in den Siebzigern in den Rang einer Staatsdoktrin. Es ist eine dumme Doktrin – denn gleichzeitig beweisen Justiz und Bundesanwaltschaft aus mehr oder weniger plausiblen Gründen täglich das Gegenteil: Man schafft Haftbedingungen, die es noch nie gab, Ende 1974 werden eilig Sondergesetze verabschiedet, die direkt auf die Einschränkung der Verteidigung in Stammheim zielen.

Der bundesdeutsche Rechtsstaat ist in den siebziger Jahren in keiner Minute existenziell gefährdet. Die RAF verfehlt ihr Ziel, die Republik in einen faschistoiden Staat zu bomben. Doch in der hartnäckigen Weigerung zuzugeben, dass man die RAF als Gegner wahrnimmt, offenbart sich eine Verunsicherung, ein Mangel an gelassener, demokratischer Selbstverständlichkeit. Die RAF bringt nicht Weimar, schon gar den Faschismus zum Vorschein, sie fördert das ungewisse, schwankende Selbstbild der Bundesrepublik zu Tage. Auch im Bundeskanzleramt liest man besorgt Kommentare ausländischer Zeitungen, etwa des konservativen »Figaro«, der über die »Lex Baader-Meinhof« schreibt, die Regierung gehe »mit einem Dampfhammer auf eine Hornisse los«.

1972 versucht Schily, einen praktischen, vernünftigen Beitrag zu leisten, um die Fronten zu entspannen. Es ist ein Versuch, der furchtbar scheitert. Am 29. Juni 1972 fährt Schily ins Elsass und bringt Katharina Hammerschmidt nach Berlin. Hammerschmidt gehört 1971 zum Umfeld der RAF. Sie hat Wohnungen besorgt, sich aber schnell abgesetzt und in Frankreich versteckt. Schily hat ihr geraten, sich zu stellen, zumal sie dann Chancen habe, vor dem Prozess auf freiem Fuß zu bleiben. Doch seine Mandantin wird direkt am Flughafen verhaftet und in U-Haft gebracht. Genau drei Jahre später, am 29. Juni 1975, stirbt Katharina Hammerschmidt an Krebs. Wäre sie in Frankreich geblieben, hätte sie vielleicht überlebt.

Die Ärzte im Gefängnis übersahen im August 1973 einen Schatten auf dem Röntgenbild bei einer Routineuntersuchung. Auch im Oktober konnten sie auf dem Röntgenbild keine Geschwulst erkennen – obwohl mit bloßen Auge zu sehen war, dass, so eine Mitgefangene, bei Hammerschmidt »der Hals übergangslos ins Gesicht überzugehen schien«. Die Ärzte attestierten Hammerschmidt »Nihilitis chronica« – chronisches Simulantentum. Schily besuchte Hammerschmidt oft und sah mit Schrecken, was geschah. Er schrieb eine Flut von Anträgen auf Haftverschonung und Freilassung, erfolglos. Erst Mitte November konnte auf

Schilys Druck ein Facharzt die Patientin untersuchen. Er diagnostizierte ein »mittlerweile inoperables Krebsgeschwür im Brustbereich«. Die Ärzte und die Anstaltsleitung hatten das Offensichtliche übersehen. Das war nicht nur ein Kunstfehler. Im Fall Hammerschmidt zeigt sich eine gegenüber RAF-Verdächtigen zur Ignoranz entschlossene Justiz.

Schily sagt dazu 1976, ein Jahr nach Hammerschmidts Tod: »Ich habe mir nur einen Vorwurf zu machen – dass ich meiner Mandantin geraten habe, sich zu stellen. Das würde ich nicht noch mal tun. Ich habe die Gnadenlosigkeit unterschätzt, mit der die Behörden politischen Gefangenen begegnen.«

Baader schreibt dazu: »Eigentlich muss man ihn nach der Sache mit Cat sofort loswerden. Was so 'n Typ anrichten kann, wenn sich Militante an ihn wenden, weil er uns verteidigt hat (und auch ganz systematisch als die Top-Figur der Verteidigung aufgebaut wird, obwohl er nichts tut), haben wir an Cat gesehen. Ich denke, dass der Typ in jedem Prozess stört. Dann lieber Pflichtverteidiger, die man als Bullen in Roben bezeichnen kann.« Aber die Gefangenen brauchen Schily. Er ist ihr bester Anwalt.

Die RAF-Anwälte befinden sich in einer ungemütlichen Lage zwischen den Fronten. Sie haben es mit Mandanten zu tun, die das Gericht verachten, denen das Urteil gleichgültig ist und die den Prozess und ihre Anwälte dazu benutzen wollen, ihre Politik darzustellen. Die Regierung schränkte mit der Ende 1974 eilig verabschiedeten »Lex Baader-Meinhof« zudem massiv die Rechte der Anwälte ein. So können die Anwälte wegen des Verbotes der Mehrfachverteidigung jeweils nur noch ein RAF-Mitglied verteidigen. Das ist eine einschneidende Maßnahme: Erfahrene Verteidiger in politischen Prozessen sind Ende der siebziger Jahre Mangelware. Zudem können Anwälte schon wegen des »dringenden Verdachtes«, mit ihren Mandanten gemeinsame Sache zu machen, ausgeschlossen werden. Und auch der bis dato gültige Rechtsgrundsatz, dass die Angeklagten bei der Verhandlung anwesend sein müssen, fällt, wenn sie selbst – durch Hungerstreik – für ihre Verhandlungsunfähigkeit verantwortlich sind. Die Unschuldsvermutung existiert auch im Parlament nicht mehr, in der

Presse sowieso nicht. In vielen Zeitungen werden die Anwälte oft pauschal als Helfer der Terroristen denunziert.

Die »Hamburger Morgenpost« schreibt nach Holger Meins' Tod: »Anwälte sind mitschuldig: Sie nennen sich Anwälte, und das heißt in unserem Sprachgebrauch Helfer, Berater, Sachverwalter der Interessen von Personen, die juristischen Rat brauchen. Was die Herren Schily, Gronewold und Croissant und Co. in diesen Tagen der Öffentlichkeit vorspielen und leider im Fernsehen der Öffentlichkeit unkommentiert vorführen dürfen, ist eine makabere Persiflage auf dieses Rollenbild. Kein BM-Anwalt hat je den Versuch gemacht, seinen Mandanten den lebensgefährlichen Hungerstreik auszureden.« Vor allem Letzteres ist eine Denunziation, die Schily wütend macht, weil sie das Vertrauensverhältnis zwischen Anwalt und Mandant, für ihn Kernbestand des Rechtsstaates, ignoriert.

Am 21. November 1974, eineinhalb Wochen nach dem Tod von Holger Meins, tritt Otto Schily in Mainz bei einer Pressekonferenz auf und antwortet auf die Vorwürfe. Links lümmelt sich Daniel Cohn-Bendit lässig auf seinem Stuhl, rechts versteckt sich der spätere Justizminister von Hessen, Rupert von Plottnitz, hinter einer sehr dunklen Sonnenbrille und verzieht keine Miene. So mag man sich 1974 im Kleinbürgerhaushalt RAF-Anwälte und -Sympathisanten vorstellen, von denen in der Zeitung die Rede ist. Doch in der Mitte sitzt Otto Schily, wie immer mehr als korrekt in einen teuren Anzug gekleidet, senkt die Stimme, hebt den Zeigefinger und nimmt ein Wort in den Mund, das Cohn-Bendit noch nicht einmal in Verbindung mit dem Adjektiv »revolutionäre« über die Lippen gehen würde: Pflicht. »Woher wissen diese Herren, was ich meinem Mandanten geraten habe? War einer der Herren bei einem Gespräch mit meinem Mandanten zugegen? Wollen uns diese Herren tatsächlich auffordern, unser Anwaltsgeheimnis zu brechen? Ich erkläre in aller Form: Ich habe meinen anwaltlichen Verpflichtungen in aller Form Genüge getan.« Das ist Schilys Credo: Er hält eisern an der anwaltlichen Schweigepflicht fest. Schon 1972, während der Kassiber-Affäre, wehrte er alle Fragen über sein Verhältnis zu Ensslin und Mahler ab. Es gibt keinen zweiten Anwalt, der sich so konsequent hundertprozentig an das Schweigegebot hält wie Schily. Das ist klug. Denn es ist Schutz – praktisch gesehen wohl weniger für Gudrun Ensslin als für Otto Schily, der seine Balanceakte als RAF-Verteidiger ohne Publikum zu absolvieren gedenkt.

Denn die RAF-Verteidiger haben es nicht nur mit einer Öffentlichkeit zu tun, die mit Verurteilungen schnell bei der Hand ist, und mit einer Justiz, die angesichts der renitenten Gefangenen zwischen Hilflosigkeit und Aggression schwankt. Sie haben es auch mit Mandanten zu tun, die sie auf eine harte Probe stellen. Die RAF bunkert sich im Gefängnis noch tiefer in ihr hermetisches Wahnsystem ein, ein Weltbild, in dem, wie Holger Meins kurz vor seinem Tod schreibt, nur zwei Möglichkeiten existieren: »Entweder Schwein oder Mensch, entweder Problem oder Lösung, dazwischen gibt es nichts.« Die RAF, 1970 angetreten als Avantgarde der proletarischen Weltrevolution, wird in den Siebzigern zum Inhalt ihrer eigenen Politik. Ihr Ziel wird die Befreiung von Ensslin & Co. Faktisch kämpft sie einen Privatkrieg gegen den Staat. Die Praxis der RAF hat (abgesehen von den politischen Attentaten auf die US-Armee und Springer im Mai 1972) nichts mit Lenin und Mao zu tun, sie gleicht eher dem Rachefeldzug von Michael Kohlhaas.

Rudi Dutschke erkennt die tödliche Mechanik dieser Duellsituation. Nach dem Tod von Meins schreibt er an Otto Schily: »Können wir die Genossen im Knast nicht davon überzeugen, den Hungerstreik zu beenden? Um die Toten wird sich kaum jemand kümmern. Ihr seid politische Anwälte, als solche haben sie auf Euch zu hören und sollten sich nicht einbilden, die realen Kräfte und Klassenverhältnisse einschätzen zu können.«

Das ist eine richtige, aber weltfremde Idee. Die Anwälte haben, anders als viele Zeitungen immer wieder suggerieren, wenig Einfluss auf die RAF. Bei der »Einschätzung der Klassenverhältnisse« lassen sich Baader & Co. von niemandem etwas sagen. Und über die Anwälte heißt es im »Info«: »Wir bestimmen unser Verhältnis zu den Anwälten nach den Kriterien proletarischer Bündnispolitik. Wir bestimmen es aus unserem Interesse.« Schily erklärt 1975: Baader und Ensslin sind »sehr willensstarke und in ihren Zielen sehr dezidierte Persönlichkeiten, die sich kaum von ihren Anwälten beeinflussen lassen«.

Zwischen Gefangenen und Anwälten herrscht ein kompliziertes Spannungsverhältnis: Manche Anwälte sehen mit dem schlechtem Gewissen des Bürgers auf die Gefangenen, die tun, was sie selbst nicht wagen: den Kampf proben. Für die RAF-Gefangenen ist Solidarität eine Einbahnstraße. Ihr Bonus ist ihre Entschlossenheit, sich selbst zu opfern, ihre Konsequenz, mit der sie alle, die ihnen, sei es aus politischer Nähe oder humanitären Gründen, wohl gesonnen sind, moralisch erpressen. Die Anwälte, die liberale Öffentlichkeit, die Unterstützergruppen, die sich für bessere Haftbedingungen engagieren, sind Funktionen, Instrumente. Die Bedingungen, so Baader, Ensslin und Meinhof, bestimmen sie selbst, die selbst ernannte kämpfende Avantgarde.

Die Gefangenen fordern viel – und es gibt Anwälte, die sich erpressen lassen. So ist etwa der gutbürgerliche Stuttgarter Scheidungsanwalt und FDP-Wähler Klaus Croissant anfällig für das militante Machogehabe mancher RAFler. Der Frankfurter Anwalt Armin Golzem, Verteidiger im Kaiserslauterner RAF-Prozess, sagt: »Andreas Baader war ein Flegel aus der Münchener Schickeria, der sich selbst überschätzt hat. Mehr nicht. Croissant hat das nicht begriffen. Er hatte keine politischen Kriterien. Deshalb war er empfänglich für den absurden Kult um Andreas als revolutionärem Kader.« Nicht nur Croissant beeindrucken die Bedingungslosigkeit, das Pathos der Tat, der antibürgerliche Bruch mit den Konventionen, neben dem die eigene papierene Juristenexistenz kläglich erscheint. Das Kapital der RAF sind ihr Bonnie-und-Clyde-Habitus – und das schlechte Gewissen in Sympathisantenkreisen, das mit bürgerlichem Selbsthass einhergeht. Und das setzt sie rabiat ein. In Croissants Stuttgarter Kanzlei arbeiten ein Dutzend Helfer als Archivare oder Schreibkräfte, die zur RAF gehen werden: Elisabeth von Dyck, Brigitte Mohnhaupt, Susanne Albrecht, Silke Maier-Witt, Siegfried Hausner und andere. »Es gab«, so Klaus Eschen, »Anwälte, die aus einer heilen Justizwelt in RAF-Prozesse kamen und den Überblick verloren«. Die RAF-Gefangenen »haben die Opferliebe der Neuen Linken« (Eschen) eiskalt in ihr Kalkül einbezogen. Bei Schily verfängt diese Taktik nicht. Die Botschaft »Wir leiden – und ihr tut nichts« appelliert an das schlechte Gewissen des Bürgers, der sich seiner Klasse schämt.

Schily schämt sich nicht – und wo bei anderen Schuldgefühle mobilisiert werden können, ist er notorisch unempfindlich.

Einige Anwälte verlieren die Distanz zu den von messianischem Eifer beseelten Gefangenen. Das Urbild dieses Typus war Horst Mahler, der Baader, Ensslin und Proll hinterherreiste, um die RAF zu gründen. In den Siebzigern schließen sich die Anwälte Eberhard Becker, Jörg Lang und Siegfried Haag mehr oder weniger intensiv der RAF an. Ende der siebziger Jahre werden die Rechtsanwälte Arndt Müller und Armin Newerla verurteilt, weil sie 1977 die Waffen nach Stammheim schmuggelten, mit denen sich Baader und Raspe erschossen.

Das »Info«

Anders liegen die Fälle Kurt Gronewold und Christian Ströbele. Ströbele ist der RAF politisch näher als Schily: Er sympathisiert mit ihren Zielen, nicht mit den Methoden. 1973 finden sich zufällig auf der Vorbergstraße in Berlin-Schöneberg ein paar Texte aus dem »Info«, dem internen, vom Büro Gronewold organisierten Kommunikationssystem der RAF. Darunter ist ein Schreiben von Anwalt Ströbele an die »Genossen« von der RAF: »Vielleicht macht ihr euch auch mal grundsätzliche Gedanken zur Funktion der Anwälte. Die Anwälte als Speerspitze der Revolution oder der RAF oder der verlängerte Arm der RAF-Genossen, die inhaftiert sind? Wohl kaum! Oder dann eben keine juristischen Hilfen mehr!« Baader für einen Genossen zu halten ist töricht, kriminell ist es nicht. Baader sieht Ströbele übrigens höchst kritisch. 1974 schreibt er: »Strö ist ein liberaler Manager, der in diesen Prozessen ganz natürlich nur ein Vehikel seiner Interessen sieht – die genauso natürlich wie unsere sein können. Bei einem Anwalt in politischen Verfahren kann das gar nicht anders sein. Solange er nicht politisiert ist, und Strö ist nicht politisiert.«

1973 wird wegen des »Info« Anklage gegen Ströbele erhoben. Dann passiert zwei Jahre lang nichts. Im Juni 1975 wird er plötzlich im Moabiter Gericht festgenommen und verbringt vier Wochen in Haft. In dem Haftbefehl heißt es: »In zahlreichen öffentlichen Diskussionen und Interviews hat sich der Beschuldigte, der die inhaftierten Bandenmitglieder als ›Genossen‹ anredet und sich selbst als ›sozialistischer Anwalt‹ und ›politischer Verteidiger‹ bezeichnet, mit den Anschauungen der Anarchisten identifiziert.« Konkreter Tatvorwurf: Fehlanzeige. Schily, Ströbeles Anwalt, versucht dem Haftrichter wütend klar zu machen, dass die Bezeichnung »politischer Verteidiger« kein Grund für eine Verhaftung ist. Es ist einer der eher seltenen Momente, in denen Schily die Empörung ins Vokabular rutscht. Das ist »eine brutale und flagrante Rechtsverletzung, die den Namen Faschismus verdient«, sagt Schily. Die Wortwahl ist falsch, die Aufregung verständlich.

Ströbele und Gronewold werden 1978 beziehungsweise 1982 verurteilt. Ihr Vergehen bewegt sich in einer Grauzone, in der verschwimmt, wo eine engagierte Verteidigung endet und strafbare Unterstützung der RAF beginnt. Im »Info«, das Gronewold aufgebaut hat, wurden Zeitungsausschnitte und Schulungsprogramme befördert, interne Diskussionen über Hungerstreiks geführt und auch die innere Hierarchie der RAF befestigt. Das »Info« diente auch dazu, die kollektiven Hungerstreiks zu organisieren – allerdings hätte es Hungerstreiks wohl auch ohne »Info« gegeben.

Eine strafbare Handlung hätte vorgelegen, wenn über das »Info« Kassiber mit Befehlen nach draußen gelangt wären. Solche Kassiber gab es – aber sie wurden wohl nicht über das »Info« transportiert. Der Vorwurf gegen Gronewold und Ströbele lautete anders: Mit dem »Info« werde die kriminelle Vereinigung RAF stabilisiert. Damit war ein weites, offenes Feld beschritten. Durften Anwälte nicht dafür sorgen, dass sich ihre Mandanten, die in Stammheim kollektiv für kollektiv ausgeführte Taten angeklagt waren und – bis zum Verbot der Blockverteidigung 1975 – auch kollektiv verteidigt wurden, als Gruppe untereinander verständigen konnten? Gronewold wurde 1978 zwar zu zwei Jahren auf Bewährung verurteilt – eben weil das »Info« teilweise den RAF-Gefangenen bei der »Verfolgung ihrer Ziele und ihrem Zusammenhalt« half. Allerdings, so das äußerst differenzierte Urteil, war »die Mehrzahl der Papiere im ›Info‹ verteidigungsbezogen.

Lediglich einige Papiere ließen sich nicht als Verteidigerpost klassifizieren« – unter anderem eine Anleitung, wie man verhindert, dass Bomben entschärft werden. In Rechnung zu stellen, so das Gericht, war auch, dass die RAF-Anwälte sich auf »juristischem Neuland« bewegten. Kurzum: Abgesehen von einigen Briefen war das »Info« laut Hamburger Urteil legal. Berufsverbote gegen Gronewold und Ströbele gab es nicht. Ströbele wurde 1982 in Berlin schließlich zu zehn Monaten auf Bewährung verurteilt – mit einer ziemlich windigen Begründung. Der pauschale öffentliche Verdacht der Komplizenschaft der RAF-Verteidiger, den sich in den Siebzigern nicht nur die Boulevardpresse, sondern auch die Regierung zu Eigen machte, ließ sich mit dem »Info« nicht begründen. Bundesjustizminister Vogel hatte im Bundestag unter anderem einen Strafantrag gegen Schily angekündigt, der nie gestellt wurde. 1977 kritisierte Schily zu Recht: »Wo ist dieser Strafantrag geblieben? Nirgendwo. Das war ein rein propagandistisches Mittel.«

Otto Schily hat sich am »Info« nicht beteiligt. Dazu ist er zu vorsichtig, grundsätzlich dem Kollektiven abgeneigt und auf Legalität bedacht. Auch zu den Treffen der RAF-Anwälte geht er nur selten. 1975 sagt er über das »Info«: »Wenn der Verteidiger einen Kontakt herstellen würde, aus dem Gefängnis heraus oder in das Gefängnis hinein, zwischen den illegal arbeitenden Gruppen und den Haftinsassen – das ist selbstverständlich unzulässig. Das ist eine Grenze, die der Verteidiger strikt einhalten muss. Aber er hat die Möglichkeit, dem Mandanten etwa von einer Solidarisierung im universitären Rahmen mit der Forderung nach Aufhebung der Isolationshaft zu berichten. Da gibt es kein gesetzliches Hindernis.«

Auch Schilys Affinität zu Gudrun Ensslin ist abgekühlt. Ensslin hat sich durch die Illegalität verändert. Vor sechs, sieben Jahren diskutierte sie noch nächtelang mit ihrem Lehrer und späteren Verteidiger Ernst Heinitz über Politik. Das ist lange her. Das Verbindliche, auch das hochfahrend Idealistische, das selbst nach der Kaufhausbrandstiftung noch einige für sie einnahm, ist verblasst. Ein paar Tage nach dem Frankfurter Urteil bekannte sie, die Tat sei »ein Fehler« gewesen. Jetzt ist Selbstkritik Verrat, die eigene Selbstermächtigung als Avantgarde unumstößliches Programm.

1973 schreibt sie: »Am Führungscharakter der Stadtguerilla kann es keinen Zweifel mehr geben. Das ist das Fazit aus Theorie und Praxis der zwei Jahre, schon nach diesen zwei Jahren. Das Gewehr ist die Politik, die Politik ist das Gewehr, und was anderes hat auch kein Revolutionär je gesagt, ob Marx oder Mao oder wer immer.« Keine Zweifel – und nebenbei werden »Marx und Mao oder wer immer« als Gewährsleute für den Privatkrieg reklamiert, den eine Hand voll selbst ernannte Führer im Namen der proletarischen Weltrevolution gegen den Staat führen. Der mädchenhafte Ernst, der soziale Impuls der späten Sechziger ist einer obszön stählernen Sprache gewichen. Vor allem Ulrike Meinhof gegenüber führt sich Ensslin auf wie eine Politkommissarin und beschimpft sie, »die Prinzipien, also den Kampf, Deinen Fotzenbedürfnissen – dem Überleben – unterzuordnen«. Nach 1972 engagieren sich auch ihre Eltern, Helmut und Ilse, für sie. Pastor Helmut Ensslin klagt die »Isolationsfolter« an, unter der seine Tochter leidet. Doch näher kommt er Gudrun nicht. »Für Gudrun gehörten ihre Eltern zu dem bürgerlichen Lager, das sie verlassen hatte«, sagt Kurt Gronewold, der bis zu seinem Ausschluss aus dem Prozess in Stammheim 1975 ihr Verteidiger ist. *No way back*: Es sollte keine Brücke geben, die zurückführte.

In den Gesprächen mit den Verteidigern ist Ensslin fast immer auf die RAF und den Prozess konzentriert. Die Anwältin Marieluise Becker, die Ensslin 1975 fast jede Woche einmal sieht, sagt: »Sie war ›der Sache‹ total verfallen. Kühl, professionell, unpersönlich. Sie war sehr interessiert an dem, was bei den Rechtsanwälten und den Komitees los war. Über Privates hat sie nie geredet. Baader konnte mal einen Witz machen oder einfach etwas fragen, was nichts mit ›der Sache‹ zu tun hatte. Ulrike Meinhof hat mal über ihre Kinder und ihre Schwester gesprochen. Gudrun Ensslin nicht. Man konnte auch mit ihr nicht lachen.« Wert gelegt, so Kurt Gronewold, hat Ensslin darauf, dass ihre Eltern wissen, dass »sie und Baader ein richtiges Paar sind«.

Die Anwälte sind für Ensslin funktional. Sie werden für den neuen Kampf gebraucht, den die RAF hinter Gittern führt: den Kampf um die Haftbedingungen, in denen sich der Faschismus des Systems zeige. »Die Roten Anwälte sind unentbehrlich, ohne ihre gebündelten und sortierten Informationen geht es nicht«, schreibt sie. Und: »Im politischen Prozess sind die Anwälte ›Aktivisten‹ der progressiven, revolutionären Tendenz der Geschichte. Die Anwälte sind Teil, und eben wichtiger Teil, der Volksfrontstrategie.«

Schily verhält sich zu Ensslin so wie zu allen anderen: freundlich und distanziert. »Otto«, so Kurt Gronewold, der mit Ströbele die großen Anträge für den Stammheim-Prozess, unter anderem zur Isolationshaft, erarbeitet, »hatte kein symbiotisches Verhältnis zu den Angeklagten. Aber er hatte nach meinem Eindruck ein Interesse an der Debatte mit Ensslin über Fragen der Politik und Justiz.« Dass die RAF-Gefangenen auf Schily, der »Teil der Volksfrontstrategie« der RAF sein soll, keinen Druck ausüben, ist mehr als unwahrscheinlich, und dass Schily diesem Druck nachgibt, auch. Denn Otto Schily reagiert allergisch auf Formverletzungen, sei es von Medien, die ihm Vernachlässigung seiner Anwaltspflicht unterstellen, sei es von RAF-Gefangenen, die ihn mit einem Solidaritätskomitee verwechseln. Die Distanz zu den Gefangenen verdeutlicht folgende Episode: Im Stammheimer Gerichtssaal steht Schily einmal in einer Verhandlungspause mit Gudrun Ensslin zusammen. Andreas Baader ruft: »Ey, Schily.« Nichts passiert. Baader ruft noch mal: »Ey, Schily.« Da dreht sich der Anwalt sehr langsam um, fixiert Baader mit jenem Blick, der später manchen Beamten im Innenministerium in Angst und Schrecken versetzen wird, und sagt: »*Herr* Schily.«

Die Propagandaschlacht um die Haftbedingungen

Die RAF-Anwälte wandeln notgedrungen auf einem schmalen Grat: Wo werden sie Teil des Propagandakonzepts der RAF, wo machen sie einfach ihren Job? Und wo ist das eine vom anderen nicht zu trennen? Diese Frage fokussiert sich nach 1973 in der Frage der Haftbedingungen und des Hungerstreiks. Darüber tobt ein hitziger Streit, es ist eine Propagandaschlacht, in der beide Seiten – die RAF und ihre Unterstützer und die Justizministerien und der Bundesgerichtshof – ein doppeltes Spiel betreiben.

Fakt ist, dass die RAF-Gefangenen seit 1972 in verschärfter Einzelhaft einsitzen, abgeschnitten von Kontakten zu anderen Gefangenen, teilweise in Schallisolation. Dass Untersuchungshäftlinge in Einzelhaft sitzen, ist normal – nicht normal ist indes, dass die RAF-Gefangenen bis zu vier Jahre in U-Haft verbringen, so lange wie sonst kein Häftling in der Bundesrepublik. So sind Holger Meins in Wittlich, Gudrun Ensslin in Essen, Ulrike Meinhof und Astrid Proll in Köln-Ossendorf und Andreas Baader in Schwalmstadt in strenger Isolation gefangen. Bei Meinhof bleibt zeitweise die ganze Nacht Neonlicht an. Als Baader beim dritten Mahler-Prozess 1972 in Berlin als Zeuge aussagen soll, ist er kaum vernehmungsfähig, weil er nachts alle zehn Minuten geweckt wird. Diese Haftbedingungen taugen höchstens teilweise dazu, Ausbruchs- und Befreiungsversuche zu verhindern. Manches ist schlicht Schikane.

Doch die Justizminister und der Bundesgerichtshof verstehen das Problem nicht: Alles normal, rechtsstaatlich korrekt, heißt es, und im Übrigen könnten die Gefangenen Briefe schreiben, Radio hören und Anwaltsbesuch empfangen. Widerstand gegen diese Haftbedingungen zu leisten ist legitim. Die Bundesanwaltschaft rechtfertigt die Isolationshaft mit dem abstrusen Argument, die RAF-Gefangenen würden im Normalvollzug Revolten anzetteln und die übrigen Häftlinge politisieren. Damit spiegelt und akzeptiert die Justiz in einem unfreiwilligen Purzelbaum das bizarr überhöhte Selbstbild der RAF – als Avantgarde, die von den Herrschenden gewaltsam von den Massen fern gehalten werden muss. Nicht nur ein paar hundert Sympathisanten, auch die Beamten der Bundesanwaltschaft glauben offenbar an die revolutionären Omnipotenzfantasien der RAF.

Das ist eine Seite der Wahrheit. Die andere lautet, dass Baader und Co., obwohl dies ihre offizielle Forderung ist, gar nicht in den Normalvollzug wollen – aus Angst vor Spitzeln. Die RAF-Gefangenen ergreifen die Chance, die Isolationshaft für ihre Sache zu benutzen. Gudrun Ensslin schreibt: »Unterschied toter Trakt und Isolation: Auschwitz zu Buchenwald. Der Unterschied ist einfach. Buchenwald haben mehr überlebt als Auschwitz. Wie wir hier drin uns nur darüber wundern können, dass wir nicht abgespritzt werden.« Die RAF-Gefangenen benutzen die Haftbedingungen entschlossen dazu, sich in einem autosuggestiven Akt zu Opfern, zu Naziopfern zu adeln. Gudrun Ensslin sitzt 1973 in Einzelhaft. Sie hat drei Tageszeitungen, etwa einmal pro Woche besucht sie ein Anwalt, per »Info« verständigt sie sich mit Baader und Meinhof. Doch sie halluziniert sich in ein Vernichtungslager – und buchstabiert damit in einer überspitzten Projektion den Irrtum vom 2. Juni 1967 zu Ende. »Das ist die Generation von Auschwitz«, hatte sie damals atemlos im SDS-Zentrum erklärt. Nun fühlt sie sich als Opfer dieser Generation.

Ein trostloser Höhepunkt der Anti-Folter-Kampagne ist der Besuch Jean-Paul Sartres bei Andreas Baader im Dezember 1974 in Stammheim. Klaus Croissant hat das auf mediale Effekte getrimmte Spektakel organisiert. Sartre redet eine Stunde mit Baader. Über die Haftbedingungen fällt kein Wort, Baader versucht, Sartre, der fast völlig blind ist, die RAF zu erklären. Danach sagt Sartre zu Daniel Cohn-Bendit: »Der Mann ist einfach dumm.« Doch während der Pressekonferenz beschreibt Sartre Baaders »isolierte, völlig weiße Zelle, in der kein einziges Geräusch wahrnehmbar ist«, und bemängelt die »unerträglichen Haftbedingungen«. Sartre kritisiert auch den Terrorismus – doch im Wesentlichen erfüllt er jene Rolle in der Propagandashow, die Croissant und Ulrike Meinhof ihm zugeschrieben haben. Schily ist an dieser Inszenierung nicht beteiligt.

Doch nicht nur die teilweise in Verfolgungs- und Gewaltfantasien verirrten Reste der Revolte der späten Sechziger und revolutionsromantische bürgerliche Anwälte stabilisieren die RAF – auch der Staat tut dies, indem er sich auf einen törichten Machtkampf einlässt. »Die angestrebte Zusammenlegung mehrerer inhaftierter Mitglieder der Baader-Meinhof-Bande kann nicht in Frage kommen«, erklärt im Februar 1973 der Generalbundesanwalt Martin kategorisch. Diese Linie bricht eineinhalb Jahre später zusammen, nach dem Tod von Holger Meins. Faktisch geschieht nun in Stammheim, was zuvor nicht in Frage kam: die Zusammenlegung von Gudrun Ensslin und Ulrike Meinhof, die seit April 1974 in Stammheim unter strengen Haftbedingungen interniert sind, mit Andreas Baader und Jan-Carl Raspe zu einer

Gruppe, die später mehrere Stunden täglich miteinander verbringt. Wäre dies vor dem 9. November 1974 möglich gewesen, hätte Holger Meins vielleicht überlebt.

Über die Haftbedingungen schreibt Otto Schily im November 1974 im »Spiegel« einen sachlichen Aufsatz. Er sieht keine neuen Nazis am Werke, sondern einen Staat, der sich in einem Konflikt – Sicherheit versus menschenwürdige U-Haftbedingungen – falsch entscheidet. Er schreibt: »Sicherheit darf nie durch unmenschliche Behandlung erkauft werden. Langzeitisolation ist unmenschliche Behandlung.« Und: »Das Sicherheitsrisiko in manchen politischen Strafverfahren soll nicht bagatellisiert werden, Fahrlässigkeiten beileibe nicht das Wort geredet werden. Der Preis für die Sicherheit ist aber immer zu hoch, wenn er in der Vernichtung eines Menschen – auch eines gefangenen Menschen – besteht.«

Schilys Text ist ein lichter Moment in einer von Übertreibungen und Verleugnungen geprägten Debatte. Denn die Isolationshaft ist 1973 und 1974 beides: In Köln-Ossendorf und Wittlich ist sie eine Tatsache – und sie ist gleichzeitig ein Propagandacoup, mit dem die RAF ihre gusseisern auf Zerstörung und Selbstzerstörung programmierte »Sache« vorantreibt. Sie ist ein Fakt, der mit den Grundsätzen eines liberalen Rechtsstaats kollidiert – und die Projektionsfläche für die in der Neuen Linken herumspukende Idee, die Bundesrepublik habe sich in einen weißen, technokratischen Faschismus verwandelt.

Das ist, in groben Umrissen, die komplizierte Wahrheit der Gesinnungsschlacht um die Haftbedingungen. Otto Schily engagiert sich auch in Stammheim, auch nach dem August 1975, für die RAF-Forderung nach besseren Haftbedingungen. Er streitet vehement gegen alle Versuche, den Hungerstreik – und nicht die Isolationshaft – für den schlechten Gesundheitszustand von Gudrun Ensslin verantwortlich zu machen. Selbst wenn er sehen sollte, wie die RAF die Haftbedingungen für ihren Kampf instrumentalisiert – er kann es als Anwalt nicht zur Sprache bringen. Kein Verteidiger kann sich von seinem Mandanten distanzieren. So tut er das Richtige, das einschließt, das Falsche zuzulassen: die fatale Stilisierung der RAF zu Märtyrern.

8. Kapitel

Schily in Stammheim

»Otto Schily vertritt nur aus persönlichen Motiven RAF-Leute und ähnliche, Mahler, Ensslin und mich. Humanist, sehr vornehm, intelligent, auf Distanz bestehend.«
Bommi Baumann

Am 21. Mai 1975 beginnt in einem Mehrzweckgebäude im Stuttgarter Vorort Stammheim der Strafprozess gegen die RAF. Der Hochsicherheitstrakt wird zum Symbol für den paramilitärisch hochgerüsteten und doch am Ende kläglichen Versuch, mit der RAF fertig zu werden und Rechtsstaat und Sicherheit unter einen Hut zu bekommen. Der Bau ist mit einem 580 Meter langen, zweieinhalb Meter hohen Stacheldrahtzaun umgeben. Der Luftraum darüber ist gesperrt – am ersten Prozesstag wird ein harmloses einmotoriges Flugzeug auf dem Weg in den Schwarzwald von einem Hubschrauber des Bundesgrenzschutzes zur Landung gezwungen. »Beton gewordenes Misstrauen«, nennt Ulrich K. Preuß das Gebäude. Zwei Jahre zuvor fegten Häftlinge manchmal den Gehweg vor der Justizvollzugsanstalt und grüßten den Anstaltspastor Hans Peter Rieder mit einem freundlichen »Guten Morgen, Herr Pfarrer«. Jetzt finden sich dort mit spanischen Reitern und Maschinenpistolen bewehrte Sicherheitszonen. Zweihundert Polizisten bewachen den kurzen Weg der RAF-Gefangenen von der Justizvollzugsanstalt in den fensterlosen Gerichtssaal. Die JVA Stammheim ist ein klinischer, trister Betonklotz, der Gerichtssaal ein Funktionsraum. Der Stammheimer Bau ist keine Überwältigungsarchitektur, kein Repräsentationsbau, der staatliche Macht auf klassische Weise zum Ausdruck bringt. Es ist ein Gebäude, das die kalte Rationalität symbolisiert, mit der die Staatsgewalt ihre Feinde einbunkert. Ein Symbol für den uneingestandenen Ausnahmezustand. Dieses Gericht, so der britische »Guardian« spöttisch, »könnte nur mit Artillerie erobert werden«. Stammheim bekräftigt viele Klischees über die Deutschen, die angelernten Demokraten, die es mit Ordnung und Gründlichkeit mal wieder übertreiben.

Architektur des Sicherheitsstaats – Marieluise Becker, Rupert von Plottnitz und Otto Schily in Stammheim

Dieses Klischee ist nicht falsch, aber die konkrete Wahrheit des »sichersten Gefängnisses der Welt« ist anders, widersprüchlicher, komplizierter, auch abgründiger. Nach dem Prozess erfährt eine fassungslose Öffentlichkeit, dass zwei Anwälte Pistolen in den siebten Stock der JVA schmuggeln konnten – und dass die Gefangenen öfters mal von bundesdeutschen Steuerzahlern Postsendungen bekamen, die Hanfseile enthielten und die Aufforderung, sich damit gefälligst aufzuhängen. Diese Briefe passierten unbeanstandet die Zensur. Zuständig war der Senat, der Vorsitzende Richter Theodor Prinzing.

Es ist ein Prozess der Superlative. 997 Zeugen und achtzig Sachverständige lädt die Bundesanwaltschaft vor, achtzigtausend Seiten Akten werden beschrieben, vierzigtausend Beweisstücke untersucht, allein das Wortprotokoll des Prozesses umfasst vierzehntausend Seiten. Journalisten und Anwälte werden akribisch durchsucht, sogar Pfefferminzbonbons werden beschlagnahmt. Die Bundesanwälte müssen diese Prozedur hingegen nicht über sich ergehen lassen. Der Bundesanwalt Peter Zeis pflegt seine Pistole, die er im Halfter trägt, erst am Drehkreuz vor dem Gerichtssaal abzulegen.

Es ist der erste Prozess der bundesdeutschen Rechtsgeschichte, der zeitweise ohne Angeklagte über die Bühne geht. Noch nie hat eine Verteidigung so viele Befangenheitsanträge gegen den Vorsitzenden Richter gestellt (insgesamt 85). Noch nie zuvor wurde extra für einen Prozess die Strafprozessordnung verändert. Noch nie standen Verteidiger unter so massivem öffentlichen Druck und wurden der Prozesssabotage und Komplizenschaft verdächtigt. Noch nie hat ein Pflichtverteidiger, der Waiblinger Anwalt Manfred Künzel, dem Wahlverteidiger der gleichen Mandantin, Otto Schily, mit einem Ehrengerichtsverfahren gedroht, weil ihm dessen Prozesstaktik nicht gefiel. Noch nie wurde in einem Prozess so viel gebrüllt. Und noch nie sind so viele Verteidiger aus einem Prozess ausgeschieden.

Ströbele, Croissant und Gronewold werden ausgeschlossen, Marieluise Becker, deren Büro dreimal vom BKA durchsucht wird, zieht sich Ende 1975 zurück, Siegfried Haag geht in den Untergrund, Rupert von Plottnitz wird wegen Beleidigung des Gerichts (»›Heil Prinzing‹, das war nicht so gescheit«, so Plottnitz 2002) entpflichtet, Hans-Heinz Heldmann ebenso, Helmut Riedl scheidet aus, weil Ulrike Meinhof mit ihm unzufrieden ist. Nur einer ist vom Anfang der Vorbereitungen 1973 bis zum Urteil dabei: Otto Schily. Von Mai 1975 bis April 1977 fliegt er 134-mal von Berlin nach Stuttgart und wieder zurück. Er arbeitet so viel wie noch nie. Er macht keinen Urlaub mehr. Die Mahler-Prozesse waren die Ouvertüre zu seiner Karriere als politischer Anwalt, Stammheim ist der Hauptakt und das Finale. Stammheim ist eine Strapaze, ein täglicher Kleinkrieg zwischen Gericht, Bundesanwaltschaft und Verteidigern, in dem Bundesanwalt Zeis den Anwalt Plottnitz auch mal als »Herr von Komplottnitz« anspricht. Die RAF-Angeklagten sind aggressiv, manchmal auch gegen ihre Verteidiger. Nur Otto Schily, bemerkt ein staunender Gerichtsreporter, scheint das alles nicht zu beeindrucken. Wenn der Vorsitzenden Richter Prinzing wieder mal rechtliches Gehör verweigert und anfängt zu brüllen, dann schreit Schily noch lauter. Wenn Gudrun Ensslin energisch wird, wird er noch energischer. »Keiner«, so Rupert von Plottnitz, »hatte ein so großes Durchhaltevermögen wie Otto.«

Der erste Prozesstag

Am ersten Prozesstag wird, pars pro toto, die Dramaturgie sichtbar: Es entbrennt ein schier endloser, verbissener Kampf um strafprozessuale Fragen, ein Streit, der mit Anträgen und Ablehnungen geführt wird, um Grundsätzliches und um Nebensächliches, um das ebenso unnachgiebig gerungen wird. In diesen Wortgefechten und juristischen Scharmützeln macht Otto Schily einen geschickten, der Vorsitzende Richter Theodor Prinzing oft einen überforderten Eindruck. Der Prozess wurde fast drei Jahre lang vorbereitet, doch am 21. Mai hat Andreas Baader keinen Vertrauensanwalt. Croissant, Ströbele und Gronewold sind ein paar Wochen zuvor ausgeschlossen worden – aufgrund der »Lex Baader-Meinhof«, die im Dezember 1974, als Reaktion auf den Mord an Günther von Drenkmann, im Schnellverfahren verabschiedet wurde. Die Vorwürfe gegen Ströbele und Co. datieren indes von 1973. Wären sie damals ausgeschlossen worden, hätte Baader nun einen Anwalt.

Im besseren Fall ist all dies atemloser Aktionismus – im schlechteren ein gezielter Versuch, die RAF-Verteidigung zu schwächen (zumal Ströbele und Gronewold die Materie – achtzigtausend Seiten – am besten kennen). Allerdings ist in dem Gesetz nicht klar geregelt, ob Ströbele, Croissant und Gronewold für den gesamten Prozess ausgeschlossen sind – oder ob sie andere Mandanten verteidigen dürfen. Genau dies beantragen die Anwälte. Das Gericht blättert bestürzt im Gesetzestext. Darf Ströbele also Baader nicht verteidigen, Ensslin aber wohl? Braucht man neue Ausschlüsse – oder nicht? Prinzing versucht seine Irritation mit einer paternalistischen Geste zu überspielen und sagt: »Die drei Herren sollen doch, bis entschieden ist, als Zuhörer kommen.« Schily springt auf und sagt: »Diese Kollegen haben eine Vollmacht. Sie haben ein Recht, zugelassen zu werden. Will man auch diese Bestimmung der Strafprozessordnung ignorieren? Dann können wir doch den Laden gleich dichtmachen.«

Nach einer Stunde Beratung verkündet Prinzing, Ströbele und Co. seien von dem ganzen Prozess ausgeschlossen. Das Verfahren könne weitergehen. Doch da steht der Bundesanwalt Heinrich

Wunder auf, schüttelt den Kopf und meldet »schwere rechtliche Bedenken« an. In der Pause hatte Wunder mit seinem Chef, Generalbundesanwalt Siegfried Buback, telefoniert und die Gefahr erkannt. Folgte man Prinzings forscher Rechtsauffassung, dann hätte die Verteidigung gleich am ersten Tag einen »absoluten Revisionsgrund« (Buback) in der Hand. Das Verfahren müsste wiederholt werden. Der Prozess wird zehn Tage ausgesetzt. Der Jurist Richard Schmid, bis 1964 Präsident des Oberlandesgerichts Stuttgart, bemerkt dazu: »Dass das Prozessgericht selbst über die Zulässigkeit eines zugelassenen Anwalts entscheiden darf, hat es seit dem Volksgerichtshof nicht mehr gegeben.«

Doch Theodor Prinzing ist nicht das Schreckgespenst, das manche linke Medien in den siebziger Jahren aus ihm machen. Er ist ein ehrgeiziger Richter, der sich in zwei großen NS-Verfahren den Ruf erworben hat, durchgreifen zu können. So möchte er auch in Stammheim gesehen werden: liberal und entschlossen. Doch Ehrgeiz und Entschlossenheit sind die falschen Qualifikationen für dieses Verfahren, Prinzing ist der falsche Richter. Denn er war für die Haftbedingungen von Holger Meins verantwortlich – und das Verhältnis zwischen ihm und den Wahlverteidigern ist schon vor Prozessbeginn ruiniert, spätestens nachdem Croissant Prinzing »Mörder« genannt hat. Segensreich für den Prozess wäre es gewesen, wenn die Justiz sich nach Meins' Tod nach einem anderen Richter umgeschaut hätte – aber das wäre ja ein Zeichen von Schwäche gewesen und daher indiskutabel.

Auf Kritik und Druck, auf die Beschimpfungen der Angeklagten, auf Schilys Attacken reagiert Prinzing barsch, dann wieder zurückhaltend – und immer unvorhersehbar. In Theodor Prinzings Prozessführung spiegelt sich das Dilemma der bundesdeutschen Politik gegenüber der RAF: Man möchte sich gern, auch mit bangem Blick auf das Ausland, so präsentieren, wie man sich selbst sieht: liberal, selbstsicher, souverän und aufgeklärt. Doch angesichts der RAF gelingt dies einfach nicht. Auch Bundesanwalt Heinrich Wunder geht Prinzings Zickzackkurs in dem knapp zwei Jahre dauernden Prozess einmal derart auf die Nerven, dass er ihn »Arschloch« nennt. Die Mikrofone sind noch angeschaltet. Manche Verteidiger in Stammheim erzählen diese

Anekdote noch ein Vierteljahrhundert später so, als hätten sie den Lehrer beim Rauchen auf dem Klo erwischt.

Schilys Stil: Ironie, Schlagfertigkeit, Aggressivität

Mit Theodor Prinzing, verunsichert und autoritär, hat Otto Schily einen idealen Gegner, um seine rhetorischen Talente ins Rampenlicht zu rücken. Am dritten Prozesstag versucht Prinzing, eine tumultartige Debatte mit Gudrun Ensslin zu beenden, indem er die Angeklagten anherrscht, sie sollen sich setzen: »Das Sitzen der Angeklagten ist wichtig, im Rahmen der Sicherheitsvorkehrungen.« Schily fragt ironisch: »Ist Stehen ein Sicherheitsrisiko?«

Manchmal wird Schily scharf. Bei einer Debatte um die Verhandlungsfähigkeit der Angeklagten am dreizehnten Prozesstag attackiert Baaders Verteidiger Hans-Heinz Heldmann den Gefängnisarzt Henck und bezeichnet ihn als »so genannten Sachverständigen«. Prinzing entzieht ihm das Wort, Schily springt Heldmann zur Seite. Prinzing stellt auch Schilys Mikrofon ab. »Abstellen«, schreit Schily empört, »das läuft bei mir nicht. Ich brauche Ihr Mikrofon gar nicht.« Nach solchen Eklats stürmt er in das Verteidigerzimmer und wirft seine Aktentasche wutentbrannt vor die Wand.

Doch meistens hat er sich im Griff. Meistens braucht er keine bösen Worte, um böse zu wirken. Es reicht, so der Prozessberichterstatter der »FAZ«, Jürgen Busche, »die Art, wie er die Worte ausspricht«. Otto Schily schlägt, so Busches Erinnerung, auch gegenüber dem Vorsitzenden Richter Prinzing jenen »herrischen, herablassenden, schnarrenden Ton an, in dem im Hause des Vorstandsvorsitzenden Franz Schily das Hausmädchen abgekanzelt wurde, wenn es die Treppe nicht richtig geputzt hatte«. Dieser Herrschaftsgestus, eine Arroganz, die Schily weniger inszeniert als einfach hat, unterscheidet ihn auch von Hans-Heinz Heldmann, einem versierten, erfahrenen linksbürgerlichen Anwalt, der Baader verteidigt. Prinzing, so ein Journalist, der den Prozess von Beginn bis Ende beobachtete, hat einfach Angst vor Schily.

Schilys Souveränität im öffentlichen Auftritt, die herrisch, aber auch nobel wirken kann, illustriert eine andere Episode. 1975 kommt Schily mit einem Referendar aus Berlin nach Stammheim, der in der Verhandlung Kaugummi kaut. Richter Prinzing hält die Würde die Gerichtes für verletzt und sagt: »Das gehört sich nicht im Gerichtssaal.« Es entspinnt sich eine jener zahllosen kurzen, hartnäckig ausgefochtenen Kontroversen um Details, wer mit welchem Recht worüber zu entscheiden hat. Während sich das Gericht und Verteidiger über die Etikette streiten, kaut hinten im Gerichtssaal ein JVA-Beamter ebenfalls Kaugummi. In der Verhandlungspause geht Schily zu Horst Bubeck, dem stellvertretenden Vollzugsleiter in Stammheim, und sagt: »Herr Bubeck, Sie haben ja mitbekommen, dass Herrn Prinzing Kaugummis stören. Sorgen Sie doch dafür, dass sich auch Ihre Leute danach richten.« Bubeck meint dazu: »Schily hat das nicht benutzt. Er hat nicht gesagt: ›Herr Vorsitzender, schauen Sie, der Vollzugsbeamte macht das doch auch.‹ Er hat diesen Beamten nicht benutzt. Das wäre unter seiner Würde gewesen.«

Im Sommer 1975 stellt Schily routiniert einen Ablehnungsantrag nach dem anderen, die meist ohne Begründung abgelehnt werden. Manche Zeitungen und die Union kritisieren die Prozesssabotage der Anwälte – aber fast keiner der Anträge ist überflüssig oder unbegründet. Mal geht es um die Verhandlungsfähigkeit der fahrig wirkenden Angeklagten: Schily setzt dem Anstaltsarzt Helmut Henck mit Fragen über medizinische Literatur zur Isolationshaft zu, um dessen Fachkompetenz anzuzweifeln. Mal geht es um die Frage, ob Theodor Prinzing wirklich der »gesetzliche Richter« ist oder ob ihn die Politik auf diesen Stuhl gehievt hat, mal um Prinzings Rolle beim Tod von Holger Meins. Am dreizehnten Prozesstag stellt Schily einen Ablehnungsantrag gegen Ensslins Pflichtverteidiger Manfred Künzel, der von den RAF-Gefangenen, wie alle Zwangsverteidiger, als »Staatsschutzanwalt« heftig bekämpft wird. Der Antrag wird, wie immer, abgelehnt – Schily formuliert aus dem Stegreif einen neuen. Die Anwältin Marieluise Becker-Busche erinnert sich: »Wenn Prinzing noch begründete, wurde Schily schon ungeduldig. Er konnte spontan auf die Tricks und Züge des Richters und der Bundesanwaltschaft reagieren. Das kann man nicht vorbereiten. So schnell, schlagfertig und präsent war sonst nur noch Mahler.«

Die Anträge der Verteidiger sind keine Prozessverschleppung. Sie berühren fundamentale Fragen des rechtsstaatlichen Prozedere: die Unabhängigkeit des Richters, die Zuständigkeit des Gerichts, die Gesundheit der Angeklagten. Die Verteidiger stehen unter Druck: Das Verfahren gegen Schily wegen des Ensslin-Kassibers läuft auch 1977 noch weiter – eine latente Drohung, die wohl bewusst aufrechterhalten wird. Immer wieder finden sich Unionsabgeordnete, die die Anwälte unter generellen Komplizenverdacht stellen, die allermeisten Bundesdeutschen wollen, was die Anwälte mit allen strafprozessualen Möglichkeiten zu verhindern suchen: einen schnellen Prozess, ein hartes Urteil. Die Frontalangriffe gegen die Anwälte, die auch abwägenden, liberalen Politikern in den Siebzigern leicht über die Lippen gehen, sind durch das »Info«, durch Ströbeles laxe Anrede »Liebe Genossen« nicht ausreichend begründet. Sie speisen sich aus einem tiefer liegenden Ressentiment: gegen die linken Anwälte, die sich entschieden für ihre Mandanten einsetzen. »Der Deutsche«, schreibt Gerhard Mauz 1975, »hat kein Talent zur Strafverteidigung. Lieber klagt er an, am liebsten richtet er. Doch das besonnene, taktisch bedachte Eintreten für einen anderen – das liegt ihm nicht.«

Aber, auch das gehört zu Stammheim: Die Anwälte (allen voran Schily) sind im Umgang mit der seriösen Presse viel versierter und cleverer als Richter Prinzing, dessen plumpe Einmischungen bei Redaktionen eher als Zensur verstanden werden. Für den »Spiegel« berichten Gerhard Mauz und Axel Jeschke, für die »Zeit« schreibt Hans Schueler, für die »Frankfurter Rundschau« Karl-Heinz Krumm und Renate Faerber, für die »Süddeutsche Zeitung« Hanno Kühnert, für die »Frankfurter Allgemeine Zeitung« Jürgen Busche, für die »Stuttgarter Zeitung« Werner Birkenmaier, für die ARD berichtet der frühere »FAZ«-Redakteur Rudolf Gerhardt. Manche Journalisten wohnen, wie die Anwälte auch, an den Prozesstagen im Hotel Strobel. Kurzum: Man kennt und schätzt sich. So schreiben die Reporter der meinungsbildenden Blätter überaus wohlwollend über den Kampf der RAF-Verteidiger für rechtsstaatliche Prinzipien – und ganz besonders über Otto Schily, der nicht in einer Wohngemeinschaft wohnt, der sich mit Andreas Baader nicht duzt, der liberal und kultiviert ist, so wie sie selbst auch. In der »FR« vermerkt Renate Faerber 1975 begeistert: »Er ist der große Rhetoriker unter den Fünfen. Wenn er spricht, hört jeder im Saale zu, auch wenn er seine kühle Distanz ablegt und den moralischen Zeigefinger erhebt.« So viele gute Noten wie in Stammheim hat Schily noch nie bekommen.

Die Verteidigung arbeitet kreativ und engagiert. Sie antichambriert nicht bei Gericht für ihre Mandanten (was angesichts der regelmäßig »Arschloch« und »Faschist« brüllenden Angeklagten wenig aussichtsreich wäre), sie sammelt Revisionsgründe – zum Ärger der Bundesanwaltschaft. Zur Verlesung der Anklage ist es auch im Juli noch nicht gekommen. Bundesanwalt Zeis dichtet im Gericht: »Täglich wenigstens zwei [Anträge], dann geht der Prozess nie vorbei.« Schily nennt das »kleinbürgerliche Poesie«.

Am zweiundzwanzigsten Prozesstag geschieht etwas Ungewöhnliches, das ein Schlaglicht auf das Verhältnis zwischen Gudrun Ensslin und Otto Schily wirft. Schily stellt am 4. August 1975 den elften Ablehnungsantrag gegen Prinzing. Die Richter hätten unter anderem die Prozessberichterstattung des Süddeutschen Rundfunks und der »Zeit« kritisiert, aber nie interveniert, so Schily, wenn in Zeitungen Ensslin als Kriminelle und Terroristin vorverurteilt worden sei. Die übrigen Anwälte schließen sich Schily an – Gudrun Ensslin nicht. Sie steht auf und sagt: »Dieser Antrag enthält das Wesentliche nicht.« Ulrike Meinhof ergänzt, Schilys Antrag sei »Quatsch und albern«.

Diese Szene erinnert an den Frankfurter Prozess sieben Jahre zuvor, als Schily den von Ensslin übersetzten Russell-Text über Vietnam verlesen will. Auch damals hatte Ensslin widersprochen. Damals war Schily zu ihr gegangen, sie hatte zugestimmt, dass der Text vorgetragen werden solle. Nun passiert nichts. Sie haben sich nicht mehr viel zu sagen. Zwischen Schily und den Gefangenen herrscht mehr als Distanz, es ist eine Kluft. Für die Rolle als Dolmetscher zwischen Mehr- und Minderheit, die Schily in den späten Sechzigern spielte, existiert kein Raum mehr.

Otto Schily erklärte 1974: »Es ist selbstverständlich, dass es das

Ziel des Verteidigers ist, für seinen Mandanten das Optimale herauszuholen: sei es ein mildes Urteil oder ein Freispruch. Aber das kann nicht um jeden Preis geschehen, nicht um den Preis der politischen Identität der Angeklagten.« Das ist die Hierarchie: Die »politische Identität« der RAF steht ganz oben. »Politische Identität« ist eine Chiffre für »die Sache«, für den Kampf gegen den Staat. Schily erkennt die Geschäftsbedingungen der RAF an. Sonst könnte er Ensslin nicht verteidigen. So weit geht er – weiter nicht. »Schon bei einem Versuch von Mandanten, mich auf Terrorlinie zu pressen, würde ich das Mandat niederlegen«, sagt er 1977.

Ulrike Meinhof will 1975 einen Kopfhörer haben. Sie stellt beim Senat einen Antrag, der Kopfhörer wird bewilligt. Meinhof bittet Horst Bubeck, den stellvertretenden Vollzugsdienstleiter und Verantwortlichen für den siebten Stock, in dem die RAF-Gefangenen sitzen, ihr den Kopfhörer zu besorgen. Doch Meinhof hat kein Geld mehr auf ihrem Anstaltskonto, der Kopfhörer kostet zweihundert Mark. »Solang kein Geld da ist, wird des nix, Frau Meinhof«, sagt Bubeck. Ulrike Meinhof antwortet: »Schily bezahlt den.« Am nächsten Tag trifft Bubeck Schily auf dem Gang. »Frau Meinhof hat die Genehmigung für den Kopfhörer bekommen.« »Ach, das ist ja schön«, sagt Schily. »Und Sie sollen mir das Geld dafür geben.« Schily antwortet: »Herr Bubeck, sagen Sie Frau Meinhof, ich bin Verteidiger und nicht der Weihnachtsmann.« Ensslin ist empört, als sie die Geschichte hört.

Schily achtet in Stammheim an allen Fronten auf Distanz, Form und Etikette. Manche Verteidiger leihen sich bei den Vollzugsbeamten mal zwanzig Mark – Schily nicht. »Schily«, sagt Horst Bubeck, »wäre eher zu Fuß nach Berlin gelaufen, ehe er einen Beamten wegen einer Zigarette gefragt hätte.« Nach der Verhandlung dürfen die Gefangenen noch zehn Minuten mit den Anwälten den nächsten Prozesstag besprechen. Exakt nach zehn Minuten betritt ein Beamter den Raum und sagt: »Es ist Zeit.« Oft gibt es bei diesem Ritual Ärger, es ist eines von jenen unzähligen kleinen Machtspielen, die den Prozessalltag prägen. Anwälte und Gefangenen wollen noch bleiben, die Beamten die Ordnung durchsetzen. »Wenn ein Anwalt dann aufstand«, so Horst Bubeck, »hat Baader manchmal gesagt: ›Setz dich.‹ Bei Schily kam so etwas nie vor. Er ist immer nach zehn Minuten aufgestanden und gegangen. Er musste sowieso meist schnell zum Flugzeug.«

Der Eklat

Am 30. September 1975 hat Theodor Prinzing die Nase voll. Die Anklage ist inzwischen zwar, ohne Angeklagte und Vertrauensanwälte, verlesen, aber der Prozess dreht sich fast nur um die Verhandlungsfähigkeit der Angeklagten. Prinzing wendet den neuen, eigens für Stammheim geänderten Paragraphen 231 Strafprozessordnung an. Danach kann das Gericht ohne Angeklagte verhandeln, wenn diese an ihrer Krankheit selbst schuld sind. Kein Prozess ohne Angeklagte – das war bis dato ein eherner rechtsstaatlicher Grundsatz. Auch bei keinem NS-Prozess, der wegen Verhandlungsunfähigkeit des Angeklagten eingestellt wurde, hat je jemand ernsthaft daran gerüttelt.

Theodor Prinzing hat keine Lust mehr, auf Gefangene Rücksicht zu nehmen, die ihn als »Arschloch« und »imperialistisches Staatsschwein« beschimpfen. Er hat auch keine Lust mehr, auf die strafprozessualen Rechte von Otto Schily Rücksicht zu nehmen, der ihn in einem Ablehnungsantrag beschuldigt hat, dass er aus Pflichtvergessenheit, weil es Samstag war, Holger Meins hat sterben lassen. Theodor Prinzing fühlt sich an die Wand gedrückt. Aber es geht nicht darum, wozu der Richter Lust hat oder nicht. Es geht darum, dass er für ein rechtsstaatlich korrektes Verfahren sorgen muss. Und das tut er nicht.

Prinzing sagt: Die Angeklagten sind nur neun Stunden in der Woche verhandlungsfähig, und daran sind sie, wegen ihres Hungerstreiks, selbst schuld. Richtig ist, dass die RAF, wie Ulrike Meinhof 1974 im »Info« schreibt, »Krankheit zur Waffe« macht. Entscheidend aber sind die medizinischen Gutachten, die nicht zwingend den Schluss zulassen, dass Baader & Co. wegen des Hungerstreiks und nicht wegen der Haftbedingungen schwach und konzentrationsunfähig seien. Doch Prinzing sagt: »Der Senat hält die weitere Anwesenheit der Angeklagten nicht für unerlässlich.« Der Prozess soll schnell gehen, die Angeklagten stören.

»Schämen Sie sich nicht?«, ruft Otto Schily. Und: »Das ist doch unglaublich, unglaublich. Da haben Sie den Rechtsstaat wirklich ruiniert.« Und: »Ich stelle jetzt den Antrag, dem Herrn Vorsitzenden das Wort zu entziehen, weil er nicht zur Sache spricht.« Und in Richtung Bundesanwaltschaft: »Herzlichen Glückwunsch, Herr Zeis, gratuliere, gratuliere.«

Nach solchen Eklats rennt Schily in das Verteidigerzimmer, reißt sich seine Krawatte herunter und sagt: »Ich schmeiße hin.« Das passiert nicht oft – umso verwunderter sind seine Verteidigerkollegen. Bei Klaus Croissant sind sie solche Ausbrüche gewohnt – bei dem höflichen, korrekten Schily nicht. »Jähzornig«, sagt Rupert von Plottnitz, »konnte er früher schon werden.« Eine Eigenschaft, die im Laufe der Jahre nicht abgenommen hat.

Spätestens nach Prinzings »Putsch« herrscht im Gerichtssaal offene Feindschaft. Wenn der Senat den Anwälten wieder mal »rechtliches Gehör« verweigert, brüllt auch Schily. Prinzing stellt ihm das Mikrofon ab, dann brüllen die Verteidiger umso lauter. An manchen Prozesstagen ist minutenlang kein Wort zu verstehen (etwa am 28. Oktober 1975). Bei diesen Duellen hat sich Schily stets unter Kontrolle. Er kann mit scharfer Klinge angreifen und kurz darauf wieder korrekt, höflich und anstandsgemäß mit dem »Herrn Vorsitzenden« eine Rechtsfrage debattieren. Das ist das Geheimnis seines Erfolgs: Er kann, wie ein guter Schauspieler, ganz und gar in der Rolle des Angreifers aufgehen, so überzeugend wirken, als wäre er mit Haut und Haaren dabei – und am nächsten Tag wieder zwei Gänge zurückschalten.

Dialoge zwischen Schily und Prinzing klingen öfters so (wie am 27. November 1975):

Schily will, mal wieder, einen Ablehnungsantrag gegen Prinzing stellen und sofort vortragen. Doch Prinzing will nicht zuhören und sagt sehr entschlossen: »Nein.«

Schily: »Doch.«

Prinzing: »Nein.«

Schily: »Doch.«

Prinzing möchte gern erst einen anderen Beschluss verlesen.

Schily sagt: »Das interessiert mich nicht. Ich habe jetzt das Recht, meinen Antrag zu stellen.«

Daraufhin zieht sich der Senat zwei Minuten zur Beratung zurück. Dann betritt Prinzing wortlos wieder den Saal, setzt sich und sagt, ohne aufzublicken: »Das Wort hat Herr Schily.«

Der Kampf im Stammheimer Gerichtssaal ist ein Drama, ein manchmal so verbissenes, kleinteiliges Ringen, dass es ins Komische kippt. Erbittert wird darum gestritten, ob nur die Bundesanwälte oder auch die Zuhörer lachen dürfen, ob – so am vierten Prozesstag, dem 12. Juni 1975 – die Verteidigerin Marieluise Becker den Angeklagten Kaffee und Kuchen bringen darf. Prinzing befindet mit teutonischem Ernst, dass eine so »direkte Versorgungslinie« nicht angehe. Andreas Baader schreit: »Wir brauchen aber Kaffee.« Daraufhin stellt Prinzing Baaders Mikrofon ab, was Baader mit der ungewöhnlich eleganten Bemerkung quittiert: »Herr Prinzing, wenn Sie schon nicht der Herr des Verfahrens sind, der Herr der Mikrofone sind Sie allemal.«

Otto Schily kommt nicht mehr zu jedem Prozesstag. Er schickt Nicolas Becker, der es mit einer schlecht gelaunten Gudrun Ensslin zu tun hat, die verlangt, dass Schily persönlich erscheint. Im Winter wird Stammheim zu einem Gespensterprozess. Am 21. November 1975, zum neunundvierzigsten Verhandlungstag, kommt noch ein einziger Zuschauer. Meistens sind die Angeklagten nicht im Saal, die Anwälte Becker und Plottnitz sind ausgeschieden, die Gesichter der Wahlverteidiger wechseln. Die Verteidigung, ohnehin der Bundesanwaltschaft logistisch hoffungslos unterlegen, ist ein Torso geworden. Manchmal sind sogar die von den Angeklagten als »Staatsschutzjuristen« gehassten Pflichtverteidiger aktiver als die Vertrauensanwälte. Sogar Otto Schily, der Staranwalt, sitzt mitunter etwas verloren auf der Bank der Wahlverteidiger und hinterlässt den Eindruck, nicht gut vorbereitet zu sein. Er macht, was ihm selten passiert, Fehler. In Bruchsal werde ein Isoliertrakt gebaut, in dem die Angeklagten, wenn sie verurteilt seien, einsitzen müssten, hält er Prinzing entgegen. Doch das stimmt schlicht nicht.

Vietnam, die Nazis und die Grenzen der Verteidigung

Am 4. Mai 1976 kommt der Prozess wieder in Schwung. Zum ersten Mal seit langem erscheinen die vier Angeklagten wieder. Schily und die Gefangenen nehmen einen neuen Anlauf, um den politischen Prozess, den das Gericht verhindern will, durchzusetzen. Verhandelt wird das Thema, bei dem Schily der RAF am ehesten folgen kann: der Vietnamkrieg und die Anschläge auf die US-Armee 1972. Schily beantragt, Richard Nixon, Willy Brandt und andere sowie Völkerrechtler vorzuladen, um zu beweisen, dass die USA in Vietnam einen Genozid verübten, in den die Bundesrepublik logistisch eingebunden war.

»Ich finde«, sagt Schily später im Prozess, »es ist notwendig, noch einmal klar zu sagen, worum es geht: dass mittels militärischer Einrichtungen hier auf dem Boden der Bundesrepublik Völkermord vollzogen worden ist. Vielleicht ist es notwendig, einmal an die Bilder zu erinnern, die hier über das Fernsehen gegangen sind, von den napalmverbrannten Kindern, um auch sinnlich wahrnehmbar zu machen, um was es geht. Das sind die gleichen Bilder: das jüdische Kind im Getto, das mit erhobenen Händen auf die SS-Leute zugeht, und die vietnamesischen Kinder, die schreiend, napalmverbrannt dem Fotografen entgegengelaufen kommen nach den Flächenbombardements. Um diese Frage geht die Beweisaufnahme: ob man solche Mordaktionen dulden oder verschweigen durfte oder ob es gerechtfertigt war, gegen die Mechanismen und gegen die Apparatur, mit der solche Mordaktionen durchgeführt wurden, vorzugehen. Darum geht es.«

Schily treibt den Vergleich von Vietnam und der Nazizeit rhetorisch noch weiter: »Stellen Sie sich einmal vor, es wäre auf eine Institution wie im Dritten Reich das Reichssicherheitshauptamt ein Bombenanschlag verübt worden. Stellen Sie sich vor, es wäre ein Prozess geführt worden gegen einen Angeklagten, dem angelastet würde, diesen Bombenanschlag verübt zu haben. Würden Sie einem solchen Angeklagten verwehren, darüber Beweis erheben zu lassen, dass über das Reichssicherheitshauptamt die Vernichtungsaktionen, die Ausrottungspolitik gegenüber jüdischen Mitbürgern koordiniert und durchgeführt worden sind? Wer einmal Rechtskunde studiert hat, weiß, dass im Bereich eines Notwehr- oder Nothilferechtes ein solches Recht unter Umständen auch in Anspruch genommen werden kann, wenn die Nothilfe oder Notwehrhandlung dazu führt, dass jemand ums Leben kommt. Eine schwierige und ernste Frage.«

Der Kurzschluss zwischen US-Armee und SS ist fragwürdig: Der Vietnamkrieg war völkerrechtlich, politisch und moralisch illegitim, Richard Nixon ein Kriegsverbrecher. Doch die Nazianalogie knüpft an trübe Ressentiments der Neuen Linken an, die zeitweise »USA-SA-SS« skandierte und in einer historischen Amnesie verdrängte, wer Hitler besiegt hatte. Mit Nazivergleichen ist Schily, wie schon im Frankfurter Prozess, vor Gericht nicht zimperlich: Er ist darin ein Kind des Zeitgeistes. Der oft pauschale Nazivorwurf gegen die USA, gegen die Diktaturen in Griechenland, Spanien und Chile ist in den Siebzigern, gerade in der Linken, die kleine Münze im Tagesgeschäft.

Typisch für Schily ist etwas anderes: die Neigung, Geschichte zu personalisieren, politische Strategien in moralische Fragen umzuformulieren. Wann darf, wann muss der Einzelne die Regeln des Kollektivs brechen? Im Kern ist diese Frage keine politische, sondern eine nach der Verantwortung des Subjekts. Schilys Denken ist weit von den antiimperialistischen Konzepten der RAF und deren Ableitungsmarxismus entfernt. Es ist fern der kollektiven Ideenwelt der Achtundsechziger und kreist eher um ein moralisches als im strengen Sinne politisches Motiv: die Beziehung des Individuums zu den Gesetzen der Gesellschaft.

An dieser Stelle müssen wir den Blick auf eine grundsätzliche Frage lenken: Wer spricht hier? Darf man einen Antrag, ein Plädoyer des Rechtsanwaltes Schily in Stammheim als dessen Meinung nehmen – oder nicht? Oder besser: inwieweit? Denn auf diese Frage gibt es kein Ja und Nein. Und sie zielt auf das schwierige Selbstverständnis politischer Verteidiger im weiten Feld zwischen den äußersten Polen Identifikation und Distanzierung.

Schily redet nicht im historischen Seminar, nicht in der Akademie, nicht auf einer Parteiversammlung, sondern vor Gericht. Hier ist diese Argumentation vor allem der legitime Versuch,

Schilys Lieblingsrolle: einer gegen alle

Ensslin und Baader, die mannigfach vorverurteilten Staatsfeinde, zu entdämonisieren. Er legt ihren moralischen Grundimpuls frei und umkreist die (unbeantwortete) Frage, wie sich ein aktives Widerstandsrecht legitimiert. Er tut, was jeder Verteidiger tut: Er setzt die Motive der Angeklagten in ein freundliches Licht. Er versucht, die RAF, die in der Öffentlichkeit als Inbegriff des Bösen firmiert, in einen moralischen Kontext zu stellen. Denn das Böse hat keine Motive, es existiert ohne Grund. Man kann es, in der Logik der Macht, nicht verstehen, man kann es nur bestrafen, eindämmen, zerstören. Auch dagegen richtet sich dieser Antrag.

1973 hat Schily seinem ziemlich holzschnittartigen Plädoyer im dritten Mahler-Prozess, in dem ganz oft das Wort Monopolkapitalismus vorkam, folgende Sätze vorangestellt: »Um Missverständnissen vorzubeugen: Aufgabe der Verteidiger kann es nicht sein, als Kritiker oder Befürworter der von ihrem Mandanten vertretenen politischen Auffassungen aufzutreten. Es geht auch nicht darum, die eigenen politischen Auffassungen der Verteidiger vorzutragen.«

Damit ist, was Schily vor Gericht sagt, in geistige Anführungsstriche gesetzt. Das ist auch heute das zentrale Argument des Bundesinnenministers Otto Schily, der von dem RAF-Anwalt nichts mehr wissen will. Ich war nur der Anwalt, sagt Schily heute gern, jemand, der eine Rolle gespielt hat.

Aber solche Selbstdistanzierungsgesten beantworten die Frage nicht, was ein Anwalt darf, welche Verantwortung er übernimmt. Sie schieben die Frage nur beiseite. Der Anwalt übt eine Funktion aus, aber er verkauft keine x-beliebige Dienstleistung. Man darf seine Plädoyers nicht eins zu eins wie einen Text im »Spiegel« oder eine Parlamentsrede lesen, man darf den Anwalt schon gar nicht, wie damals die rechte Kampfpresse, in Gesinnungshaft nehmen. Doch ebenso töricht ist es, zu leugnen, dass der Text auch über den Autor spricht. Der Anwalt Heinrich Hannover meint 1977: »Irgendetwas Gemeinsames zwischen Anwalt und Mandant muss da sein.« Auch Schily akzeptiert eine gewisse persönliche Verantwortung für seine Anträge und Plädoyers. 1974 bekundet er, dass er keinen Unternehmer verteidigen würde, der seine Arbeiter betrogen hat. Kurzum: Hier spricht nicht der Politiker, sondern der Anwalt Schily. Andererseits gilt: Würde der Anwalt Schily den Bezug zwischen Vietnam und den Nazis für abwegig halten, könnte er ihn kaum mit diesem rhetorischen Schliff vortragen. Und spätestens Schilys Reaktion auf den Tod von Ulrike Meinhof macht klar, wie ernst es ihm mit seinem Vietnamantrag ist.

Der Versuch, Vietnam zum Prozessthema zu machen, wird, wie schon im Frankfurter Kaufhausbrandstifterprozess 1968, abgelehnt. Auch als die Verteidiger Winslow Peck, einen Ex-Mitarbeiter des US-Militärs, als Zeugen hören wollen, lehnt das Gericht ab. Der Vietnamkrieg »gehöre nicht zur Sache«, »aus Gründen der Agitation solle die USA angegriffen werden«. Doch der Vietnamkrieg gehört sehr wohl zur Sache, schon weil er der zentrale Rechtfertigungsgrund der RAF für ihre hybride Selbstermächtigung ist. Aber das Gericht klammert sich an die Doktrin, dass dies ein »ganz normaler Strafprozess« (Prinzing) zu sein hat – und bleibt blind für die Dialektik, dass gerade diese Doktrin Stammheim zum politischen Prozess macht.

Axel Azzola, der Verteidiger von Ulrike Meinhof, geht einen

Schritt weiter als Schily und Heldmann. Er beantragt, die Angeklagten nach der Genfer Konvention als Kriegsgefangene zu behandeln. Die Idee ist exotisch: Sie bedeutet, dass Gudrun Ensslin nicht mehr als bundesdeutsche Staatsbürgerin von einem bundesdeutschen Gericht nach bundesdeutschem Recht verurteilt werden kann. Die Bundesrepublik soll die RAF offiziell als Kriegsgegner anerkennen – und damit akzeptieren, dass ihre rechtsstaatliche Architektur einen Riss hätte. Dieser Antrag treibt die Selbstausbürgerung der RAF auf einen äußersten, schrillen und kontraproduktiven Punkt. Die Versuche nach 1977, eine Amnestie für die Gefangenen zu initiieren, scheitern unter anderem genau an diesem Argument: Wer sich als Kriegsgefangener versteht, muss sich zwangsläufig weigern, nach einer Rechtsordnung amnestiert zu werden, deren Geltung er prinzipiell bestreitet. Insofern ist Azzolas Antrag fahrlässig – eine juristische Nobilitierung der elitären, zerstörerischen Selbstausgrenzung der RAF.

Schily und Heldmann schließen sich Azzola nicht an. Sie kündigen diplomatisch an, demnächst einen ähnlichen Antrag zu stellen. Das ist ungewöhnlich – ein Bruch mit der in den verhärteten Stammheimer Fronten besonders strikt gehandhabten Regel, dass die Anwälte stets geschlossen auftreten. Schilys und Heldmanns Kriegsrechtanträge kommen nie. Schily, so Jürgen Busche, hat »das alles für Unfug gehalten«.

»Anonymer Mord« – die Sprache des Verfolgungswahns

Der Prozess ist zum Brennspiegel des mentalen Bürgerkrieges geworden, der in der Republik herrscht. Helmut Schmidt bezeichnet die Angeklagten im April 1975 als »Gewaltverbrecher, skrupellose Gewalttäter und Banditen« – und wischt die Unschuldsvermutung einfach beiseite. Otto Schilys Rhetorik klingt auf der anderen Seite allerdings manchmal ähnlich steil. Zu dem Versuch der Regierung, den Begriff »Baader-Meinhof-Bande« (statt Gruppe) durchzusetzen, sagt er in Stammheim: »Man könnte daran denken, dass manche dieser Politiker bei Propagandaminister Goebbels in die Schule gegangen sind, der 1942 an die deutsche Presse die Weisung ausgab, der Ausdruck Partisan sei nicht mehr zu verwenden.« Auch das Wort Terrorist, so Schily, sei ein Naziwort, mit dem 1944 die Hitler-Armee in Frankreich Résistance-Kämpfer bekriegt habe.

Schily ist zu geschickt, um die Bundesregierung und Goebbels in einem Satz ohne Konjunktiv zu nennen. Aber das Bild, das diese Passage evoziert, ist ohne Maß – der Staat als böse Machtmaschine, Helmut Schmidt und Hans-Jochen Vogel als NS-Diktatoren, Gudrun Ensslin als verfolgte Widerstandskämpferin. Das ist die Ausnahme. Im Ensemble der Verteidiger achtet Schily darauf, keine Anträge vorzulesen, in denen von »Isolationsfolter« – das Codewort für den faschistischen Staat – die Rede ist. Er distanziert sich davon auch nicht – das wäre das Ende des Mandats. Meistens versteht es Schily, in der um sich greifenden Paranoia einen kühlen Kopf zu behalten – aber nicht immer.

Am 8. Mai 1976 erhängt sich Ulrike Meinhof am Fenstergitter in ihrer Zelle im siebten Stock. Für die radikale Linke ist Meinhofs Tod ein klarer Fall. »Ulrike ist im Knast von der Reaktion in den Tod getrieben, ja im wahrsten Sinne des Wortes vernichtet worden«, sagt der Frankfurter Spontiführer Joschka Fischer. Bei der Demonstration gegen den »Mord an Ulrike« in Frankfurt wird ein Polizist lebensgefährlich verletzt, Fischer kurzzeitig verhaftet. Otto Schily sitzt am 9. Mai im Zeppelin-Hotel in Stuttgart und sagt in etwa das Gleiche, was der Straßenkämpfer Fischer meint: Der Tod von Meinhof ist ein »anonymer Mord«.

Richtig ist: Es gibt Gründe zu zweifeln. Ulrike Meinhof hat keinen Abschiedsbrief hinterlassen. Die eilfertigen, offiziellen Erklärungen, dass es Selbstmord war, machen eher misstrauisch. Aber Schily, der klar denkende Jurist, sagt nicht nur, dass es Anlass zu Zweifeln gibt, dass aufgeklärt werden muss, was unklar ist, dass man nicht einfach an Selbstmord glauben kann. Die Formel »anonymer Mord« lässt vieles offen. Denn kein Mord ohne Mörder: Ist die Isolationshaft schuld, die CIA, der BND? Auf der Pressekonferenz sagt Schily: »Der Tod von Ulrike Meinhof steht in einem bedeutungsvollen Kontrast, vielleicht auch bedeutungsvollen Zusammenhang mit den Anträgen der Verteidigung. Diese Anträge dienen der Aufklärung der wahren Zusammenhänge der

Anschläge der RAF auf die amerikanischen Hauptquartiere in Heidelberg und Frankfurt. Dieser Kontrast wird wohl kaum zu übersehen sein: Offiziell behauptet man eine Selbsttötung, auf der anderen Seite haben die Gefangenen durch diese Anträge die Initiative in dem Verfahren in Stammheim übernommen.«

Schily sagt nicht, dass Ulrike Meinhof ermordet wurde, um zu verhindern, dass er und die Gefangenen den Prozess politisieren und Vietnam zur Sprache kommt – aber er legt es nahe. Sein verlässlich auf Vernunft und Rechtsstaat gepolter innerer Kompass setzt angesichts des Todes von Ulrike Meinhof einen Moment lang aus. Es ist ein Absturz in die Paranoia. Es ist ein kalkulierter Begriff, gerade noch vage genug, um damit keinen Prozess zu verlieren. Aber es ist Schilys intellektueller Tiefpunkt in der RAF-Zeit.

Ein paar Tage später schwächt er, wie schon nach dem Tod von Holger Meins, die Formulierung »Hinrichtung auf Raten«, die Formel vom »anonymen Mord« ab. Die Haft habe Ulrike Meinhof in den Tod getrieben. Den Justizangestellten in Stammheim versichert er, er habe sie nicht gemeint.

Schily beantragt, den Prozess wegen den Todes von Ulrike Meinhof bis zur Beerdigung zu unterbrechen. Erstmals schließt sich ein Pflichtverteidiger, Manfred Künzel, den Wahlverteidigern demonstrativ an und sagt: »Ein Mensch in größter Unfreiheit macht von der rätselhaftesten, tiefsten menschlichen Freiheit Gebrauch, sich das Leben zu nehmen. Das sollte Anlass sein, Terminpläne zurückzustellen, auswärtige Zeugen heimzuschicken, um diesen Sachverhalt aufzuarbeiten.« Das Gericht lehnt ab. Dies sei in der Strafprozessordnung nicht vorgesehen. Die radikale Linke zweifelt noch lange an der Selbstmordversion. Schily versucht im Juni 1976, den Ostberliner Gerichtsmediziner Professor Prokop für eine internationale Untersuchungskommission zum Tod von Meinhof zu gewinnen – allerdings vergeblich.

Der Kronzeuge Müller

Der Prozess in Stammheim endet mit einem dreifachen Skandal. Ein Kronzeuge tritt auf, den es *de jure* nicht geben darf, der Vorsitzende Richter kungelt mit der Revisionsinstanz und muss zurücktreten, und schließlich kommt heraus, dass Gespräche der Verteidiger 1975 ohne gesetzliche Grundlage abgehört wurden. Vom Rechtsgrundsatz des *fair trail*, der mit der Beschneidung der Anwaltsrechte und Prinzings tendenziöser Verhandlungsführung ohnehin demoliert ist, kann man am Ende dieses Verfahrens kaum noch reden.

Die Bundesanwaltschaft präsentiert als Hauptzeugen den abtrünnigen RAFler Gerhard Müller, der ihr aus ihrer Beweisnot hilft. Die Anklage fußt auf Indizien, der individuelle Tatnachweis ist höchst kompliziert, eine rechtsstaatlich korrekte Verurteilung längst nicht so sicher, wie viele glauben. Gerhard Müller ist der Hauptbelastungszeuge gegen Gudrun Ensslin für die Anschläge auf die US-Einrichtungen in Heidelberg und Frankfurt. Faktisch ist Müller, was es nach bundesdeutschem Recht nicht geben darf: ein Kronzeuge, der für diese Aussage schonend behandelt wird. Es gibt den dringenden Verdacht, dass das BKA dem Gericht, das über Müllers Straftaten urteilte, schwer belastendes Material vorenthielt. Auch der Verdacht, Müller habe am 22. Oktober 1971 in Hamburg den Polizisten Norbert Schmid erschossen, löste sich wundersam in Luft auf. Müller kam nach nur fünf Jahren frei. 1979 schreibt der »Spiegel« unwidersprochen: »Das Geschäft mit Gerhard Müller war ein planmäßiger Rechtsbruch.«

Hinzu kommt ein seltsamer Aktenschwund: Die Polizeiakte 3 ARP 74/75 I, die ein zweihundertseitiges Protokoll der Aussagen von Müller im Frühjahr 1975 enthält, erklärt Bundesjustizminister Vogel für geheim. Generalbundesanwalt Buback soll laut »stern« gesagt haben: »Wenn die Akte bekannt wird, können wir alle unseren Hut nehmen.« Vor so viel Staatsräson muss Otto Schily kapitulieren. In Stammheim will er von dem Zeugen Müller wissen, ob er »sich mal für Geld verkauft« habe. Der Vorsitzende Prinzing lässt die Frage nicht zu. Der Zeuge Generalbundesanwalt Buback antwortet auf Schilys Fragen sehr freundlich nichts, Bundesanwalt Krüger hat leider keine Aussagegenehmigung. Fünfzehn Seiten der Akte 3 ARP 74/75 I sind bis heute nicht publik geworden. Der Fall Müller ähnelt dem Fall Ruhland im Mahler-Prozess. Im Kampf gegen die RAF gehen manche Staatsorgane nicht nur, wie Helmut Schmidt angekündigt hatte, bis an die Grenzen des Rechtsstaates, sondern auch darüber hinaus.

Prinzings Sturz

Im November 1976 ordnet das Gericht, nachdem Fotos von Baader, Ensslin und Raspe aus Stammheim aufgetaucht sind, an, dass die Verteidiger nicht nur durchsucht werden, sondern auch Schuhe und Hose ausziehen müssen. Prinzing nimmt den Protest der Verteidiger gegen diesen »Hosenladenerlass« zur Kenntnis und kommentiert wie im Herrenclub: »Diese Maßnahme rührt offenbar an die heiligsten Güter der Verteidigung.« Schily antwortet scharf und treffsicher: »Ach, lassen Sie doch diese Witzchen, Herr Vorsitzender.«

Ende 1976 trifft Otto Schily, nachdem er wieder einmal einen Antrag gegen Prinzing gestellt hat, Horst Bubeck. Der sagt: »Herr Anwalt, was sollen denn diese ewigen Befangenheitsanträge?« »Och, warten Sie mal ab«, antwortet Schily.

Denn Theodor Prinzing telefoniert viel und mit den falschen Leuten. Er hat seinem Freund Albrecht Mayer Prozessunterlagen aus Stammheim zukommen lassen. Das ist ungewöhnlich. Noch ungewöhnlicher ist, dass Mayer Richter am Bundesgerichtshof ist, der Revisionsinstanz des Stammheimer Verfahrens. Publik wird der Fall, weil Albrecht Mayer, der 1972 Schilys voreiligen Ausschluss wegen der Ensslin-Kassiber-Affäre betrieb, diese Prozessunterlagen an den Chefredakteur der »Welt« geschickt hat. Ziel von Mayers Brief: Die »Welt« solle Schilys Verhalten in der Kassiber-Affäre noch mal aufrollen. Denn der Zeuge Gerhard Müller habe ausgesagt, Schily sei der Bote von Ensslins Kassiber gewesen. Prinzing hat auf einem der Prozessprotokolle handschriftlich vermerkt, dass Otto Schily während des Prozesses nie im Saal war, wenn es um die Kassiber-Affäre ging. Es ist ein gezielter Racheakt Mayers, der nicht verwinden kann, dass das Bundesverfassungsgericht sein Urteil gegen Schily kassiert hat. Der Brief an die »Welt« landet irgendwie in der »Spiegel«-Redaktion. Schily begründet mit diesem Brief einen profunden Befangenheitsantrag gegen Prinzing. Der Verdacht, dass Prinzing illegal mit der Revisionsinstanz kungelt, dass er sich an einer Aktion gegen einen Anwalt in Stammheim beteiligt, liegt auf der Hand. Aber der Antrag wird abgelehnt. Prinzing müsste stürzen, aber er wankt nur.

Doch Schily hat von einem ihm wohl gesonnenen liberalen Journalisten eine Information zugespielt bekommen, die zeigt, was die Verteidigung seit eineinhalb Jahren vergeblich zu beweisen versucht: dass es in Stammheim rechtsstaatlich nicht korrekt zugeht. Es ist eine Information, mit der Schily seine ärgsten Gegner, Prinzing und Mayer, um ihre Posten bringen kann. Und es ist eine Information, die der Höhepunkt seiner Karriere als brillanter politischer Anwalt werden soll.

Die Information lautet: Dieser Journalist hat aus erster Hand, nämlich von Richter Prinzing, erfahren, dass Prinzing mit dem Bundesgerichtshof bespricht, ob der Stammheimer Prozess revisionssicher ist. Das ist ein klarer Rechtsbruch. Schily taktiert klug mit dieser Information, dosiert den Druck, anstatt sofort mit der Neuigkeit herauszurücken. Im Prozess äußert er den Verdacht, dass »Herr Dr. Prinzing jeweils vor wichtigen Beschlüssen des Strafsenats Gespräche mit Mitgliedern des dritten BGH-Strafsenats geführt hat« – und weil dies unwidersprochen bleibt, stellt er eine Dienstaufsichtsbeschwerde gegen Albrecht Mayer, den Richter, der 1972 fast seine Karriere vernichtet hätte. Mit Erfolg: Mayer wird versetzt. Schily agiert in dieser Affäre wie ein Politiker, der einen Konkurrenten aus dem Feld schlagen will.

Doch der Held dieser Affäre wird nicht Staranwalt Schily, sondern der Waiblinger Pflichtverteidiger Manfred Künzel. Künzel, der als Gerichtsreferendar bei Prinzing gearbeitet hatte, schließt sich nun Schilys Befangenheitsantrag an – und leitet damit das Ende des Vorsitzenden Richters in Stammheim ein. Am Abend des 13. Januar 1977 ruft Prinzing seinen Ex-Referendar Künzel an und beklagt sich bitter, dass ein Pflichtverteidiger ihn für befangen hält, dass es für ihn einen Unterschied mache, ob Schily oder Künzel den Antrag stelle. Dieses Telefongespräch ist der Grund für den fünfundachtzigsten und letzten Befangenheitsantrag gegen Prinzing, den Anwalt Heldmann stellt. Prinzing wird abgelöst. Ein Richter, der die Anträge der Wahlverteidiger nicht ernst nimmt, ist nicht tragbar.

Ein Triumph für Schily – aber nur ein halber. Denn für die Öffentlichkeit hat Pflichtverteidiger Künzel, der zu Beginn des Verfahrens Schilys Befangenheitsantrag gegen Prinzing noch scharf kritisiert hatte, den Richter gestürzt. »Schily«, erinnert sich »FAZ«-Korrespondent Jürgen Busche, »hat erregt auf uns eingeredet, dass seine Ablehnungsgründe doch die entscheidenden waren. Das war wohl eher eitel.« Danach tut Künzel, was kein Pflichtverteidiger zuvor getan hat. Er geht zu Gudrun Ensslin. Doch seine Mandantin will noch immer nichts von ihrem »Zwangsverteidiger« wissen. »Wir lieben den Verrat, nicht den Verräter«, sagt sie und lässt ihn stehen.

Am 20. Januar 1977 wird der bisherige Beisitzer Eberhard Foth der neue Vorsitzende Richter. Damit hält ein neuer Stil Einzug. Foth wagt es auch mal, die Bundesanwälte zur Ordnung zu rufen. Doch der Prozess ist nicht mehr zu retten.

Der große Lauschangriff

1976 installieren Verfassungsschutz und BND eine Wanze im Büro des Atommanagers Klaus Traube, der fälschlicherweise verdächtigt wird, Kontakte zur RAF zu haben. Die Affäre Traube, die 1977 an die Öffentlichkeit kommt, wird zum Symbol für den im Zuge des Kampfes gegen die RAF aus dem Ruder laufenden Sicherheitsapparat, der jenseits der Gesetze agiert. Der SPD-Fraktionsvorsitzende Herbert Wehner deutet im Verlauf der Affäre an, dass es noch mehr Abhörfälle gibt.

Otto Schily schaltet am schnellsten. Wie im Fall Prinzing ist er, wohl wegen seines guten Drahtes zum »Spiegel«, früher und besser informiert. Und er hat das richtige politische Gespür. Am 15. März 1977 beantragt Schily, Bundesinnenminister Werner Maihofer vorzuladen und zu befragen, ob in Stammheim Gespräche belauscht wurden. Oberstaatsanwalt Zeis kommentiert: »Ein haltloser Antrag.« Aber haltlos ist nicht Schilys Antrag, haltlos ist die Polemik der Bundesanwaltschaft und, vor allem, das Rechtsstaatsverständnis des baden-württembergischen Innenministers Karl Schiess und des Justizministers Traugott Bender.

Denn im März 1975, ein paar Wochen vor dem Bombenanschlag der RAF auf die deutsche Botschaft in Stockholm, wurden in Stammheim tatsächlich Gespräche von Verteidigern abgehört. Schiess und Bender haben den Lauschangriff mit fest installierten Wanzen eigenmächtig angeordnet. Später berufen sie sich auf den »rechtfertigenden Notstand«, weil Gefahr im Verzug gewesen sei. Wie viele Gespräche abgehört wurden, ist nie sicher festgestellt worden. Die Bänder wurden gelöscht, hieß es. Richter und Staatsanwälte in Stammheim beteuerten, von der Aktion nichts gewusst zu haben. Doch Fakt ist: Die geheime Überwachung von Anwaltsgesprächen ist ein eklatanter Bruch des Anwaltsprivilegs. Schilys Kommentar: »Das ist ein Muster, das kriminelle Vereinigungen wie der CIA entwickelt haben. Der Prozess ist nicht mehr reparabel.«

Die Lauschaffäre, die grobe Verletzung des »letzten Vertrauensbereiches zwischen Mandant und Verteidiger« (Schily), hätte in Großbritannien und den USA wohl das Ende des Prozesses bedeutet. In Stammheim ist es nur das Ende der Wahlverteidiger in dem Prozess. Am 17. März 1977 sagt Otto Schily: »Was hier in diesem Verfahren stattfindet, kann man nicht anders benennen als die systematische Zerstörung aller rechtsstaatlichen Garantien. Die Verteidigung kann es unter keinen Umständen verantworten, hier nur eine Minute länger in dem Verfahren mitzuwirken, um hier noch vielleicht als ein Art Alibi aufzutreten.« Schily steht auf, packt seine Unterlagen und betritt den Stammheimer Gerichtssaal nie wieder.

Im Frühsommer 1977, nach Verkündung des Urteils, besucht Schily Ensslin in Stammheim. Bei ihrem Gespräch hören sie ein Knacken und Stimmen in der Gegensprechanlage. Schily sagt einem JVA-Beamten, dass »die Sprechanlage unverzüglich in meinem Beisein geöffnet wird«. Man wartet auf den Hauselektriker. Horst Bubeck erinnert sich: »Andere Verteidiger hätten geflucht, uns verdächtigt, dass wieder abgehört wird. Schily nicht. Er hat über das Wetter geplaudert.« Der Elektriker kommt. Es stellt sich heraus, dass ein Kabel nicht abgeklemmt war. Die Stimmen gab es wirklich, der Schaden wird behoben. »Schily«, so Bubeck, »hat daraus keine große Sache gemacht. Es war für ihn damit erledigt.« Er weiß: Wenn abgehört würde, dann mit Wanzen und nicht so plump. Schily ist kein Paranoiker.

Das Ende der ersten RAF-Generation

Am 28. April werden Baader, Ensslin und Raspe wegen Mordes und Mordversuches zu lebenslänglicher Haft verurteilt. Schily geht in (aussichtsreiche) Revision. Rechtskräftig wird das Urteil gegen Gudrun Ensslin nie. Am Tag zuvor hält Schily sein Plädoyer im einem Stuttgarter Hotel. Er fragt: »Waren die Anschläge auf die US-Armee nicht politische Verbrechen, die gegen eine verbrecherische Politik eingesetzt wurden?« Doch in Stammheim sei genau dies, nämlich die politischen Motive darzulegen, unmöglich gemacht worden. Der Prozess, so Schily, ist ein »Instrument innerhalb eines groß angelegten Feldzuges psychologischer Kriegsführung gegen die RAF und Teil einer politisch-militärischen Auseinandersetzung zwischen Staat und RAF«. Von der »rechtsstaatlichen Fassade ist nichts, aber auch nichts übrig geblieben«.

Doch trotz der entschiedenen Rhetorik ist Schily im Frühsommer 1977 politisch weiter von der RAF entfernt denn je. Am 7. April ermordet das »Kommando Ulrike Meinhof« Generalbundesanwalt Siegfried Buback und dessen Fahrer Georg Wurster und Wolfgang Göbel. Schily unterschreibt eine Erklärung Berliner Strafverteidiger, in der die »hinterhältige Ermordung« als ein »schweres Verbrechen am Rechtsstaat« verurteilt wird. Wenig später wird Jürgen Ponto, der Chef der Dresdner Bank, erschossen.

Die zweite Generation der RAF ist faktisch zu einer rücksichtslos agierenden Guerilla geworden, die nur ein Ziel verfolgt: die erste Guerilla-Generation zu befreien. Der antiimperialistische Anspruch wird zusehends ideologischer Popanz. Die RAF wird zu ihrer eigenen *raison d'être*, zum Inhalt ihres Kampfes, der von Vendetta kaum zu unterscheiden ist. Die donnernde Befreiung vom Imperialismus verkleinert sich in der Praxis zur Befreiung der eigenen Clubmitglieder. Die Dynamik des Krieges gegen den Staat macht die RAF rapide dümmer. Die Logik der Gewaltspirale regiert – und die RAF wird dem Bild immer ähnlicher, das der Staat schon immer von ihr entwarf: einer kriminellen Bande mit Killerfratze. Die Selbstkritik, mit der Meinhof und Ensslin 1970 die Baader-Befreiung betrachteten, ist längst Geschichte.

Damit beginnt auch das Drama des »Sympathisanten«, der eine Position jenseits von Staat und RAF sucht, zu verschwinden. Der Theologe Helmut Gollwitzer stellt im Sommer 1977 fest: »Außer den beiden Anschlägen auf US-Institutionen 1972 dienten alle Aktionen der RAF – Bankeinbrüche, Geiselnahmen, Polizistenerschießungen – der Selbstreproduktion der Gruppe. Ihre Handlungen unterscheiden sich nicht mehr von denen einer kriminellen Gruppe. Der nihilistische Wahnsinn, der an die Stelle des antiimperialistischen Kampfes getreten ist, ist offenkundig. Diese selbst ernannten ›Guerilleros‹ haben aufgehört, Genossen zu sein.« Endgültig verbraucht ist der Gesinnungskredit für die RAF in der undogmatischen Linken, als sie die Entführung von Mallorca-Urlaubern in der »Landshut« durch ein palästinensisches Kommando zulassen. »Die Aktionen der Stadtguerilla richten sich nie gegen das Volk«, hatte Ulrike Meinhof 1975 erklärt. Spätestens im Herbst 1977 sind alle Rechtfertigungsschriften Makulatur – und damit auch die Versuche, den moralischen Grundimpuls der RAF vor den verheerenden Effekten ihrer Aktionen zu retten.

Der Mord an Hanns-Martin Schleyer und die Entführung der »Landshut«, mit der die Gefangenen in Stammheim freigepresst werden sollen, ist der symbolische Höhepunkt des Krieges, den die erste Generation der RAF begann. »In diesem Kampf«, schreibt die »Bild«-Zeitung am 8. September 1977, »darf es keine mildernden Umstände geben. Nur dieses: Das Grundgesetz in der linken, die Waffen in der rechten Hand.« Es ist die Klimax der Paranoia. Die RAF tötet Schleyer, für sie Inbegriff der Kontinuität der NS-Elite im zivilen, sozialstaatlichen Modell Deutschland, nach SS-Manier mit einem Genickschuss.

Einer der Letzten, die Gudrun Ensslin lebend sehen, ist der Anstaltspastor Hans-Peter Rieder. Es ist der Nachmittag des 17. Oktober 1977. Vier Tage zuvor ist die »Landshut« entführt worden. Ensslin debattiert mit Rieder über Vietnam und die Befreiungsbewegung in der Dritten Welt. »Wir können«, sagt er zum Abschied »unser Gespräch ja noch fortsetzen.« Ensslin, dunkel gekleidet, schaut ihn an und sagt: »Ja, ja, Theologen hoffen immer« und schlendert in ihre Zelle. Ein paar Stunden später – die Meldung über die Befreiung der Passagiere in der »Landshut« hat um zwölf Uhr der Deutschlandfunk gesendet – ist Gudrun Ensslin tot. Sie hat sich mit einem Elektrokabel am Gitterkreuz erhängt. Baader und Raspe haben sich erschossen und versucht, den eigenen Selbstmord als Mord zu inszenieren.

Am Morgen finden JVA-Beamte die Toten. Horst Bubeck ruft den Stammheimer Richter Eberhard Foth an und sagt: »Die Häftlinge sind tot. Zwei haben sich erschossen.« Foth ist fassungslos: »Haben Sie erschossen gesagt? Das ist unmöglich.«

Doch das Unmögliche ist schnell die offizielle Version. »Alle Spuren«, so die Stuttgarter Staatsanwaltschaft, »sprechen für eine Tatausführung aus eigener Hand.« Die Behörden legen sich auf Selbstmord fest – ohne die nächstliegenden Fragen beantworten zu können. Wie kam die Pistole in das »sicherste Gefängnis der Welt«? Warum hat kein Justizbeamter den Schuss gehört? Justizminister Traugott Bender gibt am 18. Oktober eine Pressekonferenz und weiß kaum eine Frage zu beantworten. Warum niemand im Krisenstab die Beamten in Stammhein anwies, die Häftlinge zu überwachen, nachdem die Befreiung der »Landshut« bekannt geworden war, ist eine der Fragen, die bis heute unbeantwortet geblieben sind. Ankündigungen der Gefangenen, dass sie sich, falls ihre Befreiung scheitert, töten würden, gab es genug.

Die Anwälte geben am 19. Oktober 1977 in Bonn eine Pressekonferenz. Otto Schily sagt: »Ich meine (Pause), dass hier so viele Zweifelsfragen möglich sind, dass eine Festlegung auf Selbstmord (Pause) unzulässig ist.« Das letzte Wort zerhackt er: un-zu-lässig. »Allein die Tatsache, dass zu diesem frühen Zeitpunkt mit dem Begriff Selbstmord operiert wird, muss den Nachdenklichen Anlass zum Zweifel geben.«

Schily ist vorsichtiger geworden: nur Zweifel, keine Vermutungen. Er scheint aus dem vorschnellen Wort vom »anonymen Mord« zum Tod von Ulrike Meinhof gelernt zu haben und zum Konjunktiv zurückzukehren. Mitte Dezember 1977 sagt er auf einer Diskussion über »Stammheim und die Menschenrechte« in Berlin: »Was ich sage, wird häufig in dem Sinne verfälscht, dass ich mit einer Mordthese umhergehe. Das ist nicht der Fall. Wir müssen – das gilt auch für manche Gruppierungen der Linken – auch die Möglichkeit ins Auge fassen, dass die Gefangenen Selbstmord verübt haben, wobei die Überlegungen auch dahin zu gehen hätten, ob die Haftbedingungen nicht so geartet waren, dass dabei ein bestimmter ursächlicher Zusammenhang festzustellen wäre.«

Schily und die RAF – ein Resümee

Am 20. Oktober 1977 schaut Otto Schily zu, wie der Schädel seiner Mandantin Gudrun Ensslin geöffnet wird. Zehn Jahre zuvor war sie, wie er, im Republikanischen Club ein und aus gegangen und hatte in der Kneipe »Schotten« geflippert. Schily hatte gegenüber der RAF eine ähnliche Rolle gespielt wie gegenüber den revoltierenden Studenten 1967. Er hatte die RAF vor Gericht mit Verve verteidigt – ohne mit Bürgertum und Rechtsstaat zu brechen. Doch der Versuch, eine minimale Verständigung zwischen Mehr- und Minderheit zu gewährleisten, musste in Stammheim fehlschlagen. Es zu probieren war richtig und vernünftig – aber auf Scheitern programmiert. Baader, Ensslin und Raspe waren bereit, sich zu opfern, der Staat blieb unnachgiebig. Die militärische Eskalation im Herbst 1977 machte jede Position, die auf Vermittlung zielte, zunichte.

Stammheim war eine Tragödie – ein Ereignis, dem niemand unberührt, ohne Fehler, ohne Verstrickung entkam, auch nicht der disziplinierte, sich seiner anwaltlichen Pflichten stets bewusste Verteidiger Otto Schily, der scheinbar alles ohne Wimpernzucken überstand. Denn nicht nur der Helmut-Schmidt-Staat trug wider Willen dazu bei, die Gespensterschlacht der RAF in die blutige zweite und dritte Runde zu verlängern, sondern auch Anwälte. Es geht dabei nicht um Schilys politische Irrtümer, um die verwegene Verdachtsrhetorik, die er ein paar Mal anschlägt, nicht darum, dass auch Schily ein BGH-Urteil zu den Haftbedingungen einmal »Legalisierung der Folter« nennt. All das gab es – doch dreißig Jahre später mit besserwisserischer Attitüde nach verfänglichen Zitaten zu jagen ist nicht nur billig, es verkennt auch den tiefer liegenden Konflikt.

Schily und Heldmann spielen in Stammheim den Part der politisch und habituell distanzierten Anwälte. Schily findet mit schlafwandlerischer Sicherheit fast immer den schmalen Grat über die Abgründe. Er widersetzt sich den Versuchen der RAF, ihn direkt zu instrumentalisieren, er bleibt skeptisch gegenüber den »Folterkomitees«, in denen sich der Nachwuchs der RAF sammelt. Er ist loyal zu seiner Mandantin und achtet die Gesetze. Schily tut das rechtsstaatlich Richtige – er verteidigt Gudrun Ensslin professionell, aggressiv und, im Rahmen der Gesetze, so, wie sie es will. Das ist mehr als legitim. Schily versucht jenes faire Verfahren zu retten, das zur Substanz eines jeden Rechtsstaates gehört und mit dem es Gesetzgeber und Gericht in Stammheim nicht so genau nehmen. Schily verteidigt, so sein Selbstverständnis, in Stammheim die Idee des Rechtsstaates gegen dessen praktische Anwendung. Von dort führt eine gerade Linie zurück nach 1967, als Schily nach dem Tod von Benno Ohnesorg meinte, dass nun die Studenten den Rechtsstaat gegen die Polizei verteidigen müssten. Der Rechtsstaat ist in der Tat der Kern von Otto Schilys politischem Denken.

Doch gerade deshalb, gerade wegen seiner inneren Distanz zur RAF, ist Schily für die Propaganda der RAF nützlich: als bürgerliches Aushängeschild. Das ist die dialektische Verstrickung, der unauflösbare Konflikt, in den die starr auf ihre Märtyrerrolle fixierte RAF rücksichtslos alle stürzt, die sich für sie engagieren.

Die Neue Linke ist im »Deutschen Herbst« schockiert und gelähmt. Kontaktsperregesetz, Nachrichtensperre, der Krisenstab als faktische Regierung ohne parlamentarische Kontrolle, 44 Tage ohne Opposition, Volkes Stimme, die nach der Todesstrafe ruft – all das ist der konzentriert wahrgenommene Alptraum der Linken vom autoritären Staat. Im Herbst 1977 regiert der mentale Ausnahmezustand, Konservative wie Ernst Nolte sehen darin einen zentralen Einschnitt in der Geschichte der Republik: die Identität von Volk und Regierung gegen den gemeinsamen Feind. Im Herbst 1977, so Nolte, »war die Bundesrepublik erstmals ein Staat im Vollsinn des Wortes, weil die ungeheure Mehrheit der Bevölkerung Tag um Tag mit ihrer Führung bangte, hoffte und schließlich trauerte«. So scheint in konservativer Lesart der Geburtsfehler der halben, halb souveränen Republik im Herbst 1977 repariert zu sein – dank der RAF, des Feindes, gegen den Staat und Gesellschaft in einem »nicht erklärten Ausnahmezustand« (Ernst Bockenförde) kämpfen und der Otto Schily reihenweise nächtliche Drohanrufe beschert.

Aber die fundamentale Veränderung der Republik durch den Herbst 1977 bleibt ein rechtes Wunsch- und ein linkes Schreckbild. Denn nach 1977 folgt die Rückkehr zur Normalität. Die Bundesbürger sind in den achtziger Jahren wieder ordentlich politik- und staatsverdrossen, sie debattieren nicht mehr über die Einführung der Todesstrafe, sondern befassen sich lieber damit, »den Staat im Vollsinn des Wortes« bei der Steuererklärung zu beschummeln. Der Kampf gegen die RAF, so hysterisch und überzogen er geführt wird, verwandelt die Bundesrepublik nicht in einen autoritären Staat. Das antidemokratische *rollback*, das die Linke heraufbeschwört, findet kaum statt. Warum nicht?

Der Staat ist nicht die kalte Megamaschine, die den RAF-Terror als günstige Gelegenheit nutzt, um zu exekutieren, was ohnehin auf der Agenda steht. Der Staat verhält sich eher wie ein verletztes Tier: panisch und aggressiv. Der Bundestag beschließt ein Antiterrorpaket nach dem anderen, die Paragraphen 88a, 129a und 130a überschreiten die Grenze zum Gesinnungsstrafrecht. Um bestraft zu werden, reicht es, die Buchstaben RAF an eine Wand zu malen.

Das sind Überreaktionen, falsch und kontraproduktiv. Doch die liberale Grundsubstanz der Republik bleibt erhalten. 1980 wird Franz Josef Strauß nicht Kanzler, die Berufsverbotspraxis wird entschärft, die überflüssigen, schädlichen Antiterrorgesetze werden teilweise zurückgenommen und längst nicht so exzessiv angewendet wie befürchtet. Die von Rechtskonservativen und Boulevardblättern angezettelte Diskussion um die Todesstrafe verschwindet wie ein böser Traum.

Stammheim erweist sich zum Teil als eine optische Täuschung. Es ist nicht der Ort, an dem eine andere, neue, autoritäre Republik entsteht. Nachdem der Pulverdampf verzogen ist, herrschen in der Republik wieder die neuen deutschen Tugenden: Pragmatismus und Zivilität.

Für die Linke ist 1977 etwas anderes noch wichtiger als der Zustand des Rechtsstaates. Der 18. Oktober 1977, der Selbstmord der Gefangenen in Stammheim, ist auch eine Entlastung. Faktisch geht der Terror der RAF weiter – aber die eher biografische und emotionale als ideologische Verklammerung der Neuen Linken mit der RAF beginnt zu zerreißen.

Nach Gudrun Ensslin verteidigt Otto Schily nie mehr einen Mandanten aus der RAF. Das hatte viele Gründe: Schily war in dem größten, dramatischsten, wichtigsten politischen Prozess in der Geschichte der Republik der zentrale Anwalt gewesen. Nach Stammheim gab es keine Steigerung mehr – und Schily denkt sehr wohl an seine Karriere.

Aber es gibt noch andere Gründe, Motive, die sein Denken und Handeln prägen, über die aber Otto Schily nicht spricht, damals nicht, heute erst recht nicht. Es gibt in der zweiten Generation der RAF keine Gudrun Ensslin, niemand, der Geige spielt und Hölderlin rezitiert und in dessen Elternhaus Gustav Heinemann Kaffee getrunken hat, niemand, den Otto Schily für einen gefallenen Engel halten könnte. Das ist zum Teil Reflexion des Lernprozesses mit tödlichem Ausgang in Stammheim, zum Teil eine Rationalisierung, die den Rückzug aus politischen Prozessen abstützt. Auch die Anwälte wissen um die Ambivalenz ihres Engagements, dass sie, meist wider Willen, Teil des Kalküls der RAF waren. Doch eine öffentliche Selbstreflexion der RAF-Anwälte bleibt nach 1977 aus. Rupert von Plottnitz sagt dazu: »Ich hatte keinen Grund, mir grüblerische Gedanken zu machen.« Das klingt wenig überzeugend. Welcher Prozess, wenn nicht Stammheim, könnte für einen linken Anwalt Grund sein, ins Grübeln zu kommen?

Im Februar 1986 hat in Hamburg Reinhard Hauffs »Stammheim« Premiere. In dem Film, nach den Wortprotokollen des Prozesses inszeniert, spielt Peter Danzeisen in einer Nebenrolle den Anwalt Otto Schily. Nach der Premiere sollte Rupert von Plottnitz mit Bommi Baumann, Ex-Regierungssprecher Klaus Bölling und Otto Schily diskutieren. Doch Schily kommt nicht, er schreibt gerade die Strafanzeige gegen Kanzler Kohl. Er will kein Ex-RAF-Anwalt mehr sein, er will sich nicht mehr von Edmund Stoiber und CSU-Hinterbänklern als Terroristenanwalt mit »einer seltsamen Moral« (Stoiber) angreifen lassen. Er will nicht zurück, er will nach vorn – und nach oben.

Schilys Neigung, mit Stammheim und der RAF nicht mehr behelligt werden zu wollen – dafür gibt es ein paar gute und, wie sich später bei den Grünen zeigen wird, ein paar weniger gute Gründe. Die guten Gründe kommen 1977 mit der Post. Es sind, mitunter sogar mit Absender versehene, Drohbriefe: »Für Dich Miststück ist der Scheiterhaufen noch zu schade« ist dort zu lesen und »Es wäre besser, wenn Sie sich ebenfalls eine Kugel in Ihren elenden Kadaver jagen würden«. Bei einer Demonstration 1976 wäre Schily fast von aufgebrachten Westberliner Bürgern verprügelt worden – für Otto Schily, einen Herrn, der körperliche Berührungen scheut und als Kind Schlägereien tunlichst aus dem Weg ging, ein schwer überbietbarer Schreck. Schily schafft sich, eher symbolisch, einen Hund zu seinem Schutz an.

Schily bleibt von der Strapaze Stammheim nicht unberührt, 1984 redet er von den »Narben«, die Stammheim bei ihm zurückgelassen habe. Narben sind wohl die falsche Metapher, denn sie setzen ernste Verletzungen voraus. Doch Schily übersteht Stammheim wundersam unbeschädigt, so wie er auch von der Nazizeit in seinem Kern unbeschädigt erscheint. »Die Drohbriefe, die Briefe mit Pistolenkugeln drin, die Sympathisantenhetze, das hat ihn nicht so berührt. Er wusste, was er kann. Er war zu selbstbewusst, um Angst zu haben«, erinnert sich Uwe Wesel. Schily gewinnt alle Prozesse, die gegen ihn angestrengt werden: gegen Katharina Hammerschmidts Ärzte, die sich von ihm beleidigt fühlen, gegen das BKA, das ihm vorhielt, in Stammheim fahrlässig Beweisanträge gestellt zu haben. 1982 spricht ihn ein Ehrengericht in Berlin in allen siebzig Anklagepunkten frei. So kämpft Schily unerschrocken gegen die Übermacht von Richtern, Bundesanwälten, gesundem Volksempfinden, Yellow Press und dem größten Teil der politischen Klasse von CSU bis SPD. Es ist seine Heldenrolle. Das Spiel »Allein gegen alle« schreckt ihn nicht, es macht ihn noch hartnäckiger, scharfsinniger, entschlossener.

Unversöhnlich schaut Schily heute auf Bundesanwalt Peter Zeiss, der in seinem Plädoyer 1977 die Bemerkung fallen ließ, wie Schily wohl reden würde, wenn seine Tochter von RAF-Terroristen getötet worden wäre. Das hat Schily empört, weniger die krachende Polemik als die Vermischung von Rolle und Privatem und, vor allem, die Möglichkeit, dass jemand dies als Aufforderung verstehen könnte. Bundesanwalt Heinrich Wunder hat Schily 1998 zum Amtsantritt als Minister gratuliert. Das ist wohl die Anerkennung für Schilys Rechtsschwenk, aber auch ein Symbol für die Fähigkeit einer zivilen Gesellschaft, Gegnerschaften zu beenden.

Der 18. Oktober 1977 ist ein Einschnitt, ein historischer Wendepunkt, ein Datum, das Vorher und Nachher trennt, für Schily und für die bundesdeutsche Linke. Der Deutsche Herbst ist die Voraussetzung für einen neuen Beginn der Linken. Sie löst sich aus der *double-bind*-Situation des »Sympathisanten« und von der Idee des gewalttätigen Umsturzes, mit dem sehr viele kokettiert haben. Die RAF hat damit Ernst gemacht und das Experiment, das 1970 viele Linke für diskutabel hielten, zu seinem fatalen Ende geführt. Das ist vorbei. Die Neue Linke, von den Spontis bis zu den in ihren ML-Trutzburgen verschanzten K-Gruppen, versammelt sich langsam zum Rückmarsch in die Gesellschaft. Die verlorenen Kinder des Bürgertums kehren zaghaft in Bunten und Grünen Listen in die Parlamente und die Republik zurück. Otto Schily gehört, wie immer, nicht zum originären Kern dieser Bewegung. Aber er ist dabei. Und zwar ganz vorn.

9. Kapitel

Es grünt – die Rückkehr der Achtundsechziger in die Republik

»Ich verspreche, wir werden die Bewegung nie verraten.«
Petra Kelly beim Einzug der Grünen in den Bundestag 1983

Am 2. Juni 1977 debattieren Rudi Dutschke, Ekkehard Krippendorf und Otto Schily im Audimax der FU Berlin über die Lage der Linken zehn Jahre nach dem Ohnesorg-Mord. Rudi Dutschke kritisiert die Sowjetunion, Krippendorf die Berufsverbote, die Grundstimmung ist Zerknirschung über das Scheitern der hochfliegenden Träume von 1967. Schily bescheinigt der Linken, sich »im Wartestand« zu befinden. Der stärkste Beifall braust auf, als er die »Lösung der Organisationsfrage« fordert. Otto Schily will eine Partei links von der SPD gründen. Diese Idee ventiliert die undogmatische Linke seit Willy Brandts Rücktritt. Im linkssozialistischen Umfeld von Oskar Negt, Rudi Dutschke, Elmar Altvater, Peter Brückner, Johannes Agnoli und dem »Sozialistischen Büro« gibt es immer mal wieder verschiedene Treffen in Hannover, Karlsruhe, Düsseldorf, Berlin und Kassel. Später kommen Wolfgang Harich und Rudolf Bahro hinzu. Doch die Skepsis überwiegt – der antiparlamentarische Affekt sitzt bei den Achtundsechzigern tief, anderen gehen die eingefahrenen Debatten auf die Nerven, viele misstrauen zu Recht der Auffassung, dass eine Art USPD historisch aussichtsreich sei. Doch Schily votiert hartnäckig für eine neue Partei. Die Strategiedebatten, die Diskussionen um den Sinn des Parlamentarismus sind ihm ziemlich egal – er glaubt nicht an den Sozialismus oder die Räterepublik, sondern an Meinungsumfragen. Und die besagen, dass links von der SPD ein Potenzial von fünf bis fünfzehn Prozent existiert. »Die Frage, ob eine linke Partei 1976 das historisch Richtige, das politisch Kluge ist, hat bei Schily keine große Rolle gespielt. Er hat sich einfach berufen gefühlt«, erinnert sich Armin Golzem.

Doch Schily hat eine richtige Intuition und ist an einer Schlüsselsituation bundesrepublikanischer Parteiengeschichte beteiligt. Der in Gründung befindlichen »taz« verspricht er im Februar 1978, »was zur Organisationsfrage der Linken zu schreiben, aber erst 1979«. 1979 sieht die Sache schon ganz anders aus. Die gescheiterten USPD-Initiativen werden neben anderen Gruppen zu Keimzellen der einzigen erfolgreichen Parteigründung nach 1949.

1978 ist die vielgestaltige Post-Achtundsechziger-Linke, die von unzufriedenen SPD-Wählern bis zu Palästina-Komitees, von K-Gruppen-Funktionären, deren Betonweltbild erste Risse bekommt, bis zu Alternativfreaks reicht, auf der Suche nach einer neuen Perspektive. Das Fiasko des Herbstes 1977 hat viele vage Träume von einer Revolution, vom gewaltsamen Umsturz beendet. Und der Deutsche Herbst hat noch eine andere linke Illusion kuriert. Mit Helmut Schmidts Selbstinszenierung als eiserner Kanzler rückt auch die Vorstellung, beizeiten doch wieder in den Schoß der Sozialdemokratie zurückzukehren, in die Ferne. Und es gibt ein neues Kampffeld: den Widerstand gegen die Atomkraftwerke, der die gesamte Ideologie der zehn Jahre zuvor noch fortschrittsfrohen Linken umpflügt.

1977 und 1978 bricht eine Art Gründungsfieber aus, ein Aktionismus, der als Antwort auf den eskalierenden Kampf zwischen RAF und Staat zu verstehen ist. In Frankfurt entsteht 1976 unter Federführung von Daniel Cohn-Bendit und anderen der »Pflasterstrand«, in Berlin werden 1978 die linkssozialdemokratische Tageszeitung »Die Neue« und die libertäre »taz« gegründet. Schily ist an der »taz« beteiligt – wie immer am Rande. »Die ›taz‹«, sagt er heute, »ist nicht geworden, was wir uns damals von ihr versprochen haben: keine ›Repubblica‹ und keine ›Liberation‹.« 1979 gründet sich der Republikanische Anwaltsverein, in dem sich die linksliberalen Verteidiger organisieren. Schily ist im ersten Vorstand von 1979 bis 1981 – zu den Sitzungen kommt er nur selten.

Ende der Siebziger neigt sich auch der proletarische Kostümball seinem Ende zu. Schon Mitte der siebziger Jahre beginnt der unaufhaltsame Niedergang des Marxismus als Gesinnungsleitfaden der Linken. Im marxistischen Fortschrittsdenken ist für

Technikkritik kein Platz. Im autoritär-bürokratischen realen Sozialismus regiert noch mehr als im Westen eine Tonnenideologie, die blind und taub für die Folgeschäden des Industrialismus ist.

In der Republik bildeten sich bunte ökologische Wahlbündnisse. Am 4. Juni 1978 erhält die »Grüne Liste Umweltschutz« (GLU) bei den niedersächsischen Landtagswahlen 3,9 Prozent der Stimmen. Der Widerstand entzündet sich vor allem, aber nicht nur, an der Atomtechnologie. Das grüne Parteiprojekt entsteht und ersetzt die fruchtlosen USPD-Debatten – Ökologie, nicht Ökonomie ist das neue Thema. Allerdings ist noch keineswegs absehbar, welche Richtung die Partei, die keine sein will, einschlagen wird: Regional unterschiedlich geben mal Konservative den Ton an, andernorts dominieren K-Gruppen, fast überall mischen unabhängige Linke mit. Es ist eine diffuse Bewegung, die vor allem durch das Nein zur Atomtechnologie zusammengehalten wird. Alles andere, vom Parlamentarismus über den DDR-Realsozialismus bis zum Paragraphen 218, ist umstritten.

Im Sommer 1978 gehen Uwe Wesel und Otto Schily zu einem Vorbereitungstreffen für ein neues Wahlbündnis in Berlin. Wesel schaut in die Runde und sagt: »Otto, das sind alles KSV-Gesichter. Wir gehen besser wieder.« (Der KSV war der Kommunistische Studentenverband, der zur maoistischen KPD/AO gehörte.)

Am 27. Juli 1978 treffen sich in Berlin rund tausend Aktive, um über ein Wahlbündnis zu beratschlagen: Gutbürgerliche, die sich seit 1975 in der »Wählergemeinschaft Unabhängiger Zehlendorfer« engagieren, undogmatische Linke, KPD-Funktionäre, Radikaldemokraten, Ökologen, Gegner der Berufsverbote, Bürgerinitiativen, Trotzkisten – und Otto Schily und Christian Ströbele, die im AL-Jargon Vertreter des »Prominententreffs« hießen. Man will ein Wahlbündnis für die Senatswahl 1979 schmieden. Die Debatte fokussiert sich um die Frage, welche Rolle die maoistische KPD/AO in dem neuen Bündnis spielen soll. Soll man sie ausgrenzen – und damit das Image beschädigen, ein demonstrativ offenes, demokratisches Wahlbündnis zu sein? Oder soll die KPD geduldet werden – mit dem Risiko, von der gut organisierten Gruppe unterwandert zu werden?

Am 5. Oktober 1978 wird die »Alternative Liste für Demokratie und Umweltschutz« von 3500 Berlinern gegründet. Die AL einigt sich in der KPD-Frage auf einen weichen Kompromiss: KPDler dürfen AL-Mitglieder sein, aber nicht die KPD als Organisation. Außerdem heißt es allerdings in der Gründungserklärung: »Selbstbestimmung und basisdemokratische Strukturen sind verbindlich.«

Es ist ein historischer Moment – Symbol für den Beginn der Aussöhnung der Achtundsechziger-Linken mit dem Parlamentarismus. Und es ist ein Augenblick, in dem Otto Schily in jene Rolle schlüpft, die er von nun an verlässlich in den Parteien, von der AL über die Grünen bis zur SPD, einnehmen wird: die des Außenseiters, der immer Recht hat. Schily tritt, inklusive der entsprechenden Medieninszenierung, aus der AL aus, noch bevor sie gegründet ist. Ihm reicht die Distanz zu den Maoisten nicht: »Ich habe den Eindruck, dass hier ein Parteitag der KPD stattgefunden hat. Mit dieser Liste habe ich nichts zu tun«, erklärt er dem »Abend«. Diese Einschätzung teilen viele Linke, die auf Distanz zur AL bleiben, auch Ströbele. Doch mit dieser öffentlichen Erklärung blamiert Schily all jene Alternativen als nützliche Idioten, die erst mal abwarten wollen, wie sich die KPD/AO in der AL aufführt. Für die bürgerliche Klientel ist die AL nach Schilys Erklärung erst mal erledigt. »Für mich hat Otto Schily in einer beleidigenden Trotzreaktion zu den Machtmitteln des politischen Gegners gegriffen. Das ist eine Schweinerei«, kommentierte damals ein ALer.

Hier die alternative Partei – dort »Schily Primaballerina« – diese Anordnung wird elf Jahre lang, bis zu seinem Austritt im November 1989, das Verhältnis des Stars zur Partei und vice versa prägen. 1989 wird Schily die gleiche Aufführung kurz vor seinem Austritt bei den Grünen mit der AL wiederholen und das Westberliner Bürgertum vor der AL warnen. Als sich in Berlin eine rot-grüne Koalition anbahnt, ermahnt der grüne Bundestagsabgeordnete Schily die SPD, in den Verhandlungen mit seinem grünen Parteifreund Christian Ströbele »hart zu bleiben«.

Im März 1979 kommt die AL auf 3,7 Prozent – mit einem Wahlprogramm, in dem der »Spiegel« nichts Kommunistisches, aber viele »recht bürgerlich anmutende Forderungen« findet. Die

AL verfehlt den Sprung in den Senat – sitzt aber in einem Drittel der Bezirksverordnetenversammlungen. Danach versinkt das Bündnis in eine Art Wachkoma – und es ist ein Treppenwitz der Geschichte, dass ausgerechnet eine Hand voll KPD-Kader verhindern, dass sich die AL schon ein paar Monate nach ihrer Gründung wegen allgemeinen Desinteresses in Wohlgefallen auflöst. Schily und viele andere aus gutem Grund KPD-skeptische Linke haben sich geirrt. Die KPD verhält sich innerhalb der AL halbwegs loyal und akzeptiert, dass sie sich mit ihren obskuren Positionen zur Atomtechnologie – AKWs nein, außer in China – nicht durchsetzen kann. Die AL wird für die KPDler zu einer Art politischem Reha-Zentrum. Nicht die Maoisten durchsetzen die AL subversiv – die AL löst die dogmatische KPD, ein zehn Jahre währendes versteinertes Relikt des Scheiterns der Studentenbewegung, aus ihrer Sektenexistenz. Im März 1980 erklärt die KPD/AO ihre Auflösung. Das grüne Projekt beginnt – und damit die Reintegration der verschiedensten Flügel der Neuen Linken in die repräsentative Demokratie und die Auflösung der betonierten Frontstellung zwischen der Mehrheitsgesellschaft und den Rebellen der späten sechziger Jahre.

Ein paar Tage bevor sich die unter anderem von Christian Semler geführte KPD aus der Weltgeschichte verabschiedet, wird Otto Schily Mitglied des geschäftsführenden Gremiums des Berliner Landesverbandes der Grünen. Schily setzt auf die »Sonstige Politische Vereinigung – die Grünen«, die im Sommer 1979 bei der Europawahl immerhin 3,2 Prozent erzielt haben. Die SPV ist 1979 ein fragiles Bündnis zwischen Konservativen wie Herbert Gruhl, Ökologen, Gewaltfreien und Marxisten wie Jürgen Reents, ein Sammelbecken, das auch bizarre Figuren wie den rechten Landwirt Baldur Springmann umfasst, der Gewerkschaften für überflüssig hält. Dort sieht Schily seine Zukunft. Er kandidiert in Nordrhein-Westfalen und betritt mit einem Paukenschlag die Bühne der Bundesgrünen.

Beim Bundesparteitag 1980 in Dortmund bringt Schily folgenden Antrag ein: »Es formieren sich Kräfte, die eine neue Form von Faschismus anstreben. Wir Deutschen haben eine besondere Verantwortung vor den Völkern der Welt. In Deutschland wur-

Grüne Partei, buntes Personal – der Ex-CDUler Herbert Gruhl, der Ex-SEDler Rudolf Bahro und der Ex-RAF-Anwalt 1980 beim Bundesparteitag

den unter der Hitlerdiktatur mehr als sechs Millionen Menschen ermordet: Juden, Zigeuner, Kommunisten, Sozialdemokraten, Anarchisten, konsequente Christen und viele andere … Wir müssen wachsam bleiben und jeden Versuch einer neuen Machtergreifung verhindern.« Das ist der Ton des linken Antifa-Mantras. Doch es gilt hier nicht nur Franz Josef Strauß, dessen Kanzlerkandidatur die Linke 1980 in Exilfantasien treibt, sondern dem 74 Jahre alten August Haußleiter, Chef der Aktionsgemeinschaft Unabhängiger Deutscher (AUD), die in den Grünen aufgeht, ein früherer Anhänger der Konservativen Revolution, ein Nationalist und Neutralist mit einer fragwürdigen Vergangenheit in der NS-Zeit. Haußleiter hat schon 1968 keine Berührungsscheu gegenüber Linken gehabt, in den späten Siebzigern ist er eine der zentralen Integrationsfiguren in der Gründungsphase der Grünen. Doch Schily, der sich vor dem Dortmunder Parteitag mit ihm getroffen hat, ist in der Frage, ob jemand wie Haußleiter die Grünen repräsentieren soll, klar und unnachgiebig.

Schily präsentiert sich in Dortmund als Linker. Sein Antrag wird abgelehnt zugunsten einer Resolution, die nicht nur dem

Faschismus, sondern auch dem Realsozialismus gilt. Neben dem Sturz Haußleiters betreibt Schily in Dortmund auch die Distanzierung des konservativen Umweltschützers Herbert Gruhl von den Grünen. Denn nach Haußleiters vorbereitetem Rücktritt aus dem Führungstrio der Grünen kandidieren der Ex-CDU-Mann Herbert Gruhl, Otto Schily und Dieter Burgmann für den vakant gewordenen Posten. Gruhl bekommt 371, der AUDler Burgmann 249, Schily 198 Stimmen. Das ist angesichts der Tatsache, dass die grünen Delegierten vor allem aus Gruhls GAZ- und AUD-Leuten bestehen, ein respektables Ergebnis. Schily verabschiedet sich aus der Wahl mit der Bemerkung, er verzichte zugunsten des »Gewerkschafters Dieter Burgmann«. Burgmann wird mit den Schily-Stimmen gewählt. »Gruhl«, erinnert sich Helmut Lippelt, »fühlte sich verraten. Er hatte sich in Berlin mit Schily getroffen und das sichere Gefühl, dass Schily ihn unterstützen wird.« Ein Irrtum: Denn für Schily ist es eine strategische Entscheidung, dass die neue Partei in der Öffentlichkeit nicht mit einem alten Konservativen identifiziert werden darf. Schily ist 1980 bei den Grünen nicht ohne Einfluss – aber die entscheidende Wahl verliert er, mangels eigener Hausmacht. So wird es bis zu seinem Austritt 1989 bleiben.

Auf Bundesebene wirkt Schily für die Abgrenzung nach rechts. Und er platziert seine Auftritte äußerst funktional. Am Tag nach der Bundestagswahl herrscht in der Grünen-Zentrale in Bonn Katerstimmung. In Bremen und Baden-Württemberg hatte es gute Wahlergebnisse gegeben – doch nun ist die Partei zwischen Schmidt und Strauß zerrieben worden: 1,5 Prozent. Bei der Vorstandssitzung, so Helmut Lippelt, »tauchte Otto kurz auf, war missmutig und ward danach für drei Jahre nicht mehr gesehen«.

Auf Bundesebene stimmt dies. Schily will keine Partei aufbauen, er will Karriere machen. Eine neue Partei hat da einen gewichtigen Vorteil. Schily muss nicht unten beginnen, er kann versuchen, oben einzusteigen. 1981, nach dem erwiesenen ideologischen Bankrott der KPD, kandidiert er doch für die AL. Die AL zieht in das Abgeordnetenhaus ein – Schily verfehlt, wegen seines Listenplatzes, knapp ein Mandat. »Dieter Kunzelmann und ich zusammen in einer Fraktion«, so Schily 2003, »das wäre nicht gut gegangen. Das wäre das Ende meiner politischen Karriere gewesen. Insofern ist es Glück gewesen, dass die AL mich auf einen so schlechten Listenplatz platziert hatte.«

Trotz der Niederlage 1980 reüssieren die Grünen und ziehen fortan in fast alle Landtagsparlamente ein. Dieser Aufschwung ist insbesondere der Militärpolitik der Bundesregierung geschuldet. 1980 ist Ronald Reagan US-Präsident geworden. Der US-Rüstungshaushalt explodiert, das Wettrüsten und der Kalte Krieg, an dem die Sowjetunion mit der Stationierung der SS-20-Raketen und dem Einmarsch in Afghanistan 1979 nicht unschuldig ist, eskalieren. Die Nachrüstungsdebatte, die Aufstellung neuer US-amerikanischer Pershing-Mittelstreckenraketen und Cruise Missiles, treibt Hunderttausende auf die Straße. Die SPD, deren Kanzler Helmut Schmidt die USA vehement unterstützt, verliert für viele Jüngere mit dem Raketenbeschluss die Reste ihrer Anziehungskraft.

Doch die »Alternativen« sind mehr als eine Reaktion auf die technokratisch verengte Politik der Schmidt-Regierung. In den Siebzigern bildet sich in der Nachfolge des »1968« drastisch zum Ausdruck gekommenen Individualisierungsschubes ein postmaterielles Milieu heraus. Leistung, ökonomisches Wachstum und die verbindliche Ethik der Großkollektive Staat, Kirche und Gewerkschaften verlieren in diesem Milieu an Bedeutung. Lebenspraktisch wird dort der gesamte bis in die sechziger Jahre hinein noch verbindliche Wertekanon ad acta gelegt. Obwohl auch bei den Alternativen und in den neuen sozialen Bewegungen viel von Solidarität die Rede ist und eine steile Weltrettungsrhetorik bemüht wird – das eigentliche Schlüsselwort in dieser Szene heißt Selbstverwirklichung. So entsteht eine Art neues Bürgertum, das mit einigen klassischen bürgerlichen Tugenden demonstrativ bricht: Es ist individuell, antitechnokratisch, misstrauisch gegen den Fortschritt und die üblichen Hierarchien. Gegen die undurchsichtigen, teils anonymen Entscheidungsprozesse der Moderne, die den Betroffenen Atomkraftwerke und Atommülllager bescheren, setzen die Alternativen eine manchmal naive Unmittelbarkeit und Gesten der Betroffenheit.

Die für die grüne Partei fundamentale Idee der Basisdemokratie hat wenig mit der marxistischen Kritik bürgerlicher Herrschaft zu tun. Sie speist sich vielmehr aus dem eher der Ideenwelt der Konservativen entlehnten Bewusstsein, in einer verwalteten, rationalisierten und von übermächtigen Apparaten beherrschten Welt zu leben. Der bedrohlichste Ausdruck dieser Herrschaft der Apparate ist der atomare Rüstungswettlauf, der sich wie ein Perpetuum mobile jenseits aller Vernunft zu vollziehen scheint.

Der SPD misslingt in den frühen achtziger Jahren mehr als nur der ohnehin komplizierte Spagat zwischen Regierungspartei und pazifistischer Bewegung. Sie kann den kulturellen Graben zwischen dem postmateriellen Milieu und ihrer Stammklientel nicht mehr kitten, die sich weniger für Weltrettungsideen, Ökogemüse und Selbstverwirklichung als für die Tarifabschlüsse der IG Metall interessiert. Ende der Siebziger verliert die SPD eine ganze politische Generation an die Grünen.

Der individualistische Moralismus – das ist Schilys Anknüpfungspunkt bei den Grünen. Anders als Joschka Fischer, dem die Ökologie Anfang der achtziger Jahre egal ist, ist Schily von Kindesbeinen an mit Rudolf Steiners biodynamischer Landwirtschaft vertraut, die, abgesehen von ein paar eher obskuren Praktiken, eine weitsichtige frühe Absage der ausschließlich an Machbarkeit orientierten Agrarindustrie ist. Auch die Skepsis gegen die Atomtechnologie hat Schily schon in den Sechzigern vertreten, als manche SDS-Koryphäen noch dabei waren, auf dem Papier die globale Energiefrage mit dem segensreichen Einsatz der Atomenergie zu lösen. In den sechziger Jahren hat Schily Rachel Carsons »Der stumme Frühling« gelesen, eine 1962 erschienene Streitschrift gegen Pestizideinsatz, Pflanzenschutzmittel und Industrielandwirtschaft und für behutsame biologische Schädlingsbekämpfung. In der Neuen Linken galt dergleichen als unpolitisch. Das änderte sich erst langsam, nachdem der Club of Rome 1972 seinen ersten Bericht veröffentlicht hatte. Schily kommt bei den Grünen in einer Zeitschleife wieder an, wo er in den Sechzigern schon war.

1980 tritt er den Grünen bei. Er ist 48 Jahre alt und zum ersten Mal Mitglied einer Partei.

Obwohl ihm die ökologische Ideenwelt näher ist als vielen Linken, die erst in Theorieseminaren die Klassen- der Gattungsfrage unterordnen müssen, ehe sie sich bei den Grünen häuslich einrichten, bleibt Schily der Partei fremd. Denn gerade von den »grünen Grünen«, den bärtigen Ökologen im Schlabberlook mit aus Ton gebrannten Peace-Zeichen und Jesuslatschen, trennen ihn Welten. 1979 besucht Schily eine Umweltmesse in Berlin. Er kommt mit seinem großen Citroën DS und – als wäre das nicht schon schlimm genug – mit Autofahrerhandschuhen. »Es war«, so Roland Vogt, Ökologe und 1983 grünes MdB, »ein Auftritt mit inszenierter Eleganz.« Und wenn etwas nicht in die Ursprünglichkeit und Unmittelbarkeit feiernde grüne Birkenstock-Welt passt, dann sind es Inszenierung und Eleganz.

Die frühen Achtziger sind Otto Schilys linke, kritische Phase. 1981 debattiert er vor dreitausend Leuten auf einem Juso-Kongress mit Peter Glotz und Günter Gaus über die Lage in Berlin und punktet gegen die SPD. »Wo ist denn die Realität in der Realpolitik?«, fragt er Glotz und Gaus unter dem Beifall der Jusos. Am Ende schlägt er vor, dass der Saal für eine Amnestie für Hausbesetzer abstimmen soll. Glotz weigert sich, Gaus kommentiert: »Das ist doch nicht erwachsen.« Peter Glotz notiert resigniert in seinem »Politischen Tagebuch«: »Schily erntet Beifallsstürme. Wie man alternativ und gleichzeitig demagogisch sein kann. Zum Schluss hetzt er uns in eine Abstimmung über eine Amnestie für Hausbesetzer. Gaus und ich sind einsam dagegen.« Die Amnestie, die Schily mit der AL verficht, ist richtig: ein praktischer Versuch, eine politische Lösung zu ermöglichen.

Wie schon in den späten Sechzigern formiert sich die neue soziale Bewegung am heftigsten in Westberlin. Nirgendwo sonst ist die politische Klasse so unfähig: 1980 suchen, trotz des subventionierten sozialen Wohnungsbaus, achtzigtausend Menschen Wohnungen, zehntausend Wohnungen stehen leer. 1978 gewährt der sozialliberale Senat dem Bauunternehmer Dietrich Garski einen Kredit über 115 Millionen Mark für Bauinvestitionen in Nahost, zwei Jahre später ist Garski bankrott.

Vor allem in Kreuzberg und Schöneberg provoziert die desaströse Wohnungspolitik um 1980 eine neue Protestbewegung, die mit Theorie wenig, mit Militanz viel zu tun hat. Die AL, in der manche den Autonomen nahe stehen, schlägt sich auf die Seite der Militanten. Weihnachten 1980, nach der ersten Straßenschlacht zwischen Hausbesetzern und Polizei, heißt es auf einem AL-Flugblatt: »Klar, es sind Fenster eingeschlagen worden, und es ist geklaut worden. Man kann das gut, man kann das schlecht finden. Aber zu irgendeiner Distanzierung besteht nicht der geringste Grund. Denn eine Aufspaltung in gute und schlechte Demonstranten nützt nur denen, die für das Elend in dieser Stadt verantwortlich sind und sich daran eine goldene Nase verdienen.«

1981 ist Jürgen Busche als Reporter in Berlin. In Kreuzberg, der Hochburg der Hausbesetzer und Autonomen, steht eine Demonstration vor der Tür. Busche will sich schon mal die Schauplätze angucken. Er verabredet sich mit Otto Schily zu einem Spaziergang rund um den Kreuzberger Mariannenplatz. Schily regt sich über die Polizei auf. »Wenn die hier mit den Wannen anrücken, das provoziert. Das kann man auch anders machen.« Und dann sagt er: »Hier wohnen jetzt viele palästinensische Jugendliche. Die haben einen ganz anderen Kampfstil drauf. Die werden den Laden hier mal richtig aufmischen.« Dabei strahlt er über das ganze Gesicht. Da brach einmal die Faszination des Bürgers, des anthroposophisch erzogenen, behüteten Zöglings für das Andere, Körperliche, Direkte durch.

Öffentlich steuert Schily einen mittleren, auf Ausgleich bedachten Kurs, der zwischen radikaler Minderheit und Mehrheit zu vermitteln versucht: gegen gewalttätige Demonstrationen, aber auch gegen die Versuche von SPD, CDU und den Medien, die AL nur auf diese Frage festzunageln. Im Juni 1982 kommt es beim Reagan-Besuch zu bürgerkriegsartigen Szenen. Die AL hat zu einer verbotenen Autonomen-Demo am Nollendorfplatz aufgerufen, die in brutale Prügeleien mit der Polizei mündet. Tags darauf geht das Büro der AL in Flammen auf. Schily kritisiert den Demonstrationsaufruf – im Ton verbindlich, in der Sache eindeutig: Die AL habe »in einer unverschuldet schwierigen Situation eine Fehlentscheidung getroffen«. Wenn sie sich nicht von der Militanz entferne, werde sie zu Recht untergehen. Im »Spiegel« sagt Schily, die AL müsse »Gewalttätigkeiten jeglicher Art verurteilen«. Und er sagt auch: »Die Autonomen sind, wie ich glaube, in ihrer Mehrheit sehr sanfte und keineswegs auf Straßenschlachten fixierte Menschen. Besetzungen leer stehender Häuser sind auch nach meiner Auffassung legitim.«

Schily versucht, eine Brücke zu schlagen: der AL klar zu machen, dass sie einen Trennungsstrich zur Gewalt ziehen muss, und gleichzeitig darauf zu beharren, dass die Militanz auch ein Produkt der Fehler der Berliner Politik ist. Die Demo-Gewalt ist ein komplexes Phänomen, an der nichts zu heroisieren ist: Es ist politische Taktik im Häuserkampf, allerdings schon von Beginn an bis zur Unkenntlichkeit vermischt mit Lust am Radau, blinder Wut und reflexionsunfähigem Linksradikalismus, der gegen »das System« kämpft. Schon 1981 werden bei Demos auch kleine Geschäfte attackiert. Die Linie von Innensenator Heinrich Lummer, der Häuser räumen lässt und auf Härte setzt, verschärft das Problem zusätzlich. 1981 stirbt Klaus Rattay bei einer Demonstration nach einer Häuserräumung.

Sich nur von der Straßenmilitanz zu distanzieren wäre einfach – allerdings würde Schily sich damit in der AL endgültig ins Abseits manövrieren. Doch Schily macht sich nicht zum Kronzeugen gegen die Militanten und kritisiert die Versuche der »rechts orientierten Kräfte, in dieser Stadt mit moralischen Standgerichten den Druck so zu verstärken, dass bei der AL falsche Solidarisierungen zustande kommen«. Er versucht zu vermitteln, die AL politikfähig zu machen, vorsichtig in Richtung Rot-Grün zu leiten, das berechtigte soziale Anliegen der Hausbesetzung zu verteidigen, ohne die Militanz zu verniedlichen, aber auch ohne sie zum alles entscheidenden Kardinalproblem aufzubauschen. Schilys Position 1982 ist kompliziert und klug, gerade angesichts von Lummers Politik, der die Eskalation weitertreibt und sich als Retter der inneren Sicherheit inszeniert. So komplex, so vielschichtig wird Schily in der Gewaltfrage kein zweites Mal argumentieren.

Denn die politische Dynamik treibt die Grünen in den achtziger Jahren auseinander. Die AL ist nicht in der Lage, sich in den Achtzigern von der Straßenmilitanz zu lösen, weil sie törichterweise die Gewaltfrage symbolisch überhöht. »Die Akzeptanz der herrschenden Auffassung von ›Gewalt‹ stellte immer den Zeitpunkt dar, zu dem aus einer systemoppositionellen eine systemtragende Partei wurde«, heißt es in der Selbstdarstellung der AL. So wird in Berlin und Hamburg, in AL und GAL, die Gewaltfrage zum Mythos: zur Scheidelinie, an der sich das Wir (die Szene, die noch nicht von der Macht korrumpierte Linke) von den Anderen trennt. Schily wird in den Achtzigern den Gegenmythos verkörpern: Politisch mitspielen darf nur, wer das Gewaltmonopol des Staates anerkennt.

Schily sucht in den frühen achtziger Jahren einen politischen Ort. Das hat auch bizarre Seiten. In einer Sommernacht im Juli 1982, kurz nach Mitternacht, tritt Otto Schily in Tripolis in ein Zelt und schüttelt Muammar al-Gaddafi die Hand. Vier Tage lang hatten achtzehn Grüne und Friedensbewegte auf die Audienz beim Diktator gewartet. »Ehrfürchtig«, so ein anwesender »taz«-Redakteur, lauschen die Ökopaxe Gaddafis Rede. Man will testen, ob es Gemeinsamkeiten im Kampf gegen die US-Raketenstationierung gibt. Die Grünen fahren mit einer seltsamen Mixtur aus Neugier, Moral und naiver Affinität für die Dritte Welt nach Tripolis – und mit einem ernsthaften, wenn auch wenig aussichtsreichen Anliegen: Sie wollen Gaddafi dazu bringen, die Morde an libyschen Exil-Oppositionellen im Ausland zu stoppen. Schily hat Gaddafi schon ein paar Wochen zuvor in Wien getroffen – und dort tapfer dessen Hetze gegen Israel widersprochen, das von der Landkarte verschwinden müsse. In dem Zelt, ausstaffiert mit schweren, teuren Teppichen, kommt Schily bei der nächtlichen Debatte nicht zu Wort. Es geht basisdemokratisch zu, was ihn ärgert. In der »taz« erscheint ein umfänglicher Bericht über den revolutionstouristischen Ausflug. Der entsetzte Bundesvorstand der Grünen, der von dem Ego-Trip der Grünen Schily, Alfred Mechtersheimer, Gertrud Schilling und Roland Vogt nichts wusste, zweifelt, dass »Libyen tatsächlich unseren basisdemokratischen Ansprüchen« gerecht werde. Außerdem schade die Reise der »außenpolitischen Glaubwürdigkeit der Partei«. Immerhin gilt Libyen als Staat, der Terror exportiert. Schily müht sich, die Wogen zu glätten. Die »Unterschiede sind klarer geworden«, sagt er, der Dialog zwischen grünen Friedenskämpfern und den libyschenFunktionären sei eine »Mischung aus interessanten Eindrücken und Leerstellen« gewesen. Es liegt ihm in der Tat fern, eine antiparlamentarische, antiamerikanische Achse zwischen Libyen und den Grünen zu schmieden. Wahrscheinlich ist er mitgefahren, weil er es mag, wichtigen Männern die Hand zu schütteln. Im Juli 1982 wird Otto Schily fünfzig. Und er ist fest entschlossen, noch etwas Bedeutendes zu tun.

Der Solitär im Chaos-Kollektiv – Schily in Bonn

Am 24. Januar 1983 trifft sich Otto Schily beim Berliner Politologieprofessor Ekkehart Krippendorff mit ein paar linken Professoren. Man will darüber reden, was der bevorstehende Einzug der Grünen in den Bundestag bedeutet. Krippendorff schwebt ein Beratergremium vor, das Hilfe und Kritik der parlamentarischen Praxis organisieren soll. Mit dabei sind Schilys Freund Uwe Wesel, Johannes Agnoli, Co-Autor des Grundlagenwerkes linker Parlamentskritik der sechziger Jahre, »Die Transformation der Demokratie«, und der Soziologe Urs Müller-Plantenberg. Krippendorff versucht erfolglos, seine zwischen Kontrolle und Unterstützung changierende Idee »Achtundsechziger-Elite berät die Grünen« durchzusetzen. Agnoli hebt zwei-, dreimal zu weitläufigen Verdammungen der repräsentativen Demokratie an. Schily kontert sarkastisch: »Dann kann ich ja zurücktreten, bevor ich gewählt bin.«

Die Grünen sind nicht die Verlängerung der Revolte der Achtundsechziger mit anderen Mitteln, sondern der Bruch mit der linken Gettobildung, mit dem Selbstverständnis der Linken als Subkultur. Die Parlamentskritik des SDS, die Schily schon 1968 nicht allzu viel gesagt hat, traf zu Zeiten der Großen Koalition Ende der sechziger Jahre die Lage – in dem Moment, als sich die sozialen Bewegungen aufmachen, in den Bundestag einzuziehen, ist sie nur noch ein verhärtetes Glaubensbekenntnis. Jetzt geht es nicht um Theorie, sondern um politische Praxis: Was wollen die Grünen im Bundestag? Anti-Parteien-Partei sein? Oder

Der Bürgerliche und die Aktivistin – Schily und Petra Kelly beim Einzug der Grünen in Bonn (in der Mitte Lucas Beckmann)

doch die SPD unterstützen? Das Treffen bleibt einmalig – es ist die Dokumentation eines Missverständnisses. Uwe Wesel, so Urs Müller-Plantenberg, »hat den ganzen Abend nur gekichert«.

Schily will sich im Parlament alles offen halten. Bei einem Grünen-internen Treffen vor der Wahl erörtert man die unwahrscheinliche, aber mögliche Variante einer rot-grünen Mehrheit. Schily hält auch eine Tolerierung für denkbar.

Zwei Monate später, am 29. März 1983, rollen 28 grüne Bundestagsabgeordnete einen riesigen, aufgeblasenen Ballonglobus durch die Bonner Straßen. Viele Männer haben lange Bärte und Norwegerpullover an, die Frauen Jeans und Strickjacken. Marieluise Beck-Oberdorf trägt lächelnd mit anderen eine vom sauren Regen ausgebleichte Tanne, Petra Kelly ruft, von Kameras umringt, dazu auf, einen »lebendigen Kreis« gegen die Rüstungstechnokraten in Ost und West zu bilden, und ruft in die Mikrofone: »Ich verspreche, wir werden die Bewegung nie verraten.« Fast alle machen einen aufgeräumten Eindruck, nur der Abgeordnete Joseph Fischer trägt etwas missmutig ein kleines, ebenfalls vom sauren Regen angegriffenes Nadelholz vor sich her. Otto Schily, wie immer korrekt gekleidet, hat kein Bäumchen und keine Blume in der Hand und hakt sich telegen bei Beck-Oberdorf und Kelly unter. Ein Bürger und viele Hippies.

Für die Öffentlichkeit sind das die Grünen – irgendwie alternativ, basisdemokratisch, links, gegenkulturell und auf jeden Fall anders. Sie eint in der Tat das große Anti: gegen die Aufrüstung, gegen Atomkraftwerke. Doch ansonsten kommt zusammen, was nicht unbedingt zusammengehört: Wertkonservative und linksradikale Ex-Spontis auf der Suche nach einem neuen Projekt oder einer Karriere, in Fraktionskämpfen gestählte linke Traditionalisten und resolute Wachstumskritiker, pazifistische Moralisten und Internationalisten, die Geld für die Bewaffnung von Befreiungsbewegungen sammeln.

Bonn ist für Schily etwas Neues, nicht nur weil er jetzt, mit 51, Politiker ist. Er hat es, zum ersten Mal in seinem Leben, mit einem Kollektiv zu tun, mit einer Gruppe. Bisher war er es gewohnt, allein die Bühne zu betreten, sich, meist auf feindlichem Terrain, gegen Richter und Staatsanwälte zu behaupten und nur seinem Mandanten, der Strafprozessordnung und der anwaltlichen Schweigepflicht verpflichtet zu sein. Jetzt soll er vermitteln und einbeziehen, wer sich übervorteilt fühlt (und das tun viele). All das wäre für Schily auch bei der FDP gewöhnungsbedürftig. Denn er ist kein Dirigent, er ist ein Solist.

Schily fällt indes im Chaos des Anfangs die Rolle des Ordnungsstifters zu. In den Fraktionsvorstand wird er, neben Petra Kelly und Marieluise Beck-Oberdorf, mit den meisten Stimmen gewählt. Fraktionssitzungen gibt es fast täglich. Die Abgeordneten sind dabei, auch manche Nachrücker und Mitarbeiter, insgesamt etwa sechzig Leute in einem eher engen Raum. Mit einer Klingel in der Hand ermahnt Schily in der Fraktionssitzung die Kameraleute, Platz zu machen, damit er wenigstens sehen kann, ob jemand von den grünen Bundestagsabgeordneten für den Ausschluss des Fernsehens ist. Doch alle wollen, dass die Sitzungen öffentlich sind. Es gibt nur eine Enthaltung: Schily. »Wir wollen«, erklärt er ironisch in dem TV-Feature »Lust und Frust – die Grünen im Bundestag« dem NDR-Redakteur Gerhard Bott, »jedermann die Möglichkeit geben, unsere Schwierigkeiten zu besichtigen.« Eigentlich wollte er nie in eine Wohngemeinschaft ziehen, aber was er im Frühjahr 1983 tut, kommt dem ziemlich nahe: viele Sitzungen und endlose Selbstverständigungsdebatten. Die Sitzungen leitet er mit dem, wie Ulrich Enzensberger im »Kursbuch« feststellt, »eisernen Lächeln der Effizienz«. Otto, das sagen viele Grüne, Realos und Fundis, konnte allein durch seine Körperhaltung und Gestik schneidend klar machen, wen er verachtet. Und das sind in der grünen Fraktion einige. Er sortiert seine Umwelt nach wichtig und nicht wichtig, das hält er in der »Paris Bar« so, bei den Grünen erst recht. Und wer unwichtig ist, wird nicht beachtet. Viele lassen sich von seinen Überlegenheitsgesten bluffen – Antiautoritäre wie Joschka Fischer und Kadererprobte wie Jürgen Reents, mit dem Schily manchmal Schach spielt, nicht. Fischer und Schily brüllen sich einmal an – dann ist die Hierarchie geklärt, der gegenseitige Respekt erkämpft. In Gerhard Botts Film »Lust und Frust« gibt es eine hübsche Szene, die Fischers Umgang mit Schily zeigt. Fischer kommt, lässig angezogen, morgens ins Büro. Schily sitzt bereits ordnungsgemäß am Schreibtisch. »Morgen, Herr Vorsitzender«, murmelt Fischer. »Guten Morgen, Herr Geschäftsführer, ausgeschlafen?«, antwortet Schily. »Ach hör auf«, sagt Fischer und schlägt Schily sanft eine zusammengerollte Zeitung aufs Haupt. So reden Kumpel miteinander, die Konkurrenz ist in einer Geste sublimiert. Mit selbst- und machtbewussten Männern, die ihn akzeptieren, kommt Schily gut aus – mit grünen Frauen ist die Sache viel komplizierter. Nach einigen Kollisionen mit Antje Vollmer und Marieluise Beck-Oberdorf pflegt Schily das Thema grüne Frauen mit der mokanten Bemerkung zu beenden, es gebe auch »Platzhirschkühe«.

Im März 1983 ist Schily schon aus praktischen Gründen unentbehrlich. Wenn er von der Bundestagsverwaltung Schreibutensilien und Räume fordert, klappt das meist. Er weiß, wie man mit Bürokratien verfährt, und er wird, anders als viele andere Grüne, ernst genommen. »Otto war der Fels in der Brandung. Er hat den Überblick behalten und geschaut, dass es eine Struktur gibt. Das war, trotz seiner Arroganz, sein großes Verdienst«, sagt Christa Nickels. Schily inszeniert sich mit der Klingel als Lehrer, die anderen sind die – selbstverständlich antiautoritär gestimmten – Schüler. Das ist fürs Erste die Rollenverteilung in dem offenen, ebenso faszinierenden wie zermürbenden Lernprozess, in dem die Grünen ihre vielfältigen Ideen mit der politischen Alltagspraxis konfrontieren. Doch schon rasch wird sich zeigen, dass Schily Talent und Neigung zum Pädagogischen fehlen. Schily und die grüne Fraktion – das wird rasch ein erbitterter Konkurrenzkampf. Am 2. April 1983 gibt die Fraktion der Grünen ihre erste Pressekonferenz in Bonn. Und nicht ein oder zwei Bundestagsabgeordnete sitzen dort den erstaunten Journalisten gegenüber, sondern zwölf. Und jeder möchte etwas sagen. Schily redet, und zwar ausführlich. Im Saal kursieren Zettel: »Würg doch endlich den Schily ab.«

Im März 1983 ruft Schily Jürgen Treulieb an, um ihn als Mitarbeiter zu gewinnen. Treulieb, einst AStA-Vorsitzender an der FU Berlin, arbeitet als Assistent an der Universität in Osnabrück. Schily hat ihm 1972 mit viel Geschick dabei geholfen, ein ihm drohendes Berufsverbot zu verhindern. Treulieb ist interessiert, aber auch skeptisch. Er hält die Grünen in vielem noch für diffus. Als er sich doch in Bonn der Fraktion vorstellt, murren einige, weil er nicht Mitglied der Grünen ist. Außerdem geistert die Idee durch den Raum, dass alle Mitarbeiter, so wie in der »taz«, eintausend Mark Einheitslohn bekommen sollen. Treulieb antwortet: »Entweder ich bekomme so viel wie in der Uni – oder eine Fahrkarte zurück nach Osnabrück.« Rechtlich ist der Mini-Einheitslohn sowieso unmöglich, weil Fraktionsgelder öffentliche Gelder sind. Aber das weiß damals kein Grüner so genau. Treulieb bekommt den Job.

Als die Grünen in den Bundestag einziehen, schauen sie die meisten Abgeordneten von Union, SPD und FDP mit großen Augen an. Das Fremdeln ist beidseitig. Viele Grüne wirken in den ersten Sitzungen ein bisschen eingeschüchtert und fest entschlossen, das keinen merken zu lassen. Antje Vollmer, die für die alternativen Bauern im Parlament sitzt, notiert im April 1983 staunend in ihr Tagebuch: »Das sind also Kohl und Vogel, aus dem

Fernsehen.« Otto Schily fremdelt und staunt nicht. Er weiß, wie man vor laufenden Fernsehkameras redet, und von Hans-Jochen Vogel (der ihm bescheinigt, »Reden von Format« zu halten) lässt er sich auch nicht beeindrucken. Schily mangelt es nicht an Selbstbewusstsein – eher im Gegenteil. Im Rollschrank seines Bonner Büros hat er eine Mappe mit der Aufschrift »Autogrammwünsche«. Ob es um die SPD, die Volkszählung, die Rotation, das imperative Mandat, Flick oder die DDR geht – für die Presse ist Schily die erste Adresse in der grünen Fraktion. Er ist, schreibt die »Süddeutsche Zeitung« im April 1983, neben Petra Kelly der »politische Kopf der Fraktion, in der er sich mal als Moderator, mal als juristischer Beistand, mal als *elder statesman* betätigt«.

Schily weiß spätestens seit 1972, seit ihm »stern« und »Spiegel« in der Ensslin-Kassiber-Affäre halfen, wie wichtig Medienkontakte sind. Bonn ist eine fantastische Bühne für Selbstinszenierungen, Schily kennt die Tricks, wie man sich interessant macht und den optimalen medialen Effekt erzielt. Bei Pressekonferenzen versteht er es, *en passant* den Eindruck zu erwecken, als wüsste er noch etwas mehr. Viele andere Grüne achten demonstrativ wenig auf die Medien, Schily inszeniert seine Auftritte, kommt zu spät und just in dem Moment, in dem die Kameras angehen, zu Pressekonferenzen. Die Medien mögen die Grünen, die endlich frischen Wind in den Bundestag bringen, in dem habituell die stocksteife Adenauer-Ära noch andauert. Mit den Grünen hält, in etwas schrillem Outfit, so etwas wie urbane bundesdeutsche Wirklichkeit im Parlament Einzug: bunt, unübersichtlich, alternativ-bürgerlich (oder wie der FDP-Politiker Burkhard Hirsch spitz bemerkt: »Die Grünen sind zu einem erheblichen Teil die zweite Generation der Villenviertel«). Die Medien lieben vor allem den rotzigen Charme von Joschka Fischer, der nicht nur eine brillante Rede gegen Heiner Geißlers Antifriedensbewegungspolemik (»Der Pazifismus der dreißiger Jahre hat Auschwitz erst möglich gemacht«) hält, sondern auch mit seiner an Bundestagspräsident Richard von Stücklen gerichteten Bemerkung »Mit Verlaub, Herr Präsident, Sie sind ein Arschloch« in die Parlamentsgeschichte eingeht. Auch Schily polarisiert, aber unter

Wahrung der Etikette. Deshalb mögen ihn die Medien: Er kann reden, man kennt ihn.

In Bonn verhält sich Schily instinktiv so, wie es die Mediendemokratie fordert: Die parteiinterne Öffentlichkeit, die in den Volksparteien der Fünfziger noch wesentlich war, verliert zusehends an Wert. Politik ist, was in der Zeitung steht. Politiker sind Leute, die im Fernsehen reden und in den Zeitungen stehen. Und dort ist oft von Schily die Rede. In der bundesdeutschen Presse, hat ein Medienwissenschaftler akribisch ausgezählt, wird Otto Schily von 1983 bis 1989 2114-mal erwähnt, Petra Kelly 1441-mal, Joschka Fischer 1373-mal.

Die Parteiarbeit ist für Schily, bei den Grünen und der SPD, stets saure Pflicht – Kür ist der mediale Auftritt. 1983 schreibt er Gastkommentare für die »Wetzlarer Neue Zeitung«, für die »Augsburger Allgemeine« und die »Nordsee-Zeitung« in Bremerhaven (Überschrift: »Produktpaletten auf den Werften erweitern«). Er macht einen Redaktionsbesuch bei der »Frankenpost«, geht mit einem Redakteur des »Kölner Stadtanzeiger« essen, lässt abends keinen einigermaßen erwähnenswerten Botschaftsempfang aus. Wenn es gilt, mit dem tschechoslowakischen Botschafter zu frühstücken, dann fühlt sich, zum Ungemach seiner Fraktionsführungskolleginnen, selbstverständlich Schily berufen. Wenn TV-Kameras in der Nähe sind, drängelt er sich manchmal an seinen Fraktionskollegen vorbei nach vorn. Otto Schily ist berühmt – und eher ein Prominenter bei den Grünen als ein grüner Prominenter. Zum Wahlkreis in Düsseldorf hingegen geht er eher widerwillig. Dort wartet die Basis auf ihn, Leute in Norwegerpullis und Schlabberhemden, die Fragen unter seinem Niveau stellen. Und in die Zeitung kommt er damit auch nicht.

Die grüne Partei und Fraktion hat zu ihren Stars indes das gleiche Verhältnis wie zur Macht: Man will sie, und man hasst sie. Schily, stets auf Distanz bedacht, kommt zu den Fraktionssitzungen wie zu seinen Prozessen notorisch zu spät und bringt die Ambivalenz der Grünen gegenüber den »Promis« erst recht in Schwung.

Erstmals zu spüren bekommt Schily dies bei der Entscheidung, wer auf Helmut Kohls Regierungserklärung antworten darf.

Schily und Kelly, die beiden Diven, die heftig miteinander konkurrieren, gehen davon aus, dass sie diese Frage unter sich ausmachen. Doch Joschka Fischer, der parlamentarische Geschäftsführer der ersten Bundestagsfraktion und damals zu Beginn vor allem auf Integration bedacht, sagt: »So geht das nicht. Das muss die Fraktion entscheiden.« Und die votiert, typisch grün, für die eher unbekannte schwäbische Lehrerin Marieluise Beck-Oberdorf. Sie bekommt achtzehn, Schily sechzehn, Kelly, deren Bewegungsrhetorik im Bundestag seltsam verloren wirkt, nur sieben Stimmen. Schily ist heftig enttäuscht. Es fließen viele Tränen in den frühen Jahren der Grünen.

Marieluise Beck-Oberdorfs Rede kommt zwar gut an, doch am nächsten Tag schaut sie entgeistert, mit schwarz umränderten Augen in die Runde ihrer Parteifreunde und beklagt sich mit tränenerstickter Stimme, dass sie die Kritik nicht mehr erträgt. Sie hatte Helmut Kohl statt eines Glückwunsches einen von saurem Regen angekränkelten Zweig mit in die Hand gedrückt. Die Aktion war indes vorher nicht basisdemokratisch korrekt abgesegnet worden und zudem doppelt lesbar. Viele meinten, Marieluise Beck-Oberdorf habe dem Nachrüstungskanzler mit einem Zweig – also fast Blumen – zu seinem Amt gratuliert. Petra Kelly nimmt daraufhin die am Boden zerstörte Beck-Oberdorf in Schutz. Kritikwürdig erscheint ihr allerdings, dass der Zweig doch recht grün und nicht richtig vom sauren Regen ruiniert ausgesehen habe. Komödie und Drama siedeln nahe beieinander.

Joschka Fischer diagnostiziert schon nach drei Monaten, dass in der Fraktion ein durch Rotation und Nachrücker enorm verschärfter »Psychokrieg aller gegen alle« herrsche. Der Erfolg dieser Fraktion fußt zum großen Teil darauf, dass sie einfach existiert. Das allein reicht, um vor allem Unionsabgeordnete aus der Fassung zu bringen.

1983 ist es in der Tat vor allem Joschka Fischer, der sich müht, die Fraktion zusammenzuhalten. Die Frontlinie verläuft damals noch nicht zwischen Realos und Fundis – 1983 kämpfen Schily, Fischer und der Ökosozialist Jürgen Reents noch gemeinsam darum, eine rationale parlamentarische Arbeit gegen das Weltrettungstremolo und die Liebe zu symbolischen Aktionen grüner

Schily und Fischer: »Lass Otto das mal machen«

Bewegungsaktivisten durchzusetzen. Fischer schlichtet öfters den Streit, der zwischen Schily und Kelly herrscht. Und es ist auch Fischer, der manchmal von Abgeordnetenbüro zu Abgeordnetenbüro läuft, um zu vermitteln und die Arbeit in Schwung zu bringen. So etwas macht Schily nicht. Fischer mahnt Schily: »Otto, das ist eine politische Fraktion, keine Anwaltskanzlei.«

Diese Rollenverteilung mag auch an den biografischen Aussichten liegen. Falls die grüne Fraktion sich spaltet oder 1984 auseinander fällt, dann ist Joschka Fischer wieder ein Frankfurter Taxifahrer, der mal kurzzeitig eine politische Zukunft zu haben schien. Schily aber ist noch immer Schily, der prominente Anwalt, dem Stammheim nicht geschadet hat, im Gegenteil. Und er ist ein Politiker, den die SPD-Führung stets mit so auffällig freundlichen Bemerkungen bedenkt.

Schily arbeitet von Montag bis Freitag in Bonn, von neun Uhr morgens bis abends um zehn, manchmal bis in die Nacht. Danach trinkt er oft mit den Realos Hubert Kleinert und Joschka Fischer einen Wein im »Rincon«, einem spanischen Restaurant, der Stammkneipe der Grünen in Bonn. Später, 1985, gehen die Grünen in die »Provinz«, die eigentlich die Kneipe der Sozialdemokraten ist. Dort ist auch der Ex-Juso-Vorsitzende Gerhard Schröder oft dabei, der einer berühmten Geschichte zufolge nach einem Abend in der »Provinz« nachts an den Gitterstäben des Kanzleramts rüttelt und ruft: »Ich will da rein.« In der »Provinz« werden mit Schröder gelegentlich rot-grüne Kabinettslisten auf Bierdeckel geschrieben.

Schily gilt in der Öffentlichkeit als Inbegriff des Korrekten – in seinem Büro richtet er allerdings manchmal eine ziemliche Unordnung an. Wichtige Reden im Bundestag, die wochenlang in Planung sind, werden erst in der Nacht vorher fertig. Das mag auch an der Arbeitsüberforderung und der knappen Personalausstattung liegen. Der Beginn der Grünen ist strapaziös, aber aufregend, getragen vom Pathos der Gründung. »Es war«, so Herta Parchent, die vom Herbst 1983 bis 1986 als seine Sekretärin arbeitet, »unglaublich arbeitsintensiv, aber eben auch sehr intensiv.«

1985 sagt Schily: »Eigentlich leben wir hier in Bonn wie auf einer Bohrinsel.« An jedem Wochenende fährt Schily auf Heimaturlaub nach Berlin, zu Tochter Anna, die 1981 geboren wurde, und seiner Freundin und späteren Frau Linda Chajmovic. Er hat Linda, eine schöne, dunkelhaarige Frau, 1977 kennen gelernt. Sie studiert Stadtplanung, arbeitet als Sekretärin im Büro eines Berliner Architekten und weiß Ende der siebziger Jahre nicht recht, was sie mit ihrem Studium anfangen kann. Später arbeitet sie als Atemtherapeutin. Schily führt ein kompliziertes Leben zwischen zwei Städten und dazu eine komplizierte Beziehung. Außerdem behält er in Berlin seine Kanzlei in der Schaperstraße, in der Nicolas Becker und Reiner Geulen arbeiten. »Ich möchte«, sagt er 1983, »von den Grünen nicht ökonomisch abhängig sein.« Das ist verständlich, aber nicht einfach. Dass Schily, ihr früherer Chef, nun manchmal vorbeischaut, allerlei zu kritisieren hat, aber wenig zum Gedeih der Kanzlei beiträgt, sorgt für Spannungen.

Die Arroganz, eine Unfähigkeit und Unwilligkeit, anderen als Gleichen zu begegnen, ist die Kehrseite von Schilys Unerschrockenheit, die ihn befähigt, den Bundesanwälten in Stammheim und Kanzler Helmut Kohl im Bundestag auf Augenhöhe, mitunter auch von oben herab, entgegenzutreten. Er kann sehr schroff, aufbrausend, herablassend sein. Teamwork ist nicht seine Stärke. Der Anwalt Klaus Eschen erinnert sich: »Wir haben 1975 im Volkspark Wilmersdorf einen Volleyball-Verein gegründet. Ströbele, Schily, Nicolas Becker und ich. Schily war kein Mannschaftssportler. Wenn er den Ball bekam, spielte er ihn rüber. Er konnte nicht abgeben. Außerdem hat er dauernd über seine Mitspieler gemeckert.«

Fragen nach seinem Privatleben wehrt Schily in Bonn noch entschlossener ab als in den Siebzigern. Im Frühjahr 1983 schlendert er mit einem WDR-Reporter durch einen Park in Düsseldorf. »Was ist Glück für Sie?«, fragt der Reporter. Schily zögert einen Moment, die Frage gefällt ihm nicht. Dann sagt er widerstrebend: »Ausschlafen ist Glück. Und ein spielendes Kind. Und ›Die Kunst der Fuge‹ von Bach.« Solche Fragen absolviert er wie ein Angeklagter, der nichts von sich preisgeben will, oder wie ein Star, dem die Regenbogenpresse mal wieder auf die Nerven geht. Es gibt nur eine Frage, bei der er sich aus der Reserve locken lässt: seine Kinder. Auch in der »Provinz« zeigt er oft das Foto von Anna. Ein paarmal nimmt er Anna, die damals vier Jahre alt ist, mit nach Bonn.

Fischer hat in der Fraktion gute Chancen, die Rede zur Nachrüstungsdebatte im Herbst 1983 halten zu dürfen. Diese Debatte ist in den achtziger Jahren eine der wichtigsten im Parlament, ohne Nachrüstung und Friedensbewegung hätten es die Grünen 1983 wohl nicht ins Parlament geschafft. Doch Fischer verzichtet: »Lasst Otto das mal machen.« Schily ist noch immer frustriert, weil er nicht auf Kohls Regierungserklärung antworten durfte. Der umgekehrte Fall, so ein Realo, dass »Schily Fischer den Vortritt lässt, wäre kaum vorstellbar gewesen«. Fischer kann, was Schily fehlt: taktieren, zurückstecken, um etwas zu gewinnen.

Schily arbeitet intensiv an der Rede. Sie soll ein Manifest der Friedensbewegung werden, nicht nur eine gute, sondern eine historische, bedeutende Rede, eine Anklage gegen die Kohl-Regierung, die aus Hörigkeit gegenüber den USA fahrlässig die Existenz der Deutschen aufs Spiel setzt. Am 21. November 1983 sagt er im Bundestag: »Herr Bundeskanzler, Sie haben gesagt, der Friede im nuklearen Zeitalter sei nur so sicher wie die Gefahr des Untergangs für den, der ihn bricht. Das ist leider nur die halbe Wahrheit. Es ist ein Beweis für die Selbsttäuschung, in der Sie befangen sind. Denn die Gefahr des Untergangs besteht für uns alle, die wir Geiseln der Supermächte sind. Wissen Sie wirklich nicht, dass die prekäre Scheinsicherheit der Abschreckung der Weltuntergang auf Abruf ist? Dass wir längst unser Schicksal, das Schicksal der Menschheit, der Erbarmungslosigkeit von Computern anvertraut haben? Was ist daran noch christlich, frage ich Sie.«

Der Auftritt ist gut, aber nicht die brillante Abrechung mit der Regierung, die manche erwartet haben. Dazu argumentiert Schily zu umständlich – und wo er aggressiv wird, zu flach. Nichts von der frechen, aufmüpfigen Rhetorik, die Fischer beherrscht. Er verliert sich in einem Wust von Zitaten aus der »FAZ«, von Hannah Arendt, Manfred Wörner, dem Reagan-Berater Collin S. Gray, Henry Kissinger, Ronald Reagan, aus der »New York Times« und dem »Tagesspiegel«, von Robert McNamara, Rudolf Augstein und Albert Schweitzer.

Doch Schily hat noch einen großen, bemerkenswerten, »Tagesschau«-tauglichen Auftritt im Bundestag. Am nächsten Tag wird die Debatte fortgesetzt. Die Demonstranten, die die Polizei am Tag zuvor mit Wasserwerfern traktiert hat, sind abgezogen. 23 Mitarbeiter der Grünen gehen gemeinsam mit lila und weißen Halstüchern zum Mittagessen. Die völlig unterbeschäftigte Polizei identifiziert den Gang in die Kantine als eine in der Bannmeile verbotene Demonstration und verhaftet die hungrigen Friedenskämpfer. Und bringt Otto Schily in Rage. Er stürmt zum Rednerpult des Bundestages und brüllt: »Ich lasse es nicht zu, dass Mitarbeiter unserer Fraktion verhaftet werden. Das ist eine Missachtung des Parlaments. Es war sogar möglich, im Kreml ein Friedens-T-Shirt zu tragen.« Dabei hebt er drohend den Zeigefinger. Er ist ganz bei sich und klagt, unbeirrt von den Ermahnungen des Vize-Bundestagspräsidenten, der ein halbes Dutzend Mal zur Klingel greift, das Unrecht an. Hier redet weniger der Politiker Schily, hier interveniert ein Verteidiger für seine Mandanten. Es ist der gleiche Ton, in dem er in Stammheim Richter Prinzing zurechtwies, wenn der mal wieder »rechtliches Gehör« für Gudrun Ensslin verweigerte. So kann bei den Grünen nur Schily auftreten, dafür bewundern ihn viele. Allerdings schwingt in diesem großartigen, dem Friedenskampf und der Demokratie dienlichen Wutausbruch noch etwas anderes mit, eine Attitüde, die viele Grüne und später auch Sozialdemokraten hassen werden. Schily tritt an das Rednerpult im Bundestag mit der Pose eines Gutsbesitzers, der die Dorfpolizisten vergattert, weil sie seine Bauern verprügelt haben. »Wir haben gerade Danton-Schily erlebt«, meint der in historischen Metaphern nicht ganz treffsichere Verteidigungsminister Manfred Wörner nach Schilys Auftritt. Denn ein Revolutionär ist Schily gerade nicht.

Juristisch gesehen eine Nötigung – Schily demonstriert gegen die Nachrüstung

Die neuen Raketen dramatisieren die bundesdeutsche Politik wie kein Ereignis seit dem Herbst 1977. Die Rede vom »atomaren Holocaust« ist jenseits der konservativ-liberalen Regierung Allgemeingut. Ronald Reagan, der mit seinem SDI-Programm den Rüstungswettlauf auf das Weltall ausdehnen will, träumt von den militärisch unverletzbaren USA, und den neokonservativen *think tanks*, die 25 Jahre später wieder die Politik der USA bestimmen, ist in der Tat allerlei zuzutrauen.

Otto Schily sitzt 1983 abends oft in der »Provinz« oder dem »Rincon« und denkt in rauchgeschwängerter Luft über die Legitimität des Widerstandes gegen den Staat nach, der sich der möglichen Apokalypse nicht widersetzt. Das Individuum, sagt er, hat ein weitgehendes Recht auf Widerstand, wenn das Gemeinwesen Entscheidungen zulässt, die dessen Existenz bedrohen. Die Realos schütteln überrascht den Kopf. Ein legitimes Widerstandsrecht gegen demokratisch getroffene Entscheidungen gehört zur Ideologie der Bewegungsgrünen. Doch für Schily ist dies ein zentraler Punkt seines Denkens, ein roter Faden seit 1968 und schon früher. Es geht um das fundamentale Recht des Individuums, dem Kollektiv zu widersprechen. So ähnlich hat er in Stammheim Ensslin und die Angriffe auf die US-Armee 1972 verteidigt. In Schilys Lesart ist dies streng genommen kein politisches, kollektives, sondern ein moralisches, individuelles Problem. Aber so radikal ist Schily nur in der Kneipe.

Lernprozesse – die Leiden des Otto S.

Die Grünen, die einzige erfolgreiche Parteigründung nach 1949, sind in den achtziger Jahren eine widersprüchliche Veranstaltung. Eine Partei, die keine Partei sein will, eine Mittelschichtspartei, die nicht die materiellen Interessen ihrer Klientel vertritt, sondern ein linkssozialdemokratisches Programm. Die Grünen verordnen sich einen fast tyrannischen egalitären Kollektivismus, gleichzeitig ermöglichen sie Aufstiege, die in den Apparaten der Volksparteien undenkbar wären. Nur bei den Grünen kann ein Frankfurter Taxifahrer mit Streetfighter-Vergangenheit 1982 in die Partei eintreten und drei Jahre später hessischer Umweltminister werden. Nur bei den Grünen kann Otto Schily zum viel beachteten bürgerlichen Aushängeschild werden, zum medialen Tausendsassa, auf den sich 1983 die Objektive der TV-Kameras richten. Mal reicht er eine Organklage gegen die Nachrüstung der Bundesregierung ein, dann überreicht er in Ostberlin Erich Honecker ein Bild mit dem »Schwerter zu Pflugscharen«-Motiv, in Washington küsst er vor dem Weißen Haus ein Friedenstäubchen und lässt es in den Himmel emporsteigen (allerdings kommt es gleich wieder zurück), und in Moskau läuft er mit einem lila Halstuch über den Roten Platz.

Doch die öffentliche Aufmerksamkeit, die Schily hinnimmt wie etwas, das ihm selbstverständlich zusteht, hat ihren Preis. Es ist der Zwang, sich mit der grünen Partei zu beschäftigen. Und diese Zusammentreffen verlaufen, vor allem auf Parteitagen, meist angespannt. »Der Montag nach dem Parteitagen«, so Schilys Sekretärin Herta Parchent, »war immer furchtbar. Die Realos hatten verloren, die Stimmung war schlecht.« Schily, der 1984 zum »Krawattenmann des Jahres« gewählt wird, ist mit der Partei nicht nur politisch über Kreuz, auch habituell klafft ein Graben. Bei einem Parteitag kommt Mitte der Achtziger ein junger Grüner einmal zu Schily und sagt: »Otto, dass du immer mit Krawatte und Anzug rumläufst, das stört mich.« Schily antwortet: »Und mich stört, dass ich in einer Partei bin, in der ich mich von einem Rotzlöffel wie dir duzen lassen muss.«

Auch der neue Stil, der Sound der Straße, den die Fraktion ins Parlament bringt, hat Licht und Schatten. Waltraud Schoppe macht sich – ohne dabei entfernt indiskret zu wirken – am Rednerpult des Bundestages Gedanken über das Liebesleben des Kanzlers – und provoziert damit die Unionsfraktion dazu, sich aufzuführen wie ein angetrunkener Kegelclub. Aber nicht alle Ideen der Grünen haben diese Güte. Das grüne Apokalypse-Denken und die Liebe zu Betroffenheitstheatralik produzieren auch Peinliches. So verbringt die Fraktion im Herbst 1983 eine sehr langwierige Sitzung mit der Frage, wie man auf Kohls Rede zur Stationierung der US-Raketen reagieren soll. Roland Vogt schlägt ernsthaft vor, dass die grünen Abgeordneten mit Totenmasken während der Kanzler-Rede langsam auf die Regierungsbank zugehen sollen. Dieter Burgmann will lieber ein Lied gegen den Krieg singen, Halo Saibold einen Schweigekreis bilden. Petra Kelly will, dass die Fraktion am ersten Tag der Debatte Trauer ausdrückt, am zweiten Hoffnung. Zum Glück – für die Grünen und den Bundestag – weigert sich Joschka Fischer standhaft, eine Totenmaske zu tragen, Otto Schily hält das alles sowieso für Unfug. Das bringt Petra Kelly auf. »Wenn wir, wie Otto es will, gar nichts machen, dann komme ich nicht zu der Debatte.« Schily verzieht das Gesicht und erträgt das Ganze mit dem Gestus eines entnervten Schuldirektors, der es mit einem Haufen schwer Erziehbarer zu tun hat.

Die Atmosphäre in der Fraktion ist schnell vergiftet. Zwischen Abgeordneten und Nachrückern wächst das Misstrauen. Viele Nachrücker haben ihre Jobs an den Nagel gehängt, um in Bonn zu arbeiten. Doch ob sie zum Zuge kommen, hängt letztlich an der Gutwilligkeit ihres jeweiligen Abgeordneten: Weigert der sich, wie etwa Petra Kelly, steht der Nachrücker erst mal vor dem Nichts. Um das alternative Glück zu vervollständigen, schlägt ein

Nachrücker der Fraktion im Frühjahr 1983 vor, gemeinsam in eine WG zu ziehen. Man findet ein altes, denkmalgeschütztes Hotel am Rheinufer. Der Plan zerschlägt sich. Das grüne Ideal der Gewaltfreiheit wäre sonst wohl schon recht früh lebenspraktisch zu Bruch gegangen.

Ansonsten verhält sich Schily zu der grünen Neigung, symbolische Politik für die Kameras zu inszenieren, freundlich-zurückhaltend. Er lässt wenig Zweifel daran, dass es ihm eigentlich widerstrebt, auf der Straße zu sitzen – trotzdem tut er es, so wie die ganze grüne Fraktion. Die Mitarbeiter kaufen ihrem Chef in letzter Minute noch ein angemessenes Kleidungsstück: eine Jeans. Am 21. Oktober 1983 setzt sich Schily vor das Verteidigungsministerium auf der Bonner Hardthöhe und blinzelt, während zwei Polizisten ihn wegtragen, in die Kameras der Fotografen. Juristisch gesehen, ist, was Schily tut, eine Nötigung.

In der Frage der Rotation verhält sich Schily korrekt – anders als Petra Kelly, die ihre eigene Unentbehrlichkeit höher schätzt als die Beschlüsse, auf die sie sich verpflichtet hat. Auch Schily hält die Rotation für falsch, auch Schily hält sich für unersetzbar – aber noch stärker ist das Rechtsbewusstsein, dass man willkürlich keinen Vertrag bricht, den man anerkannt hat. Sein Image in der Partei hellt auch das nicht sonderlich auf.

1983 arbeitet die grüne Fraktion, nachdem sie das erste Chaos überwunden hat, recht erfolgreich. Sie macht der SPD ernsthafte Konkurrenz in der Frage, wer in der Opposition die Meinungsführerschaft besitzt. Doch wie die Fraktion sich selbst versteht, ist fraglich. Das grüne Konzept, der verlängerte parlamentarische Arm jener sozialen Bewegungen zu sein, die Petra Kelly »nie zu verraten« gelobt hatte, hat einen gravierenden Fehler. Die Fraktion soll in grüner Lesart das Spiel-, die Bewegung das Standbein sein. Doch dieses Standbein ist ein recht schwankender Pfeiler, die Bewegungen kommen und gehen, sie sind Reflexe aktueller Politik, Politik in Institutionen muss anderen Gesetzen folgen. Nachdem im Herbst 1983 die Nachrüstung durchgesetzt ist, flaut auch die Friedensbewegung ab. Zudem sind die grünennahen außerparlamentarischen Bewegungen, von den Anti-Volkszählungsinitiativen über die Frauenbewegung bis zu eher konservativen Ökologen, ein bunter Strauß mit vielen Einzelinteressen und widerstrebenden Weltanschauungen. Die Grünen können nicht nur ihr Sprachrohr sein, sie müssen sich von den Bewegungen entfernen und in die Logik des parlamentarischen Spiels einfügen. Und dort geht es um Wahl- und Machtchancen.

Es ist kein Zufall, dass dies niemand schneller begreift und schonungsloser formuliert als Otto Schily. Denn es sind nicht seine Illusionen, die in diesem Prozess beerdigt werden. Die Grünen, erklärt Schily im Januar 1984 in einem Interview, sind der »Juniorpartner der SPD«. Dass Rot-Grün die einzige einleuchtende Perspektive ist, hat Schily schon 1983 in jedes sich bietende Mikrofon gesagt. Nüchtern betrachtet, ist das die strategische Wahrheit, Juniorpartner eine angemessene Formulierung für eine Partei, die es 1983 mit 5,6 Prozent in den Bundestag geschafft hat.

Mit der Formel vom »Juniorpartner der SPD« bringt Schily viele Grüne gegen sich auf. Er ist zu früh und zu weit weg von der Partei, um zu verstehen, dass er damit am Nerv der Partei bohrt. Anfang 1984 verstehen sich die meisten Grünen als Alternative zu den Altparteien. Sie begreifen sich nicht als Ergänzung oder Teil des Parlaments, sondern als fundamental andere Partei. Das mag heute wie Hochmut erscheinen – aber ohne die Hybris, das ganz Neue zu verkörpern, gäbe es die Partei nicht. Dieses Gefühl ist der Kitt, der die höchst heterogene Partei, urbane Linksradikale und Ökobauern, arrivierte Mittelschichtler und Müslis verbindet. Die Theorie-Linken, die außer den Universitäten noch nicht viel von der Welt gesehen haben, denken so, aber auch viele, die die Grünen nicht links, nicht rechts, sondern jenseits der herkömmlichen politischen Geographie ansiedeln. Einige, etwa Petra Kelly oder Helmut Lippelt, kommen aus der SPD. Dort sind sie nicht ausgetreten, um nun als grüner Juniorpartner, als eine Mischung aus Juso und FDP, am Katzentisch der Macht Platz zu nehmen. »Was will der Schily eigentlich bei uns?«, fragen sich manche »grüne Grüne« schon 1983. Die Lernprozesse von Schily und den Grünen laufen von Beginn an asynchron.

Die Grünen verstehen sich als ein soziales Experiment, ein Polit-Labor mit neuen, eigenen Regeln, etwa der Rotation und der

Basisdemokratie, mit der die Partei sich und vor allem den Promis das Leben schwer macht. »Im Grunde«, erkennt der linke Grüne Eckhard Stratmann 1989, »kommt man durch Erfahrungen zu Strukturen, die die anderen schon lange haben – und die wir lange bekämpft haben.« Dieses ungleichzeitige Bewusstsein ist ein Grund für die endlosen Reibungen zwischen den Grünen und Schily. Er ist Mitte der Achtziger in vielem realitätstüchtiger als die Partei. Der moralische Überschwang von Petra Kelly, die Macht- und Institutionenferne vieler Grüner gehen ihm auf den Wecker. »Petra Kelly«, so ein Mitarbeiter der ersten Fraktion, »vermittelte das Gefühl: Wo wir uns an die Hände fassen und eine Menschenkette gegen die Atomrüstung bilden, da ist das Recht.« Diese gefühlte Distanz zum Rechtsstaat ist Schily ein Rätsel. Er ist, auch als Politiker, ein Jurist. So denkt er auch: in Formen, Gesetzen, Ableitungen, Verfassungsgrundsätzen. Schily vertritt, wie die Grünen, die radikale Ablehnung der atomaren Hochrüstung. Im Mai 1983 votiert er im Rückgriff auf Gustav Heinemanns Kritik der Atomwaffen dafür, dass die Stationierung von Massenvernichtungswaffen »das Recht, ja sogar die Pflicht zur Gehorsamsverweigerung« begründet. Allerdings argumentiert er rechtlich: mit der Verfassung und dem Völkerrecht. 1984 setzt er sich für eine Klage beim Verfassungsgericht in Karlsruhe gegen die Nachrüstung ein: Massenvernichtungswaffen, so das Argument, verstoßen gegen das Völkerrecht, weil sie den Unterschied zwischen Soldaten und Zivilisten verwischen. »Schön rechtsstaatlich in die Katastrophe«, ruft Jürgen Reents in der Fraktionssitzung. Doch Schily ist überzeugt: »Mit juristischen Mitteln können wir mehr erreichen als mit Demonstrationen.«

Skeptisch blickt er auf die bei vielen Grünen populäre Idee einer direkten, nichtrepräsentativen Demokratie, für die sich vor allem der anthroposophische Achberger Kreis engagiert. Ende 1983 findet in Bonn ein Kongress zur Frage der Volksabstimmung statt. Gerade nach den vergeblichen Massendemonstrationen gegen die Nachrüstung sind Affekte gegen institutionelle Verfahren angesagt, vielen Grünen erscheint direkte Demokratie als Allheilmittel gegen die Herrschaft der Apparate. Volksentscheide ohne bindende Wirkung, so der Tenor auf dem Kongress, sind zu wenig. Auch das

Grundgesetz, wird gefordert, muss vom Volk abgestimmt werden. Schily ist das zu viel grüner Populismus. Irgendwann platzt ihm der Kragen, er stürmt zum Mikrofon und fragt: »Würdet ihr auch ein Gesetz zur Einführung von Konzentrationslagern zur Abstimmung stellen? Wenn ja, dann seit ihr meine politischer Gegner, dann werde ich euch bekämpfen.« »Schily«, so Roland Appel, damals Fraktionsmitarbeiter, »war auf dem Kongress einer der wenigen Vernünftigen in einem Meer von Volksabstimmungseuphorie.« Sein harscher Auftritt beendet auch den zaghaften Versuch, mit organisierten Anthroposophen bei den Grünen Politik zu machen. Für manche Debatten, vor allem in Verfassungs- und Rechtsfragen, war Schily, so Appel, »einfach zu reif«.

Lehrer und Schüler – die Debatte um das Gewaltmonopol

Otto Schily hat ein Mantra, eine Beschwörungsformel, mit der er die grünen Rotzlöffel in anständige Parteimitglieder verwandeln will. Es heißt: »Ich fordere von den Grünen das Bekenntnis zum staatlichen Gewaltmonopol.« Nur die Koalitionsfrage ist von 1984 bis 1989 in der Partei so hart umkämpft wie dieses Thema. Bei der Frage Rot-Grün, Tolerierung oder Fundamentalopposition, ist klar, worum es geht – bei der Gewaltmonopol-Debatte nicht immer. Es ist ein Streit um ein hoch aufgeladenes Symbol, ein Spiegel für Verfassung und Mentalität der Grünen, ein Teil der Realo-Strategie und für Schily eine prinzipielle Frage. Worum es geht, verdeutlicht ein im »Spiegel« veröffentlichtes Streitgespräch zwischen Schily und Antje Vollmer im Frühjahr 1985.

Schily: »Die Grünen bekennen sich zum Gewaltmonopol des Staates – wirst du das unterstützen?«

Vollmer: »Der Staat ist überhaupt nichts, zu dem ich mich zu bekennen habe, das passt mir nicht. Das Gewaltmonopol des Staates kommt aus einer fortschrittlichen Tradition, droht aber heute umzukippen.«

Schily: »Wärst du bereit, einen solchen Antrag mit zu unterstützen?«

Vollmer: »Mir passt diese Fragerei nicht. Nein, so unterstütze ich ihn nicht.«

Schily: »Interessant. Warum nicht?«

Vollmer: »Weil sich die Erfahrungen der Bewegung mit dem so verfassten Staat nicht auf einen solchen Nenner bringen lassen. Rein abstrakt bin ich dafür, dass jede Gesellschaft die Regelung ihrer Konflikte an eine bestimmte Institution abgibt.«

Schily: »Aber konkret?«

Vollmer: »Erst wenn wir eine Gesellschaft ohne Gewalt haben, in der der Staat als solcher abstirbt.«

Schily: »Was ist denn das wieder für eine komische altmarxistische Verheißung?«

Vollmer: »Otto!«

Schily hat Recht, Vollmer Unrecht. Gerade die barbarischen, entstaatlichten Konflikte der neunziger Jahre haben drastisch den zivilen Wert des staatlichen Gewaltmonopols vor Augen geführt. Schily argumentiert hellsichtig mit den Verhältnissen im Libanon. Wenn man die grüne Debatte näher anschaut, wankt dieses Urteil nicht. Aber man sieht, dass die Frage kniffliger ist, als es scheint.

Ernsthaft militante Aktionen zu befürworten ist spätestens seit dem Deutschen Herbst ein unreflektiertes Abenteuer. Manche Fundis mögen mit Aktionen wie dem Umsägen von Strommasten kokettieren, bei der Berliner AL und der Hamburger GAL haben manche eine augenzwinkernde Sympathie für Straßenkämpfer und halten den Staat für eine Agentur bürgerlicher Herrschaft. Aber der grüne Mainstream fließt in den achtziger Jahren beständig in eine andere Richtung: Gewaltfreiheit.

Wenn Schily mal wieder bei einer Bundesdelegiertenkonferenz über das Gewaltmonopol doziert, dann hören viele Grüne vor allem ein Wort: Bekenntnis. Und sie fragen sich, worin der praktische Nutzen dieser Debatte liegen soll. Denn in der praktischen Einschätzung sind sich Schily, Antje Vollmer und auch Petra Kelly einig: ja zu zivilem, strikt gewaltfreiem Widerstand, von Blockaden bis zu Hausbesetzungen, nein zur Militanz. Widerstand, auch unter Bruch geltender Gesetze, ist für Schily 1986 unter bestimmten Bedingungen legitim. Im Gespräch mit Ulrich

K. Preuß im »Freibeuter« sagt er: »Wenn eine Regierung einen elementaren verfassungsmäßigen Konsens aufgibt, weil die Stationierung von Massenvernichtungswaffen offensiven Charakters auf deutschem Boden dem Verfassungsgrundsatz der Friedensstaatlichkeit widerspricht, dann kann der zivile Widerstand notwendig sein. Er ist dann die Mahnung, zum Konsens zurückzukehren.«

Schily denkt interessanterweise zivilen Widerstand und das Gewaltmonopol von einem gemeinsamen Punkt aus: dem Konsens. Staatliche Gewalt ist für ihn das letzte Mittel, um den in Verfassung und Gesetzen fixierten gesellschaftlichen Konsens zu schützen. Was Schily von vielen Grünen trennt, sind vielleicht weniger Argumente und Ziele, es ist eine Haltung, ein Gefühl: Viele Grüne halten staatliche Gewalt für ein notwendiges Übel und den Staat für etwas, zu dem man stets Distanz wahrt. Die Gewaltfreiheit ist für viele Grüne das Ergebnis der Erfahrung der linken Gewaltgeschichte, der Dialektik von Ausgrenzung und Selbstausgrenzung, die am 2. Juni 1967 begann. Auch daher rührt ihre Staatsferne. Hinzu kommt das originär Grüne: Angesichts des atomaren Rüstungswettlaufs, der AKWs, der ungeklärten Endlagerung und Tschernobyl erscheint der Staat als in Omnipotenzfantasien gefangene Organisation. Warum also soll man dem Staat, der auf Biegen und Brechen die Nachrüstung und die Wiederaufarbeitungsanlagen durchsetzen will, nun ausdrücklich jenes Gewaltmonopol zusprechen?

Schily sieht in dieser Haltung, zum Teil zu Recht, verstaubte Revolutionsmythen und verrostete Antihaltungen gegen Staat, Regierung, System. »Ich kann«, sagt er im »Spiegel«, »nicht die linke, etwas merkwürdige Geistestradition akzeptieren, wo man sich außerhalb stellt, einer diffusen Volksbewegung zugehörig fühlt; und der Staat ist der böse Leviathan, den man bekämpfen muss.« Schily, sagen manche Grüne heute, hatte jene Erfahrungen schon hinter sich, die uns damals noch bevorstanden. Aber so ist es nicht. Schily hat die Erfahrung von Antje Vollmer, Joschka Fischer und Ralf Fücks, sich von außen dem bürgerlichen Staat wieder anzunähern, nie gemacht. »Draußen« war er nur in einer Rolle, als Verteidiger der RAF und rechtsstaatlicher Prinzipien, die ihm in den hysterischen Siebzigern aufgezwungen wurde. Der Glaube an den demokratischen Rechtsstaat ist das Kontinuum in Schilys politischer Biografie. Die Verständnislosigkeit, mit der er auf die Argumente der Pastorin und Ex-K-Grüpplerin Antje Vollmer antwortet, ist echt.

So wird die Frage des Gewaltmonopols (das die grüne Fraktion 1988 ausdrücklich anerkennt) zu einem paradoxen Fetisch alternativer Parlamentarier. Sich offensiv zum rechtsstaatlichen Gewaltmonopol als zivilem Wert zu bekennen würde den Abschied von allen Träumen von herrschafts- und staatsfreien Verfasstheiten dokumentieren. Nun glauben auch linke Grüne nur sonntags an die Revolution oder das Absterben des Staates, ansonsten machen sie tagtäglich reformistische Politik. Faktisch sind die Grünen Mitte der achtziger Jahre Teil des parlamentarischen Systems. In Nordrhein-Westfalen sitzt jedes achte der rund achttausend grünen Mitglieder in einer Ratsfraktion oder einem Gemeinderat. Die Grünen existieren, vergleichbar mit der Sozialdemokratie vor 1914, in einem Zwischenstadium: In ihrer Praxis haben sie sich in atemberaubendem Tempo von ihrer Gründungsidee, der parlamentarische Arm der sozialen Bewegungen zu sein, verabschiedet. Gerade weil dieser Anpassungsprozess so rasch vonstatten ging, brauchen viele grüne Gemeinderäte Symbole, die noch immer das ganz Andere verkörpern. Es ist eine Art notwendig falsches Bewusstsein, deshalb fällt es so schwer, die Trennung von Amt und Mandat oder die Distanz zum staatlichen Gewaltmonopol fallen zu lassen. Schily sieht 1985 nur das Falsche, nicht das Notwendige. Er hat mit dem Gewaltmonopol prinzipiell und strategisch Recht: Wer regieren will, muss auch die Vorstellung, dass es grüne Polizeipräsidenten gibt, für normal halten. Doch so weit ist die Partei noch nicht – und dass Schily sie immer wieder daran erinnert, produziert eher den gegenteiligen Effekt. Er hat die richtige Diagnose, aber er ist der falsche Therapeut. Schily, so Dany Cohn-Bendit, »war bei den Grünen einsam. Und er war nicht in der Lage, das zu ändern und neue Mehrheiten für seine Positionen zu organisieren.«

1983 zogen die Grünen als das große Nein in den Bundestag ein, nur zwei Jahre später ist Joschka Fischer schon manierlicher

Minister in Wiesbaden. Die Richtung der Grünen ist klar: Die Realos siegen von Niederlage zu Niederlage. Die Frage ist das Tempo. Schily geht die Parlamentarisierung zu langsam, vielen Grünen geht sie zu schnell. So weit blickend einige zentrale Positionen von Schily erscheinen mögen – wäre die Partei ihm gefolgt, es hätte ihr Ende sein können. Die Ablehnung gegen Schily bei den Grünen ist oft ressentimenthaft, sie stammt aus Minderwertigkeitsgefühlen, aber sie hat einen rationalen Kern: die Selbsterhaltung der Grünen als Partei. Die Grünen müssen das Milieu spiegeln, aus dem sie stammen. Und das ist nicht Schilys Milieu.

Zudem rückt die SPD, nachdem sie wieder in der Opposition ist, nach links. 1982 lehnt die Partei mit überwältigender Mehrheit (vierhundert zu vierzehn Stimmen) Helmut Schmidts Nachrüstungskurs ab. Die Gefahr, von der SPD aufgesogen zu werden, wird von lebenskulturellen Unterschieden verdeckt, doch die Grünen, die aus verschiedenen Milieus stammen, sind in den achtziger Jahren von zwei existenziellen Gefahren umgeben: von Wahlniederlagen und der Sogwirkung der nach links driftenden SPD.

Von weitem aus gesehen könnte Schily so etwas wie der Eduard Bernstein der Grünen werden. Er weiß, wo es hingehen wird und muss. Aber sonst fehlt ihm für diese Rolle alles: Geduld, der pädagogische Eros, den Joschka Fischer gelegentlich den Grünen gegenüber an den Tag legt, die gemeinsame Biografie, Verständnis für den Weg von außen nach innen. Und vor allem das Bewusstsein, mit der grünen Sache untrennbar verbunden zu sein.

Vertrautes Terrain – Schily als Außenpolitiker

Anfang der achtziger Jahre wird Schily von sowjetischen Behörden nach Moskau zu einer KSZE-Nachfolgekonferenz eingeladen. Schily bucht einen Flug in Ostberlin, denn von Schönefeld aus zu fliegen ist billiger, und Otto Schily schaut, wie sein Vater, aufs Geld. Er fährt mit einem Bus zur Grenze. Zwei Vopos steigen ein, kontrollieren die Ausweise. Der Bus fährt weiter, Schily nicht.

Blockübergreifende Idee – grüne Demonstration auf dem Roten Platz

Er bleibt, mit schwerem Koffer, im Niemandsland zwischen den Grenzen zurück und wartet. Nach einer Weile kommt ein NVA-Offizier und sagt: »Herr Schily, Sie haben Einreiseverbot in der DDR.« Schily ist stinksauer und fragt: »Und, wann kommt der nächste Bus?« Am nächsten Tag geht er zum Chef der sowjetischen Militärmission und beschwert sich. »Leider konnte ich der Einladung Ihrer Regierung nicht folgen, weil mich das deutsche Brudervolk in der DDR nicht hat abfliegen lassen.« Der Chef der Militärmission antwortet: »Herr Schily, machen Sie sich keine Sorgen. Buchen Sie einen neuen Flug. Morgen können Sie fliegen.« So kommt es. »Das war eine interessante Lektion betreffs der staatlichen Souveränität der DDR«, meint Schily rückblickend.

Schilys Kritik am Osten ist prinzipiell und eindeutig. Er hat gesehen, wie die Mauer gebaut wurde, von Rechtsstaatlichkeit, seiner Kompassnadel in politischen Orientierungsfragen, kann nicht die Rede sein. In den späten siebziger Jahren engagiert er sich in Komitees für Rudolf Bahro, Wolf Biermann und die Prager Charta 77. Gegen den Irrtum, die DDR für das bessere Deutschland zu halten, war er immun.

Die fundamentale, menschenrechtliche Kritik am Realsozialismus ist grüne Mehrheitsmeinung. Allerdings gibt es einflussreiche Minderheiten. Viele Ökosozialisten halten, trotz aller Vorbehalte gegenüber dem Warschauer Pakt, den Realsozialismus, verglichen mit der Nato, mindestens für das kleinere Übel. Und bei der Deutschlandpolitik redet auch der AL-Politiker Dirk Schneider (innergrüner Spitzname: »die ständige Vertretung« der DDR) Mitte der achtziger Jahre ein gewichtiges Wort mit. 1984 geht Schily einmal zum Arbeitskreis Deutschlandpolitik. Er will dort eigentlich nur ein Mandat für sich haben, um eine Realo-Deutschlandpolitik in Gang zu setzen. Er will – jenseits der demonstrativen Aktionen der grünen Moralisten, die Publizität und Einreiseverbote bringen – neue Akzente setzen und zudem der stark der DDR zugeneigten Politik von Dirk Schneider entgegenwirken. Doch der Arbeitskreis verzettelt sich in einer ideologischen Grundsatzdebatte um die Frage der Staatsbürgerschaft. Schily hört sich die Debatte an, schüttelt den Kopf und geht.

Schily macht sich in der Öffentlichkeit für die Idee einer atomwaffenfreien Zone in Mitteleuropa stark, die, unter Beibehaltung der Blockzugehörigkeit, Polen, Ungarn, die Bundesrepublik, die DDR und die Benelux-Staaten umfassen soll. Die Idee knüpft an den Rapacki-Plan der späten fünfziger Jahre an, den der damalige polnische Außenminister erfolglos entwarf. Schily sieht mit klarerem Blick als Kelly, was machtpolitisch geht und was nicht, er ist unbelastet von den Anti-Nato-Affekten der Linken, die die Forderung »Raus aus der Nato« wie einen Fetisch behandeln, ohne über mögliche destabilisierende Folgen zu reflektieren. Mit der Linken gerät er schnell aneinander. In Moskau plädiert er 1983 dafür, dass die Sowjetunion die »doppelte Nulllösung« akzeptieren und auf die Stationierung der SS-20-Raketen verzichten soll. Jürgen Reents wirft ihm daraufhin vor, die Grünen auf Nato-Kurs zu bringen. Aber das ist falsch: Eine grüne Abrüstungspolitik muss sich gegen die Hochrüstungspolitik in Moskau und Washington stellen. Wenn sie der Sowjetunion gegenüber auf diese Forderung verzichtet, weil die Nato das Gleiche fordert, verliert sie ihr größtes Kapital: die Glaubwürdigkeit des blockübergreifenden Ansatzes.

Schily unternimmt den interessanten Versuch, grüne Moralideen mit sozialdemokratischer Entspannungspolitik zu verbinden. Außenpolitik gefällt ihm, deshalb ist er auf diesem Feld kreativ. Das Taktische, Formale und Diplomatische liegt ihm – mehr als vielen anderen Grünen, die alles, was mit Staat und Macht zu tun hat, skeptisch betrachten. Den symbolischen Aktionismus der Grünen, die sich auf dem Alexanderplatz anketten, erträgt er tapfer, wirklich wichtig findet er ihn nicht. Wenn er mit einem lila Halstuch, das gleichermaßen Pazifismus und Feminismus symbolisieren soll, neben Erich Honecker steht, dann stimmt etwas nicht an diesem Bild. Es passt nicht zu ihm, so wenig wie die geballte Faust, die er 1968 einmal in die Höhe reckte. Schily geht lieber auf Botschaftsempfänge. Auf dem diplomatischen Parkett weiß er sich zu bewegen, als hätte er nie etwas anderes getan. Er ist endlich dort angekommen, wo er immer hin wollte: in der Welt der großen Namen. 1984 debattiert er in Moskau mit Valentin Falin und dem sowjetischen Deutschlandexperten Wadim Sagladin, 1986 vier Stunden mit dem sowjetischen Außenminister Eduard Schewardnadse. Und er träumt davon, Minister zu werden.

Schilys Stasi-Akte

1983 rückt Schily in den Fokus der Stasi – vor allem nach dem Einzug der Grünen in den Bundestag und vor Schilys Visite bei Honecker am 30. Oktober 1983. In Ostberlin wollen die Grünen unter anderem ausloten, ob die SED in der Raketenfrage flexibel ist. Im Vorfeld des Besuches erstellt die Stasi ein Dossier über Schily. Der Anwalt, heißt es dort, sei früher SPD-Mitglied gewesen, 1968 »einer der führende Köpfe« der APO gewesen und habe eine gemeinsame Kanzlei mit Horst Mahler betrieben. In einem anderen Dossier über linke Rechtsanwälte heißt es, dass Schily die »taz« finanziert. Nichts davon ist richtig. Auch Stasi-Agenten schreiben manchmal einfach nur aus der falschen Zeitung ab.

Zutreffend ist hingegen die Einschätzung seiner Position gegenüber dem Realsozialismus: »Schilys Haltung zur DDR ist zwiespältig. Er hält sich im Unterschied zu Petra Kelly mit öffentlichen Äußerungen gegen die DDR zurück. Intern wurden jedoch Äußerungen bekannt, mit denen er sich für eine Legalisierung pazifistischer Bewegungen aussprach.« Und: »Schily ist an Gesprächen mit führenden Politikern der DDR und der UdSSR interessiert und sieht darin für sich Möglichkeiten zur weiteren politischen Profilierung.«

Die Stasi betreibt im Herbst 1983 einigen Aufwand, um mehr über die Grünen in Erfahrung zu bringen: Sie hört Schilys Telefonate mit Marieluise Beck-Oberdorf ab, ist über seine Vorbereitungen auf das Gespräch mit Honecker informiert (»Aus taktischen Gründen will Schily der Behandlung von aktuellen Fragen wie der Abrüstungsproblematik den Vorrang bei Gen. Honecker einräumen«) und hält Schily für einen Politiker, der »zu Kompromissen mit der DDR bereit ist«. Mit Wohlgefallen berichtet die Stasi, dass Schily symbolische Aktionen von Grünen in Ostberlin, etwa einen von Stasi-Leuten rabiat abgedrängten Protest gegen die Unterdrückung der Friedensbewegung in der DDR am 4. November 1983, skeptisch beurteilt. »Wenn man den Fuß in der Türe hat, dann sollte man nicht gleich versuchen, den anderen am Bart zu zupfen«, habe Schily anderen Grünen gegenüber gesagt. Außerdem versuche er, den Grünen Beckmann, treibende Kraft bei solchen Aktionen, in den Griff zu bekommen. Richtig geheuer ist Schily den DDR-Staatsschützern allerdings nicht. Bekannt ist sein Engagement für Bahro und für das »Komitee Freiheit und Sozialismus, welches antikommunistisch in Erscheinung tritt«. Schily, so das Urteil der Stasi-Bürokraten, ist »einer der wirksamsten Politiker der AL in Westberlin«. Nach wie vor »vertritt er Ideologien eines ›demokratischen Sozialismus‹«.

Am 31. Oktober besucht Schily nach seiner Honecker-Visite auch Pastor Rainer Eppelmann, damals einer der wesentlichen Figuren der unabhängigen Friedensbewegung in Ostberlin. Im Bericht eines IM heißt es: »Der der Delegation angehörende Rechtsanwalt Schieli, der mich bereits seit dem Jahr 1978 durch die Strafsache (geschwärzt) kennt, war ebenfalls kurzzeitig anwesend in der Wohnung von Rainer Eppelmann. Aufgrund dieser erneuten Begegnung mit mir bot er von sich aus sein Du an. Er wolle auch die Möglichkeit einrichten, mich auf der Insel Rügen zu besuchen. Er will ein juristisches Seminar abhalten mit dem Thema: Der Christ in der Verfassung der DDR.«

Schilys Stasi-Akte umfasst 197 Seiten, viele interessante Details, aber nichts grundlegend Neues. Die Lektüre von »taz« und »FAZ« oder der Besuch der öffentlichen grünen Fraktionssitzungen hätte ähnliche Erkenntnisse ermöglicht. Immerhin hatte die Stasi mit Dirk Schneider einen IM bei den Grünen, der nicht nur als Zuträger funktionierte, sondern auch ein wesentlicher Akteur der grünen Deutschlandpolitik war. Interessant ist der Hinweis in den Akten (wenn er stimmt), dass der Streit um das Verhältnis zur SPD schon im Sommer 1983 heftig tobte. Lucas Beckmann, damals ein vehementer Anhänger des grünen Moralfundamentalismus, drohte Schily an, falls es zu Rot-Grün käme, würde er die grüne Partei lieber zerstören.

Schily hat seine Stasi-Akte im Herbst 1998 gelesen und Teile davon freigegeben. Über die Rolle der Stasi bei Schilys Verteidigung des Technologieschiebers »Moneten-Müller« (vgl. Seite 305) findet sich in dem veröffentlichten Material allerdings nichts. Die »Welt am Sonntag« war sich im Sommer 2001 nicht zu schade für den Versuch, aus der Möglichkeit, die Worte »Schily, RAF, Stasi« in einem Satz unterzubringen, einen Skandal zu machen. Kritisch schien der »WamS«, dass Schily 1976 einen DDR-Wissenschaftler gefragt hatte, ob er sich an der internationalen Untersuchungskommission zum Tod von Ulrike Meinhof beteiligen wolle (der honorige Leute wie der italienische Linksozialist Lelio Basso und die Filmregisseurin Margarethe von Trotta angehörten). Welchen Vorwurf die »Welt« Schily glaubte machen zu können, ist in dem Text auch für fantasievolle Leser nicht recht erkennbar. Immerhin fand die Redaktion Freya Klier, die Ex-Bürgerrechtlerin vom Dienst, die meinte: »Schily will mit seinem massiven Druck auf Marianne Birthler [die Nachfolgerin von Joachim Gauck] vielleicht auch die dunklen Flecken seiner eigenen Vergangenheit unter Verschluss halten.« Vielleicht, dunkle Vergangenheit – Frau Klier weiß nichts, aber das reicht für ein bisschen Denunziation in einem Springer-Blatt.

Warum Otto Schily bei den Grünen so oft verloren hat

Schilys Verhältnis zu den Grünen ist spannungsgeladen – politisch, habituell, kulturell. Aber man mag sich gleichwohl fragen, warum es so wenig Produktivität und so viel Blockade gibt. Schily ist, wie schon 1968, zehn, fünfzehn Jahre älter als die meisten Aktivisten in seinem Umfeld. Er spielt bei den Grünen eine ähnliche Rolle wie in der Studentenbewegung und in den siebziger Jahren: ein Medium zwischen bundesdeutscher Mehrheit und der Minderheit. Er wird auch in gutbürgerlichen Kreisen anerkannt, die mit dem grünen Weltbild und der Birkenstock-Ästhetik der frühen Jahre nicht viel zu schaffen haben. Er ist wichtig für die Grünen, aber er hat dort keinen festen Platz. Zum anthroposophischen Achberger Kreis ist die politische Schnittmenge gering. Ähnliches gilt für die ebenfalls anthroposophisch inspirierte Gruppe um Josef Beuys in Schilys Wahlkreis in Düsseldorf. Die Distanz zur Alternativen Liste in Berlin, die sich lange nicht zum Bruch mit den Autonomen entschließen kann, wächst von beiden Seiten. So hat er eine Reihe Anknüpfungspunkte in der grünen Partei, aber keinen verbindlichen Anschluss. Richtig dazu gehört er nirgends. Joschka Fischer hat seine Hausmacht in Hessen, Thomas Ebermann in Hamburg, Schily nirgendwo. Sein Problem, sagt Joschka Fischer Mitte der Achtziger, ist, dass er »bei den Grünen schwebt«. Schilys Problem, bemerkt Antje Vollmer, ist, »dass er eigentlich nicht weiß, wo er hingehört«. Aus Schilys Sicht stellt sich die Sache anders dar: Er weiß, wo er hingehört: nach oben.

In der Öffentlichkeit gilt Schily als Realo. Die Realos entstehen Ende 1983 – und damit der Realo-Fundi-Flügelkampf, der das Bild der Partei bis 1989, bis zu Schilys Austritt, prägen wird. Die Realos verbindet keine Weltanschauung, wie die Ökosozialisten, die irgendwie an den Antikapitalismus und die Revolution glauben. Sie wollen ein bisschen mehr plebiszitäre Demokratie, die Atomkraftwerke abschalten und mehr Abrüstung. Bei Ökologie denken sie nicht an ein neues Weltbild wie die Radikalökologen, sondern eher daran, den Müll zu trennen und Benzin sparende Autos zu bauen. Politisch passt zwischen viele Realos und den ökologischen Reformflügel der SPD kein Löschblatt. Und mehr als alle Überzeugungen eint die Realos ein Ziel: der Wille, Juniorpartner der SPD zu werden.

Viele halten Schily für den Chef der Realos. Aber das täuscht. Bei den Strategiedebatten der Realos ist er keineswegs der Wortführer, und das harte politische Alltagsgeschäft – Seilschaften aufbauen, Kontakte in der Partei pflegen, Mehrheiten organisieren, Kompromisse aushandeln – ist seine Sache nicht. Hubert Kleinert, parlamentarischer Geschäftsführer der Fraktion und in den Achtzigern ein zentraler Organisator der Realos, meint: »Schily war nicht der Chef der Realos, sondern ihr Präsident.« Schily ist kein Handwerker, er ist der Künstler, für den die anderen die Farben mischen sollen.

Deshalb muss er auch viele mal mehr, mal weniger spektakuläre Niederlagen einstecken. Der erste Frontalzusammenstoß ereignet sich in der ersten Fraktionsführung zwischen Schily und Beck-Oberdorf. Im Frühjahr 1984 stellt sich die Frage, ob Kelly, Schily und Marieluise Beck-Oberdorf (und Joschka Fischer als Geschäftsführer) noch ein weiteres Jahr im Amt bleiben sollen. Dafür spricht einiges: Auch bei manchen Grünen wächst zaghaft die Einsicht, dass es nicht gut ankommt, wenn man wie ein vom Abstieg bedrohter Fußballclub dauernd die Trainer wechselt. Die Idee scheitert, weil Beck-Oberdorf, die Schily in der Fraktion unter Tränen autokratischen Stil vorgeworfen hat, sich weigert, noch einmal mit ihm gemeinsam zu kandidieren. Beck-Oberdorf war so verletzt von Schilys Art, sie zu ignorieren, dass sie, so Hubert Kleinert, »lieber ihr Vorstandsamt sausen ließ, als noch mal ein Arrangement mit Schily zu suchen«. Gewählt wurde daraufhin das »Feminat« Antje Vollmer, Waltraud Schoppe und Christa Nickels. Schily war beleidigt und ging demonstrativ nicht zu deren Wahl.

Für die Medien bleiben 1984 Schily und Fischer unter den Grünen die gefragtesten Interviewpartner – was der weibliche Fraktionsvorstand mit Zerknirschung zur Kenntnis nimmt. So wird Antje Vollmer, die in den Achtzigern den Realpositionen sukzessive näher rückt, zu Schilys Intimfeindin. Ende 1987 scheitert die Idee, einen Realo-Mitte-Fraktionsvorstand zu bilden, weil nun Antje Vollmer sich weigert, mit Schily zusammenzuarbeiten.

1985 wird Joschka Fischer der erste grüne Minister in der Geschichte der Republik. Zuvor war lange spekuliert worden, dass dies Otto Schily werden würde: Justiz- oder Umweltminister in Wiesbaden, auch weil sich Holger Börner, der hessische Ministerpräsident, Schily wünschte. Für Schily sprach einiges: Umweltpolitik hat viel mit Rechtsfragen zu tun, ein Feld, auf dem Schily Fischer überlegen ist. Doch die grünen Realos entscheiden sich, aus rationalen Gründen, für Joschka Fischer. Denn der hat in Hessen eine Basis und eine Lobby, während Schilys Unfähigkeit, in der Partei Loyalitäten zu binden, 1985 schon im »Spiegel« nachzulesen ist.

Außerdem ist es ein Schritt für die Grünen ins Zentrum der Macht, ein Schritt, den die Partei besser versteht, wenn man ihn mit Turnschuhen und nicht mit italienischen Edelschuhen macht. Kurzum: Otto Schily wird nicht der erste grüne Minister, weil er zu wenig grün und zu viel Minister ist.

Im Januar 1987 will Schily ins Fernsehen: Drei Tage vor der Bundestagswahl debattiert die so genannte Elefantenrunde. Doch die Partei entscheidet sich für Jutta Ditfurth und gegen Schily, der inzwischen ein Star geworden ist. Bei Wahlkampfveranstaltungen kommen nicht nur in Universitätsstädten mit starkem grünen Milieu Hunderte. 1200 Menschen wollen Schily in Osnabrück sehen, denn er ist etwas Besonderes, eine schillernde Figur: Der Ex-RAF-Anwalt, der Ankläger im Flick-Untersuchungsausschuss, der Kohl und Strauß zum Schwitzen bringt, füllt die Marktplätze. Das schafft sonst kein Grüner, nur Joschka Fischer.

Als 1987 der neue Fraktionsvorstand gewählt wird, kandidiert Schily gegen Thomas Ebermann. Schily ist natürlich der Favorit – obwohl die anderen Sitze im Fraktionsvorstand schon an Realonahe vergeben sind. Schily gibt sich bei seiner Bewerbungsrede sehr selbstsicher. Er hat doch mit seinem Image als Bürgerlicher, Seriöser maßgeblich zu dem Wahlerfolg der Grünen beigetragen, mehr als andere. Warum soll er sich klein machen? Warum auf Empfindlichkeiten Rücksicht nehmen? Schily weiß von sich selbst, dass er »kein Gespür für grüne Befindlichkeiten« hat, aber er hat wenig Lust, das zu ändern. So hält er eine siegesgewisse Rede vor der Fraktion – damit »hat er«, so Hubert Kleinert, »vielleicht selbst zu seiner Niederlage beigetragen«. Ebermann gewinnt mit einer Stimme Vorsprung. Schily nimmt das Ergebnis bleich zur Kenntnis. Gegen Ebermann zu verlieren, den auch viele gemäßigte Linke für politikunfähig halten, ist eine Demütigung und kommt einer Demontage gleich.

Für jede dieser Niederlagen gibt es Gründe: Mal ist die Flügelarithmetik ungünstig, dann scheitert Schily an dem Widerstand von Beck-Oberdorf oder Antje Vollmer, deren hartnäckige Gegnerschaft er sich durch seine Arroganz eingehandelt hat. Mal ist es nur Pech. Bei der für Schily katastrophalen Niederlage gegen Ebermann fehlt ein Realo, Dietrich Wetzel, aus familiären Gründen. Oft spielt bei diesen Wahlen auch der grün-egalitäre Neidreflex eine Rolle, der heiße Wunsch, den Prominenten Schily abzustrafen.

Aber das allein ist es nicht. Schily verliert nicht nur, weil finstere Fundis und frustrierte Abgeordnete ihren Ressentiments freien Lauf lassen. Er verliert auch wegen seines offenkundigen Unwillens, etwas anderes zu repräsentieren als sich selbst. Er verliert, weil er oft zu spät zu den Fraktionssitzungen kommt, sein Statement für die TV-Kameras vorträgt (die Sitzungen sind bis 1990 öffentlich) und wieder verschwindet. Wenn ein grüner Abgeordneter Schily antwortet, ist der Star schon zum nächsten Termin geeilt. Er verliert, weil er in vielen Interviews sehr oft »ich« oder »die Grünen müssen« sagt, »wir« ist selten zu hören. Er verliert, weil er auf viele den Eindruck macht, dass er ganz nahe bei sich selbst ist, wenn er gegen die grüne Partei kämpft – so wie ein guter Anwalt, der es gewohnt ist, allein gegen die anderen, die Staatsanwälte und die Richter, zu kämpfen. Er verliert, weil viele Grüne, nicht nur Fundis, glauben, dass der Inhalt von Schilys Politik Otto Schily ist.

So wächst das Misstrauen von beiden Seiten. Es gibt eine Schlüsselsituation, in der die Verfehlung zwischen Schily und den Grünen heftig zu Tage tritt. Im März 1985 schreiben Antje Vollmer und Christa Nickels einen Brief an die RAF-Gefangenen,

Schily ist darüber wütend. Der Riss zwischen Schily und der Fraktion ist danach noch ein Stück tiefer. Und das ist, in diesem Fall, nicht der Fehler der Grünen.

Schily und die »Härte des Staates« – die RAF-Debatte bei den Grünen

1998, als Schily Innenminister wird, wundern sich viele Journalisten, wie barsch er ihre Fragen nach der RAF abfertigt und zum nächsten Thema übergeht. Doch dass Otto Schily von Stammheim nichts mehr wissen will, ist nicht neu. Ihn hat nur lange niemand mehr danach gefragt.

1984, fünfzehn Jahre vorher, sitzen die Realos wie oft abends bei Bier und Wein in der »Provinz« in Bonn. Wenn das Gespräch mal auf die RAF kommt, richten sich die Augen auf Otto Schily, der dann sehr still wird. Stammheim hat ihn berühmt gemacht, nun klebt das Etikett RAF-Anwalt an ihm wie ein Stigma. Mit diesem Image kann er nichts werden – und Schily will etwas werden. »Er wollte darüber nicht reden. Auch nicht unter vier Augen«, so ein Realo.

Nach dem Deutschen Herbst hat Schily sich aus den politischen Prozessen zurückgezogen. Im Winter 1977 tritt er noch auf ein paar Diskussionsveranstaltungen zu Stammheim auf, auf denen die Mord- und Selbstmordthese, eine damals bei den Linksradikalen hart umkämpfte Glaubensfrage, ventiliert wird. 1978 erscheint er auf dem unter anderem von Uwe Wesel initiierten Russell-Tribunal »zur Situation der Menschenrechte in der Bundesrepublik Deutschland«, das von manchen Liberalen und Sozialdemokraten als Propagandashow kritisiert wird. Dort greift Schily noch einmal die Prozessführung gegen die RAF an: die illegale Abhöraktion, die »isolierenden Haftbedingungen« und die »massiven Vorverurteilungen, mit denen das Stammheimer Verfahren präjudiziert worden ist«.

Im April 1981 hungert sich Sigurd Debus, 21 Jahre alt, zu Tode. Debus sitzt in Hamburg im Normalvollzug ein und wird zwangsernährt. Er hungert nicht, um selbst bessere Haftbedingungen zu erreichen, sondern aus Solidarität mit seinen RAF-Genossen in den Hochsicherheitstrakten. Debus ist nicht so bekannt wie Holger Meins, sein Tod ist noch furchtbarer und verschärft wieder einmal die Debatte um die Haftbedingungen. Sie kreist um die Frage: Soll man die RAF-Forderung nach Zusammenlegung in größeren Gruppen unterstützen – oder betreibt man damit die Propaganda der RAF? Sind die Haftbedingungen legitimer Selbstschutz des Staates – oder Repression? Viele Rechte meinen, die RAF-Gefangenen, die sich nicht vom Terror distanzierten, seien selbst schuld, dass der Staat sie isolieren müsse.

Schily widerspricht dem vehement und differenziert. Auf einer Diskussion im SFB sagt er im April 1981: »Unmenschliche Behandlung ist immer von dem verschuldet, der sie betätigt, und nie von dem Opfer. Es gibt keine Rechtfertigung für unmenschliche Behandlung in einem Rechtsstaat, auch kein Sicherheitsinteresse. Ich respektiere dieses Sicherheitsinteresse gegen eine Gruppe, die den Staat mit Waffengewalt bekämpfen will. Es wäre abwegig, dieses Interesse nicht anerkennen zu wollen. Aber das schließt menschliche Behandlung nicht aus. Im Gegenteil, so wie es Uwe Wesel gesagt hat: Gerade unmenschliche Haftbedingungen für die RAF gefährden die Sicherheit, weil sie neue Generationen von Terroristen produzieren.«

Und weiter: »Im Übrigen darf man die Frage von menschlichen oder unmenschlichen Haftbedingungen nicht mit der Forderung des Abschwörens einer politischen Gesinnung – mag sie noch so verwerflich sein – verknüpfen. In der ›FAZ‹ habe ich in einem Artikel über Günter Sonnenberg gelesen: ›Nur wer abschwört, kann auf Erleichterung hoffen.‹ Das ist die Definition von Folter.«

Und weiter: »Günter Sonnenberg hat eine Kopfverletzung und wird Invalide bleiben. Da geht der Staat mit einer Unerbittlichkeit und Gnadenlosigkeit vor – verglichen mit einem Fall, wo jemand wegen eines tausendfachen Judenmordes zu lebenslänglicher Freiheitsstrafe verurteilt worden ist und dann wegen angeblicher Depression nach Hause gehen durfte … Also: Sicherheit ja, aber nicht auf Kosten der Humanität.«

Schily plädiert dafür, auf die RAF-Forderung nach Zusammenlegung in größeren Gruppen einzugehen. Seine Begründung ist bemerkenswert: Sie ist juristisch-moralisch motiviert und nur am Rande von der politischen Idee, es gelte zu verhindern, dass RAF-Märtyrer neue RAF-Kämpfer schaffen. Schilys zentrales Argument lautet: Der Rechtsstaat muss human sein. Danach befasst sich Schily nicht mehr mit der RAF. Sie scheint für ihn ein abgeschlossenes Kapitel zu sein. Doch es gibt sie immer noch.

Vier Jahre später, im Januar 1985, läuft der neunte Hungerstreik der RAF. 38 Gefangene hungern. Das Ziel ist die Zusammenlegung in großen Gruppen, den Normalvollzug lehnen die Gefangenen ab. Manche Boulevardzeitungen beschreiben die luxuriösen Haftbedingungen von Günter Sonnenberg und Co. Ein forscher SPD-Abgeordneter will das Kontaktsperregesetz reaktivieren. Einige Gefangene werden zwangsernährt. »Es ist wieder so weit«, notiert die »Süddeutsche Zeitung« lakonisch.

Die linksliberale Öffentlichkeit schwankt hilflos zwischen Zorn auf die RAF, Ratlosigkeit, Resten von schlechtem Gewissen und blankem Überdruss: Die Neigung, sich mit dem leidigen RAF-Problem zu befassen, tendiert seit 1977 gegen null. Die RAF ist ein böses Gespenst aus der Vergangenheit der Neuen Linken, ein Untoter, der einfach nicht aufhören kann, herumzugeistern und immer weiter Anschläge und verstiegene Kommandoerklärungen zu produzieren, die jenseits einer schrumpfenden Szene niemand mehr liest. Die Anschläge gehen weiter. Und die eiserne Logik von Repression und Terror ist ungebrochen.

Im Januar 1985 fordert die grüne Fraktion unter Federführung von Joschka Fischer bessere Haftbedingungen – und von der RAF das Ende des Hungerstreiks. Die Fraktion weigert sich, bloß die RAF-Forderung zu übernehmen, sie will der elenden Falle der »Sympathisantenrolle« entkommen. Das ist das Ergebnis eines Lernprozesses, der Erfahrung, dass die RAF-Gefangenen ihre Unterstützer instrumentalisieren. Doch angesichts der drohenden Spirale von Hungertoten, Anschlägen und neuen RAF-Kämpfern ist diese Forderung auch wohlfeil. Am 29. Januar schwebt Knut Folkerts in akuter Lebensgefahr. Antje Vollmer und Christa Nickels versuchen, Justizminister Hans Engelhardt zu Gesprächen mit den Gefangenen zu bewegen, vergeblich. Am 30. Januar schreiben sie einen Brief an Adelheid Schulz, Brigitte Mohnhaupt, Christian Klar, Sieglinde Hoffmann und Roland Mayer:

»Liebe/r …,
wir schreiben Dir diesen Brief, weil wir Dich gern so bald wie möglich besuchen möchten. Wir waren mit der Diskussion über Euren Hungerstreik, wie sie in unserer Fraktion geführt wurde, sehr unzufrieden. Wir haben in dieser Diskussion vertreten, dass die Grünen die inhaftierten RAF-Mitglieder viel zu lange politisch ignoriert haben und es nun angesichts Eures fortgeschrittenen Hungerstreiks höchste Zeit sei, mit Euch Gespräche zu führen. Wir konnten uns mit dieser Position nicht durchsetzen. Stattdessen wurde per Mehrheitsentscheidung die bekannte Erklärung verabschiedet, die unter anderem die Aufforderung an Euch enthält, Euren Hungerstreik abzubrechen. Wir finden es sinnvoll, mit Euch politisch zu diskutieren. Wir möchten Dich bitten, uns die Gelegenheit zu einem Besuch bei Dir einzuräumen und uns nicht für eine Mehrheitsentscheidung verantwortlich zum machen, für die wir nicht verantwortlich sind. Herzliche Grüße …«

Am nächsten Tag ermordet ein RAF-Kommando in München den Manager Ernst Zimmermann. Die RAF-Gefangenen brechen daraufhin den Hungerstreik ab – der Staat, so ihre zutreffende Einschätzung, wird nach den Schüssen von München ihren Forderungen auf keinen Fall nachgeben. Das Gesprächsangebot von Vollmer und Nickels lehnen die Gefangenen ab.

Im März kommt der Brief (offenbar unter Missachtung des Postgeheimnisses in einer Justizvollzugsanstalt) an die Öffentlichkeit – und verursacht einen Sturm der Entrüstung. Union und Liberale rücken Vollmer und Nickels in die Nähe von RAF-Sympathisanten. Justizminister Engelhardt hält den Brief für »eine Sympathie- und Solidaritätsbekundung«, CDU-Mann Rudolf Seiters für »skandalös«. Der Fraktionschef der Union, Alfred Dregger, urteilt: »Näher kann man der RAF geistig nicht kommen.« So tönt die Union immer, wenn jemand von der Linie abweicht, die RAF als die Verkörperung des Bösen anzusehen und sonst nichts. So war es auch 1974, als der Ex-Bundespräsident Heinemann Ulrike Meinhof erfolglos bat, ihren Hungerstreik abzubrechen. Unionsabgeordnete sahen darin den »einseitigen Versuch«, der RAF moralische Motive zuzubilligen. Es gibt in der Republik eine Tradition der Kontaktschuld: Wer mit dem Bösen redet, ist selbst verdächtig, dessen teuflischer Macht anheim zu fallen. Wer weiß das besser als Schily, der 1977 reihenweise nächtliche Drohanrufe bekam?

Auch in der grünen Fraktion sind die Reaktionen auf den Brief gemischt. Der Ton wird kritisiert, auch dass sich die beiden – immerhin Fraktionssprecherinnen – von dem Fraktionsbeschluss distanziert haben. Viele finden die Aktion naiv, andere die Wortwahl verunglückt. Willy Hoss sagt: »Der Brief erweckt Illusionen über die Gutartigkeit der Leute, mit denen ihr sprechen wollt.«

Die Debatte explodiert erst, als Otto Schily eingreift und Vollmer/Nickels einen »nahezu devoten Ton« gegenüber der RAF vorwirft. »Wie viele muss man denn umgebracht haben, um bei euch als Gesprächspartner in Betracht zu kommen?«, fragt er polemisch. Das ist ein Frontalangriff, der auch von Alfred Dregger stammen könnte, eine Infamie, weil er den Kontaktversuch in eine Legitimierung der RAF umdeutet. Als Helmut Gollwitzer Schilys Satz abends in der »Tagesschau« hört, sagt er: »Der macht den Eindruck, als wolle er den Ruf des Terroristenanwalts loswerden.« Zwei Tage später verteidigen Heinrich Albertz, Heinrich Böll, Helmut Gollwitzer und Kurt Scharf Vollmer und Nickels in einem offenen Brief gegen die Angriffe der Union – und zwischen den Zeilen auch gegen Schily. »Otto kannte uns doch«, sagt Christa Nickels heute. »Er wusste doch ganz genau, dass Antje und ich Mord nicht schönreden, dass wir nicht für Gewalt eintreten.«

Schilys Attacke ist, in mehrfacher Hinsicht, eine Verwechslung. Es gibt auf dem Fundi-Flügel der Grünen in der Tat manche, die den Kampf zwischen RAF und Staat in umgekehrten »Bild«-Zeitungs-Schablonen rastern und den Staat für grundböse halten und die RAF-Gefangenen zu Opfern modellieren. Vollmer und Nickels gehören indes nicht dazu: Sie wollen Bewegung in die verhärtete Konfrontation zwischen RAF und Staat bringen. Ihre

Dialog- und Amnestieinitiative ist, wie sich zeigen wird, der einzige brauchbare und produktive Ansatz zur RAF-Frage, den die Linke in den Achtzigern entwickelt. Der Brief ist der stolpernde Beginn dieser Initiative.

Auf den ersten Blick wäre niemand geeigneter als Otto Schily, diesen Ansatz zu unterstützen, immerhin hat er in den Siebzigern als Anwalt eine souveräne Position zwischen den Fronten verteidigt. Warum also diese schroffe Attacke? Dafür gibt es viele Gründe. Sie ist auch eine Abrechnung mit Antje Vollmers Frauenvorstand, der einen gravierenden handwerklichen Fehler gemacht hat. Doch sie ist mehr als ein Revanchefoul, es geht um Grundsätzlicheres. Schily blickt mit Skepsis auf die Idee, mittels Dialog einer politischen Lösung näher zu kommen. Auch 1981, als er noch auf der anderen Seite der Front stand, argumentierte er im Fall Debus rechtsstaatlich, weniger politisch. Vollmer und Nickels planen einen Grenzgang auf ungesichertem Terrain – und das ist nicht sein Metier. Er versteht es, in Rollen zu agieren, mit Gesetzen, Paragraphen und Vorschriften. Freihändige Dialogversuche mit Terroristen sind etwas anderes.

So sieht er in dem Brief keinen unfertigen, interessanten Versuch, dem es aufzuhelfen gilt, sondern nur eine bedrohliche Annäherung an die RAF. Der Brief, sagt er im »Spiegel«-Streitgespräch mit Antje Vollmer, fördert womöglich »die politische Legitimierung der RAF«. Diese Gefahr gibt es – aber die Alternative, die Verweigerung des Kontaktes mit der RAF, zementiert die Outcast- und Opferrolle der Gefangenen erst recht. Und auch Otto Schily hat die RAF in seiner Rolle als Anwalt politisch legitimiert – das war ein unvermeidlicher Nebeneffekt ihrer rechtsstaatlich gebotenen Verteidigung.

Das Ex-RAF-Mitglied Klaus Jünschke meint zu Schilys geistiger Kontaktsperre in der »taz«: »Antje Vollmer hat doch nicht die Freilassung gefordert, sondern nur gesagt: Wir müssen reden. Warum denn nicht? Lass Grüne eine Woche lang jeden Tag drei Stunden im TV mit der RAF diskutieren. Wenn die RAF anfängt zu diskutieren, ist es mit ihr vorbei. Die RAF sagt: Freiheit oder Tod. Dann müssen wir darüber reden, wie viel Tod in der Freiheit ist, für die die RAF zur Waffe greift. Die RAF soll die Freiheit in

Frontalangriff mit Zeigefinger – Antje Vollmer und Schily beim »Spiegel«-Streitgespräch

Kambodscha erklären, für die die halbe Bevölkerung geopfert wird. Aber Schily sagt Vollmer dauernd nur, dass die RAF legitimiert werden soll. Wovor hat Otto Schily Angst?«

Vielleicht davor, dass jemand merkt, dass er einen fliegenden Wechsel vollzieht. Er bleibt dabei in seinem Koordinatensystem, dem Rechtsstaat. Innerhalb dieses Systems hat er die Seite gewechselt: Hier spricht nicht mehr der linksliberale Anwalt, den CSU-Hinterbänkler und Theo Waigel als »RAF-Staranwalt« denunzieren können und dem Franz Josef Strauß im Flick-Untersuchungsausschuss auf die Frage, wo die Spenden geblieben seien, antwortet: »Das ist genau so interessant, wie zu wissen, ob ein Teil Ihrer Honorare von den Terroristenprozessen von einem Bankraub stammt.«

Hier spricht nicht mehr der Ex-RAF-Anwalt, dem Rechte mit Unverschämtheiten kommen können, hier spricht der kommende autoritäre Innenminister, der den Grünen mit dem Polizeiknüppel droht. »Die RAF«, sagt er zu Vollmer im »Spiegel«-Gespräch, »hat sich selbst aus dem politischen Diskurs entfernt. Deshalb ist – das mag manchen Grünen, dich auch, erschrecken – die Härte des Staates gefordert.« Die Härte des Staates gegen die RAF? Hat es daran in Stammheim gemangelt? Existiert die RAF noch immer, weil die Gesetze zu weich, die Haftbedingungen zu lax, die Richter zu verständig sind?

Otto Schily beharrt darauf, sich ohne biografische Brüche kontinuierlich verändert zu haben. Doch dieser Wechsel ähnelt einem Reißschwenk, der die Perspektive komplett umdreht. Schily trägt in diesem Diskurs mehr als nur eine Meinungsverschiedenheit mit Antje Vollmer aus: Er distanziert sich, über Bande gespielt, von sich selbst, von seiner Vergangenheit. Darin ist etwas Unlauteres. Schilys Attacke ist auch eine Art Exorzismus, eine Austreibung des bösen RAF-Gespenstes, das in seiner Biografie herumspukt. In gewisser Weise tut er Vollmer und Nickels etwas an, das ihm selbst oft widerfahren ist: die Stigmatisierung zum RAF-Sympathisanten.

Es ist eine schlichte, linkspopulistische Idee, Politiker oder Intellektuellen, die ihre Meinung ändern, reflexartig unter den Generalverdacht zu stellen, sie hängten nur ihr Mäntelchen in den Wind, ein billiger Verdacht, in dessen Hintergrund das teutonische Ideal schimmert, man habe zu bleiben, was man war, müsse, anstatt die zivile Kunst des Rückzugs zu praktizieren, blind und lernresistent noch rauchende Ruinen verteidigen. (Dabei hat man gerade in Deutschland mit solcher Art von Prinzipienfestigkeit böse Erfahrungen gemacht.) Doch es gibt so etwas wie eine Pflicht zur intellektuellen Redlichkeit, die eigenen Lernprozesse und Neubestimmungen dem Publikum darzulegen. Das hat Otto Schily kaum getan.

Im Herbst 1977 hat er dem »Spiegel« erklärt: »Das Wort Terroristen mag ich nicht.« Er spricht lieber von »militanten Gruppen«. Knapp zehn Jahre später weigert sich Schily manchmal, der »taz« Interviews zu geben, weil dort die RAFler nicht korrekt als Terroristen, sondern als militante Gruppen bezeichnet werden. Wie ist Schily von da nach dort gekommen? War es die Entführung der »Landshut«, mit der die RAF eine Aktion akzeptierte, die ihrem eigenen Grundsatz, nie »das Volk« anzugreifen, beiseite fegte? War es Entebbe, der Tod der jüdischen Geisel Dora Bloch? Der Mord an Buback? An von Braunmühl? Doch Otto Schily versteht das Problem nicht. In seiner eigenen Wahrnehmung hat er sich nicht verändert.

1983 sagt er in einem TV-Gespräch im WDR: In Stammheim sei er als Anwalt »für den Einzelnen eingetreten, dem die Übermacht der Staatsgewalt entgegentritt. Holger Meins hat als Pazifist begonnen, ehe er auf den Irrweg des bewaffneten Kampfes kam. Das ist auch ein Scheitern der Gesellschaft, die es nicht versteht, die Fantasie und das politische Gewissen so in die Gesellschaft mit einzubeziehen, dass daraus etwas Positives werden konnte.«

Doch das gilt nur für die RAF der ersten Generation. Sie sind tragische Figuren, die grausam irrten und das böse Echo einer unfähigen Gesellschaft waren. Es liegt auf der Hand, warum Schily das so sieht: Er kannte, schätzte und verstand Gudrun Ensslin, die noch so etwas wie eine Theorie für ihr Handeln entwarf. Die folgenden RAF-Generationen waren nur noch Rächer der gefallenen RAF-Märtyrer. So ähnlich sehen es viele RAF-Anwälte der ersten Generation.

Aber mit dieser Sicht macht man es sich zu leicht. Die Biografien von Wolfgang Grams oder Birgit Hogefeld sind nicht viel anders als die von Holger Meins oder Gudrun Ensslin. Auch bei Grams, Hogefeld und Christian Klar sind ein irrendes Gewissen und moralische Hybris im Spiel. Das macht die Aktionen der RAF nicht weniger blindwütig und keinen Mord besser. Aber es widerspricht der moralischen Hierarchie zwischen der ersten und den anderen Generationen. Für Schily gibt es diese Hierarchie. Auch deshalb begreift er nicht, was Vollmer und Nickels wollen. Deshalb sieht er bei ihnen nur, dass sie einen Fehler machen, den er, so weit es irgend ging, vermieden hat.

Mitte der Achtziger entsorgt Schily die letzten Reste des Linksradikalismus, den er sich allerdings sowieso nur ausgeborgt hatte. 1985 lobt er die Leistungen der »freien Unternehmer«, zehn Jahre zuvor war ihm die Reform-SPD Willy Brandts noch zu kapitalfreundlich. Wie ist er vom diffusen Linkssozialisten zum Unternehmerfreund geworden? Auch wo Schily sich um Erklärung bemüht, ist nicht viel mehr Reflexion am Werke. Im April 1985 sagt er in einer Debatte der SB-Zeitschrift »Links« (zu der er natürlich zu spät kommt): »Wir haben mit gutem Gewissen dafür demonstriert, dass die Herrschaft Lon Nols abgelöst werden sollte. Das

Ergebnis war das mörderische Pol-Pot-Regime. Und es gibt die typische linke Krankheit, sich eine Identität zu leihen: bei Mao, Stalin oder Trotzki. Auch in Nicaragua sehe ich wieder diese Kostümierung mit revolutionären Ideologemen.«

Diese Internationalismuskritik ist, seit 1979, seit Pol Pot, den Boat People und dem Krieg zwischen Vietnam und Kambodscha, *common sense* in der libertären Linken. Das Projektionsspiel der siebziger Jahre ist vorbei – was ein Glück und kein Schaden ist. Seitdem wird mit vielen Fanfaren immer wieder der gleiche tote Hund begraben. Schily hat nicht gegen Lon Nol und schon gar nicht für Pol Pot demonstriert, er hat gar nicht demonstriert. Pol Pot geht nicht auf das Konto der bundesdeutschen Linken. Kambodscha taumelte nach Krieg und Bürgerkrieg in den Terror der Roten Khmer. Für Pol Pot sind auch nicht jene paar hundert bornierten K-Grüppler verantwortlich, die ihre Zeit damit vergeudeten, schlecht gelaunten Opel-Arbeitern morgens um fünf an den Werkstoren unverständliche Flugblätter in die Hand zu drücken. Den Pol-Pot-Terror hat die kalte Machtpolitik Chinas begünstigt – und der Bombenteppich der B-52-Bomber, mit denen das Land völkerrechtswidrig in den Vietnamkrieg involviert worden war. Schilys Abschied von gestern hat etwas intellektuell Schlampiges, etwas Sloganhaftes.

Zum Thema RAF sagt Schily später oft ungeduldig, dass er immer für den Rechtsstaat eingetreten ist und dass im Übrigen die anwaltliche Schweigepflicht gilt. Beides ist wahr. Nichts davon ist nachträgliche Erfindung, nichts blanke Schutzbehauptung. So hat Otto Schily auch 1972 schon gedacht und gehandelt. Es war sein Kompass in komplizierter Lage. Trotzdem ist dies nicht die ganze Wahrheit. Dass es um mehr geht, lässt sich an der Schily-Vollmer-Kontroverse 1985 ablesen. Otto Schily tritt darin als ein Mann auf, der auf der Flucht vor etwas ist, das er nie war: jemand, der der RAF nahe stand. Es ist eine Flucht nach vorn. Und nach oben.

Die Fraktionssitzung am 12. März 1985 verlässt Schily etwas früher. Antje Vollmer hat dort gesagt, dass sie mit den Angriffen der Union gerechnet habe, aber nicht damit, dass »Otto Schily uns ins Knie schießt«. Schily hat das ungerührt zur Kenntnis genommen. Dann fährt er nach Stuttgart, um dort mit dem FDP-Politiker Helmut Haussmann zu diskutieren. Das Thema ist, was sonst, der Brief an die RAF. Schily nimmt Vollmer und Nickels gegen allzu platte Angriffe in Schutz, attestiert ihnen aber mangelhafte Abgrenzung zur Gewalt. Die Diskussion findet im Hotel Graf Zeppelin statt.

Hier in Stuttgart hatte Schily im Frühjahr 1977 sein Plädoyer für Gudrun Ensslin gehalten, »die politisch-militärische Auseinandersetzung zwischen dem Staatsapparat und der RAF« beschrieben, die Frage erörtert, ob es, angesichts des Vietnamkrieges, moralisch gerechtfertigt war, US-Soldaten in Frankfurt in die Luft zu jagen, und die Vermutung ausgesprochen, dass der CIA für Bombenanschläge verantwortlich war, die der RAF in die Schuhe geschoben wurden. Jetzt fordert er, der Staat müsse der RAF gegenüber hart bleiben. Dazwischen liegen acht Jahre. Doch Otto Schily fällt die Symbolik des Ortes nicht auf. Er ist ein Jurist, der sich an die Regeln hält. Er ist ein Politiker, der weiterkommen will. Und er hat weder Lust noch Talent zurückzuschauen.

10. Kapitel

Der Flick-Ausschuss – wie Otto Schily beinahe den Kanzler gestürzt hätte

»Man kann nicht nur mit Glaceehandschuhen arbeiten. Wir müssen meißeln, nicht Staub wischen.«
Otto Schily, »Wiener«, Juli 1986

1982 liest Otto Schily im »Spiegel« einen Artikel, der ihn elektrisiert. Es geht um die »gekaufte Republik«, die Geschichte der illegalen Parteienfinanzierung, die seit Beginn der Republik Usus ist. Seit 1954 werden über Scheininstitutionen wie die Staatsbürgerliche Vereinigung Gelder aus der Wirtschaft zu den Parteien transferiert. Und es geht um den Verdacht, dass der Flick-Konzern mit illegalen Parteispenden versucht hat, eine Steuerbefreiung für einen Aktiendeal zu befördern, die ihm 700 Millionen Mark bringt. Die Flick-Affäre ist wohl der größte Skandal der Bundesrepublik. Fast die gesamte politische Klasse ist involviert, sie versucht, sich auf kaltem Wege selbst zu amnestieren, bevor die Dinge überhaupt ermittelt worden sind. Honorige Minister wie Otto Graf Lambsdorff und Hans Fridrichs werden von Gerichten wegen massiver Steuerhinterziehung verurteilt.

Die Affäre prägt sich tiefer in das bundesdeutsche Bewusstsein ein als etwa die HS–30-Affäre oder der Starfighter-Skandal. Das mag daran liegen, dass die Fallhöhe größer als im CDU-Staat der Sechziger ist. Mitte der Achtziger hat die Republik zwei Machtwechsel erlebt und ein selbstverständliches republikanisches Bewusstsein ausgebildet. Die Flick-Affäre scheint dieses Selbstverständnis ins Wanken zu bringen. Sie ist mehr als ein bedauerlicher, aber eingedenk der fehlerhaften menschlichen Natur leider unvermeidlicher Fehler – sie ist die Sorte Skandal, die man gewohnt ist, in den Auslandsnachrichten zu lesen, wenn es um Korruption in Lateinamerika oder Italien geht. Regierende, die sich jahrelang nicht um die von ihnen selbst gemachten Gesetze scheren, ein Kanzler, der das eigentlich auch nicht für Unrecht hält – das klingt nach Bananenrepublik. Den Beweis, dass das Wahrscheinliche – die Vermutung, der Flick-Konzern habe sich die Steuerbefreiung mit Parteispenden erkauft – auch die Wahrheit war, fand man nie.

Schily kennt die Materie ein wenig, weil er 1980 den Steuerfahnder Klaus Förster vor Gericht vertreten hat, der den Steuerschwindel auffliegen ließ und wegen seiner unbotmäßigen Neugier versetzt wurde. Als der Flick-Ausschuss 1983 gegründet wird, sagt Schily seinen Fraktionskollegen: »Das kann nur ich. Es gibt in der Fraktion niemand, der mir ebenbürtig wäre. Das ist ein Faktum.«

Mag sein, dass Otto Schily dies immer denkt. In diesem Fall hat er Recht. Im Flick-Ausschuss spielt er seine Glanzrolle. Denn hier kann er tun, was ihm am meisten liegt: als Vertreter von Moral und Aufklärung gegen die Macht auftreten, einer gegen alle. Diese Inszenierung beherrscht er aus Stammheim, aus unzähligen Prozessen, in denen er es als Anwalt mit missliebigen Richtern, aggressiven Staatsanwälten und manchmal einer aufgebrachten Öffentlichkeit zu tun hatte. Hier ist er keinem Kollektiv verpflichtet, keinem Team, auf das er Rücksicht nehmen muss, hier muss er sich nicht mit widerspenstigen grünen Frauen herumschlagen, hier zählt, wie im Gericht, nur sein Ehrgeiz, seine Intelligenz und Hartnäckigkeit. Die grüne Fraktion erfährt aus der Zeitung, was Schily in dem Ausschuss so treibt. Die Details verstehen sowieso nur ein paar Dutzend Leute in der Republik, und auf die Details kommt es an. Hier, im Raum 1903 des Abgeordnetenhochhauses »Langer Eugen«, mit Blick auf den Rhein, zieht Otto Schily alle Register. Der Ex-RAF-Anwalt als Ankläger der politischen Klasse, das gefällt ihm. Und es bringt die Konservativen in Rage. Golo Mann schreibt, dass Schily in der Flick-Affäre mit einer »Mischung aus Tugend und äußerst scharfer politischer Berechnung vorgeht. Es ist ein Tugend-Dolch, der in Gift getaucht ist«, und er vergleicht ihn mit Robespierre. Wörner hat ihn zuvor Danton genannt. Beides sind Missverständnisse, Oberflächenspiegelungen. Schily ist kein Revolutionär. Er betrachtet die Welt eher aus einer aristokratisch anmutenden Haltung, in der das Individuum zählt.

Nettes Lächeln, bohrende Fragen – der Ankläger

Sein Auftritt wird ein Erfolg, die Basis für seine Popularität. Er kämpft für eine Sache, mit der er sich identifiziert. Seine Gegner sind keine überforderten Richter und Bundesanwälte, sondern, wie es sich für Schily gehört, der Kanzler, Minister, die politische Elite der Republik. Und er ist für diesen Job in der richtigen Partei. Im Flick-Ausschuss stehen Union, Liberale und Sozialdemokraten unter Beschuss, die Grünen aus nahe liegenden Gründen nicht. So ist er frei von taktischen Rücksichten. Als Sozialdemokrat hätte er anders agieren müssen. Und es gibt, anders als in späteren Untersuchungsausschüssen, noch keine Redezeitbegrenzung. Der Flick-Manager Eberhard von Brauchitsch, eine Schlüsselfigur, wird insgesamt wohl ein Dutzend Stunden befragt. Zugute kommen Schily auch seine Stammheim-erprobten, blendenden Kontakte zum »Spiegel«, der bei der Flick-Affäre zum letzten Mal seine Starrolle als Zentralorgan der Aufklärung spielt.

Ein Tag im Flick-Ausschuss beginnt damit, dass Schilys Mitarbeiter Dietmar Hüsemann, 26 Jahre alt und gerade fertig mit dem Studium, einen Wagen mit ein paar Dutzend Akten in den holzgetäfelten Raum 1903 schiebt, der sich im neunzehnten Stock des »Langen Eugen« befindet. Schily hat mit dünnen, langen Klebestreifen eine Reihe Stellen markiert und mit Namen und Stichworten versehen. Auf seinem Tisch breitet er ein Dutzend Leitz-Ordner aus, so versteht er es, bei der Zeugenbefragung und ausweichenden Auskünften möglichst rasch das passende Zitat zur Hand zu haben. Aus Originalakten zitiert sonst niemand im Ausschuss.

In ihm haben Union und Liberale die Mehrheit – vor allem der spätere Kanzleramtsminister Friedrich Bohl und der CDU-Ausschussvorsitzende Eugen Langner versuchen, Schily, Peter Struck und Gerhard Spöri, die eifrigsten Fragesteller, zu irritieren. Doch Schily gelingt es fast immer, Ablenkungsmanöver (etwa die Frage, ob dieses oder jenes noch zum Beweisthema gehört) zu kontern. Es geht dabei um Tempo und Präzision: kurz belegen, warum diese Frage zwingend zu dem zu erörternden Thema gehört, wieder auf das eigentliche Ziel der Frage zusteuern, den Überblick über jene zwölf Ordner behalten und, wenn es drauf ankommt, das nötige Zitat finden, ohne vorher zwei Minuten blättern zu müssen.

Und Schily kann fragen. »Schily lächelt so nett, aber man weiß nie genau, worauf er hinaus will. Wenn man es gemerkt hat, könnte man schon zu viel Falsches gesagt haben«, schreibt der »Spiegel«. Er redet langsam, er zerdehnt die Silben, ist freundlich und versucht, den Zeugen auf unsicheres Terrain zu locken. Das Tempo der Befragung, die Temperatur im Raum zu bestimmen, den raschen Wechsel von Aggression und Freundlichkeit, die Verbindung von forensischem Scharfsinn und schauspielerischen Talenten – all das beherrscht er. Otto Graf Lambsdorff entnervt er durch Hartnäckigkeit, bis der Graf schließlich verwirrt zu Protokoll gibt, dass er das Grundgesetz, in Kraft seit 1949, schon seit 1947 kennt.

Otto Schily versteht es, Zeugen einzukreisen und in die Defensive zu bringen. Manchmal fragt er eine Stunde lang, dann folgt der Saal gebannt dem Verlauf des Verhörs. Denn Schily kann suggerieren, dass am Ende der große Coup stehen wird. Auch als Willy Brandt als Zeuge aussagt, lässt Schily nicht locker. Es ist schon spät, Schily geht auf und ab, fragt in diese und jene Richtung, es dauert zwei, es dauert drei Stunden. Willy Brandt weiß nicht viel über die Parteifinanzen. Das ist eigentlich bekannt. Doch Otto Schily hakt immer wieder nach, unbeirrbar. Gerhard Baum, für die FDP im Ausschuss, meint rückblickend: »Da war so etwas wie Verachtung für die Person Willy Brandt zu spüren.«

Das täuscht. Es ist keine Verachtung. Es ist überhaupt nichts Persönliches. Schily will, auf Biegen und Brechen, ein Ergebnis. Er geht, wie in Stammheim, bis an die Grenzen. Es ist nicht wichtig, ob da Willy Brandt sitzt, der kaum etwas weiß, oder Eberhard von Brauchitsch. Es geht um das Prinzip. So enden seine Verhöre oft ohne Ergebnis, ohne Coup. Aber zweimal, bei Rainer Barzel und Helmut Kohl, nehmen sie einen unerwarteten Verlauf. Und darum geht es.

Bei der grünen Fraktion, vor allem nach 1987, hat Schily nicht den Ruf, ein Arbeitstier zu sein. Im Auswärtigen Ausschuss, in dem er mit Helmut Lippelt und Petra Kelly sitzt, hält er mal eine gute Rede über die Antarktis, damit ist es getan. Zu wenig kontinuierliches Engagement für eine Sache bescheinigen ihm viele. Nichts davon beim Flick-Ausschuss: Schily hat, wie alle grünen MdB, nur einen Mitarbeiter. Sie arbeiten oft nachts und auch am Wochenende. Die Akten umfassen hunderttausend Seiten, und man braucht kombinatorische Intelligenz und Intuition, Ausdauer und den fiebrigen Eifer, es den Mächtigen zu zeigen, um in unverbundenen Strängen und Puzzleteilen Zusammenhänge zu erkennen. Es gilt, mögliche Verbindungen aufzuspüren, die Möglichkeiten zu fixieren, aus dem Möglichen das Wahrscheinliche zu sieben und aus dem Wahrscheinlichen die Tatsachen.

Und das glückt. Schily kommt als Erster, ein halbes Jahr bevor Barzel Konsequenzen ziehen muss, darauf, dass Flick über eine Frankfurter Kanzlei 1,7 Millionen Mark an Barzel gezahlt hat, um ihm 1973 den Verzicht auf den Fraktionsvorsitz zu verzuckern. Sein Nachfolger wurde Helmut Kohl. Dass Rainer Barzel 1984 als Bundestagspräsident zurücktritt, geht auch auf Schilys Konto. Als Jürgen Reents im Bundestag sagt, Flick habe damit den Weg für Kohl freigekauft, bekommt er von Bundestagspräsident Richard von Stücklen Redeverbot. Joschka Fischer sagt daraufhin zu Stücklen: »Mit Verlaub, Herr Präsident, Sie sind ein Arschloch« und geht in die Annalen der deutschen Parlamentsgeschichte ein. Schily findet all das nicht lustig: Er macht die Arbeit, die anderen machen die Schlagzeilen.

Die Flick-Affäre ist ein Skandal mit allem, was dazugehört, aber, wie Hans Magnus Enzensberger 1983 zu Recht bemerkt, ein unverfilmbarer: ein Konvolut von Zahlen, Fakten, Treffen, aber ohne brauchbare, vorzeigbare Schurken. Zu Schilys Taktik gehört es, das anonyme Verbindungs- und Zahlengewirr in eine Art Erzählung zu verwandeln, eine fassbare Geschichte mit sprechenden Details, etwa der Frage, warum das Geld in bar übergeben wurde. Den Hauptdarsteller der Affäre, den Flick-Manager Eberhard von Brauchitsch, der die Geldkuverts an Kohl, Lambsdorff und Co. überbrachte, fragt er:

»Wer hat denn auf diese Zahlungsform besonderen Wert gelegt? Sie oder der Anfordernde?«

Brauchitsch: »Der Anfordernde.«

Schily: »Die wollten bares Geld.«

Brauchitsch: »Soweit sie das gekriegt haben, ja.«

Schily: »Hat man Ihnen je einen Grund genannt, warum das in bar erfolgen sollte?«

Brauchitsch: »Ja, ich habe das ja am Beispiel Karry geschildert. Er suchte einen Sonderfonds.«

Schily: »Ja, gut, Sonderfonds, das kann man doch auf ein Konto überweisen.«

Brauchitsch: »Nein, dann haben Sie ja eine Verbuchungspflicht beim Empfänger.«

Schily: »Ach ja, ging es darum? War es so, dass man eine Verbuchung nicht vornehmen wollte?«

Brauchitsch: »Das weiß ich nicht.«

Der Dialog endet in der Erkenntnis, dass Eberhard von Brauchitsch zugeklebte Kuverts übergeben hat. Kohl, so stellt sich heraus, hat nicht nachgezählt, Franz Josef Strauß immer.

Solche Befragungen tragen Schily die bleibende Achtung eines SPD-Abgeordneten und Rechtsanwaltes aus Hannover ein, der in dem Ausschuss ziemlich blass bleibt: Gerhard Schröder. Abends kommt Schröder manchmal vorbei, um über die Arbeit im Ausschuss zu reden. Einmal sagt er zu einem Mitarbeiter: »Wie schafft der Otto das, mit allem, was er macht, im ›Spiegel‹ zu stehen? Ich reiße mir die Beine aus, und es passiert gar nichts.« 1986 sagt Schröder: »Schily ist eine Zierde für jedes sozialdemokratische Kabinett.«

Schily weist, als Einziger im Ausschuss, immer wieder (und oft zurechtgewiesen von der Unionsmehrheit) auf die Verstrickung des Flick-Konzerns mit den Nazis hin. Auch das hat Hand und Fuß, ist kein Agitprop und keine unhistorische Gleichsetzung. Denn in Artikel 21 des Grundgesetzes heißt es, dass politische

Parteien öffentlich Rechenschaft über ihre Finanzen ablegen müssen. Dieser Artikel ist eine direkte Antwort auf Flick, Krupp und Co., die 1932 mit Millionen Reichsmark der NSDAP an die Macht halfen. Mit dem Artikel 21 soll sichergestellt werden, dass sich niemals mehr eine hinterrücks finanzierte Allianz von Eliten und Mob formiert, um die Demokratie zu zerstören.

Der wichtigste Tag im Ausschuss ist der 7. November 1984, der siebenstündige Auftritt des Kanzlers Helmut Kohl. Otto Schily stellt dem Zeugen eine einfache Frage und bekommt eine interessante Antwort.

Schily: »Herr Zeuge, wir haben uns über die Spenden unterhalten. Wer war eigentlich der Spender?«

Kohl: »Die Spenden sind von Eberhard von Brauchitsch überbracht worden. Ich bin davon ausgegangen, dass es Spenden des Hauses Flick sind. Ich habe ihn nicht gefragt.«

Schily: »Warum haben Sie eigentlich nicht gefragt?«

Kohl: »Weil mir die Frage nicht gekommen ist. Sie wäre Ihnen auch nicht gekommen. Sie kommt Ihnen heute.«

Schily: »Das ist die Frage, Herr Zeuge. Sie haben doch eine Verpflichtung aus Artikel 21 des Grundgesetzes in Verbindung mit Paragraph 25 des Parteiengesetzes, die Spender namhaft zu machen. Wenn ich mich recht erinnere, sind es Beträge über zwanzigtausend Mark gewesen.«

Kohl: »Herr Abgeordneter, zu den Fehlern, die wir uns vorzuhalten haben, gehört, dass wir, alle demokratischen Parteien, diese rechtliche Festlegung nicht eingehalten haben.«

Schily: »Darf ich Ihre Antwort so verstehen, Herr Zeuge, dass Sie bewusst gegen diesen Verfassungsartikel verstoßen haben?«

Kohl: »Sie wissen so gut wie ich, dass ich nicht derjenige bin als Parteivorsitzender, der den Rechenschaftsbericht aufstellt. Aber wahr ist, dass bewusst – das wollen Sie ja hören – alle demokratischen Parteien, der Kollege Brandt, der Kollege Scheel und der Kollege Genscher zu dem fraglichen Zeitabschnitt, der Kollege Strauß und auch ich und alle unsere Schatzmeister an diesem Punkt einen Verstoß begangen haben. Das ist wahr.«

Der Kanzler gibt zu, dass er bewusst die Verfassung gebrochen hat. Ein erstaunliches Ergebnis.

Dass Schily in diesem Ausschuss so gut ist wie nie zuvor und danach, hat Gründe. Er bewegt sich auf einem Terrain, auf dem er sich auskennt: der Schnittmenge von Politik, Rechtlichem und Moral. Er setzt rigiden Glauben an die Gültigkeit der Gesetze gegen Kohls Lagerdenken, in dem ganz oben steht, dass man immer Geld gegen die Sozis braucht, und in dem das Grundgesetz nach Aspekten der Nützlichkeit bewertet wird. Faktisch nutzt Kohl das Flick-Geld, um seine persönliche innerparteiliche Macht zu befestigen und Loyalitäten mit Geld zu unterstützen. Es ist ein Streit zwischen Prinzipien: Schily beharrt auf Einhaltung des Regelwerks, Kohl betreibt, als eine Art umgedrehter Achtundsechziger, die Privatisierung des Politischen.

Nachts bekommt Schily manchmal Anrufe, wie zu Stammheimer Zeiten. Bei solchen Drohungen winkt er ab – nicht ernst nehmen. Doch die Atmosphäre ist aufgeheizt. Schily gilt vielen Rechten als Wolf im Zweireiher, der nach der Unverschämtheit, Gudrun Ensslin zu verteidigen, nun die Unverschämtheit besitzt, Kohl & Co. ein »völlig degeneriertes, marodes Rechtsbewusstsein« zu bescheinigen. Helmut Kohl sagt nach seiner Befragung, dass es Schily nicht um die Wahrheit geht, sondern um seinen Sturz und eine andere Republik.

Das ist ein Irrtum, den wütende Konservative und linksfundamentalistische Grüne teilen. Für Thomas Ebermann ist die Flick-Affäre der Beweis, dass es im Kapitalismus so zugeht, wie man es schon immer wusste. Konzerne kaufen Parteien; Politik, Institutionen und bürgerliche Demokratie sind letztlich Mummenschanz, der von den wahren Machtverhältnissen ablenkt. Was Schily im Flick-Ausschuss tut, finden auch die Ökosozialisten prima – doch gemessen an dem, was Schily will, ist das ein Missverständnis. Seine Kritik zielt nicht auf das Ganze, sondern auf die konkrete Verstrickung des Konzerns mit der politischen Klasse. 1985 sagt er: »Wer ohnehin von der Institution Staat nicht viel hält, fühlt sich sicherlich durch die Flick-Affäre bestätigt. Das ist eine gefährliche Tendenz. Ich versuche, dadurch gegenzusteuern, indem ich sage, wir haben immerhin noch so gute parlamentarische Institutionen, dass sie in der Lage sind, jedenfalls einen Teil solcher Affären aufzuarbeiten, dass ein bewusstseinsbildender Prozess stattfinden und daraus so etwas wie eine Katharsis entstehen kann.«

Doch in der Flick-Affäre, der gravierendsten Krise nach dem Deutschen Herbst 1977, gibt es keine Katharsis. Die Union bringt die SPD mit der sanften Drohung, ihre Führungsriege noch vor den Wahlen einzubestellen, dazu, den Ausschuss dichtzumachen. Schily schreibt in seinem Minderheitenvotum: »Eine der ersten, einfachsten und wichtigsten Konsequenzen bestünde in der Bereitschaft der Parteien, sich für die Zukunft auf die Achtung von Verfassung und Gesetz zu verpflichten.« Eine, wie sich zeigen wird, folgenlose Mahnung. Bei den Grünen ist er der gefeierte Held. Nachdem der Ausschuss von Union und SPD praktischerweise aufgelöst worden ist, gratuliert die grüne Fraktion dem unermüdlichen Aufklärer, der es inzwischen auf das Cover des »stern« und zu einer Titelgeschichte gebracht hat. Im Fraktionsraum drückt man ihm eine Flasche Schampus und ein Gratulationsheft mit bunter Schleife in die Hand: »Wenn Grüne in Champagner baden« steht darauf. Schily lässt die Flasche eilends verschwinden. Es sind Kameras im Raum, und Bilder von Champagnerflaschen schwenkenden, triumphierenden Grünen hält er für unangemessen. Es geht immerhin um eine Staatskrise. Und den Staat nimmt Schily sehr ernst.

Im Januar 1986 stellt er Strafanzeige gegen Helmut Kohl wegen zweifacher uneidlicher Falschaussage. »Jetzt suchen sie«, sagt er danach gedankenverlorenen zu einem Mitarbeiter. Sie suchen nach einem unbekannten, dunklen Fleck in der Vergangenheit des RAF-Anwalts. Aber sie finden nichts. Es gibt zwar eine dicke Verfassungsschutzakte über Schily, doch sie enthält, wie es bei Verfassungsschutzakten öfters der Fall ist, nichts Brauchbares.

Das Schicksal dieser beiden Anzeigen erinnert an italienische Politthriller der siebziger Jahre, in denen die Grenzen zwischen Kriminalität und Politik verschwimmen. Denn Kohl hat vor dem Untersuchungsausschuss Rheinland-Pfalz auf die Frage, ob er gewusst habe, dass die berüchtigte Staatsbürgerliche Vereinigung als »Geld- und Spendenbeschaffungsanlage diente«, mit einem lauten »Nein« geantwortet. Das Protokoll vermerkte dahinter eigens ein Ausrufezeichen. Und das Nein war mit Ausrufezeichen die Unwahrheit. Heiner Geißler, damals CDU-Generalsekretär, versucht in einer TV-Debatte mit Otto Schily, seinen Chef mit der legendären Vokabel zu retten, Kohl habe ein »Black-out« gehabt. Die Staatsanwälte in Koblenz lehnten eine Anklageerhebung ab. Es könne nicht mit Sicherheit ausgeschlossen werden, dass Kohl die Frage nicht verstanden hatte, Black-out halt.

Die zweite Anzeige reichte Schily bei der Staatsanwaltschaft Bonn ein. Kohl hatte in dem Ausschuss angegeben, von 1977 bis 1980 155 000 Mark in bar von Flick bekommen zu haben. In der Liste des Flick-Buchhalters gab es aber noch zwei Eintragungen mehr »wg. Kohl«: einmal 25 000, einmal 30 000 Mark, die Kohls Sekretärin Juliane Weber abgeholt hatte. Doch Kohl hatte energisch dementiert, dass er diese 55 000 Mark bekommen hatte. Die Bonner Staatsanwälte mühten sich redlich – und scheiterten an einem treuen CDU-Amtsrichter, der ihnen die Durchsuchung von CDU-Geschäftsstellen untersagte. Und sie scheiterten an den Zeugen Horst Weyrauch und Uwe Lüthje, beide verantwortlich für CDU-Finanzen, die Kohls Version stützten.

Elf Jahre später, 1997, hält Uwe Lüthje eine Rede anlässlich des Ausscheidens von Horst Weyrauch aus der gemeinsamen Steuerberatungsfirma. Als 1984 der Flick-Ausschuss einberufen wurde, so Lüthje, und vor allem als »Otto Schily 1986 gegen den Bundeskanzler Strafanzeige wegen Falschaussage erstattet hatte, waren wir mit der Herausforderung konfrontiert, dem Parteivorsitzenden und Bundeskanzler in diesen beiden für ihn außerordentlich kritischen Situationen – um es sehr vorsichtig auszudrücken – den Rücken freizuhalten. Dass Helmut Kohl beide für ihn existenzielle Krisen überstanden hat, hat er ausschließlich uns zu verdanken. (…) Aber nur wir beide – und natürlich Helmut Kohl – wissen, was dazu notwendig war.« Kohl, so Lüthje weiter, sei nur Kanzler geblieben, »weil wir ihn mit der Vorbereitung auf seine Einvernahme vor dem Flick-Untersuchungsausschuss 1984 – ich war dazu eigens mit einem gemeinsam verfassten Drehbuch nach Oggersheim gefahren (…) – und mit meiner Einvernahme vor der Staatsanwaltschaft in Koblenz und mit unserer gemeinsamen vor der Bonner Staatsanwaltschaft 1986 aus allen kritischen Situationen herausholen konnten. Ohne Inkaufnahme eigener, wirklich existenzieller Gefährdungen war das nicht möglich.«

Im Klartext: Es gab ein Drehbuch, um den drohenden Sturz des Kanzlers angesichts der schwarzen Kassen zu verhindern. So hatte Schily mit seiner Anzeige Recht gehabt, aber nicht Recht bekommen. Erst hatte der Kanzler der Republik einen Untersuchungsausschuss des Bundestages belogen – und um das zu vertuschen, mussten seine Untergebenen ihn vor der Staatsanwaltschaft retten, indem sie ihre Existenz aufs Spiel setzten.

So wäre, wenn alles mit rechten Dingen zugegangen wäre, Helmut Kohl eine Fußnote der bundesdeutschen Geschichte geblieben. Er wäre nicht der »Kanzler der Einheit« geworden, Helmut Kohl, Bundeskanzler a. D., hätte im Fernsehen zugeschaut, wie ein anderer Michail Gorbatschow im Kaukasus das Ja zur Vereinigung abhandelt. Seine Regentschaft wäre ein bedauerliches Intermezzo geblieben, die kurze Ära eines machtgierigen Provinzpolitikers, der sich im Netz seiner klandestinen, intriganten, illegalen Machtranküne verstrickte. Der Ruhm, der Republik diesen Kanzler Kohl erspart zu haben, hätte dem Abgeordneten Otto Schily gebührt. Hätte, wäre. Es ging nicht mit rechten Dingen zu, so wenig wie nie zuvor und danach in der Republik.

Der Flick-Ausschuss ist der Höhepunkt seiner Karriere – bis 1998, als er Minister wird. Er hat mit seiner Härte und Intelligenz mit dafür gesorgt, dass Bundestagspräsident Barzel zurücktreten muss. Er hat dafür gesorgt, dass der Ausschuss ein glänzendes Bild nach außen abgibt. Er hat dafür gesorgt, dass der Kanzler fast aus dem Amt kippt. Danach muss er sich wieder mit Jutta Ditfurth herumärgern. Otto Schily lebt in einer Welt, die ihm einiges zumutet.

11. Kapitel

Anthroposophie, Wertkonservativismus und Nazizeit

»Das Kollektive gilt nur im Reflex auf die Individualität, das Kollektiv hat nicht etwa einen Wert an sich.«
Otto Schily, »Freibeuter« 28, 1986

Im Juli 1986 antwortet Schily der Zeitschrift »Wiener« auf die Frage, die sich damals alle stellen – nämlich wie man nach der Stationierung von Pershing und SS-20 und dem GAU von Tschernobyl die technisch entfesselten Zerstörungskräfte einhegen kann und Pandora wieder in die Büchse zurückfindet: »Rudolf Steiner hat sich zu einem ethischen Individualismus bekannt, weil man nur aus dieser Haltung eine zukunftsweisende Handlungsdimension gewinnen kann, die nicht zerstörerisch ist. Steiner sagt, wir müssen zuerst das Denken denken lernen. Erst dann haben wir einen Zugang zu erkennen, was die Existenz unseres Ichs ausmacht. Wir sind in der Hierarchie der Reiche ebenso zu Hause wie bei der physischen Natur, im Mineralreich als auch in der pflanzlich belebten, in der tierischen Natur wie in der spezifisch menschlichen Existenz. Dazu bedarf es der Entwicklung von Erkenntnismöglichkeiten, wie sie etwa in der Meditation beschrieben werden.«

Hierarchie der Reiche? Meditation gegen AKWs – ob das hilft?

Otto Schily hat Hunderte von Interviews gegeben. Das Anthroposophische spielt dabei so gut wie keine Rolle. Manchmal lässt er routiniert die Bemerkung fallen, dass die Achtundsechziger ihn für einen Wurzelsepp hielten, weil er schon damals gegen Atomkraftwerke und industrielle Landwirtschaft war. Das wirkt gut, weil er seiner Zeit voraus zu sein scheint. Sonst bleibt das Anthroposophische im Hintergrund.

Seit er Minister ist, pflegt er manchmal seine Umwelt mit seltsam wirkenden Einwürfen zu verblüffen. »Entschuldigen Sie, wenn ich jetzt anthroposophisch werde«, sagt er 2001 dem Berliner »Tagesspiegel«. »Wenn man glaubt, die Seele sei eine Art gasförmiges Elaborat des Körpers, dann werden Sie den Menschen nicht verstehen.« Als Schily 2002 Alterspräsident des Bundestages wird, redet er erwartungsgemäß über den Kampf gegen den Terror – und endet mit dem Lob der Entelechie des Menschen. Das meint, mit Artistoteles, die Selbstvervollkommnung des Menschen oder, mit Rudolf Steiner, die ewige Entelechie, jenes Geist-Ich, das nicht stirbt, sondern sich verwandelt.

Als in Erfurt 2002 der Schüler Robert Steinhäuser in seiner Schule ein Blutbad anrichtet und der übliche politische Aktionismus ausbricht, gehört Schily zu den Besonnenen. Er wendet sich gegen die Herabsetzung der Strafmündigkeit, gegen neue Gesetze und plädiert dafür, die Schüler weniger auf Leistung und Konkurrenz zu trimmen. Und fast verdruckst, wissend um die Vergeblichkeit seiner Idee, schlägt er vor, das Volljährigkeitsalter wieder auf 21 zu heben. Damit erntet Schily noch nicht mal Empörung, nur Kopfschütteln. Es ist eine hoffnungslos veraltete Idee, sie stammt aus einer Welt, in der Sechzehnjährige, wie Schily, noch am Kindertisch zu Mittag aßen. Der jugendfixierte Konsumkapitalismus löst die starren Altersgrenzen auf, Kinder und Jugendliche werden immer früher Teil der Erwachsenwelt.

Schilys Vorschlag fußt auf keiner politischen Analyse, keiner pädagogischen Untersuchung, keiner rechtspolitischen Erkenntnis, sondern vermutlich auf einem anthroposophischen Credo: Steiners Idee, dass sich das menschliche Leben im Siebenjahresrhythmus vollzieht. Kurz gesagt: Mit sieben Jahren bekommt das Kind Zähne, mit vierzehn wird es geschlechtsreif, mit 21 volljährig und so weiter. Etwas ausführlicher und mystischer: Laut Steiner ist der Mensch ein Wesen, das nicht nur aus Körper und Seele besteht, sondern aus vier verschiedenen Leibern, dem physischen Leib, dem Ätherleib, dem Astralleib und dem Ich-Leib. Der physische Leib kommt mit der Geburt auf die Welt. Mit den Zähnen kommt der zweite, der Ätherleib, zum Vorschein. Mit etwa vierzehn wird der dritte, der Astralleib, geboren, mit 21 der Ich-Leib, Träger der Individualität und des unsterblichen Wesenskerns des Menschen. Die Sieben-Jahre-Idee ist ein Beispiel für den anthroposophischen Versuch, eine aus verschiedenen religiösen Quellen gespeiste Esoterik (die Vier-Leiber-Idee) mit bruchstückhafter Wissenschaft, in diesem Falle einer holzschnittartigen Entwicklungspsychologie, zu verknüpfen.

Otto Schily glaubt, dass sich das Leben im Siebenjahresrhythmus vollzieht. Auch deshalb wollte er 2002, mit siebzig Jahren, den Ministerposten an den Nagel hängen. Doch Kanzler Schröder sah das anders – und Amt, Staat, Karriere gehen vor.

Schily versteht die Anthroposophie eher als Privatsache, die er fast immer von seiner öffentlichen Rolle trennt. Und wenn Schily öffentlich davon redet, gibt es eine Art stillschweigenden Konsens: Schily bleibt, für seine Verhältnisse, zurückhaltend. Die astralleib-unkundigen Journalisten blättern »Entelechie« im Wörterbuch nach, suchen im Internet nach dem Siebenjahresrhythmus, zucken die Achseln, verstehen, dass sie nichts verstehen, und wenden sich Wichtigerem zu.

Otto Schily ist kein Mitglied der »Anthroposophischen Gesellschaft«. Seine Tochter Jenny sollte eigentlich in Berlin-Charlottenburg eine Waldorfschule besuchen, doch die Idee zerschlug sich. So haben beide Töchter, Jenny und Anna, normale staatliche Schulen besucht. Bei den Grünen hat er mit dem Achberger Kreis wenig anfangen können, das Sektierertum und der Steiner-Kult, der das widersprüchliche Ideengebäude vor dem Einsturz bewahrt, sind ihm fremd.

Schily ist kein dogmatischer Anthroposoph, noch weniger als Bruder Konrad, der in der anthroposophisch orientierten Privatuniversität in Witten-Herdecke stets das Liberale, Offene, Weltzugewandte betont. Und doch ist Otto Schily nicht nur jemand, der Biogemüse kauft, weil es besser schmeckt, der wohlwollend in Steiners früher Technikkritik blättert, weil die Moderne in einem Sinnloch steckt, der liberale Waldorfschulen schätzt, weil die staatlichen Schulen autoritär und schlecht sind – und den Rest für ideologischen Plunder hält.

Die Anthroposophie ist mehr für Schily als ihr praktischer Nutzwert. Das Anthroposophische ist, neben seinem bürgerlichen Habitus, eine zentrale Linie in seinem Leben. Es ist seine Verbindung mit seiner Kindheitswelt, mit der Vaterordnung, mit den frühen Jahren in Bochum und Partenkirchen. Wenn Schily tanzt, sieht man, dass er etwas von Eurythmie versteht. Wenn er nach einem Bürotag im Grünen spazieren geht, verändert sich seine Körpersprache, der Schritt wird tänzelnd. In den Achtzigern hat er sich eine in anthroposophischer Ästhetik gebaute Yacht gekauft. Als seine frühere Sekretärin ein Kind bekommt, schickt er ihr ein Paket mit anthroposophischen Kinderbüchern.

Eine ausgearbeitete Steiner-Kritik gibt es von Schily nicht. In seinem Buch »Flora, Fauna und Finanzen« hat er 1994 die in anthroposophischen Kreisen beliebte Geldtheorie (den »negativen Zins«) von Silvio Gesell als realitätsuntauglich verworfen. Das Anthroposophische ist für ihn kein Katechismus, sondern eine Haltung, eine Distinktionsgeste, ein Wertesystem, Quelle konservativen Weltverständnisses. Im November 1988 wirbt Schily in einer Verlagsbeilage einer Provinzzeitung für Porsche. Die »Bild«-Zeitung (»Der grüne Otto Schily gibt Gas für Porsche«) und die »taz« (»Turbo-Grün«) machen daraus Geschichten, die Grünen, damals noch allergisch gegen Luxus und Autos, sind reflexartig empört. Die Anzeige selbst ist kein Grund zur Aufregung, es ist keine Hochglanzbroschüre, sondern ein eng bedruckter, schwer lesbarer Text mit dem Titel »Individualität ist ein Wesensmerkmal des Menschen«. Als Porsche-Reklame auch im weiteren Sinne ist der Text unbrauchbar, zumal Schily pflichtschuldig am Anfang anmerkt, dass Autofabrikanten das Bedürfnis nach Individualität benutzen, um ihre Fabrikware an den Mann zu bringen.

Es ist kein Text über Porsche, es ist ein Text über Schily und darüber, wie er die Welt sieht: »Die erschreckende Tatsache, dass ein Großteil der Menschen Abend für Abend durch das Fernsehen in eine hypnotisch passive Gemütslage versetzt und anstelle lebendig kreativer Kommunikation durch Schablonenbilder imprägniert werden, fällt kaum noch auf. Dass diese tägliche kollektive Entgeisterung Individualität zerstört, ist wohl kaum zu bestreiten. Dass damit eine gesellschaftliche Gefahr verbunden ist, werden nur wenige wahrhaben wollen. Aber nur die selbstbewusste, kritische Individualität bewahrt den Menschen davor, zu Werkzeugen von Wahnideen und dämonischen Kräften zu werden.«

Die Massen im Fernsehwahn, die Opfer dämonischer Kräfte werden – in diesen Sätzen schimmert Schilys intellektuelle Schulung im katholischen München durch, die Vorlesungen von Romano Guardini. In diesen Sätzen wird der anthroposophische Vorbehalt gegen die Massenkultur hörbar, auch die Grundskepsis der Konservativen, denen die Herrschaft der Masse über die Elite als Bedrohung erscheint.

Weiter heißt es: »Das Geheimnis der Individualität liegt darin, dass es die Brücke ist zwischen Endlichkeit und Unendlichkeit. Das Ich des Menschen ist sein Ursprung und sein Ziel zugleich. Es ist die Aufhebung seiner Besonderheit und umgekehrt. So können wir den Satz von Novalis verstehen ›Zur Welt suchen wir den Entwurf – dieser Entwurf sind wir selbst ‹. Die menschliche Individualität muss das Strukturelement der Gesellschaft und ihr Ziel werden. Nur so können wir uns der Anonymität, Entpersönlichung, der Entfremdung und sozialen Kälte erwehren. Und, notabene, auf einem rostigen, altertümlichen Fahrrad sieht die Individualität weit mehr von der Welt als in einem schnellen Auto.«

Hier hört man die Klage eines humanistischen Kulturkonservativen, dem die Gesellschaft suspekt ist. Die Feier des Individuums, die Schily seit seiner anthroposophischen Erziehung geläufig ist, ist nicht nur die Rationalisierung seiner egozentrischen Weltsicht, in der sich alles um Otto Schily zu drehen hat. Der Blick für die Individualität ist auch ein Wahrnehmungsfilter, in dem die Kollektive schrumpfen und die Individuen wachsen. Deshalb versteht er Gudrun Ensslin, die ein Kaufhaus anzündet, um gegen den Vietnamkrieg zu protestieren, deshalb verblüfft er 1983 in der Kneipe seine Realo-Kumpane mit gewagten Ideen über das Widerstandsrecht des Einzelnen. Dieser Text enthält einen Kernbestand von Schilys Denken: einen skeptischen, elitären Moralismus. Das ist Schilys weltanschauliches Gehäuse, an dem alle Ideen, der Marxismus und das Antiautoritäre der Achtundsechziger, die RAF-Theorien, die Idee der Gewaltfreiheit bei den Grünen, der Etatismus der Sozialdemokratie, abprallen. Es ist ein selbst gestricktes, mit Novalis bewehrtes, wohl eher von der Romantik als von eifriger Steiner-Lektüre beeinflusstes individualistisches Weltbild.

Am 13. März 1986 redet Otto Schily vorerst zum letzten Mal im Bundestag. Es ist seine beste Rede in der erste Legislaturperiode, eine messerscharfe Abrechnung mit Kohls Doppelmoral, der Regierung und der historische Rolle des Flick-Konzerns. »Sie versuchen den Staat mit sich selbst gleichzusetzen. Das ist eine demokratiefremde und durch nichts zu begründende Anmaßung«, ruft er in Richtung Regierungsbank. Die Union tobt: »Das müssen *Sie* sagen, ausgerechnet Sie«, »Großinquisitor«, »Oberzensor«, »Volksverhetzer« sind noch die freundlicheren Zwischenrufe. Er ist der Lieblingsfeind der Rechten, der sie mit ihren eigenen Begriffen, die sie gepachtet zu haben glauben, mit Staat und Moral, angreift. Er ist der Held der Linksliberalen, der prinzipienfest gegen die »Geheimbündelei zwischen Politikern und Industriellen« polemisiert.

Doch am Ende dieser fulminanten Rede glauben viele grüne Realos nicht recht zu hören. »Rudolf Steiner hat bereits in den zwanziger Jahren aufgrund vertiefter Naturerkenntnis die biologisch-dynamische Landwirtschaftsmethode entwickelt, deren Bedeutung erst nach mehr als einem halben Jahrhundert erkannt wird«, sagt Schily. Steiners Idee der Dreigliederung der Gesellschaft (vgl. Seite 40 f.) hätte bereits vor 1933 gesellschaftlich wirksam werden müssen. Das hätte »die Katastrophe der Terrorherrschaft der Nazis und des Zweiten Weltkrieges vermeiden helfen« können.

Die Botschaft ist etwas irritierend: mit Steiner gegen Hitler? Die Anthroposophen der Republik schreiben Schily Dankesbriefe, Intellektuelle zucken ratlos mit den Schultern. Wie kommt Otto Schily, Aufklärer, Demokrat, Verfassungspatriot aus dem Bilderbuch, auf so eine verstiegene Idee?

Schily redet *coram publico* selten über seine privaten Anschauungen, auch über das Anthroposophische. Warum hier? Warum nicht dort, wo es anschlussfähig wäre und vielleicht auf fruchtbaren Boden fiele – bei einer Debatte um das Schulsystem oder die industrielle Landwirtschaft?

Man versteht diese sonderbaren Sätze nur, wenn man sie als Selbstinterpretation liest, als privates Bekenntnis, das mit einer historischen Analyse kurzgeschlossen wird. Die Anthroposophie war für Otto Schily ein Schutzwall gegen die Nazis, Chiffre für die Familienfestung, die ihn vor HJ und NS-Ideologie bewahrte. »Der Beginn meiner Politisierung war das Glück, dass meine Eltern den Nazis abgeneigt waren«, so Schily. Der Familienkokon schützte ihn vor der Naziideologie. Daher rührt das Unverletzte, Unbeschädigte bei ihm. Auch die Anthroposophie, die Weltanschauung, die er nie abgelegt, aber der er sich auch nie verschrieben hat, hat ihn zu einem Zuschauer der bundesdeutschen Generationskämpfe gemacht, der den ödipalen, antiautoritären Aufstand der »Achtundsechziger« und die spätere Fixierung auf den Kampf gegen den postfaschistischen Staat stets aus der Entfernung betrachtet hat.

Deshalb lag Schily politisch in den Siebzigern und Achtzigern fast immer richtiger als der linke Mainstream. Aber dieses Unbeschädigte, eine Art Urvertrauen in die bundesdeutsche Demokratie, hat auch etwas Unreflektiertes, Naives, Unempfindliches. Schily benutzt in politischen Debatten Körper-Metaphern, um die aufgeklärte Zeitgenossen aus guten Gründen einen Bogen machen. Unser Rechtssystem, sagt er nach dem 11. September 2001, ist »wie ein Körper: Wir brauchen ein funktionierendes Immunsystem.« In diesem Bild ist Schily der Arzt am Krankenbett der liberalen Gesellschaft, der ihr die Medizin, die Sicherheitsgesetze, verabreicht. Und die islamistischen Terroristen sind die Viren.

Das Gesellschaftliche aus dem Organischen herzuleiten ist eine gängige anthroposophische Denkfigur. Im politischen Diskurs ist dies die Sprache der Gegenaufklärung, die – spätestens seit die Nazis mit ihrer Volkskörper- und Volksschädlingspropaganda davon ausführlichen agitatorischen Gebrauch gemacht haben – auf dem Index steht. Doch dafür, dass die Nazis auch seine Kultur deformiert haben könnten, fehlt Schily das Sensorium.

Als er 1998 Innenminister wird, sagt er: »Wer Musikschulen schließt, gefährdet die innere Sicherheit.« Ein merkwürdiger Satz mit einem altertümlichen Nachhall. Warum Musikschulen? Wenn man sich die Einhegung von Gewalt bei sozial absturzgefährdeten jungen Männern anschaut, liegt es nahe, Fußball- und

Arzt am Krankenbett der liberalen Gesellschaft

Boxvereine zu loben, in denen Aggressivität in gesellschaftlich verträgliche Bahnen gelenkt wird. Aber dieser Satz zielt nicht auf praktische Nützlichkeit. Es ist kein pragmatischer Satz, es ist ein Bekenntnis zu einem bürgerlichen Ideal. Es ist die Idee, dass die Kunst und die Disziplin, die der Einzelne dabei lernt, vor dem Barbarischen, Unzivilisierten schützen. Es ist ein altmodischer Satz, nicht nur weil heute Playstation statt Piano angesagt ist. Er stammt aus einer Gedankenwelt, in der die Kultur noch verlässlich vor dem Abgrund zu retten schien, aus einer Welt, in der es KZ-Kommandanten, die Schubert spielen, nicht gab, in der Figuren wie der SS-Mann Reinhard Heydrich, Sprössling einer christlichen Musikerfamilie, der mit seinem Violinespiel das Publikum zu Tränen rühren konnte, nicht vorgesehen waren. Er stammt aus der Welt, die nie wirklich existierte und die als Vorstellung unterging, kurz nachdem Otto Schily geboren wurde. Es ist ein Satz, der so apodiktisch keinem Intellektuellen des 20. Jahrhunderts über die Lippen gehen dürfte. Aber Schily ist kein Intellektueller. Und auch nicht immer aus dem 20. Jahrhundert.

12. Kapitel

In Israel

Am 10. März 1988 weint Otto Schily in aller Öffentlichkeit. Der Bundestag debattiert über den Nahostkonflikt. In der Westbank formiert sich die Intifada gegen die israelische Besatzung. Vor Schily sprechen Norbert Gansel und Hildegard Hamm-Brücher, beide fokussieren das deutsche Verhältnis zu Israel. »Shalom«, ruft Hamm-Brücher am Ende ihrer Rede in den Saal. Dann geht Schily nach vorn und sagt: »Lieber Kollege Gansel. Sie haben heute eine sehr eindrucksvolle Rede gehalten. Ich kann Ihnen in allem zustimmen. In den Schluchten der deutschen Geschichte sind falsche und gierige Gleichungen unterwegs, die die drakonischen israelischen Militäraktionen in den besetzten Gebieten mit dem industriellen Massenmord auf eine Stufe stellen wollen. Von den Opfern der Opfer ist in zwielichtiger Weise die Rede. Ich habe mit eigenen Ohren unlängst die Äußerung eines Deutschen gehört, der seine Abscheu vor den Brutalitäten der Israelis zum Ausdruck brachte. Im gleichen Atemzug entrüstete er sich darüber, dass die Juden den Deutschen immer noch die alten Geschichten vorhalten. Seine auftrumpfende Logik war: Wir sind quitt. Das Blut lässt sich aber nicht abwaschen.«

Dann kann Schily, mit tränenerstickter Stimme, nicht mehr weiterreden. »Ich habe«, sagt er später in einem Interview mit der »Zeit«, »die Empfindung des Lastenden, des Lastenden dieser schauerlichen Ereignisse. Als ich im Bundestag nicht mehr weiterreden konnte, hat mich die Last niedergedrückt.« Schily achtet strikt auf die Grenzen zwischen Privatem und Beruf. Er ist in der Öffentlichkeit stets kontrolliert bis zum Äußersten. Er versteht es, Stimmungen zu erzeugen, das hat er im Gerichtssaal perfektioniert. Das tut er kalkuliert, mit seiner Stimme, seiner Körperhaltung, mit der er wie wenige andere Geringschätzung auszudrücken versteht. Doch diese Szene ist anders, unmittelbarer. Ist sie anders?

Das war geschauspielert, sagen damals auch politische Weggefährten. Das liegt nahe, aber es ist nur ein kleiner Teil der Wahrheit. Das ist keine Inszenierung, kein Trick. Schily bricht in diesem Augenblick nicht nur unter der Last der Geschichte zusammen, es ist auch ein Ventil, ein Moment, in dem die perfekt kontrollierte Fassade zerbricht.

Eine Grüne, die einen distanzierten, scharfen Blick für Schilys Eigenheiten entwickelt hat, wird später im »Spiegel« so zitiert: »Otto wollte es noch besser machen als seine Vorredner. Man merkte, dass er die ganze Nacht an seiner Rede gefeilt hatte. Das war auch ein Wettbewerb der Betroffenheit. Typisch Schily: Ehrlichkeit und höchster Ehrgeiz, tiefe Sensibilität und höchste Eitelkeit. Andere würden diese Widersprüche zerreißen. Ihn nicht.«

In den Sechzigern hat Schily gemerkt, dass die bundesdeutsche Welt nicht so ist, wie sie sein sollte. Der Freispruch des Nazirichters Rehse hat ihn empört, er hat das Urteil, das Rehses Opfer ein zweites Mal verurteilte, oft zitiert, als Exempel, wie Recht nicht sein darf. In der Neuen Linken, in deren Umkreis sich Schily gut zehn Jahre aufhielt, gab es in den Siebzigern einen internationalistisch camouflierten Antisemitismus. Er war nicht dominant, aber unübersehbar – gerade auf dem Hintergrund des strikt antifaschistischen Selbstverständnisses der Linken. Schily hat ihn nicht geteilt, und er hat sich dafür nicht sonderlich interessiert. Er ist ihm nicht aufgefallen. Die Achtundsechziger, sagt er heute, »waren für mich Antifaschisten. Vielleicht hat man manches damals nicht so scharf gesehen wie heute.«

Joschka Fischer zimmert sich um 1980 ein neues Weltbild. Bei dieser Generalüberholung wird die linke Palästina-Solidarität auf den Speicher geräumt und durch eine selbstkritische, eher proisraelische Haltung ersetzt. Schily reflektiert nicht, zumindest nicht über das Nötige hinaus. Schily reist. Nach Israel.

Im Januar 1984 fährt Helmut Kohl nach Israel. Seine forsche Formel von der »Gnade der späten Geburt«, die eigentlich von Günter Gaus stammt, wird als Weigerung begriffen, sich mit der deutschen Schuld auseinander zu setzen. Schilys Reise im Juli 1984 soll so etwas wie eine Antwort auf Kohls Reise sein. In Israel stehen im Sommer Wahlen an. Schily engagiert sich dort für Uri Avnerys nichtzionistische jüdisch-arabische »Progressive Liste für den Frieden«. Avnery, ein Schulkamerad Rudolf Augsteins, ins Exil getrieben von den Nazis, dann zionistischer Kämpfer, dann Publizist, dann Friedenaktivist, kämpft unentwegt für einen fairen Ausgleich zwischen Israel und den Palästinensern. 1983, als die Grünen in den Bundestag einzogen, war Avnery dabei. Schily hält am 19. Juli eine Rede für die »Friedensliste«, ausgewogen, angemessen und klug: Er lobt die israelisch-arabische Friedensbewegung, plädiert für den Abbau von Feindbildern und sagt: »Ein Deutscher, der in Israel das Wort ergreift, kann dies nicht tun, ohne sich der Verbrechen zu erinnern, die an dem jüdischen Volk von Deutschen begangen wurden. Die Grünen gehören in ihrer Mehrheit der Generation der Nach-Hitler-Zeit an. Gleichwohl fühlen sie sich von ihrer historischen Verantwortung nicht entbunden, im Gegenteil. Mit der politischen Identität der Grünen ist untrennbar die Tradition des antifaschistischen Widerstands verbunden.«

Die Zeitung »Jeditoth Acharonoth« sieht das anders. Unter der Überschrift »Sofort ausweisen« schreibt sie über Schily: »Jetzt kommen die Grünen, von denen die meisten gesunde Antisemiten sind, um sich mit typisch deutscher Frechheit in unseren Wahlkampf einzumischen.« Das ist ein tumber Kommentar, den Schily mit dem berechtigten Hinweis kontert, Shimon Peres sei kürzlich bei der SPD aufgetreten. Allerdings ist klar: Israel ist auch für gutwillige Deutsche vermintes Gelände, Wahlkampf eine empfindliche Zeit – das hätte man vorher wissen können.

Die Grünen hätten gewarnt sein müssen – doch Israel übt für alternativdeutsche Selbstfindungsaktivitäten eine magnetische Anziehungskraft aus. Im Dezember 1984 reist eine Gruppe linker Grüner nach Nahost. Der Skandal beginnt schon im Vorfeld. Ein Mitarbeiter von Jürgen Reents, Ulrich Tilgner (der 2003 als ZDF-Korrespondent im Irakkrieg zu gewisser Berühmtheit kommt), empfiehlt der Delegation: keine »Gespräche mit der Regierung in Jerusalem, weil sie die PLO nicht anerkennt, Dissens mit den Zionisten (worunter auch der größte Teil der Friedensbewegung fällt), viel Konsens mit Syrien«.

Jürgen Reents bezeichnet die Palästinenser in Israel »als Opfer der Naziopfer«, eine Formel, die nahe legt, dass Holocaust und Besetzung der Westbank gleichrangige Verbrechen sind. Reents distanziert sich später von dieser Formulierung. Auch bei einer Pressekonferenz in Tel Aviv versuchen Reents, Gaby Gottwald und die anderen klarzustellen, dass »wir jeden Vergleich zwischen der israelischen Besatzungspolitik im Südlibanon und dem Terror des früheren Naziregimes ablehnen. Wir haben solche Vergleiche auch von arabischer Seite deutlich zurückgewiesen. Der deutsche Faschismus hat sechs Millionen Juden ermordet.« Doch auch solche Rettungsversuche nutzen nichts mehr. Die Zeitung »Maariv« beschreibt am 28. Dezember 1984 ein zufälliges Treffen der jungen linken Grünen Gaby Gottwald mit einem aufgebrachten israelischen Offizier. »In Israel leben eine halbe Million Holocaust-Überlebende. Wenn Sie dazu beitragen, die Existenz dieses Staates zu gefährden, tun Sie dies aus Bosheit oder aus Naivität? Sie dürfen uns keine Moral predigen, Sie nicht«, sagt der Offizier empört. Gaby Gottwald fällt dazu, laut »Maariv«, eine aufschlussreiche Antwort ein: »Der Holocaust und der Zweite Weltkrieg sind eine Angelegenheit zwischen unserer Generation und der unserer Eltern. Aber was damals geschehen ist, gibt euch nicht das Recht, andere zu beherrschen.« Genau dies ist der fundamentale Irrtum eines Teils der bundesdeutschen Nachkriegsgeneration. So spricht der abstrakte Antifaschismus, in dem der Judenmord als eine Art moralisches Instrument im Kampf der Jüngeren gegen die Älteren erscheint und der in seiner Selbstbezüglichkeit keine Empathie für die Opfer aufbringen kann.

Diese Haltung ist, vierzig Jahr nach dem Krieg, in Deutschland ein Indiz für die Unfähigkeit der Generationen, in einen Dialog zu treten. Die Älteren schweigen verstockt, viele Jüngere bewaffnen sich mit jener egozentrischen Gratismoral, die Gaby Gottwald in Israel formuliert.

Wer in Israel als bundesdeutscher Politiker so forsch, naiv bis zur Ignoranz und zweideutig auftritt, darf sich über nichts wundern. Die Reaktionen in Israel auf die Reise sind verheerend – das Echo in der Bundesrepublik auch. Die »Süddeutsche Zeitung« schreibt, es gebe zwischen Kohl und Reents keinen Unterschied. Mit dem Antisemitismus der militanten Linken in den Siebzigern hätten die linken Grünen nichts zu tun – aber das allein reicht nicht. Schily gehört 1985 zu den schärfsten Kritikern der Reents-Reise. Die Grünen, so Schily, blamieren sich, wenn sie außenpolitisch nicht aus Unfällen lernen wollen. Bei außenpolitischen Unfällen kann Gaddafi-Gast Otto Schily auf gewisse Erfahrungen zurückblicken. Vielmehr: Er könnte es, wenn er nicht *Don't look back* zu einer Lebensmaxime gemacht hätte.

1987 fährt Schily mit Waltraud Schoppe und Dietrich Wetzel nach Israel – persönlich eingeladen vom Staatspräsidenten Chaim Herzog. Der Trip ist ein gezielter Versuch, die Reents-Reise zu korrigieren. Schily und Schoppe treffen auch rechtsextreme Siedler, Schily lobt die »gewaltige Aufbauleistung« des israelischen Staates, bewundert, wie viel Wald es in Israel gibt, und betont, als Lernender in Israel zu sein. Der Besuch wird als Kursschwenk in Israel wohlwollend vermerkt. Faktisch ist diese Reise ein doppelter Versuch: Die Grünen sollen außenpolitisch auf einen regierungstauglichen Kurs gebracht werden. Es ist auch ein Versuch, das in zwei Wochen im Juni 1967 zerbrochene Näheverhältnis der deutschen Linken zu Israel wiederherzustellen.

In der grünen Fraktion führt die Reise zu der bis dahin wohl ernsthaftesten Zerreißprobe ihrer Geschichte. Sie weigert sich mit einer Stimme Mehrheit, die Reise gutzuheißen. Schily berichtet, er sei als »Rassist« beschimpft worden, und droht mal wieder Türen knallend mit seinem Austritt. Hubert Kleinert kündigt über »dpa« an: »Wenn Schily geht, geht er nicht alleine.« Die Spaltung in Fundis und Realos, die das Ende der grünen Partei bedeuten würde, nimmt Formen an.

Warum eigentlich? Wegen eines unüberwindlichen Dissens über die Nahostpolitik, in der die deutschen Grünen, nebenbei gesagt, über keinerlei Einflussmöglichkeit verfügen? Wohl kaum. Die Sympathien sind bei Fundis und Realos im Nahostkonflikt unterschiedlich verteilt, Schily und Fischer rücken die Verantwortung für Israel in den Vordergrund, die Linken die Besatzung in der Westbank. Doch was die politischen Konsequenzen angeht, besteht weitgehende Einigkeit: Rückzug Israels aus der Westbank, Stopp der Gewalt, eine internationale Konferenz, die auf den Deal Land gegen Frieden zielen soll, ein unabhängiger Palästinenserstaat, sichere Grenzen für Israel. All das ist offenkundig vernünftig und in den Grundzügen Konsens von links bis rechts, von Thomas Ebermann bis Joschka Fischer. Das Problem liegt anderswo: in der desolaten inneren Verfassung der grünen Fraktion, der fast vollständigen Lähmung durch den erstarrten Flügelkampf, in der ätzenden Atmosphäre, die Fundis und Realos gleichermaßen deprimiert, in der Fixierung auf den kleinen Unterschied, an dem sich politikfähig/politikunfähig, opportunistisch/prinzipienfest trennen. Anders gesagt: Die Grünen benutzen, bewusst oder reflexartig, Israel auch als Bühne, um parteiinterne Händel auszufechten. Schilys Reise ist, auch wenn man sie für eine notwendige Korrektur grüner Politik gegenüber Israel hält, Teil dieses Spiels. Der eigentliche Adressat der grünen Nahostpolitik, die israelische Friedensbewegung, die man doch politisch unterstützen will, gerät bei diesem innergrünen Identitätskampf in den Hintergrund. Uri Avnery schreibt am 25. Dezember 1987 über die *querelles allemandes* leicht gereizt an Jürgen Reents: »In eure internen Angelegenheiten möchte ich mich nicht einmischen. Die Beurteilung des Schily-Besuches hängt davon ab, was die Ziele waren. Ansonsten glaube ich, dass die Grünen hier eine große Aufgabe haben.« Nein, sehr weit blickend ist es nicht, ausgerechnet den Nahen Osten, den kompliziertesten, abgründigsten Konflikt des 20. Jahrhunderts, zur Kampfarena des Fundi-Realo-Streits zu machen.

Schily in Israel ist der Gegenentwurf zu Gottwalds Tunnelblick: geschichtsbewusst, fast demonstrativ demütig. »Ich empfinde es als großes Geschenk, als Deutscher dort hinzukommen, um auch über so düstere Probleme wie den Holocaust zu reden. Das hat mit Servilität nichts zu tun. Es hat etwas mit der Ehrfurcht vor dem Tode zu tun«, sagt er. Ein Schlüsselerlebnis ist Schilys Konfrontation mit Elyakim Haetzni, einem Siedler in der Westbank, dessen Familie in den dreißiger Jahren aus Nazi-Deutschland vertrieben wurde. »Warum siedeln Sie hier?«, fragt

Schoppe – die Antwort ist ein Wutausbruch. »Was wollt ihr Deutschen hier? Wir haben bei euch gesiedelt, und ihr habt uns in die Gaskammern geschickt. Jetzt kommt ihr und fragt, warum wir hier siedeln.« Der Konflikt der Deutschen, die sich in Israel um eine friedliche Lösung mühen, ist in dieser dramatischen Szene zusammengefasst. Elyakim Haetzni ist ein militanter Siedler, ein Imperialist, der die Westbank als jüdisches Gebiet betrachtet und annektieren will und der auch Politiker wie Scharon für Verräter der jüdischen Sache hält. Leute wie er sind ein wesentliches Hindernis bei jedem denkbaren Kompromiss – aber Deutsche sind die Letzten, die die Legitimität seines Blicks bestreiten können. Schily sagt dazu später in der »taz«: »Die deutschen Studienräte haben einst ›Heil Hitler‹ geschrien. Und jetzt kommen die deutschen Studienräte wieder und wissen genau, wo die Moral liegt. Es muss auch einem Haetzni, der sich leider auf einem Irrweg befindet, zugestanden werden, dass er das strikt zurückweist. Wir müssen auch auf das eingehen, was in einem Menschen Haetzni an Gutem steckt. Selbst Haetzni hat sich für kulturelle und wirtschaftliche Gleichberechtigung der Araber ausgesprochen, wobei er aus Sicherheitsgründen ganz klar für eine Annexion der besetzten Gebiete ist.« Das klingt etwas hilflos – wie soll es auch sonst klingen?

Die linken Grünen kritisieren Schilys Verständnis für Elyakim Haetzni – das ist kleinkariert. Doch in einem anderen Punkt haben sie Recht. Dort hat Schilys Versuch, den Nahostkonflikt ohne Projektionen zu betrachten, einen Schwachpunkt. »Jordanien ist auch Palästina«, sagt Schily – und das ist in der Tat ein Kernargument der israelischen Falken, die mit dem Verweis darauf, dass der Staat Palästina nie existierte, die Forderung nach einem eigenständigen, lebensfähigen Staat abwehren. Zweistaatlichkeit, so Schily, kann nicht der Endpunkt sein, es müsse Querstrukturen geben, kulturelle Autonomie für Minoritäten. Das ist richtig, erwägenswert, aber es verkennt die Lage: Ohne autonomes Palästina gibt es keinen Frieden. Warum lässt Schily, der sonst einen klaren, realpolitischen Blick dafür hat, was machbar, was Träumerei ist, in dieser Frage Undeutlichkeiten zu? Das ist nicht nur eine etwas zu weit gehende diplomatische Geste gegenüber Israel, es ist ein Konzept, eine visionäre Idee, in der Israel/Palästina als Modell eines neuen entstaatlichten Gemeinwesens erscheint. 1985 meint Schily den Schlüssel für die Lösung im Nahen Osten gefunden zu haben: »Reents plädiert für das Selbstbestimmungsrecht der Völker. Ich glaube, dass die Kategorie des Selbstbestimmungsrechtes der Völker uns in die Irre geführt hat, vor allem wenn das verknüpft wird mit dem Staatsbegriff. Wir sollten also eine Nahostlösung anstreben, die auf Entgrenzung der Staaten zielt.«

Das ist die Leitidee: Entgrenzung der Staaten, Verzicht auf das Selbstbestimmungsrecht der Völker. Sie stammt von Rudolf Steiner. Es ist der Kern der politischen Anthroposophie, der Idee der sozialen Dreigliederung, über die Schily 1952 seinen Abituraufsatz schrieb. Steiners Dreigliederungsidee war eine Reaktion auf den Plan des US-Präsidenten Woodrow Wilson, der 1917 das Selbstbestimmungsrecht der Völker zum zentralen Kriterium für Europas Ordnung nach dem Ersten Weltkrieg erklärt hatte. Steiner lehnte diesen Plan, mit Blick auf die multiethnischen Gebiete in Ostmitteleuropa, ab, weil es zu enormen Nationalitätenkonflikten führen würde. Das war ein Impuls, ein Gedankengebäude zu errichten, in dem der Staat sich auf »die rein politischen, die militärischen und polizeilichen Angelegenheiten« beschränken sollte. Die Wirtschaft sollte selbst verwaltet sein, Schule und Kirche staatsfern, »alle juristischen, pädagogischen und geistigen Angelegenheiten werden in die Freiheit der Person gegeben«.

Schilys Vision vom Nahen Osten zielt in exakt in die gleiche Richtung. Wenig Staat, viel Individuum. Der »Jerusalem Post« sagt Schily 1987: »Der Staat ist nur ein Aspekt des sozialen Lebens, vielleicht nicht der wichtigste. Selbstbestimmung für die Individuen, nicht für das Volk hat Vorrang.« Das ist die Paraphrase eines Satzes von Rudolf Steiner, der 1917 gegen Wilson schrieb: »Die Völkerbefreiung kann nur das Ergebnis, nicht die Grundlage der Menschenbefreiung sein. Sind die Menschen befreit, so werden es durch sie die Völker.«

Schily ist nicht so töricht, den Palästinensern das Recht auf einen Staat zu bestreiten. Aber sein Fokus ist ein anderer. Er kreist um Steiners Entstaatlichungsidee, die einen exotischen, hochfahrenden Idealismus mit zivilgesellschaftlichen Ansätzen kombiniert. Doch für den Nahostkonflikt ist dies das falsche Passepartout. Die Palästinenser fürchten nicht ohne Grund, dass ihr Staat ein trostloses, abhängiges Gebilde nach der Art eines südafrikanischen Homeland wird. So übersieht Schily das Offenkundige: In Mitteleuropa ist blockübergreifende Zusammenarbeit unterhalb der staatlichen Ebene, die er, mit Steiner im Gepäck, einfordert, ein plausibles Mittel, um den Eisernen Vorhang durchlässig für die Gesellschaften zu machen. Aber in Palästina? Ist es klug, einem Volk, das verbissen um seine Selbstbestimmung kämpft, zu erklären, das Selbstbestimmungsrecht der Völker sei ein Irrtum? Und dass arabische Stammes- und Familientraditionen doch eigentlich viel interessanter und lebendiger seien als staatliche Strukturen?

Ausgerechnet in Nahost präsentiert sich Schily als eine Art Visionär mit einem Konzept, das die Wirklichkeit verfehlt. Die Wirklichkeit ist: Solange kein funktionstüchtiger palästinensischer Staat existiert, sind Ideen wie die, dass die Staatsgrenzen durchlässig werden könnten, zweitrangig. Der Nahe Osten ist kein geeignetes Experimentierfeld, um Rudolf Steiners Anti-Wilson-Memorandum zu später Verwirklichung zu verhelfen.

13. Kapitel

Genosse auf dem zweiten Bildungsweg – Otto Schily und die SPD

»Ich war bei den Grünen einfach wund.«
Otto Schily

1984 wird Richard von Weizsäcker zum Bundespräsidenten gewählt. Gefeiert wird auf Schloss Gymnich, einem Wasserschloss bei Bonn, das als Gästehaus der Bundesregierung dient. Joschka Fischer, Hubert Kleinert und Otto Schily fahren dort gemeinsam hin, chauffiert in einem dunkelblauen Mercedes der Bundestagsverwaltung. Schily, wie immer korrekt im Anzug, sitzt vorn, Kleinert und Fischer, der Jeans und Turnschuhe trägt, haben hinten Platz genommen. Als sich die Wagenkolonne dem Schloss nähert, sehen die Grünen, dass ein paar Dutzend Menschen Spalier stehen, um den vorbeifahrenden Politikern zu applaudieren. Fischer und Kleinert drücken sich tief in die Sitze – lieber nicht gesehen werden. Nur Otto Schily hebt die Hand und winkt huldvoll dem ordnungsgemäß zum Beifall angetretenen Volk zu. »Guck mal, Otto«, sagt Fischer zu Kleinert. Schily und die Grünen trennt mehr als ein paar Meinungsverschiedenheiten. Und dieser Graben wird zusehends tiefer.

Der erste entscheidende Bruch ist die 1987 erlittene Niederlage gegen Thomas Ebermann bei der Wahl des Fraktionsvorstandes. Dieses Abstimmungsdesaster schmerzt Schily, und es fehlt an alternativen Betätigungsfeldern, einem viel beachteten Untersuchungsausschuss etwa, wo er glänzen könnte. 1988 sitzt Schily zwar im Nukem-Ausschuss, der illegale Lieferungen von atomwaffenfähigem Material nach Pakistan untersucht, aber das mediale Echo und die öffentliche Aufmerksamkeit sind gering, obwohl der Skandal – immerhin geht es um einen möglichen Verstoß gegen den Atomwaffensperrvertrag – gewaltig ist. 1987 zeigt Schily Kohl wegen uneidlicher Falschaussagen im so genannten U-Boot-Untersuchungsausschuss an: Die Presse reagiert zögerlich. Es riecht nach Wiederaufführung der Flick-Anzeige, man vermutet Wahlkampfmotive. Schily ist im Auswärtigen Ausschuss des Bundestages – doch außer einem Plädoyer für den Schutz der arktischen Meere bringt er dort nichts Aufsehen Erregendes zuwege. Außerdem ist er selten da.

Schon 1986 sagt Schily manchmal zu grünen Freunden: »Ich könnte ja auch mit der Politik aufhören. Vielleicht sollte ich lieber in die Toskana ziehen.« Dort hat er sich, südlich von Siena, ein Anwesen gekauft, mit Kapelle, Olivenhain, Swimmingpool. Dieses Areal großzügig zu nennen ist untertrieben. Als Joschka Fischer Schily dort mal besucht, macht er am Tor kehrt, weil er nicht glauben kann, dass Schily in einem so herrschaftlichen Anwesen residiert. Aber ein Rückzug ins Private, das bleibt stets Koketterie. Was soll er am Swimmingpool? Er braucht den öffentlichen Auftritt. Aber es gibt Grenzen. Und die werden bei den Grünen, findet Schily, oft, zu oft, erreicht.

Die Grünen sind 1988 zerstritten. Die erbittert geführten Flügelkämpfe lähmen die Partei. Die Bundestagsfraktion ist eher den Realos zugeneigt, im Vorstand regieren die Fundis. Bis zum Dezember 1988. Auf dem Karlsruher Parteitag kippen die Realos den verblüfften Fundi-Bundesvorstand aus dem Amt. Dies ist der Beginn des unaufhaltsamen Abstiegs von Jutta Ditfurth, der Hauptgegnerin der Realos, der Schily eine »wahnhaft verzerrte Wahrnehmung« bescheinigt. Rainer Trampert und Thomas Ebermann gründen im Februar 1989 eine lose linksradikale Gruppe, die mit einem Fuß schon außerhalb der grünen Partei steht. Die moderaten Linken um Jürgen Trittin und Ludger Volmer organisieren sich im »Linken Forum«. In Karlsruhe kündigt sich eine tektonische Verschiebung im innergrünen Machtgefüge an: der Rückzug der Fundis. Doch das ist kein Sieg für Otto Schily – im Gegenteil.

Es läuft viel schief: Schilys Mitarbeiter und Sekretärinnen wechseln oft, anders als in der ersten Legislaturperiode. Der Schwung des Neuen ist verpufft, Schily oft grantig. Der Langmut der Mitarbeiter, die sich aufopferungsvoll um seine gebügelten Hemden kümmern, ist irgendwann erschöpft, zumal sie sich von Schily wie Dienstboten behandelt fühlen. Wenn es hektisch wird,

wird Schily cholerisch. Und es ist oft hektisch. Freitags fliegt er meist nach Berlin. Oft fehlt der Schlips, ein Buch, das er unbedingt braucht, noch eine Akte, von der niemand etwas weiß. Dann brüllt Schily, und wenn er schließlich im Flugzeug sitzt, seufzt das Büro: endlich Wochenende. Mit Bösartigkeit haben diese Auftritte wenig zu tun. Vielmehr hat Schily das Gefühl, es stehe ihm selbstverständlich zu, dass sich alles um ihn dreht. Er verletzt andere oft, ohne es zu wollen und zu merken. Denn er registriert sie nicht, nicht als Gleiche. Diese Attitüde hat Schily schon lange – im zermürbenden politischen Alltagsgeschäft, im Raumschiff Bonn, kommt sie richtig zur Entfaltung. In Bonn, sagt einer, der ihn lange kennt, hat Schily viel von seiner Offenheit verloren.

Anfang 1989 stehen wieder Wahlen für den Fraktionsvorstand an. Mehr als die Hälfte der grünen Mitglieder wünschen sich, so eine Meinungsumfrage, Otto Schily als Parteichef. Schily kandidiert. »Geh in den Vorstand«, drängt Konrad Schily seinen Bruder, »wirf die Fundis raus, dann kriegt ihr zwölf Prozent.« Doch das ist Wunschdenken. Eine erneute Niederlage Schilys ist absehbar. Auch Realo-Freunde warnen ihn. Doch Schily, manchmal beratungsresistent, will davon nichts hören. So scheitert er an der komplizierten grünen, gender- und strömungsquotierten Wahlarithmetik. Er hält, anders als 1987, eine freundliche Bewerbungsrede – und verliert gegen den eher den Realos nahe stehenden, fleißigen und auf Ausgleich bedachten Helmut Lippelt. Den Ausschlag gibt unter anderem Marieluise Beck-Oberdorfs Bemerkung, Schily solle der Fraktion doch bitte seine »Kandidatur ersparen«. Manche grüne Frauen reagieren auf Schilys Unwillen, anderen auf Augenhöhe zu begegnen, besonders allergisch und nachtragend. Es ist weniger eine Anti-Realo- als eine Anti-Schily-Wahl. Auch manch grüner Reformer hat Schilys Starallüren satt, das Türenknallen, die Drohungen auszutreten, die Auftritte in der Fraktion. Schily polarisiert – und die nach vier Jahren Flügelfeindschaft ermüdete Partei will keinen Krieg mehr, sondern endlich ihre Ruhe.

Nach der Wahl verschwindet Schily wortlos. »Wenn Schily geht, geht er nicht alleine«, hatte der Realo Hubert Kleinert bei

Schilys letzter spektakulärer Niederlage in der Fraktion gedroht. Nun scheint der Riss selbst die Realos zu spalten. Und Schily tut viel, um ihn noch zu vertiefen.

In Berlin verhandelt die AL mit der SPD über eine rot-grüne Koalition. Architekt des Bündnisses ist Christian Ströbele, bislang als Fundi-nah bekannt. Nun redet er von einer »Jahrhundertchance«. Die als hoffnungslos linksradikal geltende AL strebt ernsthaft ein Bündnis mit der Westberliner Beton-SPD an. Endlich läuft es so, wie es die Realos immer wollten. Aparterweise führen Klaus Eschen, seit längerem in der SPD, und Christian Ströbele die rot-grünen Verhandlungen über die Innenpolitik: So macht das »sozialistische Anwaltskollektiv« von einst die Berliner Innenpolitik unter sich aus. Doch Schily fordert in der »taz« die SPD auf, in der Frage der Präsenz der Alliierten und des staatlichen Gewaltmonopols »hart gegen die AL zu bleiben«. Das ist nicht nur ein Affront gegen Ströbele. Es ist illoyal, dem politischen Gegner Tipps für den Umgang mit dem eigenen Lager zu geben. Auch manche Realos sind fassungslos: Was Schily treibt, ist keine politische Strategie, das sind die Zicken einer beleidigten Diva. »In Bonn«, so ein grüner Abgeordneter im September 1989, »tut Otto gar nichts, außer einmal pro Woche zu erklären, dass alle anderen Arschlöcher sind.« Otto Schily ist bei den Grünen im Herbst 1989 so einsam wie nie zuvor – und seine Grundpositionen sind gleichzeitig noch nie so mehrheitsfähig wie im Moment. Das ist die letzte paradoxe Ungleichzeitigkeit zwischen Schily und der Partei.

Der allerletzte Anstoß für den Bruch kommt Ende Oktober aus Nordrhein-Westfalen. Der Landesverband stellt, so wie es die grünen Statuten vorsehen, Schily nicht mehr als Bundestagskandidaten auf. Schily könnte für den Landtag in NRW kandidieren – oder er könnte ein Parteiamt anstreben oder sich auf die Suche nach einer anderen Landesliste machen. Aber er will nicht mehr. Ein paar Tage später tritt Schily aus der grünen Partei aus – und in die SPD ein. Der NRW-Beschluss ist die letzte bizarre Pointe in der komplizierten Beziehung zwischen Partei und Star. Indem die Grünen in Nordrhein-Westfalen beschließen, dass Otto Schily nicht mehr in den nächsten Bundestag gehört, sorgen sie dafür, dass er Mitglied des Bundestages bleibt. Denn die Grünen scheitern bei der Wahl 1990 an sich selbst, der deutschen Vereinigung und der Fünfprozenthürde. Schily hingegen zieht als SPD-Abgeordneter ins Parlament ein.

Er hat sich immer weiter von der Partei entfernt, am Ende ist er nicht mehr in der Lage, Politik und Persönliches zu trennen. Ende Oktober kommt Peter Glotz in den Auswärtigen Ausschuss und sagt zu Hildegard Hamm-Brücher: »Gratulieren Sie mir. Ich habe den Schily zur SPD geholt.« Glotz, damals Vorsitzender der SPD Bayern-Süd, hatte 1982 schon die Linksliberalen Günter Verheugen und Ingrid Matthäus zur SPD gelotst. Glotz und Schily haben sich im Beirat des Goethe-Instituts kennen und schätzen gelernt. Schily bekommt den Wahlkreis München-Land, den gutbürgerlichen Speckgürtel um München, der fest in CSU-Hand ist, und die Aussicht auf einen sicheren Platz auf der Landesliste. Dafür muss er, wie Fraktionschef Hans-Jochen Vogel es verlangt, sein Mandat zurückgeben. Das Opfer dieses Manövers ist der Genosse Jürgen Vahlberg, der den sicher geglaubten Platz im nächsten Bundestag abschreiben kann. Der Wahlkreis München-Land ist eine Notlösung. Aussichten auf ein Direktmandat hätte Schily wohl in München, doch das kann auch Glotz nicht gegen die Partei durchsetzen.

Schily ist 57 Jahre alt, zwei Jahre jünger als der Kanzler Helmut Kohl. Er hat keine Lust und keine Zeit mehr, darauf zu warten, dass die Grünen erwachsen werden. Die linke Parteisprecherin Verena Krieger und andere triumphieren über seinen Abgang und werfen ihm noch ein Schäufelchen Dreck hinterher. Antje Vollmer, Schilys Intimfeindin, zeigt hingegen Sinn für Stil und sagt, dass die SPD »ein Juwel« bekommt. Doch die meisten Grünen unterstellen Schily nacktes, kaltes Karrieredenken.

Das ist ein nahe liegender Verdacht. Denn der Austritt ist eine direkte Reaktion auf die Weigerung der NRW-Grünen, ihn nochmals in den Bundestag zu schicken. Aber das ist nur ein Teil der Wahrheit. Otto Schily hat bei den Grünen seit 1983 fast immer SPD-kompatible Positionen vertreten, er hat in der Außenpolitik die Diplomatie dem grünen symbolischen Moralismus vorgezogen und in der Innenpolitik das staatliche Gewaltmonopol gegen die grüne Idee des Gewaltfreien verteidigt. Gerhard Schröder hatte schon 1985 versucht, ihn zum Wechsel zu überreden. Schily wollte nicht, noch nicht. Jetzt ist es anders: »Ich war«, so Schily heute, »bei den Grünen einfach wund.«

Schily, sagen damals manche, konnte gar nicht bei den Grünen austreten, weil er nie ein Grüner war. Aber auch das ist zu simpel gestrickt. Wer ist schon ein echter Grüner? Joschka Fischer, ein aufstiegsorientierter Ex-Sponti, dem der Waldschadensbericht und die Müllverbrennung egal waren, bis er Umweltminister wurde? Der linksradikale Thomas Ebermann, der Polittechnokrat Ludger Volmer? Gewiss gibt es streng ökologische, wertkonservative, gewaltfreie, machtferne, pazifistische, moralische Idealgrüne: Leute wie Petra Kelly, Lucas Beckmann, Roland Vogt vielleicht. Aber mit denen hält man auf Dauer keine Partei und schon gar keine Fraktion in Schwung. Der Erfolg der Grünen fußt auf ihrer weltanschaulichen Vielfalt – Schily retrospektiv auszuschließen bezeugt eher schlechte Laune als scharfen Verstand. Er ist, trotz seiner Egomanie, ein Verlust für die Grünen. Schily geht, für ihn kommt die Nachrückerin Almut Kottwitz. Wer? Eben, sagen die Realos.

Jenseits von links und rechts – Otto Schily und die Nation

So kann man es erzählen, so war es. Aber es gibt noch eine andere Erzählung, an der gemessen die Verschiebungen bei den Grünen, die 1990 und 1991 im Austritt der Ökosozialisten und der Fundis mündet, eine Fußnote ist und die Schilys Rolle bei den Grünen in etwas anderes Licht rückt. Am 17. Juni 1989 hält der Sozialdemokrat Erhard Eppler im Bundestag eine umstrittene, viel beachtete Rede. Eppler, früher Gustav Heinemanns GVP verbunden und linker Pazifist, sagt unter dem Strich: Wenn die DDR zusammenbrechen sollte, wenn das DDR-Volk dies will, dann müssen die Westdeutschen über Konföderation oder Einheit nachdenken. Wenn die Chance der historischen Versöhnung von Adenauers Politik der Westintegration und Brandts Öffnung zum Osten besteht, dann darf sie nicht an Bonn scheitern. »Die

Frage, ob es einen deutschen Staat gibt oder zwei, entscheidet sich in der DDR«, so Eppler im September 1989.

Die grüne Fraktion lädt Eppler Ende Oktober, ein paar Tage vor Schilys Austritt, zur Debatte ein. Eppler, so zeigt sich, bohrt mit seiner These am Nerv der Grünen. Wenn Frieden und Stabilität nicht bedroht seien, spreche nichts gegen eine Konföderation oder eine Vereinigung der beiden deutschen Staaten, so Eppler. Denn auch die deutsche Frage sei »offen, wie alle Geschichte« und nicht durch die NS-Verbrechen beantwortet. Das sieht der grüne Post-Achtundsechziger-Mainstream anders, fundamental anders. Die Parteilinke beginnt in schriller Rhetorik, ein »viertes Reich« an die Wand zu malen. Auch viele Realos sind ratlos: Was selbstverständlich war, gerät ins Wanken. Auch für Joschka Fischer ist die Wiedervereinung fester Bestandteil des Weltbildes der Reaktionäre in der Republik, der eigene Postnationalismus Ausweis, dass man die Lektion der Nazikatastrophe begriffen hat. Natürlich sind die Grünen mehrheitlich gegen die SED-Diktatur, aber auf die Folgen ihres Zusammenbruchs schaut man mit bangem Blick. Die Realos haben die Westorientierung zu ihrem Projekt gemacht, sie haben die Nato akzeptiert, weil eine bundesdeutsche Neutralität eine Anknüpfung an düstere deutsche Sonderwege gewesen wäre. Die Hinwendung zum Westen ließ sich guten Gewissens als Lehre aus der deutschen Katastrophe verstehen. Aber die Nation? Wiedervereinigung? Außer Rudi Dutschke und ein paar exotischen Figuren hat sich die westdeutsche Linke mit dem Thema Nation nie anders als mit spitzen Fingern befasst. Auch lebensweltlich ist man auf Distanz. Erfurt liegt für Fischer & Co. viel weiter entfernt als Florenz oder die Provence.

Eine Woche nach Maueröffnung schreibt Joschka Fischer in der »taz«: »Souveränität und Selbstbestimmung haben hierzulande ihre begründbaren Grenzen. Die Nation hat eine nur schwer und über Generationen zu tilgende Schuld, und ein deutscher Nationalismus bringt keine Zukunft mehr für unser Land. In Deutschland 45 Jahre nach Auschwitz auf alles Nationale panisch zu reagieren ist kein Anlass zur Scham und Kritik, sondern eine überlebensnotwendige Demokratenpflicht für mindestens weitere 45 Jahre.« Panik ist als politisches Programm stets nur begrenzt haltbar. Die deutsche Teilung war ein Ergebnis des Kalten Krieges, keine Strafe für Auschwitz. Das ist der historische Fakt. Aber Fischer und fast die gesamte bundesdeutsche Post-Achtundsechziger-Linke kämpfen um etwas anderes: um ihr eigenes Selbstverständnis, ihr Geschichtsbewusstsein, in dem sie als Agenten der Zivilisierung des Teutonischen, eines nachholenden Antifaschismus, wirken. Mit diesem Selbstbild ist die Aussicht auf ein mächtiges, vereintes Deutschland einstweilen nicht in Einklang zu bringen. An der Frage der Vereinigung scheiden sich im Herbst 1989 politische Generationen. Für Willy Brandt erfüllt sich ein Traum, Oskar Lafontaine sieht Europa in Gefahr.

Mit der DDR sehen viele West-Linke, eingestanden oder klammheimlich, eine Alternative verschwinden, gewiss eine hässliche, entstellte Alternative, aber eben doch so etwas wie die Möglichkeit eines anderen Deutschland – oder vielleicht auch nur die Erinnerung daran, dass ein anderes Deutschland einmal möglich schien. Daher rührt die linke Melancholie 1989, nicht aus heimlicher Faszination für die Diktatur. Otto Schily ist nicht melancholisch. Er sieht eine Diktatur, die dem wohlverdienten Untergang entgegenstolpert. Das andere, gute, nicht durch die NS-Zeit belastete Deutschland, das repräsentieren andere: zum Beispiel er selbst.

Schily tritt nicht wegen der Deutschlandpolitik bei den Grünen aus. Der Zeitpunkt mag ein Zufall sein, aber es ist ein sprechender Zufall. Schily hat ein ausgeprägtes Gespür dafür, wann historisch Bedeutendes geschieht. Er war oft, vom 2. Juni 1967 an, dabei, wenn sich Wesentliches ereignete. Am 26. Oktober ist Otto Schily einer der wenigen Grünen, die Epplers Position in der Fraktion vorbehaltlos unterstützen. 1985 hatte er noch für eine Streichung des Wiedervereinigungsgebotes aus dem Grundgesetz plädiert. 1988 hatte er noch ähnlich wie Fischer argumentiert und den deutschen Einheitsstaat als gescheitertes Experiment und historische Ausnahme betrachtet. Doch jetzt ist die Lage anders – und Schily schwenkt ohne viel Federlesen um und bezieht eine pragmatische Position: Früher war er halt gegen das Wiedervereinigungsgebot, jetzt ist er gegen ein grünes Wiedervereinigungsverbot. Das klingt inkonsequent, opportunistisch, aber so ist es nicht. Es ist eine erfreulich hemdsärmelige, pragmatische Position. In der Republik bricht in jenen Tagen eine jener typisch deutschen Identitätsdebatten los: Ist ein guter Deutscher, wer, angesichts der Nazivergangenheit, für die Vereinigung ist? Oder ist das Gegenteil richtig?

Schily ist frei von dem nationalen Pathos der Rechten und den untergründigen Selbstbestrafungsreflexen der Achtundsechziger, der Kinder der Täter. Auf die Frage »Was ist Deutschland?« hat er Erich Kuby kühl geantwortet: »Zunächst ist es ein geografischer Begriff, nicht gebunden an staatliche Gefüge.« Er ist kein grüner Nationalist, wie etwa Alfred Mechtersheimer, der Eppler gleichfalls applaudiert und dessen Neutralismus-Ideen stets mit Deutschnationalem vermischt sind. Und er ist kein Antinationaler, der in der Zweistaatlichkeit die Strafe der Geschichte für das Misslingen des deutschen Nationalstaates sieht (die man nebenbei dem DDR-Volk aufbrummt).

Schilys entspannte Haltung zur umkämpften deutschen Frage hat mit seinem anderen, weiteren historischen Erfahrungshintergrund zu tun. Die jüngeren Grünen wurden politisch mit der Hetze der Konservativen gegen Brandts Ostpolitik, gegen den Vaterlandsverräter Herbert Frahm, groß. Von Wiedervereinigung redeten nur die Kalten Krieger, die mit nationalen Kampfparolen die Entspannungspolitik sabotieren wollten. Schily, Ex-Wähler von Heinemanns GVP, ist in den Fünfzigern erwachsen geworden. Damals war die Idee der Wiedervereinigung keineswegs reaktionär kontaminiert. Schily hat damals mit dem bürgerlichen, moralischen Protest der GVP sympathisiert, der den Preis von Adenauers Westintegration, die Zementierung der Spaltung, für zu hoch hielt. Und als die Mauer gebaut wurde, die nun wankt, hatte Schily dagegen protestiert, wenn auch nur mit der Autohupe. Es sind diese Erinnerungs- und Traditionsspuren, die es ihm leicht machen, jeden Satz von Eppler zu unterschreiben. Im November 1989 zeigt sich, dass Schily unberührt von den antinationalen Berührungsängsten der Achtundsechziger ist: eine Art Gnade der frühen Geburt.

Schily ist ein Wertkonservativer, aber eine besonders heftige affektive Beziehung zur Zweistaatlichkeit oder dem Nationalen hat er nicht. Die Nation ist für ihn kein inneres Kampffeld – auf die Vereinigung schaut er mit nüchternem, zivilem Bürgerbewusstsein. Im Juli 1990 stellt er fest: »Besonders wichtig scheint mir, dass das nationale Aufrauschen in Deutschland glücklicherweise, von Ausnahmen abgesehen, ausgeblieben ist. Das widerlegt das gängige Klischee, der *Furor teutonicus* werde wieder auskeimen, weil aus zwei Staaten einer wird. Die Mehrheit der Westdeutschen ist in ihrer Diesseitigkeit und demokratischen Nüchternheit offenbar immun gegen nationalen Überschwang, mit Ausnahme des Fußballsportes. Auch die Ostdeutschen scheinen weniger anfällig für nationale Emotionen, als ursprünglich angenommen wurde. Gleichwohl, Misstrauen ist meist ratsam, wenn allzu laut gejubelt wird. Politik ist dann am ungefährlichsten, wenn das Volk die kritische Distanz und Skepsis wahrt.« Das ist gut beobachtet (vor den rassistischen Angriffen der Neunziger), mit Augenmaß geurteilt, ohne jene Verbissenheit mancher Ex-Linken, die, nachdem sie das Volk dreißig Jahre unter Gesinnungsquarantäne gestellt haben, nun die Zivilgesellschaft entdecken und das Volk gar nicht genug loben können. Aus dieser Rede (»Deutsch-Stunde«) spricht ein republikanischer Geist, auf Form und Distanz bedacht, grundskeptisch gegenüber zu heftigen kollektiven Aufwallungen. Republikanisch, weil er die Einheit nicht ethnisch begründet, sondern aus dem Willen des DDR-Volkes. Das ist ein Unterschied zu vielen in der Union, die die Einheit für die Wiederherstellung des ethnischen Normalzustands halten.

Jürgen Habermas hat im Rückblick auf die Vereinigung geschrieben: »Mit jenem ungeheuerlichen Kontinuitätsbruch haben die Deutschen die Möglichkeit eingebüßt, ihre politische Identität auf etwas anderes zu gründen als auf universalistische staatsbürgerliche Prinzipien, in deren Licht nationale Traditionen nicht mehr unbesehen, sondern nur noch kritisch und selbstkritisch angeeignet werden können. Die posttraditionale Identität verliert ihren substanziellen, ihren unbefangenen Charakter; sie besteht in dem Modus des öffentlichen, des diskursiven Streits um die Interpretation des Verfassungspatriotismus, der je nach den historischen Bedingungen konkretisiert werden muss.« So würde es Schily nie sagen, aber ungefähr so verhält er sich: jenseits des aufblühenden rechten National-Diskurses, jenseits der Anti-Affekte der Post-Achtundsechziger.

Es ist das letzte Mal, dass Schily in seiner vertrauten Rolle historisch Recht behält gegenüber dem linken Mainstream. Der Wechsel zur SPD ist viel mehr als nur ein Parteiübertritt. Otto Schily beendet mit seiner Austrittserklärung am 1. November 1989 nicht nur seine Parteimitgliedschaft bei den Grünen, er verabschiedet sich von jener Rolle, die am 3. Juni 1967 auf einem Vorplatz der Berliner Universität begonnen hatte, als er zum ersten Mal Rudi Dutschke traf. Schily hat mehr als zwanzig Jahre zwischen Mehr- und Minderheit, zwischen Bürgern und Rebellen gestanden. Er hat versucht, auf die Achtundsechziger mäßigend einzuwirken und sie als Anwalt gegen den wütenden Staat verteidigt. Er hat Ensslin verteidigt und versucht, in Stammheim den Rechtsstaat vor dem Staat zu schützen. Er hat dem Bürgertum vermittelt, dass die Grünen wählbar sind. Er hat von den Grünen verlangt, dass sie sich zum staatlichen Gewaltmonopol bekennen. Das hat er oft gesagt, weil es ein richtiger Satz ist. Aber er wurde nicht richtiger, je öfter Schily ihn sagte. Und wirksamer auch nicht.

Nun ist die Rolle des großen Bruders der Szene ausgespielt. Schily hat sich nicht für diese Rolle beworben, sie ist ihm zugefallen. Jetzt ist es damit vorbei. Keine grünen Parteitage mehr, auf denen er seinen Namen unter einem Antrag mit Tipp-Ex wegretuschieren muss, damit der Antrag eine Mehrheit bekommt. Keine von Neid zerfressenen Basokraten mehr, die einfach nicht begreifen, dass er besser, klüger, talentierter, effektiver ist als sie.

Nach seinem Austritt wirkt Schily in Bonn so entspannt wie lange nicht mehr, so entspannt wie damals, 1986, als er in einem Ökorestaurant nach der Auflösung des Flick-Ausschusses seinen Abschied aus dem Bundestag feierte und sich sogar ans Klavier setzte. Er hat getan, was überfällig war. Er ist angekommen. Manche Grüne, die Schilys Allüren, den Jähzorn, das ewige Zuspätkommen, kennen, kalauern, dass sich die SPD »einen Glotz ans Bein gebunden hat«. Doch es läuft erst mal gut bei der SPD. Die Münchener SPD-Basis wählt ihn mit 93,5 Prozent zum Direktkandidaten, die SPD in Bayern hievt ihn ordnungsgemäß auf den sicheren Listenplatz 21. In seiner Jugend in Partenkirchen, so Schily folkloristisch, habe er jodeln gelernt, ein Umstand, an den sich niemand so recht erinnern kann. Er hatte, so Schily, »Angebote aus dem ganzen Bundesgebiet vom Allgäu bis nach Buxtehude«, aber er wollte unbedingt nach Bayern, denn ohne Bayern kann die SPD keine Bundestagswahl gewinnen. Das klingt nobel, zu nobel. Schily wäre wohl lieber in Berlin geblieben – aber dort konnte ihm keiner Sicheres anbieten. München-Land ist eine Notlösung.

Schily absolviert im Wahlkampf 1990 29 Veranstaltungen in Brauereigaststätten, Bürgerhäusern und Mehrzweckhallen und spricht über Wohnungsbauförderung und Umgehungsstraßen in Taufkirchen und Oberschleißheim, Garching und Ismaingen. Der Kanzlerkandidat Oskar Lafontaine und Willy Brandt unterstützen seinen Wahlkampf, ebenso Konstantin Wecker, Claus Peymann und Inge Meysel. Er ist etwas Neues in Bayern, eine Attraktion in der sonst recht hausbackenen Bayern-SPD. Das Direktmandat verfehlt er 1990, aber er bekommt 33, 4 Prozent, sieben Prozent mehr, als die SPD in seinem Wahlkreis an Zweitstimmen erhält. Ein sehr beachtliches Resultat. Im Oktober 1990 zieht er wieder in den Bundestag ein.

Am 9. November 1989 ist Schily nicht in Berlin gewesen. Er ist in Unterhaching. Ein böses Zeichen für jemand, der Talent für historische Orte und Zeiten hat. Schily weiß noch nicht, was auf ihn zukommen wird. Etwas, das seine übelsten Zeiten bei den Grünen übertrifft, etwas, das noch schlimmer ist als das Gekeife von Jutta Ditfurth. Er bekommt miese Schlagzeilen. Und dann passiert etwas noch Schlimmeres: Er bekommt keine Schlagzeilen mehr.

14. Kapitel

Die bleierne Zeit – der Politstar als Provinzpolitiker

Was hier / in dieser muffigen Atmosphäre / Als ob ich es geahnt hätte / Mein Gott / nicht einmal zum Wasserlassen / habe ich diese Art von Gasthäusern betreten

Und hier soll ich / Mein Rad der Geschichte spielen … / trostlos (schaut sich um) Absolute Kulturlosigkeit/ trostlos.
Thomas Bernhard, Der Theatermacher

Nach seinem Übertritt zur SPD schreibt Otto Schily keine Gastkommentare für Regionalzeitungen mehr. Er wird auch seltener in den Zeitungen erwähnt. Schily ist als Sozialdemokrat nicht mehr so interessant. Ihm fehlen die pittoreske Kulisse, die revoltierenden Studenten, die radikalen Anwälte, die RAF-Sympathisanten bei der Beerdigung von Holger Meins, die strickenden Ökos, ihm fehlt das Bühnenbild, vor dem er sich mit Zweireiher und goldener Uhrkette stets augenfällig abhob. Bei seinen Konflikten mit den Grünen war die bürgerliche Presse – von »Bild« über den »stern« bis zum »Spiegel« – oft auf seiner Seite. Denn er war die Figur, in der sie ihr eigenes bürgerliches Selbstbild reflektieren konnte. Schily war immer eine Projektionsfigur für das Bürgertum – einer von uns, der es mit wilden Gesellen zu tun hat. Auch daraus speist sich Schilys Anziehungskraft. Und damit ist es in der bayerischen Sozialdemokratie vorbei.

Denn nun kämpft er nicht mehr gegen finstere Fundis, jetzt soll er sich mit den Problemen der Müllentsorgung, mit Streit um Truppenübungsplätze, den S-Bahn-Anschluss des neuen Münchener Flughafens und den Mieten in Unterhaching herumschlagen. Sein Leben spielt sich nun zwischen Berlin, Bonn und München ab – und das macht es noch komplizierter, atem- und ruheloser. Eine Wohnung will er sich 1989 nicht in seinem Ortsverband Unterhaching suchen, sondern näher am Flughafen, in Unterföhring. Auch nach einem dreiviertel Jahr hat Schily noch keinen Wohnsitz in München angemeldet, zwei Jahre später wohnt er immer noch im Hotel. So etwas findet die heimatverbundene SPD-Basis nicht lustig. Bei den Grünen konnte Schily seinen Unwillen, sich im Ortsverband blicken zu lassen, noch mit den Zumutungen der grünen Basis an die Prominenz begründen. In Unterhaching ist das schwieriger. Die Grünen hat er mitgegründet, die SPD ist 127 Jahre alt und hier in Bayern eine Milieupartei, die sich seit Jahrzehnten in der Oppositionsrolle häuslich eingerichtet hat und es zugereisten Bürgern, die alles besser wissen, nicht leicht macht. Schily legt sich, schon nach ein paar Monaten, mit dem Parteiestablishment an, dem er vorwirft, dass es einerseits zu viel Folklore betreibe und die CSU kopiere, andererseits sei es zu linkstraditionalistisch, um auch reichere Schichten anzusprechen. Nur mit »Kleinbürgern und ein paar versprengten Marxisten«, polemisiert er, könne die SPD keine Wahl gewinnen. Er ist in einer anderen Partei, aber nach ein paar Monaten schon wieder in einer ähnlichen Rolle wie bei den Grünen: der einsame Reformer, der leichthändig Traditionen wegwirft, die nicht seine sind, und sich um Mehrheiten in der Partei nicht viel schert.

Im März 1990 finden in der DDR die ersten freien Wahlen statt – mit einem für die Linke, die Grünen, die Bürgerbewegten und die SPD höchst ernüchternden Ergebnis. Die SPD betrachtet die DDR mit gewissem historischen Recht als »ihr« Gebiet: Aber es geht nicht um Geschichte, es geht um die Gegenwart. Die Union gewinnt, die SPD verliert. Ein paar Monate zuvor hatte man es noch für sicher gehalten, dass der glücklose Pannen-Kanzler Kohl bald einer rot-grünen Regierung weichen wird, dass der Marsch durch die Institutionen mit einer rot-grünen Regierung unter Lafontaine symbolisch beendet und gekrönt würde. Diese Aussicht löste sich in nichts auf. Kohl diktiert das Tempo der Vereinigung, die Opposition räumt eine Festung nach der anderen, so lautete die Dramaturgie. Ein Wahlverlierer besonders heftiger Art ist Otto Schily.

Am Abend des Wahldesasters am 18. März 1990 schlendert Schily übellaunig am Büfett der ARD-Wahlparty im Palast der Republik vorbei und nimmt sich eine Banane. Ein paar Minuten später sehen Millionen TV-Zuschauer diese Banane, die Otto

Schily mit düsterem Lächeln in die Kamera hält. Der Moderator hatte nach dem Grund gefragt, warum die SPD nur knapp 22 Prozent bekommen hat, worauf Schily wortlos die Banane vorzeigt. Das ist Otto Schilys »Brent Spar«, eine selbst gemachte Imagekatastrophe. Diese Geste bringt die Abneigung der Westlinken gegen die Vereinigung zum Ausdruck, den Affekt des postmaterialistischen Milieus gegen die Ostler, die es auf den Westkonsum abgesehen haben. Schily müsste, wie die Eppler-Debatte zeigte, klüger als diese Geste sein. Die Banane ist ein Arroganzsymbol wider besseres Wissen. Diese Geste verletzt eine Grundregel für Politiker: Beschimpfe nie Wähler, das vergrößert den Schaden, außerdem erscheint man als schlechter Verlierer. Zudem übersetzt sie die politische Enttäuschung, dass die Konservativen von der Vereinigung profitieren, in ein soziales Ressentiment. Heiner Geißler bemerkt zu diesem Auftritt in der »taz« giftig, aber zutreffend: »Dass der Neusozialist Schily den Wunsch der Leute, bessere Lebensverhältnisse zu haben, nicht akzeptiert, kann man von einem verstehen, der bisher Betriebe von innen noch nicht gesehen und sich mehr in hoch politisierten Randzirkeln der bundesdeutschen Gesellschaft bewegt hat.«

Bei den Grünen wurden Schilys Überlegenheitsgesten stets als Reaktion des begabten Einzelgängers auf die grüne Traditionskompanie gelesen, die sich lieber im Getto einrichtet und es nicht leiden kann, wenn Promis für Zugluft sorgen. An diesem Wahlabend sieht man die soziale Verachtung, den Blick von oben nach unten, der oft in Schilys Inszenierungen als Solitär steckt, in Reinform.

Im Bundestag ist er ein Hinterbänkler in der SPD-Fraktion. Er hält zwei Reden in vier Jahren, eine zum Thema illegale Rüstungsexporte, eine über Mineralölsteuerbefreiung für Flugzeuge. »In der Fraktion sitze ich auf der Reservebank«, sagt er 1992. Wenn er nach Bayern fährt, kommen noch immer hundertfünfzig, zweihundert Leute, mehr als bei anderen Politikern. Denn man kennt ihn, den Schily aus dem Fernsehen. Aber es ist, Jahr um Jahr mehr, eine Prominenz, die ausbleicht, es ist der Ruhm früherer Tage. Wenn mal eine Zeitung anruft, damit er etwas schreibt, dann geht es um den Tod von Petra Kelly und Gerd Bastian. Zu Schily geht man, um jemanden zu sehen, der bundesdeutsche Geschichte verkörpert, und nicht, um jemanden zu treffen, aus dem die Zukunft der SPD spricht.

Bei den Veranstaltungen im Bürgerhaus und bei der »Lindenwirtin« geht ihm das »Liebe Genossinnen und Genossen« einfach nicht über die Lippen. Er sagt: »Verehrte Anwesende«. Und versöhnlich: »Ich bin Sozialdemokrat auf dem zweiten Bildungsweg.« Günter Verheugen zog eigens in seinen Wahlkreis, nach Kulmbach, um sich an die Partei zu gewöhnen – und umgekehrt. Auch Ingrid Matthäus-Maier tat einiges, um als Sozialdemokratin anerkannt zu werden. Schily nicht. Genauer gesagt: Für seine Verhältnisse tut er mehr, als er für zumutbar hält. Denn er hat keine Lust, sein Abitur nachzuholen, er will nicht in Dorfgaststätten hinter Bierkrügen sitzen, er will nicht heimlich leidend der Ortsprominenz zuprosten müssen, die es toll findet, mal mit jemand aus dem Fernsehen an einem Tisch zu sitzen. Er will nicht in verrauchten Hinterzimmern antichambrieren. Ist er dafür bei den Grünen ausgetreten – um nun dauernd entnervt erklären zu müssen, wie es damals war? Was macht er eigentlich hier? Ein wenig erinnert Schily an Thomas Bernhards tragikomischen Helden Bruscon, einen Theatermacher, den es in die Provinz verschlagen hat und der in der Dorfkneipe von Utzbach längst vergangenen Erfolgen nachtrauert.

Dabei geht es nicht um die Etikette, nicht um den Genossenjargon, den zu lernen der Kulturbürger Schily mit sechzig Jahren vielleicht einfach zu alt ist. Es geht darum, dass Schily eigentlich nicht dazugehören will. In seinem Innersten ist er überzeugt, dass er, der Staranwalt, der Mann, der fast den Kanzler gestürzt hätte, der Franz Josef Strauß in die Enge trieb, all das nicht nötig hat. Er ist wieder in einer Partei, in dem ihm das »Wir« nicht gelingt. Mit allem, was er sagt und tut, signalisiert er der Partei: Nehmt mich, wie ich bin – oder lasst es. Diese Botschaft kommt bei den Parteifunktionären als Geste der Arroganz an. Im Grunde wiederholt sich die Spielanordnung, die schon das Match Schily gegen die Grünen prägte: hier der Einzelgänger, der für Wahlerfolge sorgt, aber für die Partei nichts übrig hat, dort ein – in diesem Fall durch vierzig Jahre Opposition leicht eingerosteter – Funktionärskörper, den Schilys Divenallüren stören. Der Schily, heißt es manchmal im Parteiapparat, ist gerade beim Goethe-Institut in Athen, anstatt sich um München-Garching zu kümmern. Schily beeindrucken solche kleingeistigen Ansprüche nicht im Geringsten. Er hat es nicht nötig, sich der Parteiräson zu fügen. Er hat doch sieben Prozent mehr Erst- als Zweitstimmen geholt – wo ist das Problem? (1994 sind es fünf, 1998 drei.) Es ist der gleiche Film wie bei den Grünen, nur mit weniger Publikum.

Im Mai 1990 gewinnt Gerhard Schröder die Landtagswahl in Hannover. Ein paar Jahre zuvor hatte er Schily noch umworben. Aber jetzt hat er kein Interesse mehr daran, den Neugenossen Schily zum Minister in seinem Kabinett zu machen. Beim SPD-Parteitag in Bremen kandidiert Schily 1991 für den Vorstand. Das Resultat ist ein Desaster: 126 von 484 Stimmen, mit weitem Abstand das schlechteste Ergebnis aller Kandidaten. In den Bundestag kommt er manchmal mit nachlässig gebundenem Schlips. Das ist bei Schily, Krawattenmann des Jahres 1984, ein Alarmsignal. Für seinen Wahlkampf in München-Land versucht er 1994, Prominente wie Michail Gorbatschow zu gewinnen, auch das vergebens. Er ist ein Außenseiter in der Fraktion – trotzdem leistet er sich den Luxus, nur mit Abgeordneten zu reden, von denen er meint, sie entsprächen seinem Niveau. Schily versucht, ein paar Realofreunde von früher zur SPD zu lotsen. Er braucht Leute, mit denen er vernünftig reden kann, Leute, die zu schätzen wissen, wer er ist. Denn die sind in der SPD-Fraktion Mangelware. Aber alle Versuche, weitere Übertritte zu organisieren, scheitern. Schily bleibt, neben der Hamburger GAL-Politikerin Thea Bock, der einzige bekannte Grüne, der zur SPD wechselt. Vielleicht repräsentiert er wirklich nur sich selbst. Das Drama ist: Alle können das nun sehen.

Rednerpult und Robe – der Politiker als Anwalt

In Bonn seufzt Otto Schily des Öfteren, dass man als Abgeordneter einfach nicht genug Geld verdient. Zusätzlich muss er auch noch Geld an die Grünen abführen: Schily glaubt, dass er zu viel, die Grünen meinen, dass er zu wenig bezahlt. Als er 1986 für ein dreiviertel Jahr aus dem Bundestag rotiert, engagiert er sich verstärkt als Anwalt. Er vertritt den jüdischen Filmemacher Thomas Fantl gegen Neonazis, ein Volksbegehren für die Stilllegung der Kernkraftwerke in Nordrhein-Westfalen, eine Initiative gegen Raucherwerbung im Fernsehen. Das passt ins Bild. In den Neunzigern vertritt er mit Axel Jeschke eine Nebenklage im Mykonos-Prozess. 1992 hatten fünf Männer im Auftrag des iranischen Geheimdienstes in einem Berliner Restaurant vier iranische Exilpolitiker erschossen. Die Kohl-Regierung, eifrig bemüht, die guten Handelsbeziehungen zum Iran nicht zu gefährden, half nur zögerlich bei der Aufklärung, verweigerte Aussagegenehmigungen für Geheimdienstleute.

Aber er übernimmt auch Mandanten, die gut für seinen Geldbeutel sind, für sein Renommee als Strafverteidiger, aber nicht so gut für sein Image als Politiker. »Man muss sich davor hüten, dass man meint, ein Anwaltsmandat müsse gleich einem höheren Zweck dienen. Wir sind ein Dienstleistungsunternehmen wie ein Arzt, und insofern sind wir auch auf die Wirtschaftlichkeit unserer Arbeit angewiesen«, sagt er 1986 in einem Anfall von Offenherzigkeit. Ansonsten ähnelt der Versuch, mit Otto Schily über sein Selbstverständnis als Verteidiger zu reden, dem Unterfangen, in der Wüste nach Wasser zu bohren.

»Herr Schily, wo verläuft für Sie die Grenze der Verteidigung?«

»Eine klare Grenze besteht in der selbstverständlichen Pflicht, sich an Recht und Gesetz zu halten. Darüber hinaus habe ich mich als Anwalt immer an bestimmte Grundsätze gehalten.«

»Welche?«

»Ich gebe Ihnen ein verschlüsseltes Beispiel, um die anwaltliche Schweigepflicht nicht zu verletzen. Eines Tages kommt eine Mandantin zu mir, die eines schweren Verbrechens beschuldigt wird. Sie legt mir einen Zettel vor, die eine Seite ist mit Schwarz, die andere mit Rot beschrieben, und sagt: Das hier, die rote Seite, ist die Wahrheit, schwarz geschrieben ist, was der Zeuge XY morgen vor Gericht sagen wird. Sie hatte also einen Zeugen beeinflusst. Ich habe das Mandat niedergelegt.«

»Herr Schily, war es nicht unklug, als Politiker jemand wie Wolfgang Berghofer zu verteidigen?«

»Nein. Ich habe immer darauf geachtet, dass es da keine Kollisionen gibt. Ich habe auch Mandate abgelehnt.«

»Welche?«

»Auch das fällt unter die anwaltliche Schweigepflicht.«

Schily hat Verteidigungen abgelehnt, die ihm unpassend erschienen. 1990 soll er den Ex-Staatsratsvorsitzenden Erich Honecker vertreten. Der SPD-Abgeordnete Schily winkt ab: zu heikel. Nicolas Becker, damals noch Schilys Sozius, übernimmt den Fall. Doch sonst sind die Grenzen für Verteidigungen auch für den Politiker Otto Schily weit gesteckt. Natürlich hält er sich an Gesetz und Ordnung. Aber Ambivalenzen gibt es dabei auch.

1992 verteidigt Schily in Dresden den früheren SED-Bürgermeister Wolfgang Berghofer gegen den Vorwurf, 1989 die Ergebnisse der Kommunalwahl gefälscht zu haben. Dass Berghofer an der Fälschung beteiligt war, ist unstrittig. Es geht um die Bewertung. Und da bringt Anwalt Schily ein bemerkenswertes Argument vor: Die Kommunalwahl könne Berghofer nicht gefälscht haben, weil diese Wahl selbst Schein und Betrug war. »Was falsch ist, kann man nicht fälschen«, sagt Schily. Das klingt erst mal plausibel, jeder wusste, dass die 95-, 96-, 97-Prozent-Resultate im Realsozialismus Fiktionen waren. Schilys Argument ist versiert, raffiniert, schlau – aber nicht klug. Die Ex-DDR-Opposition steht Kopf. Der Widerstand gegen die Fälschung der Kommunalwahl im Mai 1989 war eine Initialzündung für die Bürgerbewegung. Und nun soll es ein Irrtum gewesen sein, zum ersten Mal gegen diese Fälschung gekämpft zu haben?

Wolfgang Thierse, damals stellvertretender SPD-Vorsitzender und kein Freund überschäumender Polemik, schreibt: »Meine irritierte, ja befremdete Aufmerksamkeit erregt die Strategie der Verteidigung. Die Schöffen aus Dresden seien abzulehnen, so argumentieren die Verteidiger, weil sie Betroffene seien, denn schließlich sei ihnen das Recht auf demokratische, ehrliche Wahlen vorenthalten worden: Deshalb dürfen sie nicht über die Täter zu Gericht sitzen. Die Kommunalwahlen, so lautet das andere Argument der Verteidigung, seien gar keine ›echten Wahlen‹ im

Große Geste, ungenaues Argument – Schily und Wolfgang Berghofer

Sinne rechtsstaatlicher Prinzipien gewesen, also sei die Anklage juristisch gegenstandslos. Verstehe ich die Logik dieser Argumentation richtig, so heißt das: Nur Westdeutsche können und dürfen zu Gericht sitzen über ostdeutsches Unrecht. Und: Die Regeln des Rechtsstaates sind nicht auf die ehemalige DDR und ihre Bürger anzuwenden, denn die DDR war kein Rechtsstaat. Ich habe immer gewusst, dass wir – rechtsstaatsunerfahrene Ossis – noch viel zu lernen haben. Dass die Lehre so bitter ist, habe ich nicht geahnt und weigere ich mich einfach zu glauben.«

Hier in Dresden ist Schily, was er in der SPD-Fraktion nicht sein darf: ein Star. Er legt sich mit dem Richter an, er rüffelt den jungen Staatsanwalt, er schaut auf die beiden anderen Verteidiger herab. Er ist der Beste, jeder sieht es, Schily weiß, dass es jeder sieht. »Der Spiegel« schreibt über seinen Auftritt: »Er beherrscht und genießt den Ton und die Gestik des Staranwalts. Er ist ein Bossi von links. Er tritt auf mit der Attitüde des Volkstribuns, der das, was die Menschen in Ostdeutschland taten, ob zu Recht oder zu Unrecht, woran viele glaubten, worauf manche hofften, für Quatsch erklärt.«

Schily führt diesen Prozess auch mit Augenmaß. Ein Verteidiger plädiert für die Einstellung des Verfahrens aus formalen Gründen, Schily schließt sich nicht an. Er befragt SED-Funktionäre und ist baff, als einer von ihnen allen Ernstes erklärt, sie hätten darüber nachgedacht, Singegruppen einzusetzen, um die gewünschten 97,8 Prozent zu erreichen. Historische Aufklärung ist das eigentliche Ziel dieses Verfahrens, daran beteiligt sich Schily. Doch sein zentrales Argument ist abstrakt, Blendwerk: Dass es keine richtigen Wahlen im falschen System gibt, ist eine Binsenweisheit. Doch ist deswegen der Einzelne hilflos, entschuldigt? Dieses Argument ist nicht nur ein Affront gegen die Bürgerbewegung im Osten, die außer auf die Moral des Einzelnen auf nicht viel hoffen konnte in der DDR, es ist vor allem ein bemerkenswerter Bruch in Schilys Denken. Denn er hat immer, in den Plädoyers für Ensslin, bei der Debatte um das Widerstandsrecht gegen atomare Bedrohung, viel Wert auf das Individuum und dessen Verantwortung gelegt. Das Berghofer-Plädoyer ist eine Wendung um 180 Grad: die Entlastung von jeder individuellen Moral.

Kurzum: Seine Verteidigung ist listig, aber ungenau. Gerade diese Kommunalwahlen waren wichtig, ihr Resultat zählte sehr wohl, es machte einen Unterschied, ob 98 oder 94 Prozent aus Dresden gemeldet wurden. Unter totalitären Bedingungen kann die kleine Abweichung ein Erdbeben sein. Schily müsste eigentlich das Gespür haben, dass es nach der Bananen-Geste 1990 keine gute Idee ist, den Ex-DDR-Bürgern ihre Welt zu erklären. Aber das sieht der Anwalt Schily nicht. Der Anwalt sieht nur seinen Mandanten, die Rechtsnormen, die er einhält, und, endlich mal wieder, seinen Auftritt vor großem Hause.

Dafür wird er im Osten scharf attackiert: »Instinktlosigkeit« bescheinigt ihm der Chef der SPD-Fraktion in Sachsen, Karl-Heinz Kunckel. Juristen im Westen sehen die Sache eher anders und rechtsstaatlichen Nachholbedarf im Osten. Der Ex-Bundesverfassungsrichter Martin Hirsch wirft der SPD in Sachsen mangelndes Rechtsbewusstsein vor. Es sei, so Hirsch, allein Sache des Anwalts, wie er einen Prozess führe, »nicht Sache von Politikern, wie sie ihn zu führen wünschen«.

Das ist richtig, aber nicht vollständig. Denn dieser Verteidiger ist etwas Besonderes. Er ist ein Politiker. Und so wird er von dem Richter und der Öffentlichkeit wahrgenommen. Ist es nicht ein bisschen viel verlangt, dass das Publikum das Berghofer-Plädoyer des Anwalts Schily einfach aus dem Gedächtnis zu löschen hat, wenn der SPD-Abgeordnete Schily tags darauf bei Manfred Stolpe »Selbstzweifel« vermisst? Irrt es, wenn es den Juristen im Lichte des Politikers sieht und vice versa – zumal der Verteidiger Schily mit politischer Moral und historischen Analysen argumentiert? Schily absolviert diese Rollenwechsel professionell, ohne Atemnot, mit einem Achselzucken. Doch dem Ostpublikum bleibt die Luft weg. Das ist keine Fehlwahrnehmung aufgrund eines Diktatur-Defekts.

Noch kniffliger liegt der Fall des Kieler Waffenschiebers Richard Müller, der in den Achtzigern über 75 Tarn- und Scheinfirmen Waffentechnik illegal in den Osten schafft. Auf der Fahndungsliste der CIA steht er weit oben. Nach einer Razzia in seiner Firma 1982 flieht er in die DDR. Die CIA schätzt das Volumen von Müllers Ostgeschäften auf 200 bis 300 Millionen Dollar.

Mag sein, dass dieses überaus lukrative Geschäft letztlich der Friedenssicherung dient, weil Feinde, die gleich stark sind, zur Friedfertigkeit neigen und diese Waffen- und Technikdeals die wachsende Kluft zwischen Ost und West verkleinern. Fakt ist: Es ist illegal. 1986 beauftragt Müller mit Billigung der Stasi Otto Schily, Bedingungen für eine Rückkehr in den Westen auszuhandeln. Richard Müller, in Kiel wegen seines extravaganten Lebensstils »Moneten-Müller« genannt, will wieder in den Westen. Schily gelingt es, 1989 den Umfang von Müllers Geschäften auf 28 Millionen herunterzutaxieren und bei der Lübecker Staatsanwaltschaft einen günstigen Handel zu erwirken. Müller zahlt anderthalb Millionen Mark Strafe und fünf Millionen Mark Steuern und ist ein freier Mann. Geld ist für Richard Müller kein Problem. Ein paar Monate danach kauft er sich für 19 Millionen Mark ein Landgut bei Kiel.

Müller ist, wie sich 1990 herausstellt, eine der wesentlichen Figuren im Spionagegeschäft, der Agent mit dem Codenamen »Mister« des sowjetischen militärischen Geheimdienstes GRU. Sein gefälschter britischer Pass lautete auf den Namen John Edgar Brent. Auch in Ostberlin betreibt er sein Geschäft weiter, unterstützt von Alexander Schalck-Golodkowski und der Stasi. Und nach 1990 handelt Müller, wie gewohnt über Briefkastenfirmen in Liechtenstein, mit Staaten im Osten. Doch all das ist kein Grund für Schily, dieses recht einträgliche Mandat abzugeben. Er bleibt, auch in Spionage- und Veruntreuungsverfahren, Müllers Anwalt. Das ändert sich erst 1998. Müller und die Bundesrepublik liegen in juristischem Streit, ob es rechtens war, dass Müller nach dem Zusammenbruch der DDR 2,3 Millionen Mark von einer Stasi-kontrollierten Firma in Ostberlin bekam. Anwalt Schily kann schlecht einen Mandanten gegen den Staat vertreten, den er als Minister selbst repräsentiert.

Schilys Engagement für Müller ist formal korrekt, doch es hat einen Beigeschmack. Es ist gewiss ein Vorteil, wenn ein Politiker einen Beruf hat, in den er zurückkehren kann. Er kann auch als Strafverteidiger arbeiten, allerdings sollte er in der Auswahl der Mandanten streng sein. Ein Bundestagsabgeordneter ist nur seinem Gewissen verpflichtet – kann es sein, dass diese Verpflichtung leidet, wenn er einen Mandanten vertritt, der in politische Händel und Geheimdienstaffären verstrickt ist, einen Mandanten, mit dem zu sprechen vor 1989, vor dessen Übersiedlung in den Westen, nur mit Billigung und Überwachung der Stasi möglich gewesen war?

1993 wird Richard Müller als Zeuge vor den Schalck-Untersuchungsausschuss des Bundestages geladen. Dort begleitet ihn nicht Schily, sondern der Anwalt Trutz Graf Kerssenbrock. Sonst hätte Otto Schily, der kommende Vorsitzende des Treuhand-Untersuchungsausschusses, der sich in dieser Rolle wortreich über mangelnde Kooperationsbereitschaft beklagen wird, dem Schalck-Untersuchungsausschuss mitteilen müssen, was Müller dem Ausschuss sagen will: nichts.

1991 spendet Richard Müller 120000 Mark an Schilys Wahlkreis München-Land. Auch das ist legal. Das Geld wird ordnungsgemäß verbucht. Dass es Kritik an dieser Spende gibt, ist Schily vollkommen unverständlich: In einem Leserbrief an die »taz« schreibt er 1993: »Ist es moralisch oder aus irgendeinem anderen Grunde zu beanstanden, wenn mein Mandant an viele gemeinnützige Einrichtungen und auch an eine politische Partei Spenden vergibt, zumal seine Ehefrau Mitglied der SPD ist?«

Ja, das ist es. Müller hat mit Technologieschmuggel ein beträchtliches Vermögen angehäuft, für den sowjetischen Geheimdienst gearbeitet, in den Neunzigern ist ihm unentwegt die bundesdeutsche Justiz auf den Fersen. Und da soll eine Spende an den Wahlkreis seines Anwalts, der, wer weiß, eine Karriere als Innen- oder Rechtspolitiker vor sich hat, ganz und gar ohne moralischen Grauwert sein? Mag sein, dass man Vergleichbares bei CSU-Abgeordneten mit einem Achselzucken zur Kenntnis nimmt, weil man dort ohnehin nichts anderes erwartet. Aber von Schily, dem makellosen Kämpfer gegen den Spendensumpf, dem Helden des Flick-Ausschusses, der unermüdlich die Verquickung von politischen und finanziellen Interessen angeprangert hat? Um die moralische Fallhöhe zu ermessen, braucht man sich nur die schneidenden Worte vorzustellen, die Otto Schily in anderer Rolle für die Spende des Waffenschmugglers Richard Müller an die Partei von dessen Anwalt gefunden hätte.

Der »SZ«-Redakteur Heribert Prantl zitiert 2001 in einem zwischen Respekt und Majestätsbeleidigung schillernden Porträt des Innenministers Cicero, den römischen Juristen und Politiker: »Doch der irrt sich gewaltig, der da meint, er besitze in unseren Reden, wie wir sie vor Gericht halten, unsere verbrieften Überzeugungen. All diese Reden sind nämlich durch Parteiinteressen und die Umstände bedingt«, hat Cicero seinen Gegnern entgegengehalten. Dieses Zitat gefällt Otto Schily. Der Vergleich mit Cicero und auch die Aussage: Man darf dem Politiker nicht unter die Nase reiben, was er als Anwalt gesagt hat. Das war schon im alten Rom so.

Schily hat darauf im Rückblick auf Stammheim immer insistiert. Damit hatte er oft Recht, oft ist in der Öffentlichkeit übersehen worden, dass der Verteidiger eine Funktion hat, dass sein Plädoyer nicht seine Meinung sein muss, dass er nur bedingt haftbar ist. Aber in Stammheim hat kein Politiker mit Nebenberuf plädiert, sondern ein Strafverteidiger. Das ist etwas anderes. Die 120000-Mark-Spende zeigt, dass Schily selbst jene Trennung verwischt, auf der er zu Recht beharrt. So ist er 1992 zumindest in einer Hinsicht in Bayern angekommen: Er nähert sich entschlossenen Schrittes der landesüblichen politischen Moral.

Krise und langsamer Aufstieg – Schilys Karriere nach dem »Asylkompromiss« 1993

In den frühen neunziger Jahren zeigt sich drastisch die Kehrseite der zivilen Vereinigung. Im Westen herrscht das Gefühl, dass die Brüder und Schwestern aus Halle und Parchim doch eher entfernte Verwandte sind, die zudem auch noch Geld kosten, und im Osten der Eindruck, dass man im neuen Deutschland als Bürger zweiter Klasse gilt. Deutschland ist souverän, es ist eine Großmacht in der EU, und es liegt an jener bis 1989 verschlossenen Grenze, die Reich und Arm trennt. Die Zahl der Asylbewerber steigt. Vor allem im Osten überfallen rechte, randalierende Gangs Ausländer und Asylantenheime. Und die offizielle Politik liefert mit hysterisierten Angstparolen Rechtfertigungsmuster. »Die Ausländer« sind unter anderem eine Projektionsfläche, auf der die neudeutschen Abgrenzungs- und Selbstverständnisdiskurse abgebildet werden. »Die Nazi-Gangs sind das Produkt einer rassistisch geprägten Krise, nicht die Ursache. Sie sind das Ergebnis einer systematischen Kampagne der Regierung, die Ausländer als Problem darstellt«, schreibt 1992 der britische »Independent on Sunday«.

Die Union drängt die SPD schon seit Ende der Siebziger zur Änderung des Paragraphen 16 des Grundgesetzes, in dem die Autoren der Verfassung, eingedenk der Erfahrung der NS-Zeit, den individuellen Anspruch auf Asyl fixiert haben. 1992 droht Kanzler Kohl der SPD mit einem Staatsnotstand, die »Bild«-Zeitung titelt nach dem Pogrom von Rostock-Lichtenhagen: »Asylanten jetzt auf Schulhöfe. Bis Weihnachten kommen noch 400000!«, viele SPD-Kommunalpolitiker wissen nicht, wie sie angesichts der hoch geputschten Öffentlichkeit klar machen sollen, dass sie die Asylbewerber unterbringen müssen. Es regt sich, mit Demonstrationen und Lichterketten, gesellschaftlicher Widerstand gegen das Zusammenspiel rassistischer Gewalt und der Abschottungsrhetorik der demokratischen Politiker. Die etablierte Linke macht in dieser Krise keinen souveränen Eindruck. Im August 1992 fällt die SPD mit den Petersberger Beschlüssen faktisch um. Die grüne Partei beschließt, im anderen Extrem, 1992 tapfer »offene Grenzen« – und verabschiedet sich damit aus jeder ernsthaften Migrationspolitik.

Faktisch ist die Bundesrepublik ein Einwanderungsland, in dem die friedliche Koexistenz auch meistens erstaunlich gut klappt. Gettos wie in den Pariser Vorstädten oder der Peripherie britischer Städte existieren nicht. Zwischen 1988 und 1992 kommen, als Asylbewerber und Aussiedler, 2,2 Millionen Menschen aus Osteuropa. Auch bei der Aufnahme der Bosnienflüchtlinge ist Deutschland flexibler als die meisten anderen EU-Staaten. Rational wäre es, Einwanderung und Asyl zu trennen. Doch dafür müsste die Union erst mal anerkennen, was in jeder Großstadt ein Blick aus dem Fenster zeigt: dass die Republik ein Einwanderungsland ist. Doch die Konservativen kleben bis heute an der Illusion, dass nicht sein kann, was nicht sein darf. Damit schafft die Union eine gefährliche Kluft, sie düngt den Boden für Populismus: Eigentlich, so die Botschaft von oben, darf es die Migranten, die kommen, nicht geben.

Die Lage ist moralisch eindeutig, *en detail* betrachtet kompliziert. Es gilt, den Panikattacken der Medien und Politiker, die das Land in Flüchtlingsströmen untergehen sehen, mit Vernunft entgegenzutreten. Doch es ist nicht damit getan, nur gegen den Populismus der Rechten und den mancher Sozialdemokraten zu kämpfen und die Verfassung zu verteidigen. Das Asylrecht ist auch ein Teil des Problems. Denn die Bundesrepublik lässt faktisch allen Migranten, gleich ob sie politisch Verfolgte sind, ob sie vor dem Krieg in Bosnien oder vor Armut flüchten, nur eine Möglichkeit: das Asylverfahren. Das dauert lange, denn es räumt den Asylbewerbern das Recht auf langwierigen Widerspruch gegen Ablehnungen ein. Die Anerkennungsquote ist gering, die Abschiebungsrate eher auch, weil die Genfer Flüchtlingskonvention es verbietet, zum Beispiel Bürgerkriegsflüchtlinge (die kein Asylrecht beanspruchen können) in Länder abzuschieben, in denen ihnen Gefahren drohen. Deshalb ist die Lage vertrackt: Nur den Paragraphen 16 zu verteidigen hat die lästige Nebenwirkung, dass alle Migranten in ein untaugliches Verfahren gezwungen und zum »Asylmissbrauch« aufgefordert werden.

So ähnlich argumentiert auch Otto Schily. »Zuwanderungspolitik«, sagt er 1992, »ist für mich nicht definiert über die Frage: Wie können wir unsere Abwehrhaltung noch mehr verstärken? Doch die heutige Lage ist so: Die Gefahr, dass das begründete Gesuch eines politisch Verfolgten nicht zur Geltung kommen kann, wird durch die Schrankenlosigkeit des Grundrechts und des Rechtsweges immer größer. Und die Neigung zu pauschalen Ablehnungen ist jetzt schon recht ausgeprägt. Es entwickelt sich die paradoxe Situation, dass wir das liberalste Zugangsrecht in Europa haben, aber die illiberalste Praxis bei der Anerkennung von Flüchtlingen.« Das Asylverfahren soll, so Schily, ohne langwierige Rechtswegegarantie abgewickelt werden, dafür soll ein unabhängiger, mit allerlei Befugnissen ausgestatteter, auf humane Rechte verpflichteter Flüchtlingsbeauftragter her, der für Asylbewerber im Zweifel intervenieren kann. Nur dadurch könnten die politisch Verfolgten unter den Migranten zu ihrem verfassungsgemäßen Recht kommen. Und das beinhalte die Grundgesetzänderung. Schily kommt, wie die gesamte Partei, mit richtigen Argumenten, die in der Praxis Seifenblasen bleiben, zur falschen Entscheidung.

Seiner Idee ergeht es genauso wie dem Plan der SPD-Spitze, der Union einen Deal abzuhandeln und die Asylgesetzänderung gegen ein Einwanderungsgesetz zu tauschen. Sie bleibt Papier. Im Grunde strebt die SPD nicht nach einer rationalen Einwanderungspolitik, sondern danach, das Thema vor den Wahlen 1994 loszuwerden. So ist der »Asylkompromiss« ein Diktat der Union: die faktische Abschaffung des Asylrechts ohne Zuwanderungsgesetz, ohne renoviertes Staatsangehörigkeitsrecht. Immerhin festigt das neue Gesetz die Möglichkeit, Bürgerkriegsflüchtlinge für eine bestimmte Zeit aufzunehmen – und Deutschland, wo mitunter echte Hilfsbereitschaft und handfester Rassismus bizarr nebeneinander stehen, nimmt Anfang der Neunziger viele Flüchtlinge aus Bosnien auf. Am 26. Mai 1993 ändert der Bundestag mit Zweidrittelmehrheit das Grundgesetz. Asylbewerber, die seitdem aus »sicheren Drittländern« kommen, sollen sofort abgeschoben werden. So ist fortan die einzige Spezies von Flüchtling, die in Deutschland noch Asylrechte beanspruchen können soll, jener Asylant, der seinen Peinigern entkommt und nebenbei noch einen Direktflug nach Deutschland bucht. Das Hauptziel ist erreicht: Die Asylbewerberzahlen sinken rapide. Das alte Asylparadox, das Schily beiseitigen will – liberales Recht, illiberale Praxis –, ist durch ein neues, weit bemerkenswerteres ersetzt: Es gibt das Asylrecht noch – aber es soll so gut wie niemanden mehr geben, der sich darauf berufen kann.

Otto Schily stimmt für die Änderung des Asylparagraphen. Zum Bild des Verfassungspatrioten passt diese Entscheidung nicht. Gewiss, die Verfassungsväter und -mütter hatten nicht die globalen Migrationsbewegungen vor Augen, das Asylrecht ist ein untauglicher Ersatz für ein Einwanderungsgesetz, Deutschland nimmt zeitweise zwei Drittel aller Flüchtlinge in der EU auf. Doch der Verfassungsanspruch, dass die Bundesrepublik politisch Verfolgten hilft, ist nach dem 26. Mai 1993 unter den Trümmern dieser Änderung begraben. Das Resultat der Reform ist, dass die Migranten in den Nachbarstaaten der Republik bleiben. Dieses Ergebnis macht Schilys Argumentation, der sich ja für die Abschaffung der Rechtswegegarantie stark gemacht hat, um den politisch Verfolgten effektiver zu helfen, zu Makulatur. Schily votiert im Bundestag gegen seine eigenen Argumente. Er entscheidet sich angesichts zweier schlechter Alternativen für die schlechtere. Zwei Tage nach der Grundgesetzänderung zünden in Solingen rechtsextreme Täter ein von einer türkischen Familie bewohntes Haus an.

Schily ist 1993 in einer Krise. Dass er in Bayern durch Ortsvereine tingeln muss, schmerzt, dass diese Touren nichts Rechtes nutzen und er ein Fremdkörper bleibt, auch. Bayern, meint ein Freund von Schily, war »schlimmer als Stammheim«. Bei der Aufstellung der Bundestagskandidaten landet er 1994 zuerst auf dem aussichtslosen Platz 36. Die Basis im linken bayerischen Landesverband mag ihn nicht – auch wegen seines Ja zur Asylgesetzänderung. Erst die Intervention der SPD-Chefin in Bayern, Renate Schmidt, die in der Asylfrage eine ähnliche Position wie Schily bezieht, verschafft ihm Platz 19 und den Wiedereinzug ins Parlament – und auch das gelingt nur äußerst knapp in einer Kampfabstimmung, die Schily mit 116 zu 114 Stimmen gegen den Gewerkschaftssekretär Klaus Barthel gewinnt. Bei der SPD-Basis, resümiert die »Süddeutsche Zeitung« 1998, hat »Schily sich nie durchsetzen können«. Er sitzt bei der SPD zwischen allen Stühlen: Für viele rechte, staatsfixierte Sozialdemokraten, denen er politisch in vielem näher kommt, ist er »keiner von uns«, für viele linksliberale, staatskritische SPDler, für den Ökopax-Flügel, bewegt er sich politisch in die falsche Richtung.

Zur politischen Baisse kommt ein berufliches Fiasko. Die Kanzlei mit Reiner Geulen und Nicolas Becker, seinen Kompagnons in der Schaperstraße, zerbricht. Geulen und Becker bleiben vorerst, Schily geht. Der Zwist ist auch ein Ergebnis von Schilys Doppelexistenz als Politiker und Anwalt: Er ist wenig da. Prekär ist das Zerwürfnis nicht nur, weil die drei schon seit mehr als fünfzehn Jahren zusammengearbeitet haben – Schily wohnt auch noch über der Kanzlei. So kann er seinen Ex-Kollegen, wütend und verletzt über ihr Verhalten, noch nicht mal aus dem Weg gehen. Wer 1994 in Schilys Gegenwart den Namen Geulen oder Becker fallen lässt, kann sich auf einen veritablen Wutausbruch gefasst machen. Schily, zwischen München, Bonn und Berlin pendelnd, scheint alles zu misslingen: In Bayern bleibt er ein Außenseiter, in Berlin geht die Kanzlei auseinander, in Bonn hat er nichts zu melden.

Die SPD-Fraktion in Bonn führt der Jurist Hans-Ulrich Klose, ein hanseatischer Bildungsbürger, intellektuell und einzelgängerisch, früher Hamburger Bürgermeister und wohl der einzige SPD-Fraktionschef der Geschichte, der nebenbei Gedichte schreibt. Klose kann mit Schily nicht viel anfangen, die beiden sind sich in bestimmter Hinsicht zu ähnlich, außerdem hat Klose, als Fraktionschef eine Fehlbesetzung, mehr als genug damit zu tun, die Fraktion zusammenzuhalten, und wohl keine Kapazitäten, sich um die Integration einer schwierigen Figur wie Schily zu kümmern. So wartet Schily, Monat um Monat, Jahr um Jahr, vergebens auf den Anruf aus Bonn, dass er als Redner im Bundestag gebraucht wird. Kloses Abstieg verläuft in den Neunzigern parallel zum Aufstieg Schilys: Die beiden sind vom Typus her Konkurrenten um den gleichen symbolischen Platz in der Sozialdemokratie: dem des bürgerlichen Solitärs aus gutem Hause, eher fern der klassischen Parteimilieus.

Schilys langsame Rückkehr ins öffentliche Bewusstsein beginnt im Oktober 1993. Er wird Chef des Treuhand-Untersuchungsausschusses. Die Treuhand hat 1993 eine katastrophale Bilanz: 275 Milliarden Mark Minus, von den vier Millionen Arbeitsplätzen in den Treuhandbetrieben von 1990 existieren drei Jahre später nur noch 1,4 Millionen. Dies ist in erster Linie das Resultat der raschen Währungsunion, die der ohnehin maroden DDR-Wirtschaft eine 450-prozentige Geldaufwertung bescherte und ihren Exportchancen von einem Tag auf den anderen den Garaus machte. Schily hatte diese Entwicklung, wie Oskar Lafontaine, im Juli 1990 präzise vorausgesehen.

Im Oktober 1993 beantragen CDU/CSU und FDP gleich als Erstes die Untersuchung eines kleineren Privatisierungsfalls – die Vaka Tanktechnik. Das ist ein Affront gegen Schily, der einen im Fall Vaka geladenen Zeugen anwaltlich vertreten hatte. Schily beteiligt sich an dieser Beweisaufnahme nicht. Das ist korrekt, aber für den Chef eines Untersuchungsausschusses kein souveräner Start.

Der Ausschuss soll prüfen, ob – jenseits politischer Fehler – bei den Treuhand-Privatisierungen alles mit rechten Dingen zuging. Der Ausschuss ist auch taktisch wichtig: Der Abschlussbericht erscheint kurz vor der Wahl 1994. Die SPD will Finanzminister Theo Waigel für allerlei Missstände haftbar machen, die Union will dies verhindern. »Wir sind in der Rolle des Obduzenten, der feststellt, warum der Patient gestorben ist, und nicht des Arztes, der noch helfen kann«, so Schily zu Beginn seiner Tätigkeit im Ausschuss. Doch es ist noch schwieriger: Denn die Akten, die über die ärztlichen Kunstfehler Aufschluss geben könnten, erklärt die Kohl-Regierung kurzerhand für geheim. Schily fordert Tausende von Akten an, Ende 1993 sind erst 38 eingetroffen. Schily will mehr Sitzungen, die Union nicht. Schily will, angesichts des Materialberges, eine längere Ausschussdauer, die Union nicht. Im April 1994 kritisiert Schily, dass sogar jede einzelne Seite des Treuhandgesetzes als »Verschlusssache – nur für den Dienstgebrauch« gestempelt worden ist. Im Mai versucht er vier Stunden lang, irgendetwas aus der Treuhandchefin Birgit Breuel herauszubekommen – ohne nennenswerten Erfolg. Der zentrale Vorwurf, die Treuhand habe ohne Not vorschnell privatisiert, statt zu sanieren, bleibt letztlich unbewiesen, vor allem mangels Material. Das öffentliche Echo auf den blockierten Ausschuss ist, zu Schilys Verdruss, gering. »Wir sind keine Skandal-Enquete«, resümiert er 1994 leicht bitter. »Vielleicht interessieren sich Journalisten nur für Sensationen.«

Aus dem öffentlichen Abseits befreit Schily nicht der Treuhandausschuss, sondern die Krise der Sozialdemokratie. Viele halten Kloses Fraktionsführung für chaotisch. Auch die kopflose Anpassung an die Regierung mit den Petersberger Beschlüssen, verantwortet von Parteichef Björn Engholm und Fraktionschef Klose, hat der SPD nicht die Macht beschert. 1994 verliert sie, nun schon zwölf Jahre in der Opposition, die Wahl. 1994 übernimmt der stets stocksteif und linkisch wirkende, aber macht- und zielbewusste Rudolf Scharping die Fraktion. Er ist als Kanzlerkandidat an Kohl gescheitert, wie schon vor ihm Hans-Jochen Vogel, Johannes Rau, Oskar Lafontaine. Scharping ist ein anderer Fall als Klose: Sozialdemokrat von Hause aus. Er kommt aus sehr kleinen Verhältnissen, ist eines von neun Kindern eines Bankrott gegangenen Möbelhändlers. Er hat in Köln Politologie studiert und den Rest seines Lebens in der SPD verbracht. Schily verkörpert für Scharping das Andere. Jemand, der sich selbstverständlich in den oberen Kreisen zu bewegen versteht, jemand, der seine Super-Popeline-Oberhemden im edlen Londoner Warenhaus Harrods in London zu kaufen pflegt, jemand, der hat, was ihm selbst fehlt: bürgerliches Renommee, Stil, Weltläufigkeit.

Als Scharping 1994 Fraktionschef der SPD wird, macht er Schily zu seinem Stellvertreter. Er erweitert die Zahl der Vizechefs von vier auf sechs, um den Ex-Liberalen Günter Verheugen und den Ex-Grünen Otto Schily nach oben zu holen. Die SPD-Rechte wehrt sich gegen Schily, Scharpings Berater raten ab, weil Schily in der Partei einen schlechten Ruf hat. In seinem Münchener Wahlkreis lasse er sich wenig blicken, außerdem, so zitiert der »Spiegel« einen jener Berater, sei Schily »noch weniger sozialdemokratisch im Umgang«. Doch Scharping beeindruckt das nicht. Schily soll ein »Integrationssignal« an Realo-Grüne und die bürgerliche Klientel sein, außerdem, so Scharping, steige mit Schily die »Argumentations- und Debattenfähigkeit« der Fraktion. Dass er für die Partei wenig übrig hat, kümmert den Parteisoldaten Scharping wenig: Das zeichnet ihn ja aus.

Schily wird in der Fraktion für Innen- und Rechtspolitik zuständig. Bei der Basis, auch bei der Fraktion, hat er weiterhin schlechte Karten. 1995 wird er erst im zweiten Wahlgang als stellvertretender Fraktionschef bestätigt. Doch er steht unter dem Schutz des SPD-Chefs. Schily dankt es ihm 1995; als in der Partei gestritten wird, ob Schröder oder Scharping 1998 gegen Kohl antreten soll, votiert er, gegen alle Meinungsumfragen, eisern für Scharping. Denn Schilys Egomanie hat Grenzen: Er ist loyal zu seinen Chefs, vor allem wenn sie ihm aus dem Abseits geholfen haben. Das Gleiche wird sich 1998 mit Schröder wiederholen.

Scharping (der 1995 von Oskar Lafontaine in Mannheim als Parteichef gestürzt wird) blickt weiter als die reflexhaften Rechten in der Fraktion, denen Schilys Vergangenheit und Milieu nicht passen und die ihn für einen Linken halten. Doch Schily gehört zu keinem Flügel, er ist, wie bei den Grünen, seine eigene Fraktion. Er kann zwei sich scheinbar ausschließende Images repräsentieren: den liberalen Ex-Verteidiger der RAF und den harten *Law-and-order*-Mann. Das ist ein wesentlicher Grund für seinen politischen Wiederaufstieg in den Neunzigern. Die Schily so lästige Vergangenheit ist zugleich sehr brauchbar: Nur Schily kann in der SPD Dinge fordern, die jeden anderen in die rechtskonservative Ecke stellen würden. Aber ihn, den RAF-Anwalt, den Staatskritiker? Das ist sein Glaubwürdigkeitskapital.

Scharping begreift, was Schilys Ja zur Grundgesetzänderung bedeutet. Es ist das Dokument einer Wende: Schily, Mitgründer des Republikanischen Anwaltvereins, Mitglied der Humanistischen Union, ist dabei, sich von einem Linksliberalen, der die Bürgerrechte betont, zu einem Konservativen zu wandeln, dessen Denken um den Staat kreist. Es ist kein ruckartiger Wechsel. Er wurzelt in Schilys unerschütterlichem Glauben an den Rechtsstaat. Dass er den Rechtsstaat bei Bedarf auch autoritär interpretieren kann, hat er schon 1985 in der RAF-Debatte vorgeführt.

Doch die Nagelprobe für Schilys Verwandlung vom Liberalen zum Konservativen steht noch bevor.

Schilys Seitenwechsel – die Debatte um den großen Lauschangriff

Schily zitiert gern den Satz von Georges Pompidou: »Nur Idioten ändern sich nicht.« Das ist, mit Verlaub, etwas billig. Die Frage ist, wie, aus welchen Gründen, mit welchen Rechtfertigungen, aus welchen Erfahrungen man sich ändert, wie klug man Brauchbares und Überholtes trennt.

»Renegat«, hatte ein Grüner 1989 Schily nach seinem Austritt hinterhergerufen. Aber das trifft Schily nicht. Ein Renegat ist, wer verrät, was er geglaubt hat. Doch Otto Schily glaubt wohl nur an das Grundgesetz, die anwaltliche Schweigepflicht und vielleicht an Rudolf Steiners Dreigliederung der Gesellschaft. Und doch gerät er in den Neunzigern in eine Bredouille. Denn sein Weg von Mitte links nach Mitte rechts führt nach dem Asylkompromiss über eine weitere Grundgesetzänderung, eine Einschränkung von Bürgerrechten zugunsten von mehr Sicherheit. Die überwölbende Kontinuität in seiner Biografie, sagt Schily, sei der Glaube an das Grundgesetz, der Verfassungspatriotismus. Das ist es, was den linken RAF-Verteidiger mit dem *Law-and-order*-Minister verbindet. Das ist nicht aus der Luft gegriffen. Doch angesichts der Haltung Schilys zum großen Lauschangriff erscheint die Vokabel Treue zum Grundgesetz recht dehnbar.

Der Artikel 13 des Grundgesetzes garantiert die Unverletzbarkeit der Wohnung. Er ist, wie der Asylparagraph, eine Antwort auf die Erfahrung der NS-Zeit, die Übergriffe der Gestapo.

Faktisch gilt auch 1996 die Unverletzbarkeit der Wohnung nicht mehr uneingeschränkt. Denn präventiv, wenn es um die Verhinderung von Straftaten geht, darf in der Republik abgehört werden. Allerdings wird diese Möglichkeit wenig genutzt. Doch die Union will seit Ende der Achtziger auf Biegen und Brechen den Lauschangriff in Wohnungen erweitern, so dass auch Geständnisse gerichtsverwertbar sind. Viele Liberale und SPDler wollen dies nicht. Das klingt wie ein rechtspolitisches Detail – aber es ist, neben der Asylfrage, der wesentliche innen- und rechtspolitische Konflikt der neunziger Jahre. Und im Zentrum des Geschehens steht Otto Schily.

Die Debatte wird von beiden Seiten mit viel Polemik geführt. Die Bürgerrechtsfraktion sieht zum Teil das antifaschistische Erbe in Gefahr und wirft teilweise mit DDR-Vergleichen um sich – die Konservativen zeichnen ein Schreckensbild, in dem ohne den so genannten großen Lauschangriff (in der Wohnung) ein schwacher, überforderter Staat Kriminellen in die Hände fallen wird. Der entscheidende Konflikt spielt sich unterhalb dieser überdrehten Rhetorik ab. Es geht um die Frage, welcher mögliche Gewinn an Sicherheit welchen Verlust an Bürgerrechten und eine Verfassungsänderung rechtfertigt.

Die SPD-Spitze will, wie beim Asyl, das Thema vor den Wahlen 1998 los sein. Die Union braucht die SPD, wie beim Asyl, für eine Zweidrittelmehrheit. Die SPD-Spitze braucht jemanden, der strapazierfähig und hartnäckig ist, der als tadelloser Rechtsstaatler anerkannt, aber nicht zu liberal ist und der keine Scheu hat, der Union entgegenzukommen. Scharping und Co. suchen jemand, der es gewohnt ist, Aufträge, die er übernimmt, auszuführen, der Druck aus der eigenen Partei mit einem Achselzucken kommentiert: Otto Schily. Sie werden nicht enttäuscht.

Viele Sicherheitsexperten sagen schon 1997, dass der so hart umkämpfte große Lauschangriff faktisch nicht viel bringt (und auch nicht viel schadet). Er ist zu aufwändig: Die Wohnung muss ausgespäht werden, dann folgen der Einbruch und die Installierung der Wanzen, später noch ein Einbruch und die Entfernung der Wanzen. Als Mittel zur Bekämpfung des Terrorismus wird der große Lauschangriff kaum praktiziert. Mehr als jeder zweite große Lauschangriff scheitert ohnehin an technischen Defekten, manchmal auch an einem piepsenden Wellensittich.

Die Wirklichkeit widerspricht den hypertrophen Befürchtungen vom krakenartigen Überwachungsstaat – und ebenso dem Argument, dass ohne großen Lauschangriff die innere Sicherheit bedroht ist. Der große Lauschangriff ist nicht zuletzt ein Kampf um ein Symbol. Doch warum ändert man für ein Symbol, für die vage Aussicht auf ein paar zusätzliche mit enormem Aufwand erzielte Fahndungserfolge, das Grundgesetz? Die Verfassung hat einen anderen Status als die Steuergesetzgebung, die von Fall zu Fall und nach Nützlichkeitsaspekten geändert werden soll. Die

Verfassung gilt es nur anzutasten, wenn die Wirklichkeit danach drängt, wenn es profunde, zwingende Gründe gibt und nicht nur wolkige Befürchtungen. Das, nicht die Orwell-Rhetorik mancher Grüner, ist der springende Punkt. Dies müsste jedem einleuchten, der das Grundgesetz in der Wertehierarchie ganz weit oben ansiedelt. Schily leuchtet dies nicht ein.

Im Oktober 1997 debattiert der Bundestag über das Gesetz. Schily wirkt nervös. Er vertritt immerhin die Auffassung, dass nicht nur bei Mord und Totschlag, sondern auch bei Urkundenfälschung oder Verstößen gegen das Ausländergesetz abgehört werden kann. Gewiss, Richter sollen das Lauschen kontrollieren, aber ausdrücklich ausgenommen sind vom Lauschangriff nur wenige Berufe, Journalisten nicht. Das ist der Kompromiss, den Schily mit der Union und gegen viele sozialdemokratische Juristen und Liberale vertritt. Im Bundestag steht er nun Seite an Seite mit Leuten wie dem CDU-Rechten Rupert Scholz, der von der Überwachung von »Gangsterwohnungen« redet – was Schily zu der Bemerkung veranlasst, wer nicht verurteilt sei, gelte als unschuldig: »So geht das in einem Rechtsstaat zu und nicht anders«, sagt er. Kritikern wie der Grünen Kerstin Müller fällt er im Bundestag schon nach ein paar Sätzen ins Wort. Der Geist der Verfassung, mahnt Müller, muss geschützt werden. Der Liberale Burkhard Hirsch sagt zu Schily: »Wer Sicherheit mit Freiheit erkaufen will, wird beides verlieren.«

All das sind vernünftige Einwände. Braucht der Staat nicht engere Zügel? Sind das alles nicht auch Schilys eigene Ideen? Doch Schily zweifelt nicht, oder nur kurz. »Wenn ich nicht Vertreter des Staates wäre, vielleicht hätte ich dann anders entschieden«, sagt er manchmal. Und seine Rolle füllt er immer ganz und gar aus, als Strafverteidiger, als Politiker. Was Burkhard Hirsch sagt, das sind seine eigenen Worte – aber die von gestern. Jetzt steht etwas anderes auf dem Programm, sein neues Credo: »Es geht heute nicht mehr darum, den Einzelnen vor dem Staat zu schützen, sondern den Einzelnen vor der organisierten Kriminalität«, sagt er dem »Spiegel«. Das zählt, und sonst nicht viel. Das ist der Satz, an den Schily sich klammert, auch gegen eigene Zweifel.

In der Bundestagsdebatte erklärt er auch, die organisierte Kriminalität bedrohe die »Fundamente der Demokratie« und sei eine »eklatante Gefahr für unsere Gesellschaft«. Und deshalb brauche man den erweiterten Lauschangriff.

Das ist die Angst-Terminologie der Konservativen, die das Problem so groß machen, dass nur ihre Sicherheitsversprechen als Rettung in der Not erscheinen. Schily verweist gern auf Italien, auf den Mafiajäger Luciano Violante, der für den Lauschangriff plädiert. Er verweist auf New York, wo dank Lauschangriff der Mafiapate von New York, der das Vorbild für Mario Puzos Romanfigur war, verurteilt wurde. Er sagt nicht, dass 99 Prozent aller akustischen Überwachungsmaßnahmen in den USA ergebnislos bleiben.

Vor allem aber sagt Schily kein Wort davon, das München-Land nicht Palermo ist und Ostberlin nicht die Bronx. Die organisierte Kriminalität ist ein Fakt, auf den der Rechtsstaat antworten muss – aber sie ist in den neunziger Jahren auch ein Nebelbegriff, der vom Vietnamesen, der in Berlin-Hellersdorf geschmuggelte Zigaretten verkauft, bis zum Menschenhändlerring viel umfasst, ein Gespenst, dessen ins Gruselige gesteigerte Furchtbarkeit besorgte Wähler in Angst und Schrecken versetzt. Das spricht zum Beispiel Otto Graf Lambsdorff aus, Schily nicht, nicht mehr. Bei ihm klingt es so, als sei die organisierte Kriminalität eine lebensbedrohliche Gefahr für die Gesellschaft. (2002 gibt es in Sachen organisierte Kriminalität insgesamt 690 Ermittlungsverfahren, ein Großteil sind Drogendelikte, inklusive Marihuanaschmuggel. Die Tendenz sinkend. Der angerichtete Schaden liegt etwa bei 3,1 Millarden Euro, zwei Milliarden allein beim Zigarettenschmuggel. Wer das für einen Angriff auf die »Fundamente der Demokratie« hält, dem ist nicht mehr zu helfen.)

Auch Hans-Jochen Vogel sieht das anders. Beim SPD-Parteitag im Dezember 1997 schlägt er erfolgreich Alarm. Es ist jener Hans-Jochen Vogel, dem Schily in den Siebzigern Vorverurteilung der RAF und mangelndes Rechtsbewusstsein vorgehalten hatte. In dem Kompromiss, den Schily für »wohl ausgewogen« hält, sind, so Vogel, die Vertrauensverhältnisse zu wenig beachtet worden. Der Lausch-Kompromiss greife in Bereiche ein, »in denen der Staat absolut nichts zu suchen« habe. Wer sich einem

Menschen mit Schweigepflicht anvertraut, argumentiert Vogel, muss sicher sein, dass niemand mithört. Vogel hat in der Partei kein Amt, keinen Posten, keine Macht. Doch er bringt die SPD auf seine Linie: Es wird nachverhandelt. Schily hält Nachverhandlungen für überflüssig.

Der Streit um den Lauschangriff endet im März 1998 mit einer deftigen Niederlage für die Kohl-Regierung. Gelauscht werden darf nur bei Verdacht auf sehr schwere Straftaten, der Kreis der Ausnahmen ist, so wie Vogel es will, weit gefasst: Nicht nur Strafverteidiger und Pastoren, sondern auch Journalisten, Hebammen, Steuerberater, Apotheker und Drogenberater werden ausgeklammert. Das ist das Verdienst von Hans-Jochen Vogel und dem Bremer Bürgermeister Henning Scherf, von Genscher und Lambsdorff, die mit der SPD gegen die Union stimmen und damit einen handfesten Koalitionskrach riskieren. Es ist nicht das Verdienst von Otto Schily, der den Schutz des vertraulichen Gesprächs zwischen Informant und Journalist, Patienten und Therapeuten, Abhängigem und Drogenberater für nicht so wichtig hält. Er vertraut der richterlichen und parlamentarischen Kontrolle – obwohl diese in der Praxis oft unzureichend ist. Er vertraut dem Staat. Otto Graf Lambsdorff, den Schily im Flick-Ausschuss als Prototyp eines Politikers vorführte, der es mit dem Rechtsstaat nicht so genau nimmt, attestiert Schily im Februar 1998: »Schily präsentierte sich immer als großer Vorkämpfer des Rechtsstaats und der Bürgerrechte; nichts davon ist übrig geblieben.«

Der Lauschangriff bringt, anders als die Revision des Asylrechts, wenig faktische Änderungen. Doch für Schily ist diese Frage noch wichtiger, einschneidender: Es geht um viel mehr als ein machtopportunistisches Manöver. Es ist, noch einmal, ein Abschied von gestern. Mehr als die Union gehen Schily die »Linken« auf die Nerven, die ihren Frieden mit dem Staat noch nicht gemacht haben. Die Linken, die Studiengänge und Unternehmen regulieren wollen und bei »der Kernaufgabe des Staates und der Sicherheit Probleme machen«. So sieht er es. Der Staat soll sich zurückziehen aus Wirtschaft und Bildung und für Sicherheit sorgen – das ist Schilys anthroposophisch grundiertes, staatsfernes und gleichzeitig obrigkeitsstaatlich zackiges Politikverständnis. So redet er Anfang 1998 unbekümmert von dem Grundrecht der Bürger auf Sicherheit, das der Staat zu schützen habe, eine klassisch konservative Interpretation. Der SPD-Jurist Adolf Arndt, Schilys Vorbild in den Fünfzigern und Sechzigern, hatte geschrieben: »Der belauschte Bürger ist der geängstigte Bürger. Er ist der aus dem Dunkeln geröntgte Mensch, der von Blicken durchdrungen wird, die er nicht sieht. Sein Staat ist nicht mehr verlässlich im Hellen.« Doch für Schily ist nun der Staat das Helle. Es sei, sagt er 1998 im Bundestag, »eine ebenso unsinnige wie bösartige Unterstellung«, dass die Polizei »eheliche Schlafzimmer« aushorchen werde, ein Produkt der Fantasie der Hysteriker fernab jeder Sachkenntnis. Doch 2001 verwanzen Frankfurter Polizisten die Wohnung eines Albaners, der verdächtigt wird, mit Rauschgift zu handeln. Die Wanzen funktionieren, auch nachts. »Liebesgeflüster … sie denkt nur an ihn«, vermerkt der Polizeibericht. Und: »Ab ein Uhr nur noch Stöhnen.« Das ist ein Einzelfall, gewiss. Aber war die Abhöraktion in Stammheim nicht auch ein Einzelfall?

Anfang 1998 tritt Schily wütend aus der traditionsreichen Vereinigung Berliner Strafverteidiger aus, die es wagte, ihn an seine Erfahrungen als Anwalt zu erinnern, und ihn aufforderte, sich entschiedener für die Grundrechte einzusetzen. 1975 war Schily in Stammheim selbst Opfer eines Lauschangriffs geworden. Damit, sagte er damals, »kann von Rechtsstaat nicht mehr die Rede sein«, packte seine Akten zusammen und erschien nie wieder im Stammheimer Gericht. Denn der Kontakt zwischen Anwalt und Klient muss vertraulich sein, sonst »zersetzt sich der Staat von innen«. Auch damals gab es Politiker, die diesen Lauschangriff für nötig hielten, um die Demokratie zu retten oder ein Verbrechen der RAF zu verhindern. Helmut Schmidt hielt die Abhöraktion »sehr wohl für vertretbar«, die Gerichte wiesen Klagen gegen die verantwortlichen Minister ab. Damals hielt Schily das für einen »Ausnahmezustand«, einen »verdeckten Krieg«. 1998 hat er das vergessen. »Hab ich das so gesagt?«, fragt er.

Bei den Verhandlungen zum großen Lauschangriff hat sich Schily dafür eingesetzt, dass Strafverteidiger ausgeklammert werden. Das ist, eingedenk der gläubigen Konstanz, mit der er stets auf dem Vertrauensverhältnis von Mandant und Verteidiger und der anwaltlichen Schweigepflicht beharrt hat, selbstverständlich. Alles andere wäre Verrat gewesen, blanke Selbstaufgabe. Allerdings genügt nun schon der Verdacht der Begünstigung, damit ein Richter auch einen Lauschangriff auf einen Anwalt durchwinkt. So hätte 1975, als die RAF in Stockholm die deutsche Botschaft in die Luft jagte, als die Verdachtsrhetorik gegen die RAF-Anwälte, zu denen in der Tat ein paar politische Abenteurer gehörten, populär war, der große Lauschangriff gegen RAF-Anwalt Otto Schily höchstwahrscheinlich ganz legal stattfinden können.

Aber davon will Schily nichts wissen. Das war eine andere Zeit, eine andere Rolle, Punkt. So hat er vergessen, dass auch der Stammheimer Lauschangriff rechtsstaatlich formal in Ordnung war. Er hat vergessen, dass auch der Rechtsstaat irren kann, dass auch der Rechtsstaat Misstrauen verdient. Das Urvertrauen in die Bundesrepublik, das ihn vor dem Radikalismus der Revolte schützte, hat sich im Laufe der Jahre in eine Art Staatsgläubigkeit verwandelt. Der Staat, sagt Schily 1998, ist »ein anderer«. Das stimmt – die Institutionen der Republik sind offener, liberaler geworden. Aber fundamental anders ist der Staat in den Neunzigern im Vergleich zu den Achtzigern nicht geworden. Eher hat sich Schilys Blickwinkel verschoben. Aber warum?, fragen viele. Dann weicht Schily aus, erzählt Allgemeinplätze, wie die berühmte Brecht-Geschichte von Herrn K., dem ein Bekannter sagt, dass er sich gar nicht verändert habe, worauf Herr K. erbleicht. Die Erklärung, was seine Verwandlungen im Innersten antreibt, hütet Schily wie ein Staatsgeheimnis. Vielleicht kennt er sie selbst nicht.

Er nennt sich noch immer einen »liberalen Grünen in der SPD«. Aber liberal ist er nicht, zumindest wenn man Liberalismus als umfassende Staatsskepsis versteht, die den Bereich innere Sicherheit nicht willkürlich ausklammert. Grün ist vielleicht sein strenger Wertkonservativismus. Wenn er sozialdemokratisch wird, sagt er: »Wir versuchen Kriminalität zu verhindern, nicht nur zu bekämpfen.« Aber auch das ist nicht viel mehr als ein Allgemeinplatz. Auch als Innenminister bezeichnet er sich noch als Linker. Doch das ist nur nostalgische Unschärfe. Schily plädiert im Zweifel nicht für die Bürgerrechte, sondern für den Staat, nicht für die Freiheit, sondern für die Sicherheit, nicht für den Schutz der Verfassung, sondern für vage Aussichten auf bessere Kriminalitätsbekämpfung.

1997, lange bevor ein Ministeramt ins Blickfeld rückt, ist Schilys Metamorphose vom bürgerrechtsorientierten Liberalen zum sicherheitsfixierten Konservativen abgeschlossen. Er ist ein Konservativer eigener Art, ein Konservativer ohne Nationalismus, fern von jeder Deutschtümelei. Aber er ist bereit, viel für den Staat zu tun. Das passt in die neue sozialdemokratische Zeit, in Schröders Neue Mitte, den Blairismus light der SPD. Bei der Wahl in Hamburg versucht die SPD, einen *Law-and-Order*-Wahlkampf zu inszenieren. In sozialdemokratischer Sprache heißt das: Nur die Starken können sich einen schwachen Staat leisten. Niemand kann das so gut vertreten wie Otto Schily. Wer, wenn nicht er, der in Stammheim abgehört wurde, kann den großen Lauschangriff für rechtsstaatlich unbedenklich erklären? Kaum jemand kann Bedenken so rasch beiseite wischen. »Wenn ich von einer Sache überzeugt bin, dann bin ich überzeugt«, sagt er, und man glaubt es ihm sofort. Nur Schily, lange von der Union verachtet und beschimpft und von den Linksliberalen im Land verehrt, kann die neue Linie durchsetzen, ohne links bei den Resten der Ökopax-Klientel der SPD aus den achtziger Jahren ein Glaubwürdigkeitsloch zu reißen. Das ist sein Auftrag. Und er erfüllt ihn.

Das Muster ist das gleiche wie 1993 beim Asyl: Schily liegt mit seiner, wie die »FAZ« lobt, »pragmatischen Haltung« auf der Linie des kommenden starken Mannes in der SPD: damals von Rudolf Scharping, nun von Gerhard Schröder. Schröder inszeniert sich 1997 gezielt als *Law-and-order*-Mann, schon vor seinem berüchtigten Interview im Sommer 1998 in der »Bild«-Zeitung, in dem er »Kriminelle Ausländer raus – und zwar sofort« fordert. Das Kalkül ist klar: Rot-Grün will sich mit allen Mitteln gegen die Verunsicherungskampagne von Kanther und Co. wappnen. Deshalb ist Schröder auch in den komplizierten Bundesratverhandlungen zu fast allem bereit, was die Union fordert. Schröder imponiert, wie Schily den langwierigen Einigungsprozess über die Bühne bekommt. Das wird sich auszahlen.

Schilys Position passt ins Wahlkampfkonzept der SPD. Schröder lobt ihn, Lafontaine lobt ihn. Doch Schily verstellt sich nicht, er glaubt, was er sagt. Populär wird er mit seiner Haltung in der SPD nicht. 1997 wird er nur knapp als stellvertretender Fraktionschef wiedergewählt. Der bayerische Landesverband, einer der hartnäckigsten Gegner des Lauschangriffs, setzt ihn 1998 auf den unsicheren Platz 29 der Landesliste, den letzten, der 1994 für ein Bundestagsmandat gereicht hatte. Schily ist gekränkt. Alles andere als ein sicheres Mandat, hatte er vorher angekündigt, »ist eines Otto Schily nicht würdig«. Schily, krachend überzeugt von sich selbst, merkt nicht, wie bizarr es ist, in solchem Zusammenhang von sich selbst in der dritten Person zu reden. Das machen sonst nur Könige und dreijährige Kinder – und Lothar Matthäus.

Diesmal nützt alles nichts. Renate Schmidt, die ihn 1994 rettete, kann und will diesmal nicht. So verliert Schily gegen den SPD-Linken, den Gewerkschaftssekretär Klaus Barthel, gegen den er 1994 mit zwei Stimmen Vorsprung und Rückendeckung von der bayerischen SPD-Spitze gewonnen hatte, mit 22 zu 77 Stimmen. Das ist ein Desaster, eine Abstrafung. Schily bringt wohl jede Parteibasis gegen sich auf. Wahrscheinlich würde ihm das sogar in der FDP gelingen. Denn es ist nicht nur Schilys Staatskonservativismus, der die Genossen befremdet, es ist nicht nur der Inhalt, es ist der Ton. Der Ton, in dem mitschwingt, dass er weiß, wovon bei den rechtspolitischen Details die Rede ist, und die anderen nicht. In der Fraktion in Bonn stellt er den ersten Kompromiss zum Lauschangriff so überheblich vor, dass Lafontaine eingreifen muss, um die Situation und die Mehrheit für den Kompromiss zu retten. Im bayerischen SPD-Vorstand, wo Schily zu Recht Kritiker vermutet, tritt er so arrogant auf, dass das deutliche Ergebnis (sechzehn zu zehn gegen den Kompromiss) auch auf seine Kappe geht. Warum soll er diplomatisch sein, wenn er doch Recht hat?

Danach schmollt Otto Schily sehr laut, redet von Rückzug, wenn in Bayern niemand »die Lebensleistung Otto Schilys« respektiere. Bei der Kandidatenkür Mitte Dezember hat er sich wieder im Griff. Eigentlich, sagt er, ist Platz 29 ein guter Platz. Wenn die SPD weniger Stimmen bekomme als 1994, erklärt Schily ironisch, dann brauche er wenigstens nicht wieder Oppositionsparlamentarier zu werden. Wenn sie mehr bekomme, dann werde er Minister. Er ist kein Opportunist. Sich zu verbiegen, um der Partei zu gefallen, um wieder ins Parlament zu dürfen, das hat kein Schily nötig. Früher, in den Sechzigern, hat er manchmal um Geld gepokert, und wenn er fünfzehn Mark verloren hat, ist er ausgeflippt. Er ist ein Spieler. Er spielt verbissen und riskant. Jetzt ist sein Einsatz er selbst, seine Karriere.

15. Kapitel

Staatstragend – der Minister Otto Schily

»Wer glaubt, mit dem deutschen Staat Spielchen treiben zu können, irrt sich gewaltig.«
Otto Schily

Am 28. Oktober 1998, kurz nach drei Uhr nachmittags, überreicht Bundespräsident Roman Herzog Gerhard Schröder in der Bonner Villa Hammerschmidt die Ernennungsurkunde zum Bundeskanzler. Es ist ein in mehrfacher Hinsicht historischer Augenblick: das Ende von sechzehn Jahren Kohl-Regierung, der Beginn der ersten rot-grünen Bundesregierung. Es ist auch ein Generationswechsel: Mit Schröder regiert erstmals ein Kanzler, der den Krieg nicht mehr erlebt hat. Und es ist ein Symbol für das endgültige Ende des langen Marsches durch die Institutionen, die Verwirklichung eines Traums. Joschka Fischer, früher Militanter, nun Außenminister, steht neben Otto Schily, früher RAF-Anwalt, nun Innenminister, und sagt zu ihm: »Kneif mich mal in den Arm.« Die Achtundsechziger sind pragmatisch und staatstragend geworden und im Zentrum der Macht angekommen.

Das ist die spektakuläre Außenansicht, die vor allem ausländische Feuilletons bewegt. Wer genauer hinschaut, sieht einen verhaltenen, geräuschlosen Machtwechsel, das Staunen ist geflüstert, die Freude fast unhörbar. Am Wahlabend wirkt Helmut Kohl fast erleichtert, die Macht endlich los zu sein, und die Sieger machen einen leicht verstörten Eindruck. Schröder, Fischer, Schily, Trittin scheinen nicht richtig fassen zu können, was geschehen ist. Der Einzige, der sich am Wahlabend über Rot-Grün offenkundig zu freuen scheint, ist der linke Flügelmann der CDU, Heiner Geißler.

Dabei ist dies der erste Machtwechsel seit 1969, der durch eine Wahl zustande kommt – streng genommen ist er der erste seit 1949, in dem Opposition und Regierung die Rollen wechseln,

Ganz oben – Kanzler Schröder und sein Minister

1969 blieb die SPD ja in der Regierung. Als Willy Brandt Kanzler wurde, meinten manche Kommentatoren, erst mal loben zu müssen, dass die Union friedlich die Macht abgegeben hat und kein Bürgerkrieg ausgebrochen ist. 1998 ist alles normal, fast zu normal. Keine Demonstrationen auf der Straße, wie 1981 in Paris, als Mitterrand gewann. So sehen keine Politikwechsel aus, so vollzieht sich ein Verwaltungsakt oder Überfälliges. Mit diesem Wechsel hatten viele Ende der Achtziger für die Wahlen 1991 gerechnet. Aber damals ließ die Einheit alle rot-grünen Träume platzen, und die Kohl-Ära schien nie zu enden.

Dass Roman Herzog Schily die Ernennungsurkunde überreicht, ist ein persönlicher Triumph. Schily hat es allen gezeigt. 1972, als er im Verdacht stand, für die RAF Kassiber zu schmuggeln. 1980, als die Grünen 1,5 Prozent bekamen, 1990, als er ein Nobody in der SPD-Fraktion war, 1994, als er mit Ach und Krach wieder in den Bundestag kam, 1997, als er mit knapper Mehrheit als stellvertretender Fraktionschef wiedergewählt wurde – von all diesen Punkten aus war unwahrscheinlich, was jetzt geschieht. Doch es ist wahr. Heinrich Wunder, einst Bundesanwalt in Stammheim, schickt ihm Glückwünsche. Otto Schily ist angekommen, wo er doch immer hingehörte: ganz oben.

Schily sagt im Oktober 1998 am liebsten das Wort »Kontinuität«. Er verteidigt den großen Lauschangriff mit einer Kampfeslust, die manche fragen lässt, ob er nicht als Verhandlungsführer der Union geeigneter gewesen wäre. Er lobt seinen Vorgänger Kanther, er lobt den CSU-Politiker Günther Beckstein, er lobt nicht Marieluise Beck-Oberdorf, seine Gegnerin bei den Grünen vor fünfzehn Jahren, die ihn jetzt als Ausländerbeauftragte mit humanitären Anliegen auf den Wecker geht. Die Grünen versuchen bei den Koalitionsverhandlungen zu verhindern, dass Schily Minister wird. Sie wissen, dass ihnen mit ihm ein Dauerkonflikt ins Haus steht. Deshalb wollen sie Renate Künast als Justizministerin durchsetzen, in der Hoffnung, dass das Innenministerium Herta Däubler-Gmelin zufällt, weil sie stärker in der SPD verwurzelt ist und den Vorzug vor Schily bekommt. Aber Schröder wischt den Plan mit einer Handbewegung vom Tisch.

Bei den Koalitionsverhandlungen zur Innenpolitik ist Schily schroff zu den Grünen. »Das ging«, sagt ein Grüner, »bis zum Türenknallen und Rauslaufen. Manches war mit ihm im Raum nicht mehr zu klären. Schily hatte offenbar seine eigene Geschichte an uns abzuarbeiten.« Auch das Verhältnis zu Herta Däubler-Gmelin, einer ähnlich komplizierten Persönlichkeit wie Schily, ist ziemlich angespannt. Sie soll zu den Grünen in den Verhandlungen gesagt haben: »Kommt, das machen wir lieber unter uns aus.«

Das bleiben Schilys Hauptkampflinien: Das Justizressort ist der natürliche Gegner des Innenressorts, Herta Däubler-Gmelin und Otto Schily haben keine Mühe, das je in Vergessenheit geraten zu lassen. Besonders allergisch reagiert Schily zeitweilig auf die Grünen, vornehmlich, wie schon in den Achtzigern, auf grüne Frauen wie Marieluise Beck-Oberdorf, Claudia Roth, später Marianne Birthler, mit der er über die Freigabe der Stasi-Kohl-Akte streitet. Schilys Rechtsposition, dass Stasi-Unterlagen über Westpolitiker nicht veröffentlicht werden dürfen, ist plausibel. Sie entspricht seinem strikten Legalismus – illegal erworbene Informationen dürfen nicht verwendet werden. Birthler hingegen hat die berechtigte Sorge, dass zu viel Personenschutz die Forschungsarbeit zur Stasi-Geschichte stoppt. Typisch ist die Art, wie Schily sich durchzusetzen versucht. Er droht Birthler einen Kabinettsbeschluss an und führt sich auf wie ein Lehrer, der es mit einer ungehorsamen Schülerin zu tun hat. Eine Abteilungsleiterin gibt es in Schilys Ministerium übrigens nicht.

Schily bringt wenige eigene Leute im Ministerium unter. Es sind meist solide, unauffällige Arbeiter: Staatssekretär wird Fritz

Rudolf Körper, hinzu kommt der frühere Hamburger Datenschutzbeauftragte Claus-Henning Schapper. Am auffälligsten sind die zwei Frauen im Ministerium: Brigitte Zypries, die aus Hannover kommt und 2002 Justizministerin wird, und Cornelie Sonntag-Wolgast, die mit Schily schnell in Migrationsfragen über Kreuz liegt, weil sie seinen strikten Kurs nicht teilt. Konservative Beamte, die ausscheiden, ersetzt Schily durch konservative Beamte. Im Frühjahr 2000 macht er nicht den SPD-Politiker Dieter Wiefelspütz, einen eigenwilligen Kopf, zum neuen Chef des Verfassungsschutzes, sondern Heinz Fromm.

1999 bezieht das BMI ein hufeisenförmiges, dreizehnstöckiges Bürohaus auf dem Gelände der früheren Bolle-Meierei in Alt-Moabit. Protzig, aber nicht schön, das Vermächtnis von Kanther. Schilys Zimmer ist im dreizehnten Stock, es ist großzügig und hat einen weiten Ausblick über die Spree. Um die Ecke liegt das Landgericht Moabit, der Ort, wo seine Karriere als politischer Anwalt begann, wo er den Zeugen Springer befragte und Horst Mahler verteidigte. Was für eine Symbolik. Aber Schily ist unzufrieden. Joschka Fischers Außenministerium residiert in einem repräsentativen Neubau Unter den Linden, er in diesem gemieteten Zweckbau. All das ist eine Erniedrigung. Und Schily achtet streng auf Etikette, darauf, dass bei Interviews Chefredakteure dabei sind und nicht bloß Redaktionsleiter.

1983 hatte Schily es als Fraktionschef mit einer Sekretärin, zwei Mitarbeitern und im ersten Jahr mit fünfzig grünen Abgeordneten und Nachrückern zu tun. Jetzt ist er, mit 66 Jahren, zum ersten Mal Chef einer Behörde mit tausend Mitarbeitern; wenn man den Verfassungsschutz, das Bundeskriminalamt, Bundesgrenzschutz und das Statistische Bundesamt, die dem BMI unterstehen, hinzuzählt, ist er Chef von sechzigtausend Mitarbeitern. Er ist der erste sozialdemokratische Innenminister in Deutschland seit 1928, sieht man von dem ein paar Tage dauernden Intermezzo von Jürgen Schmude 1982 ab. Das Ministerium ist seit 1982 in der Hand der Union gewesen. Es ist traditionell konservativ, geprägt von Juristen und Berufsbeamten, die erst mal warten, was der Chef sagt.

Aus der Sicht von 1968, 1976, 1983 und 1990 ein sehr unwahrscheinliches Bild – Schily und Fischer auf der Regierungsbank

Dieser Chef ist anders als seine Vorgänger, auch als Manfred Kanther. Dieser Chef ist ungeduldiger, ungemütlicher, er hat keine Zeit und immer zu viele Termine, so wie damals, 1983, als Schily jeden Termin bei einer Abiturklasse annahm, den er dann, wenn es so weit war, oft eine Stunde vorher wieder absagte. Schily hat keine Erfahrung mit Mega-Institutionen. Er weiß, wie man eine Anwaltskanzlei in Schwung hält. Er hat wenig Erfahrung mit Kollektiven und großen Apparaten. Dafür markiert er den

Patron, der den Bauern auf die Finger schaut. Freitags nachmittags kurz vor Büroschluss kontrolliert er 1999 einmal höchstpersönlich, wer von seinen Beamten noch ordnungsgemäß auf seinem Platz sitzt. Das ist eine typische Schily-Geste, ein Echo des streng Preußischen seiner Erziehung, von damals, als auch Otto nicht mit dem Mercedes 300 gefahren werden durfte, weil die Edelkarosse nur für den Dienstgebrauch bestimmt war. Freitagnachmittag durch die Flure in Alt-Moabit zu laufen, die Türen aufzureißen und nachzuschauen, wer noch da ist – das ist ein Autokratengebaren, eine vordemokratische Anmutung, so wie 1983 sein Auftritt im Parlament, als er »seine Mitarbeiter« vor der Polizei schützen wollte. Dabei geht es nicht darum, dass hochbezahlte Beamte ruhig blau machen sollen. Aber für ein funktionsfähiges Team kann man anders sorgen. Dafür muss man nicht wie ein ostelbischer Großgrundbesitzer auftreten. Schon gar nicht dreißig Jahre nach 1968, das Schily doch als Kulturrevolte, als antiautoritären Demokratisierungsschub schätzt – oder: geschätzt hat.

Schily ist, wie bei den Achtundsechzigern, den RAF-Anwälten und den Grünen, im Kabinett der Älteste. Und er ist konservativer als die anderen. Der Mann am rechten Flügel, so wie immer. Er ist für die innere Sicherheit zuständig. Er muss dafür sorgen, dass Ruhe und Ordnung herrschen und die Gesetze beachtet werden. Das ist sein Job, das Basisprogramm, die Pflicht. Verfassungsminister ist Schily nur im Nebenberuf. »Ein Innenminister«, sagt er oft und gern, »muss eine gewisse Härte zeigen.« Wenn in der Fraktion nicht alles so läuft, wie er will, bekommt Schily einen seiner berüchtigten Wutausbrüche.

Das kurze Glück des Anfangs – die Reform des Staatsangehörigkeitsrechts und das Zuwanderungsgesetz

Doch zunächst herrscht im Winter 1998 bei Schily trotz aller Kontinuität, trotz der markigen Sprüche und des geschäftsmäßigen rot-grünen Pragmatismus so etwas wie Aufbruchsstimmung, ein wenig so wie 1983 beim Einzug in den Bundestag: Es ist das Pathos und das kurze Glück des Anfangs. Alle interessieren sich für Schily, den Ex-RAF-Anwalt. In »Le Monde« und »La Repubblica« erscheinen große Artikel über ihn, in der »New York Times« sogar auf Seite eins. Schilys Biografie, schreibt die wichtigste Zeitung der USA, sei ein Zeichen für Deutschlands wachsende Unabhängigkeit und Souveränität. Schily hat sich in der Welt der wichtigen Namen etabliert.

Und es gibt eine Reform, die alle Vernünftigen wollen und die seit zehn Jahren, obwohl es eine Mehrheit dafür im Parlament geben würde, an einer Sperrminorität von CSU und dem strikt konservativen Flügel der CDU scheitert: die Veränderung des Staatsangehörigkeitsrechtes. Seit 1913 gilt in Deutschland das Blutsrecht. Deutscher ist man nur per Abstammung. Diese Bestimmung ist ein völkischer Anachronismus, sie erschwert die Integration der zweiten und dritten Generation von Migranten in Deutschland. Deshalb kann ein Russlanddeutscher aus Kasachstan, der kein Wort Deutsch spricht, viel leichter zu einem deutschen Pass kommen als ein in Deutschland geborenes und aufgewachsenes Kind von Migranten. Schily engagiert sich ungeduldig für diese Reform: Sie ist ein historischer Einschnitt, eine überfällige Modernisierung, neben dem Atomausstieg und der Ökosteuer das wichtigste Projekt von Rot-Grün. Und Schily hat den Ehrgeiz, diese Reform mit seinem Namen zu verbinden.

Schily ist autoritär, aber frei von rassistischem Dünkel. Schilys erster Gesetzesentwurf für die neue Staatsangehörigkeit findet bei den Linksliberalen hohes Lob. Migranten sollen demnach beide Staatsangehörigkeiten haben dürfen. Das Herzstück der Reform ist das *ius soli*, das Territorialrecht, mit dem die Frage der Staatsangehörigkeit vom Ethnischen, Völkischen entkoppelt wird. Es definiert das Deutsche um: weg von der nach außen abgedichteten nationalen Bluts-, Werte-, Geschichts- und Schicksalsgemeinschaft hin zu einem republikanischen, pragmatischen Verständnis, nach dem Deutscher werden kann, wer in Deutschland lebt und Verfassung und Gesetze achtet.

Die Konservativen, angeführt von Günther Beckstein und Roland Koch, laufen Sturm gegen dieses Gesetz, entwerfen wüste Fantasien von Moscheen, die in bayerischen Dörfern wie Pilze aus dem Boden wachsen, von türkischsprachigen Straßenschildern, die Pflicht werden. Rupert Scholz sieht die »Identität des deutschen Staatsvolkes in Gefahr«. Es ist ein übles Spiel mit Ressentiments und Überfremdungsängsten, mit der Rhetorik vom Untergang des Abendlandes. Das trennt Schily von der Union. Für so etwas ist er zu gebildet, zu fein. Auch für die CDU-Formel von der »deutschen Leitkultur«, die es zu schützen gelte, hat er nur ein Achselzucken übrig.

Die Union initiiert eine Unterschriftenkampagne, die auf die Neidgefühle der Mehrheit spekuliert: Deutsche haben nur einen Pass, und jetzt sollen »die Ausländer« zwei haben dürfen. Damit trifft die Union Rot-Grün auf dem falschen Fuß. Vor allem die Grünen gehen moralisch hochgerüstet, aber politisch unbedarft in dieser Debatte unter. Manche Grüne machen den Doppelpass, der ohnehin nicht mehr zu retten ist, zu einem Fetisch, zur Gretchenfrage, an der sich Ausländerfreund von Ausländerfeind trennt. Rot-Grün setzt auf eine Werbekampagne für den Doppelpass mit Thomas Gottschalk, Boris Becker und Marius Müller-Westernhagen – aber es ist zu spät. Im Februar 1999 verliert Rot-Grün die Wahl in Hessen gegen Roland Koch. Die rot-grüne Regierungspraxis ist, schon nach vier Monaten, auf dem harten Boden bundesdeutscher Wirklichkeit aufgeprallt – auch aus eigener Blauäugigkeit.

Schily rettet, was zu retten ist, und handelt (um nach dem Hessen-Desaster die Mehrheit im Bundesrat zu sichern) mit der sozialliberalen Regierung in Mainz einen Kompromiss aus. Schwer fällt ihm das nicht. Er interessiert sich für das Machbare, weniger für das Wünschenswerte. Eine doppelte Staatsangehörigkeit gibt es nur bis zum dreiundzwanzigsten Lebensjahr, dann müssen die Migrantenkinder wählen. Das ist im Grunde der FDP-Entwurf. Er ist noch immer Ausdruck eines fundamental erneuerten republikanischen Selbstverständnisses – aber gemessen an Schilys erstem Entwurf eine Niederlage für Rot-Grün. Sie zeigt: Wer in Deutschland vernünftige Migrationspolitik machen will, muss sich in mühsamen Kompromissen politische und gesellschaftliche Mehrheiten erarbeiten – sonst läuft er geradewegs in die Populismusfalle.

Insgesamt zieht in der Migrationsdebatte unter Rot-Grün ein sachlicher, weniger ressentimentgeladener Ton ein. Das ist kein gering zu schätzender Gewinn. In der Kohl-Ära kamen faktisch jährlich ein-, zwei-, dreihunderttausend Aussiedler, Familiennachzügler von Migranten und Asylbewerber ins Land, faktisch leben sieben, acht Millionen Nichtdeutsche hier – doch die offizielle Politik rückte keinen Millimeter von der Formel ab, dass »Deutschland kein Einwanderungsland« sei. Diese Schizophrenie beendet Rot-Grün, ein Schritt, der die Grundlage für jede rationale Debatte ist und an den überfälligen Abschied von der Hallstein-Doktrin 1969 erinnert.

Oberflächlich gesehen ist Schilys Bilanz dabei nicht glanzvoll: Das Staatsangehörigkeitsrecht scheitert im Bundesrat halb, das Zuwanderungsgesetz ganz. Der Doppelpass scheitert, weil Rot-Grün zu flott ans Werk geht. Beim Zuwanderungsgesetz schlägt Schily, auch eingedenk der Lehre aus dem Scheitern des Doppelpasses, einen Kompromisskurs ein. Er versucht den liberalen Flügel der Union, repräsentiert durch Peter Müller und Rita Süssmuth, einzubeziehen und kommt der Union sehr weit entgegen – so weit, dass humanitäre Organisationen gegen den Entwurf sind, weil er für Flüchtlinge mehr Schaden als Verbesserungen bringt. Doch die Gewerkschaften sind dafür, die Kirchen, die Unternehmerverbände. Das Gesetz wird schließlich vor dem Bundesverfassungsgericht verworfen, weil Rot-Grün allzu forsch definiert hat, was genau eine Bundesratsmehrheit ist. Beides ist nicht Schilys Fehler – es zeigt, wie überaus kompliziert es ist, in der Republik einen rationalen Umgang mit Migration zu organisieren. Die Hallstein-Doktrin ist abgeschafft, aber bis zu den Ostverträgen bringt Rot-Grün es nicht.

Im Zweifel gegen den Angeklagten – Otto Schily und das Asylgesetz

Schilys Haltung zu Asylfragen gibt vielen Rätsel auf. 1998, noch während er den revolutionären Entwurf für den Doppelpass erarbeitet, erklärt er im »Tagesspiegel«, dass die »Grenzen der Belastbarkeit durch Zuwanderung überschritten sind«. Das ist nahe an dem Slogan »Das Boot ist voll«, es ist der affektbehaftete *Old-school*-Jargon der Rechten, in dem Ausländer stets nur mit Problemen und Belastungen assoziiert werden und der Zuwanderer, den die bundesdeutsche Gesellschaft (in der Ende der Neunziger zeitweise mehr ab- als zuwandern) will und braucht, einfach nicht existiert. 1999 setzt sich Schily erfolgreich für die Aufnahme von Bürgerkriegsflüchtlingen aus dem Kosovo in der EU ein. Doch 2000 erklärt er, das Grundrecht auf Asyl gehöre abgeschafft, weil 97 Prozent sowieso nur Wirtschaftsflüchtlinge seien. Die Zahl ist falsch, das Wort »Wirtschaftsflüchtlinge«, bei dem man eher an kriminelle Banker auf der Flucht denkt, auch.

Bei der Integration der Migranten in die deutsche Mehrheitsgesellschaft, sagt er 1998, dürfen die »kulturellen Unterschiede, die eine Bereicherung sind, nicht eingeebnet werden«. 2002 verkündet er hingegen, dass Assimilation, die Anpassung an die Mehrheitskultur, der einzige Weg der Integration sei. 1998 ist Schily gegen ein Zuwanderungsgesetz, weil man bei vier Millionen Arbeitslosen die Quote ohnehin auf null setzen müsse. 2000 – Kanzler Schröder hat inzwischen die *Greencard* entdeckt – vertritt Schily das Gegenteil. Dann plädiert er ohne aktuellen Grund für die totale Abschaffung des deutschen Asylrechts, eine Forderung, die selbst manchen in der Union zu weit geht.

Aus diesen Rochaden werden auch Schilys politische Freunde nicht schlau: Was will er eigentlich? Sind diese Sprünge zwischen grünen und CSU-Positionen eine besonders raffinierte Taktik, um sich unangreifbar zu machen – oder ein Zeichen, wie unbedacht, letztlich getrieben und ohne eigenen politischen Kompass Schily seinen Job macht?

Wenn man genauer hinschaut, erkennt man hinter dem Zickzack nicht nur taktische Volten, sondern auch die Geraden. Schily glaubt an die Republik, nicht an das Volk, er glaubt an das Gesetz und erst in zweiter Linie an die Humanität. Das ist sein Koordinatensystem. Deshalb ist er für den Doppelpass – und knallhart in Asylfragen. Andere EU-Staaten, wie Belgien und Frankreich, haben vielen illegalen Einwanderern, die schon eine Weile im Land sind, einen legalen Status verschafft. Im rot-grünen Deutschland ist dies nur in sehr engem Rahmen möglich. Die

UN-Kinderrechtskonvention hat Rot-Grün noch immer nicht umgesetzt: Sechzehnjährige Flüchtlinge werden rechtlich wie Erwachsene behandelt. Das berüchtigte Flughafenverfahren, die Internierung und Abschiebung von Asylbewerbern, hat Schily nicht abgeschafft, denn es ist in seinen Augen unvermeidlich. Wer ohne einwandfreien Asylgrund nach Deutschland kommt, der gehört halt wieder zurückgeschickt. Wer illegal ist, den darf man nicht mit einem großzügigen legalen Status belohnen.

Otto Schily ist, auch als Politiker, vor allem Jurist. Ein Mann, der an Gesetze glaubt, weniger an die Verfassung. Das Recht muss durchgesetzt werden, auch wenn das Härte erfordert. Aber korrekt muss es zugehen. Nachdem zwei BGS-Beamte im Abschiebeverfahren einen Asylbewerber im Flugzeug ersticken, sorgt Schily für eine neue Richtlinie, die nahe legt, in Zweifelsfällen auf die Abschiebung zu verzichten. Das ist nicht viel, aber mehr, als bei Kanther möglich gewesen wäre.

Vor allem seine krachende Härte in Asylfragen hat Schily das Image des »roten Sheriffs« eingebracht, Kanther ohne Scheitel. Er hat sich dieses Image redlich verdient – aber es gibt auch noch eine andere Seite, rudimentär zumindest. Das Flughafenverfahren für Kinder ist nicht abgeschafft, aber faktisch hat Schily dafür gesorgt, dass die Betroffenen in so genannte *Clearing*-Verfahren kommen. Und er setzt sich dafür ein, dass zuständige Beamte für die Befragung von Folteropfern und sexuell missbrauchten Frauen geschult werden. Das ist wenig, aber mehr als nichts. Schily hat einen verbissenen Ehrgeiz darin entwickelt, alle anderen Fachpolitiker, vor allem grüne, zu behindern, ihnen Kompetenzen streitig zu machen, wo immer es geht. Eine grüne Menschenrechtspolitikerin, die mit ihm seit Jahren im Clinch liegt, meint gleichwohl: »Er ist nicht nur der Sheriff.«

Aber das ist die Nebenstrecke – über der Hauptstraße steht: Das Gesetz ist das Gesetz ist das Gesetz. Und daneben: deutsche Interessen. Dafür ist Schily verantwortlich. Deshalb ist er dafür, auch noch die Reste des Asylrechts zu schleifen, weil die ja sowieso fast nur für illegale Einwanderung missbraucht werden. Deshalb führt er auf der Ebene der Europäischen Union die unselige deutsche Tradition fort, einerseits stets »die Harmonisierung des EU-Rechts« zu fordern (wobei er dafür vorauseilend vorschlägt, die Ruine des Asylrechts abzureißen), aber faktisch diesen Prozess zu behindern, wenn sie den deutschen Interessen widerspricht. Und das ist oft der Fall: immer wenn sich der Status von Migranten verbessern würde.

Vera Gaserow hat dazu in der »Frankfurter Rundschau« scharfsinnig bemerkt: »Der politisch Verfolgte, das ist für ihn nach wie vor der deutsche Intellektuelle, der jüdische Akademiker, der vor den Nazis über die Pyrenäen flieht, am besten mit einem Romanmanuskript oder einer Partitur im Koffer. Der angolanische Asylbewerber mit den verfilzten Rastalocken, die Roma-Frau, die ihr genaues Geburtsdatum nicht kennt, geschweige denn das kleine Latinum – Schily verdammt sie nicht, aber er findet keinen humanitären Impuls, warum er sich ausgerechnet dieser Schmuddelkinder der Weltgeschichte annehmen soll, wo er doch schon ganz anderen Menschen lieber aus dem Weg gehen möchte.«

Ein Auftritt – Otto Schily in der Katholischen Akademie

Er geht nicht, er rauscht zur Tür herein. Er ist in Eile. Er ist beschäftigt. Jetzt wird er einen Vortrag in der Berliner Katholischen Akademie halten: über Europa, die Sicherheit und das Recht. Eigentlich hat er Wichtigeres zu tun. Das sieht man.

Der Saal ist klein, trotzdem sind Plätze frei. In der ersten Reihe sitzt Heinrich Lummer, Ex-Innensenator in Berlin, der Rechtsaußen der CDU, Autor der »Jungen Freiheit«. Schily blickt skeptisch in die lichten Reihen und bedankt sich für die Einladung, »auch wenn Heinrich Lummer mich so grimmig anschaut«.

Eigentlich ist man hier, um zu streiten. Viele in der katholischen Kirche kritisieren die harte Asylpraxis, die unter Schily nicht viel anders ist als unter Kanther. Die Moderatorin sagt, dass uns »die Flüchtlinge und die Humanität am Herzen liegen«. Schily lächelt dünn.

Sein Vortrag ist eine staubtrockene Auflistung der verschiedenen EU-Gipfel und Abkommen der letzten zwanzig Jahre, in denen es um die Entwicklung des EU-Rechts ging. Vom Schengener

Abkommen zum Amsterdamer Vertrag, von Tampere nach Nizza und wieder zurück. Dort sind »viele wichtige Beiträge geleistet worden«, dort wurde ein ums andere Mal »der Rahmen für die Harmonisierung der nationalen, der bilateralen und der multinationalen Ebene abgesteckt«. Sicher ist: Europa muss sich vor illegaler Migration schützen, Schleuserbanden das Handwerk legen. Eigentlich will man wissen, was Otto Schily antreibt. Jetzt erzählt er, was alle schon wissen: dass die Materie kompliziert ist. Doch das Publikum ist geduldig, langwierige Predigten gewohnt, und schließlich kommt nicht jeden Tag ein richtiger Minister.

Zweimal hebt Otto Schily die Stimme. Das erste Mal, weil »die europäische Polizeiakademie auf deutsche Initiative aufgebaut wird«, denn Europa und Polizei sind seine Lieblingsthemen – und deutsche Initiative heißt: seine Initiative. Das zweite Mal, als er dafür plädiert, die Asylverfahren zu beschleunigen. Denn das sei »im Interesse der Asylbewerber mit berechtigten Ansprüchen«.

Keine Freiheit ohne Sicherheit, sagt Otto Schily und zitiert wie immer an dieser Stelle Wilhelm von Humboldts »Versuch, die Grenzen der Wirksamkeit des Staates zu bestimmen«. Das ist seine Bibel. Denn Humboldt, ein Vorbild der Anthroposophen, war kein »Staatsfetischist«, ganz im Gegenteil, er war ein Humanist. Aber mit Härte. So wie Schily auch.

So schließt sich, eher angedeutet als ausgesprochen, der Kreis. Illegale Migration ist gleich mehr Kriminalität ist gleich weniger Sicherheit ist gleich weniger Freiheit. So ist das.

Ins Bild passt auch, was Schily über die so genannten Härtefälle sagt. Das sind jene Migranten, oft Bürgerkriegsflüchtlinge, die schon lange in Deutschland leben, die arbeiten und integriert sind, deren Kinder Deutsch, manchmal nur Deutsch reden. Doch laut Gesetz sind sie Illegale, die abgeschoben werden müssen in einen Staat, den die Kinder oft nur von der Landkarte kennen. »Ich habe Anfragen von Bundestagsabgeordneten aus allen Fraktionen bekommen, die sagen: Wir sind für schnelle Abschiebung, aber dieser Fall ist anders.« Dafür engagiert sich Schily, der Humanist. Es klingt wie ein Gnadenakt bei Hofe. Der Minister als guter König, der mal »fünfe gerade sein lassen kann« (Schily), der Autokrat, der dann und wann Milde walten lässt. Was für ein

Kitsch. Immerhin hat Schily im Zuwanderungsgesetz vorgesehen, diese Praxis zu verrechtlichen und Härtefallkommissionen in den Bundesländern einzusetzen: als formalisiertes Gnadenrecht. Doch selbst das scheitert an der Union.

Schily ist ein gewiefter Diskutant. Er beherrscht die kleinen rhetorischen Tricks, mit denen man punktet, ohne zu argumentieren, mit denen man den anderen einbezieht oder zurechtweist. Christian Schwarz-Schilling zum Beispiel, den CDU-Mann, der im Bundestag gegen seine Fraktion und für das rot-grüne Zuwanderungsgesetz gestimmt hat. Früher war er unter Kohl Postminister, das Kabinett verließ er wegen des mangelnden deutschen Engagements im Bosnienkrieg. Seitdem kümmert er sich um Flüchtlinge, ganz konkret. Er geht zum Saalmikrofon und stellt die einzige kritische Frage. Ob es wirklich nötig sei, Leuten, die illegalen Migranten helfen, mit Strafe zu drohen. Rechtspraktisch werde deswegen niemand verfolgt. Aber viele, die das tun, Ärzte und Anwälte, sagt Schwarz-Schilling, seien loyale Bürger, die nur helfen und nicht gegen das Gesetz verstoßen wollten.

Schily reagiert generös. »Respekt« bekundet er vor Schwarz-Schillings Lebensleistung, auch antworten wolle er, obwohl man diese Frage ja schon mal diskutiert habe. Es ist ein Einbeziehen des anderen, in dem eine Herabsetzung steckt, in dem klargestellt wird, wo oben, wo unten ist. Doch dann sagt Otto Schily etwas, das man selten von Politikern hört, einen Satz, in dem die Ministermaske ein paar Sekunden lang verschwindet und der kritische Geist früherer Tage sichtbar wird. Er sagt, dass es einen unauflösbaren Widerspruch gibt, dass er diese Rechtsnorm verteidigt, deren Sinnlosigkeit unübersehbar ist. Und dann: »Ich weiß es nicht.« Es ist der lichteste Augenblick des Abends.

Danach hat der Minister es wieder eilig. Er rauscht zum Ausgang, den Bodyguards entgegen. »Sie gucken ja gar nicht mehr so grimmig«, wirft er im Vorbeigehen Heinrich Lummer zu. »Warum denn auch? Sie haben sich in den letzten zwanzig Jahren doch auf mich zu bewegt«, antwortet Lummer geistesgegenwärtig. Schily schaut knapp, dreht sich um und verschwindet wortlos im Eilschritt. Er muss wieder regieren. Für Sicherheit sorgen. Und Freiheit. In dieser Reihenfolge.

16. Kapitel

Macht macht manchmal dumm – das NPD-Verbotsverfahren

»Ich neige eher zur Skepsis.«
Otto Schily am 7. August 2000 auf die Frage, ob ein NPD-Verbot sinnvoll ist

Man kann diese Geschichte so erzählen: Es war einmal ein Mann, der nach oben wollte. Der Preis dafür aber ist, dass er ein paar Dinge vergisst, die er einmal wusste. Der Mann tut, wie ihm geheißen, und so wird er Minister am Hofe. Der König schätzt ihn, der König braucht ihn. Da taucht eines Tages eine Gefahr auf. Sie ist nicht leicht zu erkennen, und der König sieht schlecht. Unser Minister kennt diese Gefahr von früher. Doch er hat vergessen, wie man ihr begegnet, so gründlich, dass er stürzt. Fast.

Im Sommer 2000 mehren sich wieder einmal Meldungen über rassistische Anschläge. Auf Asylbewerberunterkünfte werden Brandanschläge verübt, in Dessau töten rechte Jugendliche den Mosambikaner Alberto Adriano. In Düsseldorf explodiert an einer Straßenbahnhaltestelle eine Rohrbombe. Opfer ist eine Gruppe jüdischer Emigranten aus Russland. Tote Juden in Deutschland, Antisemitismus, Rechtsextreme – so läuft die mediale Assoziationskette. Wer die Täter in Düsseldorf waren, weiß man bis heute nicht – Rechtsextreme wahrscheinlich nicht. Anfang Oktober fliegen Brandsätze auf die Synagoge in Düsseldorf. Die Täter waren, wie sich später zeigt, arabische Jugendliche. Doch die öffentliche Assoziationskette ist die gleiche: brennende Synagoge, Antisemitismus, Rechtsextreme. Kanzler Schröder ruft nach dem Brandanschlag zum »Aufstand der Anständigen« auf. Es muss etwas getan werden.

Der CSU-Politiker Günther Beckstein plädiert für ein NPD-Verbot, anfangs ohne besonderes Echo. Schily hält davon im August

2000 nichts: Das berge die Gefahr, die »Militanz im Untergrund noch weiter zu erhöhen«. Außerdem seien die Hürden für ein Verbot in Karlsruhe »sehr hoch«, meint Schily. »Bei dem Phänomen Ausländerfeindlichkeit haben wir nur bedingt eine politische Organisation, und das ist viel, viel schwieriger zu bekämpfen. Ich neige eher zur Skepsis«, sagt er in einem »Spiegel«-Interview.

Zu Recht. Gegen rechtsextreme Gewalt, gegen die so genannten *no go areas* für nicht deutsch Aussehende im Osten, hilft ein Parteiverbot nicht viel. Die rechte Szene ist lokal, dezentral, oft nur lose organisiert. Nötig sind harte juristische Sanktionen und gesellschaftliche Ächtung. Jugendliche, die das Gefühl haben, dass sie einen unausgesprochenen Wunsch einer heimlich rassistischen Erwachsenenwelt ausführen, hindert kein Organisationsverbot.

Doch der Kanzler will sich nicht von Beckstein treiben lassen. Schröder neigt auch bei unklarer Lage dazu, Medienverwertbares zu tun. Die Aussicht ist verlockend, denn die Union ist in der NPD-Verbotsfrage gespalten. So kann Rot-Grün mit einem Zug vom Gejagten zum Jäger werden. Seit Schily sich zum Konservativen gewandelt hat, redet er gern von der Härte, die der Staat braucht, um sich gegen Feinde zu schützen. Härte, oder eher Standfestigkeit, bräuchte Schily jetzt, um Schröders Hauruckpolitik zu widersprechen. Doch ein paar Wochen später marschiert Otto Schily mit seinem Freund Beckstein an der Spitze der Verbotsfraktion – direkt in ein absehbares rechtspolitisches Desaster. Schily ist der erste Bundesminister, der für den Verbotsantrag plädiert. Die Zweifel sind verdrängt – es gilt, ein Zeichen zu setzen. Schily setzt wankende Länderminister, wo es geht, unter Zeitdruck. Eile ist geboten.

Erst dagegen, dann auf Biegen und Brechen dafür. Der Politiker Schily verdrängt den zweifelnden Juristen Schily, der es besser wissen müsste. Vielleicht klingt seine Rechtfertigung deshalb wie eine Überkompensation, wie eine Selbstermächtigungsfantasie: »Wenn ich 1923 schon Innenminister gewesen wäre, hätte ich mit der gleichen Entschlossenheit auch Hitler und seinen Gesellen das Parteienprivileg entzogen. Man muss nicht immer bis 1933 warten, wenn es vielleicht zu spät ist«, sagt er. Hitlers Machtergreifung fast ohne Widerstand zugelassen zu haben ist ein zentrales Trauma der deutschen Linken. Soll dieses historische Versagen nun anhand der NPD mit einem autoritären staatlichen Akt wieder gutgemacht werden? Diese Donnerrhetorik, die eigene Zweifel verscheuchen soll, legt die ganze Unverhältnismäßigkeit des Unterfangens bloß.

Joschka Fischer hat 1999 angesichts der schwindenden Unterstützung für den Kosovokrieg »Auschwitz« in die Debatte geworfen: Es sei eine moralische Pflicht seiner Generation, ein zweites Auschwitz zu verhindern, daher die Nato-Bomben auf Serbien. Das ist, wie Schilys Fantasie, Hitler zu stoppen, ein diskursives Foul, eine moralische Selbstimmunisierung. Über den Sinn des Kosovokrieges, über ein Parteienverbot kann man mit Argumenten streiten, über Auschwitz, über Hitler nicht. Auch Schily verdünnt mit seiner Analogie historisches Bewusstsein zu einer tagespolitischen Zwecken dienstbaren Dramatisierungsfloskel: Wer gegen das Verbot der 0,4-Prozent-Partei NPD ist, riskiert Hitler zwei. Doch Schily hat, wider eigene Skepsis, einen Auftrag übernommen. Und Aufträge werden ausgeführt.

1984 hat der grüne Abgeordnete Schily im Bundestag eine kluge Rede über den Umgang mit der NS-Zeit gehalten. »Der Glaube an Aktenzeichen und Paragraphen«, sagte er, »ist ein deutsches Elend.« Deshalb wandte er sich, erfolglos, gegen das Gesetz, das die Verharmlosung der NS-Verbrechen unter Strafe stellt. »Ist wirklich etwas gewonnen, wenn wir einen armseligen Trottel oder einen bösartigen Lügner, der starrsinnig die historischen Wahrheit über das Grauen des Naziterrors leugnet, ins Gefängnis werfen?« Ist das nicht ein Manöver, das vor allem unserer »innerlichen und äußerlichen Entlastung« (Schily) dient?

Das war ein eigenwilliger Widerspruch gegen die deutsche Staatsfixierung und auch gegen den linken Antifa-Kanon: ein Plädoyer gegen Ordnungshybris, gegen die Illusion, Neonazismus mit Verboten beizukommen, gegen den Glauben, mit Gesetzen gesellschaftliche Auseinandersetzungen ersetzen zu können. Doch an die Stelle des libertären Geistes von 1984 ist die eiserne Logik der Staatsräson, der Machtpolitik und des Aktionismus getreten. Macht macht manchmal dumm.

Der Minister Schily hat noch etwas vergessen, das er früher wusste: Beim Verfassungsschutz ist Vorsicht angebracht. Auch das gilt jetzt nicht mehr. Fünfzehn Jahre zuvor, im Frühjahr 1986, hat Schily in der »taz« über klandestine Verfassungsschutz-Aktionen geschrieben: »Jetzt wissen wir, warum die Bonner Koalition so ängstlich darauf bedacht ist, die Grünen von der Kontrolle der Geheimdienste fern zu halten. Was hat es eigentlich mit den Sprengstoffanschlägen auf mehrere Großstadtbahnhöfe in der Republik auf sich? Sie wurden seinerzeit der RAF zugeschrieben, die dies heftig bestritt. Wer weiß, vielleicht gehören ja auch die Schließfachbomben zum Sortiment der ›paar Ideen‹, die sich Regierung und Verwaltung ausgedacht haben.«

Damals war dem Geheimdienst offenbar jede Schurkerei zuzutrauen, sogar Bombenattentate, die der RAF in die Schuhe geschoben wurden. 2002 ist alles anders. Schon wer bezweifelt, dass die Etats von BKA und Verfassungsschutz in Zeiten knapper Kassen unbedingt weiter wachsen müssen, bekommt von Schily etwas zu hören. Denn der Staat ist ein anderer geworden, der Staat ist Otto Schily. Daran glaubt er.

Und daran, dass er mit autokratischem Führungsstil den Apparat im Griff hat. Schily ist misstrauisch, er korrigiert, so ein Mitarbeiter, »nachts jedes Komma«. Bei Schily muss alles wie am Schnürchen klappen. Aber all das erweist sich als Irrtum. Es ist ein Kinderglaube, dass alles funktioniert, wenn man nur autoritär genug ist, wenn man nicht wackelt und nicht zweifelt. Am 22. Januar 2002 findet sich Minister Schily in einem Alptraum wieder, den er selbst mitinszeniert hat.

Die NPD-Spitze ist mit V-Leuten des Verfassungsschutzes durchsetzt. Jeder siebte NPD-Funktionär steht auf der Gehaltsliste eines Verfassungsschutzes. Das ist kein Geheimwissen, es steht im Sommer 2001 in der Zeitung. Schon im Herbst 2000 fragt der Frankfurter Rechtsprofessor Erhard Denninger, was eigentlich passiert, wenn in Karlsruhe ein V-Mann als »Zeuge gehört werden soll, dessen ›Enttarnung‹ die Exekutive vermeiden möchte«?

Das ist die Frage: Wie kann man eine Partei verbieten, die derartig unter Aufsicht des Verfassungsschutzes steht? Kann man wasserdicht ausschließen, dass V-Leute sich womöglich, und sei es, um sich wichtig zu machen, als *agent provocateur* betätigen, dass der Staat sanft hilft, die Gründe zu schaffen, die er für ein Verbot braucht? Wie kann der Staat gleichzeitig die Anonymität der V-Leute schützen und dem Gericht plausibel machen, dass diese keine *agents provocateurs* sind? Diese Gefahr hätte Schily vor dem Verbotsantrag erkennen müssen. Er hat genug Erfahrung mit Figuren wie Peter Urbach gemacht, dem Verfassungsschutzspitzel, der 1968 nach dem Attentat auf Dutschke aufgebrachten Studenten Molotowcocktails in die Hand drückte. Er weiß auch, dass ein Verbotsverfahren nach den Regeln des *fair trail* vonstatten gehen muss, die er in Stammheim gegen den Staat immer wieder eingeklagt hatte. Aber diese Erfahrungen sind wie ausgelöscht. Damals war er Anwalt, jetzt ist er Minister. Schily kann diese Rollen sehr gut trennen, zu gut.

Der Skandal, der Schilys Karriere um ein Haar beendet, ist, dass unter den NPD-Zeugen, die die Regierung selbst nach Karlsruhe geladen hat, mindestens ein V-Mann ist, der jahrelang für den Verfassungsschutz in Nordrhein-Westfalen berichtete. Diese Information war aus Düsseldorf ans BMI gegangen – und wurde dort vergessen. Aber das ist nicht alles. In dem Verbotsantrag wird außerdem der NPD-Chef in Nordrhein-Westfalen zitiert, der jahrelang für den Bundesverfassungsschutz arbeitete. Das fällt direkt in Schilys Zuständigkeit. Im Innenausschuss sagt Schily Ende Januar 2002, dass kein V-Mann in dem Verbotsantrag zitiert wird. Das ist falsch.

Am 16. Januar ruft Klaus-Dieter Schnappauf, Leiter der Abteilung Verfassungsrecht im BMI, einen Verfassungsrichter an und sagt, dass einer der geladenen Zeugen für den Verfassungsschutz in NRW gearbeitet habe. Schnappauf will mit dem Versteckspiel, das sowieso nicht gut gehen kann, eigenmächtig Schluss machen. Staatssekretär Claus-Henning Schapper ist ebenfalls über die V-Mann-Affäre informiert. Auch andere im BMI wissen, welches Gewitter sich zusammenbraut. Nur Schily weiß nichts. Niemand traut sich, es ihm zu sagen. Zu Schily, heißt es im Ministerium, geht man nicht, zu Schily wird man gerufen.

Am 22. Januar platzt die Bombe: Das Verfassungsgericht setzt den NPD-Verbotsantrag aus. Selbstkritischere Geister würden angesichts des absehbaren Debakels – des Scheiterns des NPD-Verbotsantrages – verzagen, Schily nicht. Er kämpft mit allen Mitteln. Sein Rücktritt wird gefordert, das spornt ihn umso mehr an. Er kennt diese Situation aus dem Gericht: allein gegen alle. Dann gilt es hart zu sein, auch schwächliche Argumente mit Verve zu vertreten, mit kalter Selbstkontrolle und Logik Eindruck zu machen. Das ist seine Paraderolle – die radikale Einseitigkeit des Plädoyers. Es kommt alles nur auf ihn an, seine Strenge, die Fähigkeit, unerbittlich ein Ziel zu verfolgen. Dort, im Gerichtssaal, den er nie ganz und gar verlassen hat, der ihm immer mehr Heimat war als die Parteien, ist die Kühle, die schon immer um ihn war, zur Kälte geworden. Dort ist ihm das Spiel mit Distanz und Nähe zur zweiten Natur geworden. Das kann er jetzt gut brauchen. Diesmal gilt es keinen Mandanten zu retten, sondern sich selbst.

Im Innenausschuss wird Schily ins Kreuzverhör genommen. Er versucht, die Affäre herunterzuspielen: ein bedauerliches Fehlverhalten eines Abteilungsleiters, der dafür scharf gerügt wurde. Eine Bagatelle, mehr nicht. Zu kritisieren, sagt Schily, sei das Verfassungsgericht, das ihn doch erst mal hätte fragen können, ehe es das Verfahren stoppt. Genau das hatte ein Verfassungsrichter getan und eine schriftliche Erklärung des BMI zu dem V-Mann-Zeugen verlangt. Schilys Staatssekretäre, offenbar ganz auf dem Schily-Kurs, bloß nichts zu verraten, hatten dies abgelehnt. Entweder weiß Schily nicht, was seine Staatssekretäre treiben – oder sein an Karlsruhe gerichteter Vorwurf ist ein unverfrorenes Ablenkungsmanöver. Beides spricht gegen ihn – und nicht dafür, dass er weiter Innenminister bleiben soll.

Am 21. Januar greift der Bundesinnenminister zum Telefon, um die Präsidentin des Bundesverfassungsgerichts Jutta Limbach zu sprechen. Eine erstaunliche Idee in einem politisch brisanten Verfahren. Schily ist Antragsvertreter – und der Versuch, im privaten Gespräch, von SPD-Genosse zu SPD-Genossin, Limbach zu beeinflussen, ziemt sich nicht. Aber was zählt rechtsstaatliche Etikette, es geht um die Staatsräson. Doch Limbach lässt den Minister nicht zu sich durchstellen. »Ich habe ihm gesagt, er möge zum Griffel greifen. Ich kann als Vorsitzende des Zweiten Senats nicht mit einem Antragsteller telefonieren«, so Limbach. Und: »Stellen Sie sich einmal vor, das wäre vor Jahrzehnten in Stammheim passiert – der Bundesinnenminister hätte dort den Vorsitzenden Richter angerufen. Welchen Eklat hätte unser heutiger Bundesinnenminister daraus gemacht?« Doch Stammheim ist lange her. Da war er Anwalt, jetzt ist er Minister.

Ein paar Tage später präsentiert Schily den zerknirschten Staatssekretär Schapper und Klaus-Dieter Schnappauf als reuige Sünder der Presse. Schapper beteuert leicht stammelnd, dass er natürlich »freiwillig« hier ist, um seine Fehler öffentlich zu gestehen, und auch ein bisschen »auf Bitte des Ministers«. Schily lächelt schwach und versichert, dass in seinem Ministerium »kein Staatsekretär mit Handfesseln« vor die Kameras zum Geständnis gezwungen wird. Die meisten Journalisten reagieren auf diese Show indigniert. Dass ein Minister einen Staatssekretär so vorführt, hat man selten gesehen. »Dass ich mein Haus im Griff habe, sollte sich herumgesprochen haben«, sagt Schily der Presse – Würgegriff wäre manchmal wohl treffender.

Hinter den Kulissen antichambrieren, nur zugeben, was nicht mehr zu leugnen ist, Verantwortung abwälzen, das ist die Dramaturgie von Rücktritten. Seit dem Januar 2002 ist Schilys Gesicht noch versteinerter, noch starrer. Schon dass man es wagt, seinen Rücktritt zu verlangen, ist eine Unverfrorenheit, geboren aus Neid.

Er tritt nicht zurück. Das Verfassungsgericht legt einen Anhörungstermin im Oktober fest – nach den Wahlen. Damit ist der Druck erst mal weg. Doch für Schily, der nach dem 11. September einer der populärsten Politiker geworden ist, ist es ein tiefer Fall.

Am 8. Oktober 2002 erscheint Otto Schily in Karlsruhe beim Bundesverfassungsgericht. Rot-Grün hat drei Wochen zuvor knapp und überraschend die Wahl gewonnen. Es ist blendend gelaufen. In Bayern ist er, nachdem er 1998 auf Platz 29 antreten musste, als Spitzenkandidat nominiert gewesen.

Eigentlich wollte Otto Schily nicht hier sein. Doch das hätte wie Flucht oder Ignoranz dem Gericht gegenüber ausgesehen. Erst nein, dann ja, das ist untypisch für Schily, der gewöhnlich den Eindruck macht, genau zu wissen, was er will. Er ist nervös. Es steht noch immer viel auf dem Spiel. Wenn das Gericht den Antrag verwirft, ist die Blamage da: das größte innenpolitische Debakel seit Jahren. Bundesrat, Parlament und Regierung haben den Verbotsantrag gestellt – gegen eine Neonazisekte, die mittels Verbotsverfahren zu unverdienter Publizität kommt. Scheitert dieses Unterfangen, wäre er der politisch Hauptverantwortliche. Denn der Minister ist dafür verantwortlich, dass die unerfreulichen Informationen nicht an ihm vorbeifließen, weil die Beamten sich nicht trauen, ihm die Wahrheit zu sagen. Schily pflegt zu seinem Führungsstil zu sagen: »In meinem Haus hat jeder die Freiheit zu tun, was ich sage.« Der Witz ist: Es ist kein Witz.

Schily sitzt in der ersten Reihe vis-à-vis den Verfassungsrichtern und tuschelt mit seinem Nebenmann, einem Gegner von gestern, mit dem ihn heute ein »freundschaftliches Verhältnis« verbindet: dem bayerischen Innenminister Günther Beckstein. Ein paar Meter entfernt, durch einen Mittelgang getrennt, sitzt ein alter Bekannter, den Schily früher einmal einen Freund nannte und der heute sein Gegner ist. Horst Mahler, in schwarzer Robe, mit kahlem Schädel und randloser Brille, seit ein paar Jahren rechtsextremistischer Ideologe, Mitglied der NPD und ihr Anwalt. Mahler blickt, immer mal wieder, demonstrativ nach rechts, zu Otto Schily. Schily blickt demonstrativ nicht zurück. Auch als Mahler den Minister persönlich anspricht – keine Reaktion. Bloß die NPD nicht durch ministerielle Gegenrede adeln. Mahler ist, sagen manche, nicht nur der Verteidiger der NPD – seine Verschwörungstheorien, seine fanatischen Aufrufe gegen Juden, die USA und Schröders »Vasallenregierung« zählen auch zu den besseren Argumenten der Befürworter eines Verbots.

Nach dreieinhalb Stunden Debatte tut Otto Schily, der nicht kommen wollte, etwas, das er nicht tun wollte. Er geht zum Mikrofon. Wäre die NPD anders ohne Verfassungsschutz? Wie wäre die NPD, wenn wir uns die V-Leute wegdenken?, fragt er. Das ist eine rhetorische Frage: Kein bisschen anders, lautet die Antwort. Richter Joachim Jensch beantwortet Schilys Frage mit einer eleganten Gegenfrage: »Herr Minister, können Sie uns sagen, was wir uns wegdenken sollen?« Nein, das will der Minister nicht.

Denn dafür müsste der Verfassungsschutz seine NPD-Informanten auffliegen lassen. Das widerspricht der Staatsräson.

Das ist die Crux. Wie soll das Gericht etwas beurteilen, das es nicht kennt – den Einfluss der V-Leute? Schilys Auftritt soll suggerieren: Glauben Sie mir einfach, es ist alles in Ordnung. Aber Glauben und Vermuten ist sumpfiges Gebiet für Juristen. Wie, fragt die NPD zudem nicht ohne Recht, wird gewährleistet, dass V-Leute im Parteivorstand die Prozessstrategie der NPD nicht verraten? Ein Vertreter der Bundesregierung erklärt dazu steif, die V-Leute im NPD-Vorstand würden so etwas nicht gefragt. Können, dürfen die Karlsruher Richter darauf vertrauen, dass der Verfassungsschutz mit NPD-Informanten immer nach Dienstvorschrift zusammenarbeitet?

Jeder Rücktritt wäre für Otto Schily, endlich oben angekommen, ein Desaster – aber ein Rücktritt wegen des NPD-Verfahrens wäre noch mehr, noch schlimmer. Denn er wäre gescheitert, weil er etwas getan hat, obwohl er es hätte besser wissen müssen. Das sind die schlimmsten Niederlagen. Er, der Jurist, wäre als Politiker ausgerechnet vor einem Gericht gescheitert. Er, der frühere Kritiker des Verfassungsschutzes, wäre ausgerechnet am Verfassungsschutz gescheitert. Er, der erklärte Verfassungspatriot, wäre ausgerechnet vor dem Bundesverfassungsgericht gescheitert. Er wäre an sich selbst, seinem hochfahrenden Autoritarismus, gescheitert – daran, dass jene, die er wie Bedienstete behandelt, sich auch so verhalten. Und er wäre, Gipfel der Ironie, an Horst Mahler gescheitert, einem Gespenst aus seiner Vergangenheit, seinem Gegenbild, dem Extremisten vom Dienst, der in seinem Leben den Weltbürgerkrieg des 20. Jahrhunderts nachinszeniert hat. Das wäre ein bizarres Symbol: die Niederlage der bürgerlichen Ratio, die Schily verkörpert, gegen Mahlers irrationalen Extremismus.

Am 18. März 2003 stellt Karlsruhe das NPD-Verbotsverfahren ein. Drei Karlsruher Richter bezweifeln, dass angesichts von V-Leuten, die als Zeugen benannt und im Verbotsantrag zitiert wurden und über die die ganze Wahrheit nicht zu erfahren ist, ein faires Verfahren möglich ist. Sie unterstellen nicht, dass der Staat zielgerichtet die NPD radikalisiert hat, aber darum geht es nicht.

Es geht darum, dass die unheilvolle Verquickung von Verfassungsschutz und NPD ein korrektes Verfahren unmöglich macht.

Otto Schily nennt die Entscheidung des Gerichts »rechtsirrig«. Ein bemerkenswerter Satz für den Juristen Schily, der früher allergisch auf Einmischungen von Politikern in Prozesse reagiert hat. Das NPD-Verbotsverfahren ist demnach nicht gescheitert, weil der Verfassungsschutz die Partei über alle Maßen observiert, weil Schilys Ministerium schlampt, weil ein Abteilungsleiter in seinem Ministerium hinterrücks mit dem Gericht telefoniert, weil Schily lange keine Ahnung hat, was vorgeht, weil die Innenminister der Länder das Verfassungsgericht hinters Licht geführt haben, weil das ganze Verfahren ein Paradebeispiel für politische Kurzsichtigkeit und handwerklichen Dilettantismus ist – nein, es scheitert, weil drei Richter in Karlsruhe »rechtsirrige« Auffassungen vertreten. So spricht kein Jurist, der Respekt vor dem Bundesverfassungsgericht hat, so spricht ein schlechter Verlierer, der im Nachtreten Schuldige für eigene Fehler sucht. So spricht kein Verfassungsminister, sondern Otto Schily in seiner Lieblingsrolle: der Strafverteidiger in der Pose des Anklägers.

Einige Zeitungen fordern Schilys Rücktritt, aber nicht auf der ersten Seite, sondern weiter hinten im Blatt. Denn die Republik hat andere Sorgen. In der Nacht zum 20. März schlagen in Bagdad die ersten US-Raketen ein. Schröder hat sich gegen den Irakkrieg positioniert, das deutsch-amerikanische Verhältnis ist auf einem Tiefpunkt. Minister Schily fährt unverzagt in die USA und lobt seinen »Freund John Ashcroft«, den US-Justizminister, und den gemeinsamen Kampf gegen den Terror. Otto Schily ist unverzichtbar, gerade jetzt. Schily als Kriegsgewinnler – das ist die letzte ironische Wendung in der V-Mann-Affäre.

Die alltägliche rassistische Gewalt existiert 2003 unverändert, aber sie ist, wie schon in den Neunzigern einige Male, in eine medienkonjunkturelle Baisse gerutscht. Die NPD ist, was sie schon 2000 war: eine unbedeutende, von Verfassungsschutzinformanten durchsetzte rassistische Splitterpartei. Sie ist so schwach, dass sie noch nicht mal von dem Fiasko des Verbotsverfahrens profitieren kann.

Exkurs: Horst Mahler – ein Leben als imaginärer Weltbürgerkrieg

Seine politische Biografie ist so bizarr, dunkel und rätselhaft wie wenig andere in Deutschland in der zweiten Hälfte des 20. Jahrhunderts. »Wahnhaft«, »verrückt«, »psychopathisch« lauten die gängigen Urteile. Er passt in kein handelsübliches Muster, auch nicht in die Reihe rechter Leute von links. Es gab kommunistische Renegaten, Leute wie Ernst Reuter, Gustav Regler und Herbert Wehner, die aus Erfahrung klug wurden. Davon kann bei dem Rechtsextremisten Horst Mahler nicht die Rede sein. Auch die antiautoritäre Bewegung der sechziger Jahre hat Renegaten wie Günther Maschke und Reinhold Oberlercher hervorgebracht, die, nachdem die Revolution ausgefallen war, ins rechte Niemandsland umsiedelten. Doch keiner hat vergleichbar konsequent geirrt, so oft und extrem die Seiten gewechselt wie Horst Mahler. Seine politische Vita scheint von dem heimlichen Ehrgeiz angetrieben, keine mögliche Rolle auszulassen. Ein Leben als imaginäres Weltbürgerkriegsspektakel, in dem Mahler selbst nacheinander alle Figuren spielt: den etablierten Traditionslinken (bis 1969), den marxistisch-leninistischen Terroristen (1970 bis 1974), den Maoisten (bis 1977), den durch Hegel-Lektüre geläuterten unabhängigen Linken (1977 bis in die Achtziger), den rechten Deutschnationalen (seit 1990) und den Neonazi (seit 1999). Manche sehen in Mahler nicht den Exoten, sondern den typischen Fall, den Beweis für die These, dass Links- und Rechtsextremismus ganz dicht beieinander liegen. Wer das tut, stützt nebenbei die Lebenslüge von Horst Mahler, der die RAF mal »Waffen-SDS« genannt hat.

Gibt es in diesem Zickzack, in dieser totalitären Achterbahnfahrt, untergründige Kontinuitäten? Biografie heißt, zwischen zwei fernen Punkten eine sinnvolle Beziehung herstellen zu können. Kann existieren, wer diese Fähigkeit für sich selbst verliert? Vielleicht sind die Etiketten für Mahler vorschnell geklebt, zu sehr dadurch motiviert, Distanz zu diesem unheimlichen Lebenslauf zu markieren. Aber in der Rolle des vollkommen Anderen, Unverständlichen, ist Mahler falsch besetzt. Es ist ein extremes, zerklüftetes Leben, mit schrillen Schwenks, aber nicht ohne Muster. Deutsche Muster.

Horst Mahler wird 1936 in einer schlesischen Kleinstadt geboren. Er stammt aus einer wohl situierten Familie, sein Vater ist Zahnarzt. Die Eltern sind überzeugte Nazis. Ein Onkel ist Adjutant des Gauleiters der SA in Schlesien. 1934 wird er beim Röhmputsch ermordet. Mahlers Mutter hat ihn, ihren älteren Bruder, sehr verehrt. Doch ihre Loyalität zum Regime erschüttert der Mord nicht. Hitler kann das nicht gewusst haben, heißt es zu Hause. »Die Systemfrage hat sich für sie nicht gestellt«, sagt Mahler heute. Vom toten Onkel zur »Systemfrage« – das geht Mahler schnell und selbstverständlich über die Lippen. Er hat Erfahrung mit Toten und Systemfragen.

Der Vater wird wegen einer Intrige aus der NSDAP ausgeschlossen, doch er bleibt loyaler Nazi. »Stauffenberg«, sagt Mahler, »habe ich mir nach den Erzählungen meines Vaters immer als eine Qualle, als eine Ausgeburt der Hölle vorgestellt.« 1944, da war er acht. »Mein Vater war ein sehr gütiger Mensch«, sagt Mahler. So erinnert er sich an seine Eltern: Sie waren liebevoll, sie waren Nazis, sie waren Opfer.

1945 flüchtete die Familie nach Sachsen-Anhalt. 1949 wird Horst FDJ-Mitglied, gelockt mit der Aussicht, studieren zu können, obwohl er kein Arbeiterkind ist. Schon der Dreizehnjährige befindet sich in einem extremen, widersprüchlichen Ideologiechaos. Im Elternhaus herrscht strammer Antikommunismus, man fantasiert Foltermethoden für Stalin und schimpft auf die Russen, die im Krieg »Flintenweiber aufmarschieren ließen, auf die deutsche Soldaten nicht schießen konnten« (Mahler). Doch draußen markiert Horst den linientreuen FDJler.

Horst Mahlers Kindheit müssen wir uns als eine Überdosis an Schrecken und Verlust vorstellen. Erst der Krieg, dann zwei Fluchten. Die Eltern verlieren 1945 Heimat und Existenz – und klammern sich an ihren Glauben, an die Naziideologie. 1949 kommt der Vater zurück aus der Gefangenschaft nach Hause. Eines Sonntags geht er nach dem Frühstück in den Garten und erschießt sich. In einer Welt, in der die Nazis bankrott sind, der Führer tot und Deutschland besetzt ist, will er nicht mehr leben.

Danach zieht die Familie nach Westberlin, es ist das Ende der kurzen FDJ-Karriere. Viel Geschichte, viel Ideologie, viel Weggehen, viel Tod ist in dieser Jugend. Und wenig Normalität, wenig Halt. So wird auch das Leben von Mahler verlaufen: mit viel Geschichte, viel Terror, Tod und Opfern, wenig Halt, wenig Normalität.

»Ich wollte den Marxismus widerlegen, deshalb habe ich angefangen, Marx zu lesen«, sagt Mahler heute. Das war der Versuch, die Kluft zwischen Innen und Außen, die Doppelexistenz zwischen Nazielternhaus und FDJ zu bewältigen. Den »Marxismus widerlegen« – das ist der Auftrag der Familie, des toten Vaters, an den Sohn. Ein Vierteljahrhundert später, Ende der siebziger Jahre, wird Horst Mahler diesen Auftrag erledigt haben. 1977 verabschiedet er sich im »Kursbuch« in einem gewundenen, kryptischen Text vom Marxismus-Leninismus. Geschrieben im Gefängnis Berlin-Moabit, in Einzelhaft und mit Hilfe einer Hegel-Gesamtausgabe, die ihm Otto Schily ins Gefängnis gebracht hat. 1999, genau fünfzig Jahre nach dem Selbstmord seines Vaters, ist Horst Mahler politisch ganz und gar bei seinem Vater angekommen: als Rassist, Rechtsextremist, Antisemit.

In den Fünfzigern liest er »Staat und Revolution« und wird Leninist. Er macht ein gutes Abitur und studiert an der FU Rechtswissenschaft. 1955 tritt der selbst ernannte Leninist der rechten, schlagenden Verbindung »Thuringia« bei. »Ich hatte keine ideologischen Vorbehalte dagegen, mein Vater war auch in einer Verbindung gewesen.« Mahler ficht dort sechs Partien, nach einem Jahr tritt er aus – und in die SPD ein. Er will politisch Karriere machen. Er wird Juso-Vorsitzender in Charlottenburg, lädt einen Trotzkisten ein – und wird aus der SPD ausgeschlossen.

1959 ist Horst Mahler 23 Jahre alt und macht ein gutes Erstes juristisches Examen. Vor ihm liegt eine glänzende berufliche Karriere – hinter ihm ein Schwindel erregender ideologischer Parforce-Ritt, eine Abfolge von Ein- und Austritten, von extremen Wechseln und Prägungen. Aus dem Nazielternhaus in die FDJ, als Leninist in eine rechte Verbindung (weil der tote Vater dort auch war). 1961 tritt er einer SED-nahen Vereinigung bei. Mahler ist der Rebell vom Dienst, beständig sind nur seine extremen

Schwankungen. Was fehlt, ist das Moderate, Normale, die Mitte. Die Biografie von Horst Mahler bis 1961 nimmt seine RAF-KPD-NPD-Karriere nicht vorweg. Sie bietet keine logische, zwingende Erklärung für das Folgende. Aber sie lässt, was folgt, weniger erratisch erscheinen.

In Mahlers schroffen Wechseln spiegelt sich als Groteske die Verfasstheit der autoritären Adenauer-Bundesrepublik, ihr Mangel an republikanischem Selbstverständnis, an gelassenem Selbstbewusstsein. Die bundesdeutsche Normalität – das ist das Wirtschaftswunder und die Verheißung individuellen Aufstiegs. Demokratie steht nur auf dem Klingelschild. Die Gesellschaft ist eine Trutzburg gegen den Realsozialismus, errichtet auf den Trümmern der verschwiegenen, verdrängten Nazizeit. Es ist eine Demokratie gegen, nicht für etwas. Eine Demokratie, die Wiederaufbau, Wohlstand und Furcht zusammenhalten. Furcht vor den Kommunisten, Furcht vor der Strafe, die nach 1945 im Westen eher symbolisch, in den Nürnberger Prozessen, exekutiert und dann, im Kalten Krieg, ausgesetzt wurde. Horst Mahler testet die Grenzen dieses »Systems« aus: links und rechts. Das macht keiner so extrem wie er.

Mahlers Geschichte ist auch die einer Doppelexistenz: von politischer Rebellion und steiler Karriere. Mit 28 hat er bereits eine eigene florierende Kanzlei als Wirtschaftsanwalt in Berlin. Er ist Rechtsberater der »Hotel am Kaiserdamm GmbH & Co. KG«, einer Abschreibungsfirma westdeutscher Kommanditisten. Als Rechtsanwalt der Berliner Bauwirtschaft hält der Leninist am 20. Januar 1967 eine Rede beim Richtfest eines Geschäftsgebäudes am Kurfürstendamm: »Durch die Hilfe der Bundesrepublik, deren Parlament das Berlinhilfegesetz geschaffen hat, ist das Interesse westdeutscher Unternehmer gefördert worden, sich am Wiederaufbau und an der wirtschaftlichen Entfaltung dieser Stadt zu beteiligen. Die Initiative, der Mut und die Tatkraft, die diese Gesellschafter im Dezember 1965 gezeigt haben, als sie selbst die Bauleitung in ihre Hände genommen haben, sind der Beweis dafür, dass hier nicht die Schlechtesten Wirtschaftsbürger unserer Stadt geworden sind.«

Tatkräftige Unternehmer, aktive Wirtschaftsbürger, die sich

um schöne, brauchbare, neue Bauten in der Stadt kümmern – genau dieses profitable Wiederaufbaupathos hasst der SDS, dem sich Mahler eng verbunden fühlt. Doch er hat es gelernt, eine Weile mit sich ausschließenden Widersprüchen zu existieren: als Nazikind in der FDJ, als Leninist in einer rechten schlagenden Verbindung, nun als Wirtschafts- und APO-Anwalt. Auch innerhalb der Bewegung ist Mahler 1968 gleichzeitig auf beiden Seiten der Frontlinie: Als Traditionalist der alten Keulenriege verdammt er das radikale Sektierertum der Antiautoritären – und hat gleichzeitig enge Kontakte zur Kommune 1. »Der Fall Mahler«, so die Zeitschrift »Konkret« 1970, »ist ein Fall politischer Schizophrenie.« Den Widerspruch zwischen Alltagspraxis und Ideologie löst Mahler bald auf. Extrem, radikal, sehr deutsch.

Es gibt in Mahlers Vita ein immer wiederkehrendes Motiv: den Glauben an die Wende, den unvermeidlichen Sieg des Marxismus-Leninismus, der Stadtguerilla, der Neonazis. Gepaart ist das unerschütterliche Vertrauen auf die Wende mit der Untergangserwartung, dass die bigotte Demokratie, »der Geldsack, der an allen Ecken und Enden fault« (Mahler in seiner undogmatischen Phase 1977), zum Absterben verdammt ist. Mahlers Denken bewegt sich fast zwanghaft um diese beiden Pole: Ende und Wende, Untergang und Befreiung. Verfassung, Gewaltenteilung, bürgerliche Freiheiten, Rechtsstaat, all das war und ist in seiner Ideenwelt randständig. Die Fixierung auf den nahenden Untergang und die unvermeidliche gewaltsame Revolution verweist zurück auf den 8. Mai 1945, auf die politische Ursituation der Bundesrepublik, auf den Untergang jenes Deutschlands, den Mahlers Eltern nicht verwinden konnten.

Mahler hat in den verschiedensten Rollen, als linker Traditionalist, als antiautoritärer Aktivist, als RAF-Mitbegründer in Jordanien, als Maoist, als Deutschnationaler, als Neonazi, stets zwei Feinde bekämpft: die USA und Israel. Den Kampf gegen Israel führte er mal mit Antifa-Mantel, mal ohne, den gegen die USA erst mit sozialrevolutionärer, antiimperialistischer Begründung, später mit germanischem Donnergrollen. Otto Schily glaubt seit vierzig Jahren an das normative Recht, Mahler glaubt seit vierzig Jahren an den bewaffneten Aufstand. So sind Otto Schily und

Horst Mahler geworden, was ihre Väter waren: Mahler ist ein verzweifelter Nazi, der den 8. Mai 1945 nicht verwinden kann, Schily ein preußischer, wertkonservativer Repräsentant der bundesrepublikanischen Ordnung.

Vielleicht ist Horst Mahler streng genommen kein politisches Subjekt, vielleicht ist er, anders als Schily, nicht Herr seiner eigenen Biografie. Mahler ist eher so etwas wie ein Seismograph, ein Medium, das auf Stimmungsschwankungen extrem antwortet, ein wirres, sich überlagerndes Echo deutscher Katastrophengeschichte im 20. Jahrhundert

17. Kapitel

Ein Held der inneren Sicherheit – Schily nach dem 11. September 2001

»Ich bin alles andere als ein Verehrer staatlicher Gewalt.«
Otto Schily

Am Nachmittag des 11. September 2001 ist Otto Schily zu Hause. Das Telefon klingelt. Ein Mitarbeiter aus dem BMI: »Herr Minister, machen Sie den Fernseher an.« Schily sieht die CNN-Bilder der explodierenden Flugzeuge, die brennenden Twin Towers. Es geht ihm wie vielen, sogar vielen, die in New York dabei sind: Das Bild scheint unwirklich zu sein, zu unfassbar, um echt zu sein. Schily fährt in den Bundestag, um die Haushaltsdebatte, die auf der Tagesordnung steht, abzusagen – aber das ist schon geschehen. Er denkt noch kurz mit Schrecken daran, was passiert wäre, wenn ein Flugzeug zu Zeiten des Kalten Krieges in das Pentagon gerast wäre.

Dann verschwindet die Vergangenheit, sie rückt ferner, als sie es je zuvor war. Jetzt zählt nur die Gegenwart. Es muss gehandelt werden, Entschlossenheit muss demonstriert werden. Krisensitzungen beim Kanzler, jüdische, amerikanische und israelische Einrichtungen werden gesichert. Auftritt in den »Tagesthemen«: Es besteht kein Grund zur Panik, aber wir handeln, versichert er und wirkt noch erratischer als sonst. »Als Innenminister hat man in einer solchen Situation keine Zeit, um sich seinen Gefühlen zu überlassen«, sagt er später.

Er ist für Ordnung und Sicherheit zuständig. Er ist verantwortlich, dass keine solchen Attentate in Deutschland passieren. Man sieht es ihm an. Er sieht noch zerfurchter aus als sonst, noch unnahbarer. Das Pathos der Pflicht ist ihm ins Gesicht geschrieben.

Es ist nicht Otto Schily, der die Angst in der Gesellschaft erzeugt oder stimuliert – es ist die Gesellschaft, die sich vor diesen Bildern fürchtet, die sie nicht versteht. Schily ist, auf der Ebene politischer Inszenierung, der richtige Mann zum richtigen Zeitpunkt am richtigen Ort: Er kann Sicherheit ausstrahlen, Härte ohne Intoleranz. Seine Wirkung, hat eine »Spiegel«-Reporterin vor 25 Jahren bemerkt, liegt »in einer arroganten Faktendemut«. Und nun sind nicht die Gefühle, die Otto Schily nicht zulassen darf, sondern Maßnahmen und Fakten gefragt. »Mich interessiert nicht, was nicht geht, mich interessiert, was geht – auf einem Din-A4-Blatt«, herrscht er seine Mitarbeiter an. Gesetze werden im Eiltempo durch den Bundestag gepeitscht, in einer Geschwindigkeit, die es zuletzt im Herbst 1977 gab. Es ist wie damals, politischer Ausnahmezustand. Nur steht Schily auf der anderen Seite. Als er im Bundestag mehr Kompetenzen für den Geheimdienst und die Polizei fordert, für Rasterfahndung und Fingerabdruck im Personalausweis plädiert, applaudiert ihm die Union. Und Schröder sieht es mit Vergnügen, denn die Opposition klatscht dazu Beifall, dass sie in ihrem angestammten Feld – der inneren Sicherheit – keine Chance haben wird. Fast alles, was sie vorschlägt, will Schily sowieso.

Es ist ein Alptraum, es ist ein Traum: Es ist sein großer Auftritt. Was an ihm sonst oft unsympathisch und herrisch wirkt, passt in diesen Tagen zur Stimmungslage der Nation: Das Derbe, Markige, Unwirsche spiegelt den Ernst der Situation. In den Meinungsumfragen schießt Schilys Wert nach oben. Er macht den Eindruck eines Mannes, der entschlossen anpackt. An einem Abend Anfang Oktober 2001, als gerade die ersten US-Bomben auf Afghanistan fallen, klopft Schily wild an die Scheibe der Pförtnerloge des ARD-Hauptstadtstudios gegenüber dem Reichstag. »Machen Sie sofort die Scheinwerfer aus«, ruft er. »Und wer sind Sie?«, fragt der Pförtner. »Der Innenminister der Bundesrepublik Deutschland.« Der Reichstag, angestrahlt für TV-Aufnahmen, gilt als mögliches Terrorziel. Ein Minister im Dauereinsatz. Ein Held der inneren Sicherheit.

Die Sicherheitsgesetze, die so genannten Otto-Kataloge, passieren den Bundestag, den endgültigen Gesetzestext bekommen die Abgeordneten erst ein paar Minuten vor der Abstimmung. Die Liberalen in der Republik stehen Kopf: Rechtspolitik mit der Schrotflinte, Gesetze, die der allgemeinen Kriminalitätsbekämp-

»Die sind doch verrückt« – der Innenminister in Aktion

fung dienen, nicht der konkreten Abwehr von Terroristen. Gesetze, die den Weg in den Präventionsstaat ebnen, so lautet die Kritik. Sie nutzen, sagen Altliberale wie Burkhard Hirsch, dem Staat und schaden dem Rechtsstaat.

Die Rasterfahndung, einst Horst Herolds Lieblingsmittel gegen die RAF, hat damals zu einer einzigen Verhaftung geführt, der von Rolf Heißler. Und jetzt sollen ausgerechnet damit »Schläfer«, deren Auffälligkeit ihre Unauffälligkeit ist, dingfest gemacht werden? Rasterfahndung hat den unerfreulichen Nebeneffekt, junge islamische Männer, die technische Berufe studieren oder an Flughäfen arbeiten, unter Generalverdacht zu stellen. Das wäre vielleicht in Kauf zu nehmen, wenn Aussicht auf Erfolg bestünde. Doch die Rasterfahndung ist eine technokratische Illusion: Hunderttausende Überprüfungen, Resultat, nach zwei Jahren, null. Kein Verhaftung, keine Ermittlung, nichts. Die Ermittlungserfolge, die es gibt, sind normaler Polizeiarbeit zu verdanken. Was soll es nutzen, wie Schily erwägt, den Fingerabdruck von 75 Millionen Deutschen und vielleicht noch andere verschlüsselte biometrische Daten im Personalausweis zu verzeichnen, wenn es gilt, Leuten wie Mohammed Atta auf die Schliche zu kommen? Schily rechtfertigt diese Idee mit dem aparten Hinweis, das sei in Spanien schon längst Praxis – das stimmt, seit 1939, seit Franco die faschistische Herrschaft etablierte. Sogar die Kronzeugenregelung, gegen die Schily in den Siebzigern gekämpft hatte, die in Deutschland erwiesenermaßen ineffektiv ist und von Rot-Grün gerade abgeschafft wurde, bringt Schily wieder ins Spiel. Die Grünen mühen sich erfolgreich, die tiefsten Einschnitte zu mildern, zu verhindern, dass das BKA auch ohne Verdacht ermitteln darf, die biometrischen Daten im Ausweis zu vertagen und einige Gesetze als *sunset laws* zu formulieren, die später überprüft werden. Das ist sinnvoll, denn im Herbst 2001 kann niemand wissen, was notwendig, was überflüssig ist im Kampf gegen den internationalen Terror.

Schilys Abneigung gegen die Grünen ist auch Schröder manchmal zu viel. Als Schily im November 2001 über die Grünen herzieht, ruft ihn Schröder zur Räson. Schily springt auf und sagt: »Die sind doch verrückt. Da kann ich ja gleich gehen.« Aber es geht längst nicht nur gegen grüne Bedenkenträger, die den ganzen Tag mit der Verfassung unter dem Arm herumlaufen, auch Verteidigungsminister Scharping, der ihn vor acht Jahren aus dem Karriereloch holte, kanzelt Schily ab, weil er seiner weiträumigen Auffassung von den Kompetenzen der Bundeswehr nicht sofort folgt. Wer es anders sieht als er, glaubt an die Märchen von gestern, den bösen Überwachungsstaat. Dass ihm auch der deutsche Richterbund, dessen Vorsitzender Schilys Vorstellung von Europol, der EU-weiten Polizei, für »einen Rückfall in polizeistaatliche Verhältnisse« hält, dass ihm Kriminalbeamte und der Vorsitzende des Bundeswehrverbandes widersprechen, irritiert ihn nicht.

Entgegen der manchmal ziemlich steilen Rhetorik der Kritiker ruinieren die rot-grünen Gesetze nicht den Rechtsstaat. Manches, wie die Möglichkeit, militanten Islamisten das Religionsprivileg zu entziehen, war schon länger geplant und überfällig. Es muss die Möglichkeit geben, Gruppen wie den Kölner Kalifatstaat, bei denen Mord zum Arsenal der Auseinandersetzung gehört, zu verbieten. Anderes, wie etwa der Paragraph 129 b, der die Unterstützung einer ausländischen terroristischen Vereinigung unter Strafe stellt, ist höchst problematisch – wer weiß schon sicher zu sagen, wo der Terrorist aufhört und der Freiheitskämpfer beginnt? Die Historie ist voll von Figuren mit wechselvollen Biografien, von Jassir Arafat über Nelson Mandela bis zu Menachem Begin, den die Briten in den Vierzigern als jüdischen Terroristen verfolgten. Auch die Karriere der UČK, die in ein paar Monaten von einer Separatistengruppe, die terroristische Anschläge verübte, zum faktischen Kriegsverbündeten der

Nato avancierte, weckt Zweifel, ob der Paragraph 129 b eine praktikable Idee ist.

Den Paragraphen 129 a, der unter Strafe stellt, die Buchstaben RAF an eine Autobahnbrücke zu malen, haben die Linksliberalen immer mit guten Argumenten als Gesinnungsstrafrecht bekämpft. Aber jetzt, nach dem 11. September 2001, gibt es konkrete Gründe sogar für den Paragraphen 129 b, etwa den Fall eines deutschen Islamisten, der mit dem Attentäter in Djerba kurz vor der Tat telefonierte und gegen den es ohne den Paragraphen 129 b in Deutschland keine Handhabe gäbe. Er wird, mit den Stimmen der Grünen, eingeführt, allerdings entschärft: eine rechtspolitische Gratwanderung. Dass der Absturz ausbleibt, ist das Verdienst von besonnenen Politikern wie dem Grünen Volker Beck, nicht von Schily.

Das Bild der deutschen Rechts- und Sicherheitspolitik nach dem 11. September ist nicht tiefschwarz, wie viele Liberale meinen, erst recht nicht strahlend, wie Schily im September 2002 glauben machen will, wobei er in seiner Rechtfertigung sogar die Rasterfahndung schönredet. Es ist hellgrau, verglichen mit den USA, wo in Guatanamo ein rechtsfreier Raum entsteht, in dem Folter vorgesehen ist, hellgrau, verglichen mit Großbritannien, wo der Innenminister verdächtige Ausländer unbegrenzt einsperren darf. Und dunkelgrau, verglichen mit dem, was notwendig gewesen wäre.

»Vielleicht«, sagt Schily im Oktober 2001, »hat unsere Gesellschaft nicht immer die geistigen Widerstands- und Offensivkräfte, die in der Auseinandersetzung mit dem Terrorismus nötig wären.« Wenn deutsche Minister geistige Offensivkräfte wecken wollen, geht man erfahrungsgemäß am besten in Deckung. In diesem Fall gibt es dazu keinen Anlass. Dieser Satz ist Ausdruck von Schilys Pessimismus, der abschätzige, besorgte Blick des Bildungsbürgers auf das Volk, das sich lieber mit »Big Brother« die Zeit vertreibt, als geistigen Widerstand gegen Bin Laden zu leisten. Dies ist eine melancholische, keine kreuzzugtaugliche Haltung. Auch dafür wäre die bundesdeutsche Gesellschaft nach dem 11. September kein fruchtbarer Boden. Es gibt Einzelfälle von Diskriminierungen, von überflüssigen Polizeiaktionen gegen Muslime, aber das Gesamtbild ist anders. Die Gesellschaft übersetzt ihre Angst nicht in Aggression, sie braucht kein Ventil. Es gibt keine Szenen wie 1968, als ganz normale, aufgebrachte Westberliner einen Angestellten, der Rudi Dutschke ähnelte, auf der Straße fast gelyncht hätten. Es gibt keine Szenen wie 1977, als ziemlich normale Bundesdeutsche Drohbriefe an den Anwalt Schily schickten. Auch nach dem Anschlag auf die Synagoge von Djerba herrscht (zum Ungemach einiger bellizistischer Ex-Linker) zivile Gelassenheit, kommt es zu keiner inneren Mobilmachung gegen die anderen, da ist kein Wir, das sich in der Trutzburg einrichtet. Fundamentalliberalisierung hat Jürgen Habermas den Effekt von »1968« genannt. Die erfreulichen Aspekte dieses Wandels sind nach dem 11. September zu besichtigen.

Schily hat sich schon lange vor dem 11. September realistisch mit dem Islamismus befasst. 1999 sagt er: »Es liegt mir daran festzustellen, dass die Fragen der inneren Sicherheit beim Thema Islam nicht die Hauptrollen spielen.« Härte gegen Extremisten, aber keine Pauschalverdächtigungen, das ist die Linie. Bei einer Tagung der Evangelischen Akademie in Loccum kritisiert Schily, dass auch ein Funktionär der türkisch-fundamentalistischen Milli Görus eingeladen ist. Ob man mit Milli Görus debattieren sollte, ob man sie damit unfreiwillig nobilitiert oder mit Dialogsperren eher ins Getto treibt, darüber kann man streiten. Aber bei Schily gibt es keinen kulturellen Dünkel, keinen Blick herab vom Feldherrenhügel christlicher, deutscher Leitkultur, keinen rassistischen Unterton – sondern eine republikanisch-laizistische Begründung: Schilys Fixpunkt sind die »Grundwerte unserer Verfassung und die Universalität der Menschenrechte, die unter keinen Umständen zur Disposition stehen – gegenüber keiner Religion«.

Otto Schily will den Menschen keine Angst einreden, um sich dann als Retter in der Not zu empfehlen, so wie es viele rechte Innenminister getan haben. Das zeigen die jährlichen Vorstellungen der polizeilichen Kriminalstatistik. Bei Kanther wurde, unabhängig von den realen Zahlen, immer alles schlimmer, bei Schily hört der Alarmismus auf. Deutschland, sagt Schily 2002, gehört zu den sichersten Ländern überhaupt. Seit 1999 gibt es einen »Periodischen Sicherheitsbericht«, der Gründe und Hintergründe von

Kriminalität aufhellt, und Prävention, nicht Repression beleuchtet.

Schily ist kein Hysteriker. Auch als Minister braucht er keine Staatsfeinde, um sich selbst zu verstehen. Als 2003 eine atemlose Diskussion um die Bedrohung durch irakische Pockenviren ausbricht, wiegelt Schily ab, stellt richtig, beruhigt, versucht zu versachlichen.

Aber warum diese Gesetzeslawine? Warum *more of the same*, warum sklavisch das Muster von 1975 und 1977 wiederholen – im Zweifel noch ein Gesetz mehr, noch mehr Befugnisse für das BKA?

Weil Schily dem Staat ganz und gar vertraut. Weil er einfach nicht versteht, was gegen das Machbare spricht, wenn es doch nutzt oder vielleicht nutzen könnte gegen Kriminelle. Das ist der Kern: Was machbar ist – auf einem DIN-A4-Blatt, bitte –, das muss umgesetzt werden, und zwar zackig. Denn der Staat ist ein Rechtsstaat, und vor dem Rechtsstaat braucht sich kein Unschuldiger zu fürchten.

Dass die Grundrechte die Logik des Machbaren einschränken müssen, dass die Machtbegrenzung des Staates nichts Selbstverständliches ist, sondern das Ergebnis eines langen Kampfes der Gesellschaft, eines Ringens, in dem Schily selbst eine wichtige Rolle gespielt hat – das ist weggewischt aus seinem Bewusstsein. Neu ist der Glaube an das Gewaltmonopol als zentrale Voraussetzung von Zivilität nicht. Das Gewaltmonopol hat er schon bei den Grünen eisern verteidigt, auch theoretisch gegen Ulrich K. Preuß im »Freibeuter«, der vorschlug, das Gewaltmonopol in Grenzbereichen zu verflüssigen und dafür die gesellschaftlichen Selbstregulationen zu stützen. Neu ist, dass Schilys Staatsbegriff starrer, exklusiver, ausschließlicher geworden ist. Neu ist, dass Schily von dem »Grundrecht auf Sicherheit« redet, das der Staat den Bürgern zu garantieren hat und von dem im Grundgesetz wohlweislich nicht die Rede ist. Ohne Sicherheit keine Freiheit, sagt Schily in jedes Mikrofon – und die Spannung zwischen Freiheit und Sicherheit mag es geben, rechtstheoretisch vielleicht, früher vielleicht, aber jetzt, konkret: nein. Die Warnungen vor zu viel Sicherheit hält er einfach für eine linksliberale Selbstsuggestion. »Ich sehe keinen Freiheitsverlust«, sagt Schily stoisch, wenn ihn Journalisten nach BKA-Kompetenzen oder dem Sinn biometrischer Daten im Personalausweis fragen. Und man fragt sich, wo der Freiheitsverlust für Otto Schily 2003 anfangen könnte. »Es ist ein Kennzeichen von holistischem oder gar totalitärem Denken, Spannungen vorschnell aufzulösen und Gegensätze verschleiernd zu harmonisieren«, schreibt der Bundesverfassungsrichter Winfried Hassemer über das »Spannungsverhältnis von Freiheit und Sicherheit«. Es ist nicht schwer zu raten, wer damit gemeint ist.

Auch die SPD will Schily mit seinem Staatsglauben kurieren. Die SPD, sagt er, wurde früher vom Staat verfolgt und hegt daher noch immer ein Misstrauen, obwohl es doch spätestens, seitdem er, der erste sozialdemokratische Innenminister seit 1928, im Amt ist, keine Berechtigung mehr dafür gibt. Mit dieser leichtfertigen Deutung stapft der Minister mit Siebenmeilenstiefeln über die Geschichte und seine eigenen Erfahrungen mit der SPD in den siebziger Jahren hinweg. War das Problem von Helmut Schmidt 1977 etwa sein Mangel an Vertrauen in den Staat?

Als Helmut Schmidt regierte, hat Schily diesen Satz unterschrieben: »Man bekämpft Feinde des Rechtsstaats nicht mit dessen Abbau, und man verteidigt die Freiheit nicht durch deren Einschränkung.« Er stand 1978 in der Gründungserklärung der »Humanistischen Union«. Schily war damals im Vorstand.

Aber das ist lange her. Er ist dort schon lange ausgetreten, so wie aus dem Republikanischen Anwaltsverein und der Organisation der Berliner Strafverteidiger. Schily sieht in der Geschichte der Linken nur noch Irrtümer, abenteuerliche Übertreibungen – von den Notstandsgesetzen bis zur Volkszählung. Daran ist etwas richtig – und etwas falsch. Richtig ist, dass es eine Liebe der Linken zur Selbstausgrenzung gab, die steile Fantasien über den allmächtigen Staat produzierte – Schily hat diese Neigung auch früher schon eher mit Stirnrunzeln betrachtet. Aber das ist nicht alles. Die Linksliberalen, die Achtundsechziger, die Grünen, die sozialen Bewegungen, an denen Schily stets einen Anteil hatte, haben die Republik offener, bunter, liberaler gemacht. Sie haben das autoritäre Erbe des bundesdeutschen Staates geschleift, sie haben das Bewusstsein geschärft, dass die Demokratie auch von unten kommen muss, dass der Rechtsstaat soziale Impulse braucht. Aber das zählt nicht mehr viel und nach dem 11. September noch weniger. So ist ihm, irgendwo zwischen Berlin, Unterhaching und Bonn, irgendwann in den Neunzigern, die schöne, leuchtende, große Idee der Bürgerrechte abhanden gekommen. Bedenken wegen des Grundgesetzes hat Verfassungsminister Schily bei den Sicherheitsgesetzen nicht. Verfassungsrechtliche Bedenken hat der Minister nur bei einem rot-grünen Gesetz: der Homoehe.

Jetzt scheint ihn diese Situation geradezu anzuspornen: Die Attacken die politischen Freunde von gestern, die ihn heute mit seinen Argumenten von gestern angreifen, erträgt er mit einer hochgezogenen Augenbraue, um sie dann abzukanzeln, als wären sie ein Haufen überdrehter Schulbuben, die Angst vor dem schwarzen Mann haben. Es ist seine Lieblingsrolle: allein gegen alle. Dann schlägt er diesen Schily-Ton an, der keinen Widerspruch duldet und mit dem er schon in Stammheim auffiel.

Im Januar 2003 hält Schily einen Vortrag über Freiheitsrechte und Terrorbekämpfung. Veranstalter ist das Aspen Institute, dessen Chef Jeffrey Gedmin ein treuer Vertreter der US-Regierungspolitik, das Publikum angemessen transatlantisch gestimmt. »Das Sicherheitsbedürfnis stand am Anfang des modernen Staates«, sagt Schily. Der starke Staat sollte, so Schily, den Terror der Religionskriege des 17. Jahrhunderts begrenzen und Behemoth, das Monster entfesselter, chaotischer Gewalt, besiegen, indem die Bürger ihre Rechte auf den Leviathan, den übermächtigen Staat, übertragen. So heißt es bei Thomas Hobbes, als dessen aufgeklärter Anhänger sich der Minister zu erkennen gibt. Das ist die geistige, historische Matrix, die Grundlage für seine Hochschätzung des normativen Rechts, das im Zentrum seines politischen Weltbildes steht. Darin ist Vater Staat ein gütiger Patriarch, der seinen Bürgern die Sicherheit schenkt. Zum islamistischen Terror fallen markige Sätze: »Die geistig-politische Auseinandersetzung entscheidet, ob wir gewinnen oder nicht.« Das klingt nach viel, aber es ist eine Leerformel, innen hohl. Denn zur Auseinandersetzung gehört es, die Existenz des Anderen anzuerkennen, seine Motive zu begreifen. Doch Schilys geistige Auseinandersetzung ist kein

Würden Sie sich von diesem Mann bei einer Demonstration wegtragen lassen?

Dialog, keine Analyse, sondern moralischer Frontalunterricht. Es ist falsch, sagt er, nach dem 11. September über Israel und Palästina zu reden. Es ist falsch, über die Erste und die Dritte Welt zu reden und über das Reichtumsgefälle, das immer größer wird. Über was dann? Al-Qaida, sagt er, ist »reiner religiöser Wahn«, der 11. September »satanisch«.

Schily redet nicht davon, dass Bin Laden, diese irrsinnige Mixtur aus dem 14. und dem 21. Jahrhundert, mit den Modernisierungsprozessen und -blockaden in Saudi-Arabien zu tun hat, dem Verbündeten der USA in der Region. Er redet nicht davon, dass die Taliban nicht vom Himmel gefallen sind, sondern ein Resultat des Jahrzehnte währenden Bürgerkrieges in Afghanistan sind. Nein, für Schily scheint der islamistische Terror aus der Hölle zu kommen. Und er merkt nicht, dass dies klingt wie die Leitartikler der »Welt« 1975, die nicht sehen wollten, dass die RAF nicht aus der Hölle kam, sondern aus der Geschichte der Bundesrepublik.

Natürlich hinkt der Vergleich zwischen RAF und Bin Laden. Der Hindukusch ist fern, Schily Innenminister, im Hause Atta ging kein Idol aus Schilys Jugendjahren wie Gustav Heinemann ein und aus. Und was Bin Laden antreibt, ist, anders als bei Gudrun Ensslin, vielen säkularen, westlichen Intellektuellen ein Rätsel. Doch was man nicht versteht, einfach das Satanische zu nennen ist kläglich. Die Rede von dem Bösen ist intellektuelle Regression. Sie taugt dafür, Feindbilder auszumalen, für mehr nicht. Denn das Böse ist überhistorisch, es braucht keinen Kontext und keine Gründe, es ist einfach da. Es verstehen zu wollen ist nutzlos, sogar gefährlich. Man kann es nur bekämpfen.

Minister Schily spielt für Schröder eine zentrale Rolle, besonders seit dem Sommer 2002, seit Rot-Grün den Kriegsdienst im Irak verweigert. Danach tobt ein Orkan im deutschen Blätterwald, Antiamerikanismus, heißt es, und die Kommentatoren der Republik setzen sorgenvolle Mienen auf, weil der Kanzler unverzeihlicherweise noch immer nicht mit George W. Bush telefoniert hat. Da ist es gut, dass Schröder wenigstens Otto Schily hat, der die transatlantischen Beziehungen pflegt, den die US-Regierung als Partner im Kampf gegen der Terror lobt und mit dem sie auch telefoniert.

So kommt auch an diesem Abend im Tempodrom in Berlin-Kreuzberg unweigerlich der Moment, in dem der Minister auf die gute deutsch-amerikanische Zusammenarbeit der Polizei verweist und sagt: »Mein Freund John Ashcroft und ich ...« John Ashcroft ist der US-Justizminister. Er verkörpert wie kein zweiter US-Politiker die bigotte *moral majority*, er verachtet Homosexuelle und hält es für eine gute Idee, wenn jeder – auch jeder vorbestrafte – US-Bürger Waffen tragen darf. Die US-Publizistin Susan Sontag sagt über ihn: »Ich habe dieses Wort noch nie zuvor benutzt, aber John Ashcroft ist ein Radikaler mit ganz grundlegenden faschistischen Impulsen.« Kann man mit so jemand befreundet sein? Da zuckt auch das proamerikanisch gestimmte Aspen-Publikum kurz. Schily, der auf nichts so schnell reagiert wie auf mögliche Beleidigungen, auch wenn sie die unschuldige Form des Erstaunens haben, sagt: »Ja, lachen Sie nicht.« Sie lachen nicht, sie wundern sich nur über diese seltsame rhetorische Intimisierung öffentlicher Beziehungen. Staaten, heißt es, haben keine Freunde, sondern Interessen. Warum dieser Freundschafts-Zuckerguß?

»Mein Freund, der Minister«, das wirkt bei Schily wie eine Geste aus dem 19. Jahrhundert, aus der Metternich-Welt, in der sich mächtige Staatenlenker befreunden oder bekriegen und so die Geschichte ihren Lauf nimmt. Es verrät ein vordemokratisch anmutendes Amtsverständnis, so wie auch bei seinem Auftritt bei den Olympischen Winterspielen, wo er »meine BGS-Leute« lobt, die Medaillen gewonnen haben. Es ist ein merkwürdiger Satz, gerade wenn man an den 23. Oktober 2001 in Washington denkt, als Schily neben John Ashcroft bei der Pressekonferenz saß. Es war kein guter Tag für Schily, denn er musste mit ernstem, grauem Gesicht hören, was Ashcroft jedes Mal sagte, wenn er sich an Schily wandte: »Adolf«. Schily verzog dabei keine Miene. »Mein Freund John Ashcroft« ist politische Plansollübererfüllung. Und noch etwas mehr: Darin klingt der Stolz an, der Welt der großen Namen, der Welt von Witold Gombrowicz oder Gaddafi oder John Ashcroft anzugehören. Es ist ein Beweis, dass Schily es geschafft hat, dass er wirklich dazugehört, dass ihm die Anerkennung, die ihm doch schon immer gebührte, endlich zuteil geworden ist.

Manchmal sitzt Otto Schily noch immer im »Café Einstein« und erzählt Anekdoten. Aber nicht mehr so oft. Er muss regieren. Seine Freunde oder guten Bekannten von früher sieht er kaum noch, denn Minister haben keine Zeit. Viele, die ihn kennen, finden die Kluft zwischen dem rechthaberischen, aufbrausenden Minister und dem Privatmann Schily unerklärlich. Es gibt diese Differenz zwischen dem Bildungsbürger, der so viel von Takt hält, und dem misstrauischen Mann, der mit hochrotem Kopf brüllt, wenn ihm etwas nicht passt. »Schily«, sagt Michel Gaißmayer, der ihn schon lange kennt, »ist wie das Wetter, mal herrisch, mal liebenswürdig, immer unvorhersehbar.« Die Kluft zwischen diesen beiden Bildern ist größer geworden, vor allem seit dem 11. September. Er ist noch grantiger, verschlossener, abweisender. Die Macht hat ihn verändert, nicht grundlegend, aber merklich.

In einer ZDF-Talkshow fährt er Egon Bahr über den Mund wie ein Meister einem Lehrling, der das falsche Bier geholt hat. Bahr sagt: Die USA sollten überlegen, ob …, da schneidet Schily ihm mit einer abwehrenden Handbewegung das Wort ab und sagt: Es ist nicht an der Zeit, unsere amerikanischen Freunde zu kritisieren. Das ist kein Argument, es ist ein Befehl, fast ein Denkverbot. Bahr wollte sagen, dass die USA prüfen müssen, ob ihre Geheimdienste vor dem 11. September alles richtig gemacht haben. Bei »Sabine Christiansen« blamiert er die Grüne Claudia Roth, als die versucht, seine Haltung zu verstehen. Ein Schily braucht niemand, der ihn interpretiert.

Wie kommt ein feinsinniger Mann, der sich in russischer Literatur auskennt und Bach spielt, der im Sommer 2002 eine Kunstausstellung zum 11. September mit wohl gesetzten Worten zu eröffnen versteht, dazu, Gedanken, die ihm nicht passen, vom Tisch zu wischen wie eine unschickliche Bemerkung?

Wie passt das zusammen – das Distinguierte und das Schroffe, das Intelligente und die Ersetzung des Denkens durch Formeln, das Empfindsame und das Berserkerhafte, das einsam Kluge, das Schily in den siebziger und achtziger Jahren oft verkörperte, und das krachend Autoritäre? Cholerisch war er immer, aber das Harte hat zugenommen, sagt ein Freund, der ihn lange kennt. Vielleicht war Schily weniger als andere gewappnet für ein Leben wie in den Neunzigern, zwischen den Hinterbänken der SPD-Fraktion in Bonn, der Anwaltskanzlei in Berlin und den Müllproblemen in Ottobrunn. Vielleicht sind diese Arroganzgesten, die Rumpelstilzchen-Auftritte, der heftige Versuch, erst einmal Distanz zu schaffen um sich herum. Distanz, die er braucht, weil ihm alles, was näher rückt, viel schwerer fällt. Otto, sagt jemand, der ihn lange kennt, hat alles, was man sich wünschen kann. Er ist klug, erfolgreich, ehrgeizig, aber »er hat eigentlich keine Menschenkenntnis«. Schily ist seit 35 Jahren Anwalt, er kann Menschen einordnen, beurteilen, einschätzen. Doch ihm fehlt das instinktive Gespür, wen er vor sich hat, ob man ihm trauen kann oder nicht. Deshalb verlässt er sich lieber auf seinen Verstand, und der sagt: im Zweifel auf der Hut sein.

Doppelmoral – Genua 2001

Im Sommer 1984 fährt Schily mit einem Freund und seiner Tochter Anna in die Toskana, in das Haus des Verlegers Klaus Wagenbach. Es ist abends, es war ein anstrengender Tag, Anna ist drei Jahre alt und schreit und schreit, und Otto Schily tröstet und tröstet. Er liebt, er verehrt kleine Kinder. Kind zu sein, sagt er, ist die »ideale Form des menschlichen Daseins«. Schily hat, sagen manche seiner Freunde, eine schützende Haltung gegenüber dem Unschuldigen, dem Verletzlichen, dem Wehrlosen. Das ist seine Moral. Auch die Empfindsamkeit gegenüber der Natur speist sich daraus.

Danach, als Anna endlich schläft, sitzt Otto Schily mit einer Flasche Rotwein auf der Kirchentreppe im Ort. Es ist eine warme Nacht, und er entwirft die Fantasie von einer guten Welt, wie sie eingerichtet sein, wie das Verhältnis zur Natur verändert, dass die Politik aus der Herrschaft der Sachzwänge befreit werden müsse. Eine Utopie, die ohne die Idee eines neuen Menschen auskommt, eine Utopie, die klug geworden ist aus dem Scheitern der Geschichte der revolutionären Zwangsbeglückungen. Eine Utopie, die zwei wesentliche Ziele hat: ein neues Verhältnis zur Natur und ein gerechteres Verhältnis zwischen Erster und Dritter Welt.

Im Juni 2001 ist Otto Schily wieder in der Toskana. Zweihundert Kilometer weiter nordwestlich, in Genua, demonstrieren Hunderttausende von Globalisierungsgegnern gegen den G8-Gipfel. Es sind zum größten Teil Leute, die einen ähnlichen Traum haben wie Otto Schily 1984. Über hundert deutsche Demonstranten wurden an der Grenze abgefangen und zurückgeschickt – teilweise wegen Bagatelldelikten, wegen der Teilnahme an einer nicht ordnungsgemäß angemeldeten Demo gegen die NPD, die Minister Schily dabei ist, mit untauglichen Mitteln zu verbieten. Es genügt, in der Datei »Politisch motivierte Straftäter Links«, kurz »Limo«, aufzutauchen – schon gilt das Recht auf Freizügigkeit nicht mehr. Diese Praxis ist das Ergebnis der Initiative des Bundesinnenministers.

In Genua kommt es, trotz überwältigender Polizeipräsenz, zu Straßenschlachten zwischen Militanten und Sicherheitskräften.

Die Gewalt geht keineswegs nur von unverbesserlichen linksradikalen Krawalltouristen aus. Verkleidete Staatsschützer im Schwarzen-Block-Outfit provozieren gezielt Zusammenstöße. Am 20. Juli wird Carlo Giuliani, zwanzig Jahre alt, wohnhaft in Genua, von einem italienischen Militärpolizisten erschossen. Eigentlich wollte er an diesem Tag mit Freunden baden gehen, dann entschloss er sich um und ging zu der Demonstration. Es gibt berechtigte Zweifel, ob der Schuss auf ihn Notwehr war. Nachts stürmen Polizisten die Diaz-Schule und verprügeln ein paar hundert Demonstranten, die dort übernachten. Beschlagnahmt werden schließlich zwei Molotowcocktails, die die Polizei nachweislich selbst dort deponiert hat. Dieser Einsatz ist keine Polizeiaktion, die bedauerlicherweise angesichts renitenter Demonstranten aus dem Ruder läuft: Er ist eine willkürliche Macht- und Gewaltdemonstration, und es ist nur ein Zufall, dass es bei Kieferfrakturen, Splitterbrüchen am Kopf, ausgeschlagenen Zähnen, Blutlachen und Schwerverletzten im Koma bleibt und niemand zu Tode geprügelt wird. In Haft werden Demonstranten gezwungen, den Hitler-Gruß vorzuzeigen, die Stiefel von Polizisten abzulecken, fünfzehn Stunden lang stramm zu stehen. Auch das sind keine Einzelfälle, keine beklagenswerten Ausrutscher überforderter und unterbezahlter Beamter, sondern systematische, massenhaft angewandte Torturen. Die Regierung Berlusconi zeigt der linken Opposition in diesen Tagen, was in Italien möglich ist, wenn es hart auf hart kommt. Der SPD-Innenpolitiker Dieter Wiefelspütz sagt: »Das ist Krieg gegen das Volk.«

Otto Schily hat Erfahrung mit solchen Situationen, mehr Erfahrung als Dieter Wiefelspütz. Er war am 2. Juni 1967 dabei, er kennt persönlich einige, die angesichts eines repressiven Staatsapparates und der aufgeheizten Bevölkerung in den Terrorismus abglitten. Leute wie Holger Meins, über den Schily vier Jahre zuvor sagte, es sei eine Tragödie gewesen, dass ein Pazifist wie Meins zum RAF-Terroristen werden konnte, dass dies ein Drama war, das auf die Gesellschaft und den Staat zurückfällt. Verglichen mit den drei Tagen von Genua war die Repression in den späten Sechzigern in Deutschland eine zivile Veranstaltung. Doch Minister Schily denkt im Juli 2001 in der Toskana nicht an Holger Meins, sondern daran, dass die Grenzkontrollen gegen Militante verschärft werden müssen. Minister Schily denkt auch nicht an seinen Traum von einer gerechteren Welt, sondern an eine europaweite Datei linksradikaler Straftäter, die trotz seines massiven Einsatzes in der EU leider nicht mehrheitsfähig ist. Minister Schily denkt auch nicht an die Berliner Studentin Anna K., der Sicherheitskräfte in der Diaz-Schule ein paar Zähne ausschlugen und die eine Klassenkameradin seiner Tochter Anna sein könnte. Der Minister denkt an Sicherheit und sonst nichts. Die Grünen fordern eine europäische Untersuchungskommission, der Minister lehnt ab. Die Gewalt sei »von militanten Demonstranten und Krawallreisenden ausgegangen«, die italienische Polizei habe wohl unverhältnismäßig reagiert, aber das zu beurteilen, sei »Sache der italienischen Justiz«, die im Übrigen sein volles Vertrauen habe, sagt der Minister. Das ist alles. Kein Protest gegen die Exzesse der Polizei, nichts. Italien ist ein Rechtsstaat, und ein Rechtsstaat ist ein Staat, der Recht hat – auf dieses Credo ist das politische Denken des Ministers geschrumpft.

Der Minister hat vergessen, wie solche Sätze auf Demonstranten wirken, die in diesem Falle mehr als nur ein paar unerfreuliche Erfahrungen mit Polizeiknüppeln gemacht haben. Die liberale italienische Zeitung »La Repubblica« schreibt über die »chilenische Nacht« von Genua. Aber der Minister wankt nicht und wackelt nicht. Anfang August trifft er sich mit seinem Amtskollegen Claudio Scajola an der Riviera, und die beiden sind sich einig: Man braucht eine europäische Anti-Krawall-Polizei. Scajola ist ein Intimus von Berlusconi und politisch verantwortlich für den Polizeieinsatz in Genua. Minister Scajola hatte, nachdem der Tod des Demonstranten Giuliani bekannt geworden war, der Polizei den Schießbefehl erteilt. Das ist die Logik der Repression: Wenn ein Demonstrant stirbt, sollen Polizisten schießen dürfen.

Etwas in Otto Schily ist verschwunden. Es ist nicht mit einem Knall verpufft, es hat sich langsam und unmerklich aufgelöst. Man muss die Globalisierungskritiker, überwiegend reformistisch gestimmte, idealistische Leute, gar nicht für eine notwendige, überfällige Bewegung halten, man muss »attac« nicht für die neue soziale Avantgarde halten, um zu sehen, was in Genua geschehen ist: drei Tage brutaler Polizeistaat, drei Tage Franco-Spanien mitten im zivilen, friedlichen Europa im 21. Jahrhundert. Genua ist nah, gerade für Otto Schily, der Italien kennt, der sich der Idee Europa verschrieben hat. Es ist viel näher als der fremde, hermetische, unverständliche Irrsinn von Figuren wie Mohammed Atta. Aber Otto Schilys Antwort ist die gleiche: Er sieht nur ein Sicherheitsproblem, das es mit harten Maßnahmen zu lösen gilt.

Früher hatte er mal ein Empfindungsorgan, ein soziales Sensorium, das auf Ereignisse wie in Genua anschlug. Es ist, mangels Gebrauch, verkümmert. Es hat sich zurückgebildet. Es ist ihm irgendwo zwischen Wirtschaftsprozessen und Fraktionssitzungen, zwischen Botschaftsempfängen und Kabinettsrunden abhanden gekommen. Otto Schily ist so geworden wie die Politiker, die er in den siebziger Jahren abschreckend fand. Damals war er ein autoritärer Idealist. Jetzt ist er ein autoritärer Minister.

Resümee

Schily, meint ein altgedienter Parlamentskorrespondent, hat eigentlich keine Distanz zu dem Betrieb. Otto Schily, der Unnahbare, der scheinbar in anderen Sphären schwebt, kann ziemlich kleinlich werden, wenn in der Zeitung etwas steht, was dort nicht stehen soll. Dann ruft sein Pressesprecher schon mal bei einem Journalisten an und fragt, von wem bitte schön jene – natürlich vollkommen falsche – Information stammt. Oder der Minister ruft höchstpersönlich den Chefredakteur an und beschwert sich lautstark über irgendeine Kleinigkeit. Solche Telefonate rühren aus der Hoffnung, der Rüffel würde von oben nach unten mit entsprechendem Nachdruck weitergegeben. Das Ergebnis ist meist – null. Redaktionen bürgerlicher Zeitungen funktionieren selten so hierarchisch wie Schilys Innenministerium. Überhaupt ist so ein Anruf vom Minister eher Adelsschlag als Repression. Aber er verrät, dass Otto Schily eine recht höfische Vorstellung von Pressefreiheit hat.

Schily hat alles erreicht. Er ist, neben Joschka Fischer und Wolfgang Clement, der wichtigste Minister im Kabinett. Ohne ihn, der die rechte Flanke schützt, wäre der Sieg von Rot-Grün 2002 noch knapper ausgefallen – vielleicht sogar ganz. Doch das verhilft ihm nicht zu Souveränität im Umgang mit Kritik. Er ist dünnhäutig, leicht erregbar, misstrauisch. Schily ist über siebzig, ein Alter, dem man Weisheit, zumindest Abgeklärtheit attestiert. Doch das fehlt ihm. Er kann nicht mit einem Achselzucken darüber hinweggehen, wenn in einem Blatt die Popularität des Innenministers im Volke nicht ordnungsgemäß wiedergegeben worden ist. Ihn treibt ein Verlangen nach Anerkennung, das nicht versiegt, und wenn alle Welt auf die Knie fallen würde, wäre es am nächsten Tag wieder da.

»Otto nimmt übel«, lautet ein Ondit bei den Parlamentskorrespondenten. Dass die Journalisten den Bundesinnenminister Schily anders, kritischer anschauen als Otto Schily, den rechtspolitischen Sprecher der Oppositionspartei SPD, das begreift er nicht. »Er hat sich daran gewöhnt, dass alles, was er sagt, geschrieben, ernst genommen, gedruckt wird. Das hat er verinnerlicht – und aus dem Blick verloren, dass dieses Interesse seiner Funktion, nicht seiner Person gilt. Er verwechselt die Ebenen, Oppositionspolitiker haben Recht, Minister Macht – das versteht Schily nicht«, sagt ein Parlamentsjournalist. Das ist in der Tat sein blinder Fleck. Otto Schily hat wenig Talent dazu, sich selbst von außen anzuschauen.

Als 2001 die Bilder von Joschka Fischer auftauchen, die zeigen, wie er 1973 einen Polizisten verprügelt, fällt auch ein fragender Blick auf den Ex-RAF-Verteidiger Otto Schily. Das ist nahe liegend, unvermeidlich, aber ein Irrtum. Auch Schily ist von irgendwie links nach Mitte rechts gewandert. Aber das ist nur der Augenschein. Genauer besehen, ist Otto Schily das biografische Gegenmodell zu Joschka Fischer. Denn Fischer hat zwei Bewegungen vollzogen, die als repräsentativ für seine Generation gelten: von unten nach oben und von außen nach innen. Fischer ist von unten, aus kleinsten, provinziellen Verhältnissen, nach ganz oben gekommen. Er hat sich als Autodidakt hochgekämpft und symbolisiert, ebenso wie Gerhard Schröder, die soziale Durchlässigkeit der Bundesrepublik (dass die Bundesrepublik faktisch alles andere als sozial durchlässig ist, dass, mehr als in anderen europäischen Ländern, die Kinder der Eliten die Eliten und die Kinder von Arbeitern Arbeiter werden, steht auf einem anderen Blatt). Außerdem verkörpert Fischer, der militante Sponti, den Weg der Post-Achtundsechziger von außen nach innen – aus dem subkulturellen Getto ins Zentrum der Macht. Die Bundesdeutschen wollen gern glauben, dass Joschka Fischer sie repräsentiert, ein bisschen so wie ein Filmstar. In Pop übersetzt ist Joschka Fischer Madonna, jemand, der mit Zeichen spielt und seine Identitäten wechselt. Und Schily ist Ringo Starr, jemand, der vierzig Jahre den gleichen Gesichtsausdruck und die gleiche Frisur hat.

Otto Schily hat seine Rolle gewechselt, vom Anwalt zum Politiker, aber nicht seine Identität. Otto Schily kommt nicht von außen und nicht von unten. Wo Otto Schily ist, da ist oben. Das war schon in seiner Jugend so. In gewisser Weise ist seine Biografie langweiliger als die von Fischer. Dort gibt es Brüche, Sprünge und Identitätswechsel, den Traum vom anderen Leben, den viele in Fischers Generation träumen, der realpolitischer Ernüchterung weicht. Es gibt eine stürmische Jugend und die späte Reifung, eine Karriere scheinbar aus dem Nichts. Das ist eine Vita, die sich wie ein Bildungsroman liest.

Nichts davon bei Otto Schily. Vielleicht war auch er mal ein verwegener jugendlicher Träumer, aber er hat für sich allein geträumt. Er hat, für seine Zeit, sehr lange gebraucht, um auf eigenen Füßen stehen zu können. Er studiert sehr lange und ist danach, lebensgeschichtlich, immer zu spät dran: Erst mit 31 verdient er eigenes Geld, mit 31 ist Horst Mahler, sein Konkurrenten-Freund in den späten Sechzigern, längst ein Staranwalt. Mit 51 geht er in die Politik, mit 51 ist Willy Brandt schon Außenminister, erst mit 66 wird er Minister, da ist Helmut Schmidt längst Bundeskanzler a. D.

Seit den Sechzigern spielt Schily, als öffentliche Figur, die Rolle des vernünftigen, älteren Bruders der Bewegungen. Der ältere Bruder steht zwischen der Autorität – dem Vater, dem Staat – und den Jüngeren, den Rebellen. Schily versteht beide und hält sich im Übrigen an das Gesetz. Diese Rolle hat Schily sich nicht ausgesucht, sie ist ihm zugefallen. Es gibt in seiner Generation nicht viele wie ihn. Manche, wie Horst Mahler, laufen zur RAF über, andere tauchen für zehn Jahre in K-Gruppen ab, viele wollen mit der Studentenrevolte nach 1970, nachdem der Pop-Appeal weg ist, nichts mehr zu tun haben. So wird dies Schilys Rolle: bei den Achtundsechzigern, in den RAF-Prozessen der siebziger Jahre und bei den Grünen. Er ist der Anwalt der Rebellen. Das ist Schilys historisches Verdienst: Er versucht in einer Gesellschaft, die in den Siebzigern von einem blutigen ödipalen Aufstand erschüttert wird, die Kommunikationsfäden nicht abreißen zu lassen.

Im November 1989 ist es damit vorbei. Die SPD ist mehr als nur eine andere Partei. Der Parteiübertritt beendet die Rolle des älteren Bruders. Die Achtundsechziger und die Grünen, alle diese juvenilen, mal in Lederjacken, mal im Batik-Shirt auftretenden Vertreter der bundesdeutschen Gegenwelten, waren stets brauchbare Kulissen, auf denen sich Schilys bourgeoiser Habitus glänzend abhob, Folien, die ihn richtig zur Geltung brachten, Milieus, in denen er mit seiner goldenen Uhrkette einzigartig schien. Die bayerische Sozialdemokratie eignet sich nicht dazu, Otto Schilys Starqualitäten zum Leuchten zu bringen. Die Zeit bis 1994 ist für Schily eine echte Krise. Er scheint als öffentliche Figur zu verschwinden – und das ist für ihn, der unentwegt mit seinem Ausstieg kokettiert, ein Drama, schlimmer als die Kassiber-Affäre 1972. Doch Schily findet eine Antwort: Er wird zum *Law-and-order*-Politiker. Das ist keine dramatische Neuerfindung, kein abrupter Wechsel. Er rückt dafür seine linksliberalen Überzeugungen sehr weit nach hinten und seine autoritären Züge, die der Öffentlichkeit zuvor nicht so richtig aufgefallen waren, ins Schaufenster.

»Zweifeln und Denken hängt zusammen«, sagt Otto Schily. Das stimmt im Allgemeinen, für Otto Schily im Besonderen stimmt es eher nicht. Denn er ist ein gekonnter Rhetoriker, politisch ein hartnäckiger Gegner und versierter Denker – aber die Selbstreflexion ist nicht seine Sache. So zeigt sich in seinem Umgang mit der RAF Mitte der achtziger Jahre etwas Typisches: ein Schlaglicht auf die Schattenseite seines unerschütterbaren bürgerlichen Selbstverständnisses, das ihn vor den Selbsthassexzessen der Achtundsechziger und der Flucht in die virtuellen Welten proletarischer Ersatzidentitäten bewahrt hat. Sein äußerst solides Elitebewusstsein schützt ihn gegen bürgerliche Selbstverachtung – aber dieses Selbstbewusstsein hat eine andere Seite: Otto Schily ist weitgehend immun gegen Zweifel.

Er spielt gut Schach und Skat. Taktik, Winkelzüge, Logik, Bauernopfer, dem Gegner Trümpfe herauslocken, von der Verteidigung blitzschnell in den Angriff wechseln, all das liegt ihm. Er kann exzellent Akten lesen, er spürt Zusammenhänge auf, die andere übersehen, er kann spontan geschliffene Reden halten, er kann seine Gegner so lange einkreisen, bis ihnen nur noch die Flucht bleibt. Otto Schily kann scharf denken, aber nicht so gut nachdenken.

Es ist kein Zufall, dass Joschka Fischer mit dem von manchen belächelten eisernen Ehrgeiz des Autodidakten zehn Bücher geschrieben hat und dort seine Verwandlungen vom Antiautoritären zum autoritären Parteipolitiker, vom Linken zum Moderaten, vom Pazifisten zum Befürworter des Kosovo- und Afghanistankrieges, vom Rotweintrinker zum Jogger, öffentlich ausgebreitet hat. Auch Otto Schily hat eine Reihe Texte für Bücher geschrieben. Nach Tschernobyl plädiert er für den Ausstieg aus der Atomenergie, 1978 schreibt er an den Verteidiger von Rudolf Bahro und ermuntert ihn zum Durchhalten, Anfang der Neunziger beschreibt er 1968 als Krise der Mehrheitsgesellschaft, die übertrieben auf die Provokationen der Studenten reagierte. Zu grüner Wirtschaftspolitik meint er 1985, dass sie notwendig sei, aber leider noch nicht existiere. Es sind meist kurze Texte, wer sie liest, nickt oft, denn es steht viel Richtiges und wenig Originelles darin. Und nie hat man das Gefühl, dass der Text noch viel länger hätten werden müssen.

1994 hat Schily ein dickes Buch veröffentlicht: »Flora, Fauna und Finanzen«. Es ist sein einziger Versuch, etwas Grundlegendes zu sagen, der Versuch zu analysieren, wie Ökologie in ökonomische Kategorien übersetzt werden kann. Darüber hat er zehn Jahre immer wieder nachgedacht. In »Flora, Fauna und Finanzen« verwirft er die in anthroposophischen Kreisen geschätzte Theorie, dass auch Geld altern müsse, als wirklichkeitsfremd. Er versucht in auch für strapazierfähige Leser eher unzugänglichen Theoriepassagen zu ergründen, was das Wesen des Geldes ist und was die Wirtschaft im Innersten antreibt. Er lässt Geld- und Ökonomietheorien Revue passieren, aber sein Zugang bleibt unsystematisch, kursorisch. Es ist in weiten Teilen ein theoretisches Buch eines Autors, dem das Theoretische fremdes Terrain bleibt. Die Begründungen sind kompliziert, die Schlussfolgerungen eher einfach. Eine Ökodiktatur wird selbstredend abgelehnt. Um ungehemmtes Wachstum zu bremsen, entwirft Schily ein nach dem Vorbild der Bundesbank organisiertes Bundesumweltamt. Dieses Amt soll staatsfern agieren, einen »Ökozins« erheben und so das Geld an den Naturverbrauch koppeln. Das ist die zentrale Idee. Sie passt zu Schily, der in Institutionen denkt, weniger in Interes-

sen oder sozialen Bewegungen, und so bleibt dieses Bundesumweltamt eine etwas einsame Idee, nebelhaft, wer sie denn durchsetzen könnte. »Flora, Fauna und Finanzen« ist ein Spiegel des Autors: kulturpessimistisch gestimmt, grundskeptisch gegen die Massengesellschaft, strikt republikanisch und sehr solitär.

Otto Schily ist kein blendender Autor, kein eleganter Schreiber, kein politischer Stratege, der mit Büchern seine Karrieren begleitet. Er kann schneidend schlau sein, aber er ist kein Intellektueller im klassischen Sinn. Er ist seit vierzig Jahren Jurist, Anwalt. Er vertritt die Interessen seiner Mandanten. Er identifiziert sich nicht mit seinen Mandanten. Seine Anträge, seine Revisionen und Plädoyers erfüllen konkrete Zwecke und Ziele. Sie sollen seinen Mandanten nutzen und ihn als guten Juristen und Rhetoriker erscheinen lassen. Nicht mehr, nicht weniger. Um ein erfolgreicher Anwalt zu sein, ist es ratsam, nüchtern zu sein. Schily ist ein erfolgreicher Anwalt. Er ist nüchtern. An die Revolution hat er nur ganz kurze Zeit geglaubt, und auch das nur abends, wenn die Schriftsätze für die Mandanten erledigt waren.

Viele unterstellen Schily Opportunismus, reines Machtstreben. Aber das stimmt so nicht. Schily hat sich nicht angepasst, nicht strategisch angedient, um etwas zu erreichen, auch nicht in den Neunzigern, auch nicht beim Asylkompromiss oder beim großen Lauschangriff. Dazu ist er viel zu sehr von sich überzeugt. Er verdankt alles, was er geworden ist, sich selbst und seiner Herkunft, keiner Partei, keinem Kollektiv, keiner Bewegung. Seine »Lebensleistung« gehört nur ihm. Das ist eine Grundlage für seine Hybris: Das Elitebewusstsein, das an seiner Wiege stand, wurde im Gerichtssaal größer. Denn dort hing alles von ihm, von seinem

Scharfsinn, seiner Intelligenz und juristischen Bildung ab. Seine großen Rollen, die ihn berühmt machten, seine Plädoyers in Stammheim, seine hartnäckigen Fragen im Flick-Untersuchungsausschuss, waren Soloauftritte. »Otto Schily ist Otto Schily«, pflegt er in Interviews zu sagen.

Otto Schily ist schon oft gefragt worden, ob er in seinem Leben Fehler gemacht hat. Seine Antwort lautet immer gleich: Jeder Mensch macht Fehler. Ende der Durchsage. Welche Fehler er gemacht hat, verrät Schily nicht. Denn es gibt eigentlich keine. Das ist ein Grund für seine Reflexionsschwäche. Wer nie das Gefühl hatte, sich ernsthaft in Frage stellen zu müssen, wer nie meinte, sein Denken korrigieren zu müssen, wer stets in dem Bewusstsein lebt, alles richtig zu machen – der muss Reflexion für eine Art überflüssigen Luxus halten, für Grübelei, die zu nichts führt. Das ist die intellektuelle Unredlichkeit in seinem Leben: Er hat nie klar gemacht, wie er vom Linken zum Rechten, vom Liberalen zum Konservativen geworden ist. Und er ist felsenfest davon überzeugt, immer gerade im Moment das Richtige zu tun. Als RAF-Verteidiger und als Innenminister.

In der Anthroposophie spielt der Begriff Ganzheitlichkeit eine große Rolle. Das Individuum soll sich nicht aufspalten in Funktionen, kein Rädchen in einer arbeitsteiligen Gesellschaft sein, sondern Herr im eigenen Haus. Diese Idee hat Schily geprägt, der Glaube an das Individuum ist ein roter Faden in seinem Leben. Vielleicht ist das eine Erklärung für Schilys wundersame Verwandlungen. Schily spielt Rollen, mit denen er sich gleichzeitig identifiziert.

Deshalb beharrt Schily darauf, dass er auch als Minister noch ein Linker ist. Noch wo er, wie während der Polizeiattacken in Genua 2001, wie ein finsterer Reaktionär auftritt, glaubt er, ein liberaler Grüner in der SPD zu sein. Das ist keine Taktik, kein Opportunismus, es ist die Illusion, mit der Schily ganzheitlich die Rollen seines Lebens unter einen Hut zaubert. Er war immer derselbe. Er hat sich nicht grundlegend verändert und ist trotzdem ein ganz anderer geworden. Das ist der komplizierte Mythos in seinem Leben.

Literatur

Bücher

Rudolf Augstein u. a., Reden über das eigene Land, Deutschland 2, München 1984
Stefan Aust, Der Baader-Meinhof-Komplex, München 1997
Autorenkollektiv, Vor der Oper, Der nicht erklärte Notstand, Dokumentation und Analyse eines Berliner Sommers, in: Kursbuch 12, Berlin 1968
Andreas Baader, Gudrun Ensslin, Thorwald Proll, Horst Söhnlein, Vor einer solchen Justiz verteidigen wir uns nicht, Schlusswort im Kaufhausbrandstifterprozess, Berlin 1968, Voltaire Flugschrift Nr. 27
Bommi Baumann, Wie alles anfing, Duisburg 1984
Frank Beckenbach u. a., Grüne Wirtschaftspolitik, Machbare Utopien, Köln 1985
Jilian Becker, Hitlers Kinder, Frankfurt 1977
Thomas Bernhard, Der Theatermacher, Frankfurt 1984
Der blinde Fleck, Die Linke, die RAF und der Staat, mit Beiträgen von Klaus Hartung, Antje Vollmer u. a., Frankfurt 1987
Peter Brügge, Die Anthroposophen, Reinbek, 1984
Heinz Bude, Das Altern einer Generation, Die Jahrgänge 1938 bis 1948, Frankfurt 1995
Deutscher Bundestag, Referat Öffentlichkeitsarbeit, Parteispenden, Bericht des 1. Untersuchungsausschusses, Berlin 2002
Michael Bühnemann, Michael Wendt, Jürgen Wituschek (Hg.), Die AL, Entstehung, Entwicklung, Positionen, Berlin 1984
Rainer Burchardt, Hans-Jürgen Schlamp (Hg.), Flick-Zeugen, Protokolle aus dem Untersuchungsausschuss, Reinbek 1985
Ulrich Chaussy, Die drei Leben des Rudi Dutschke, Zürich 1999
Dany Cohn-Bendit, Reinhard Mohr, 1968 – Die letzte Revolution, die noch nichts vom Ozonloch wusste, Berlin 1988
Gerd Conrad, Starbuck, Holger Meins, Berlin 2001
Dirk Cornelsen, Ankläger im hohen Haus, Die Grünen im Bundestag, Gespräche mit Kurt Biedenkopf, Otto Schily u. a., Essen 1986
Ein deutscher Herbst, Zustände 1977, Mit Beiträgen von Tatjana Botzat, Elisabeth Kiderlen, Wolfgang Kraushaar, Frank Wolff, Frankfurt 1997
Jutta Ditfurth, Das waren die Grünen, Abschied von einer Hoffnung, München 2000
Klaus Dreher, Kohl und die Konten, Stuttgart 2002
Gretchen Dutschke, Wir hatten ein barbarisches, schönes Leben, Biographie, München 1998
Freimut Duve (Hg.), Die Restauration entlässt ihre Kinder oder: Der Erfolg der Rechten in der Bundesrepublik, Reinbek 1968
Johnny Eisenberg, Bis ins nächste Jahrtausend? Argumente für eine Entspannungspolitik zwischen RAF und Staat, in: Sontheimer/ Kallscheuer, Einschüsse, a.a.O.
Norbert Elias, Studien über die Deutschen, Frankfurt 1989
Hans-Magnus Enzensberger, Mittelmaß und Wahn, Frankfurt 1991

Ders., Gedichte 1950 bis 1995, Suhrkamp, Frankfurt 1996
Ulrich Enzensberger, Die Grünen, in: Kursbuch 83, Berlin 1983
Klaus Eschen u.a. (Hg.), Linke Anwaltschaft von der APO bis heute, Köln 1988
Ders., Vor den Schranken, Erfahrungen eines linken Anwalts, in: Kursbuch 40, Berlin 1975
Ders., Rechtsstaat ohne Konfliktkultur, Die RAF-Prozesse im politischen Ausnahmezustand, in: Sontheimer, Kallscheuer, Einschüsse, a.a.O.
Tilman Fichter, Siegward Lönnendonker, Kleine Geschichte des SDS, Berlin 1977
Tilman Fichter, Linker Antisemitismus in: Schneider, Simon, Solidarität und deutsche Geschichte, a.a.O.
Joschka Fischer (Hg.), Der Ausstieg aus der Atomenergie ist machbar, Reinbek 1986
Norbert Frei, Vergangenheitspolitik, Die Anfänge der Bundesrepublik und die NS-Vergangenheit, München 1996
Jörg Friedrich, Die kalte Amnestie. NS-Täter in der Bundesrepublik. Frankfurt 1984
Matthias Geis, Bernd Ulrich, Der Unvollendete. Das Leben des Joschka Fischer, Berlin 2002
Peter Glotz, Kampagne in Deutschland, Politisches Tagebuch 1981–83, Hamburg 1983
Christopher Görlich, Die 68er in Berlin, Schauplätze und Ereignisse, Berlin 2002
Rita Gombrowicz, Gombrowicz en Europe, Paris 1998
Josef Grässle-Münscher, Terror und Herrschaft, Hamburg 2002
Kurt Gronewold, Angeklagt als Verteidiger, Prozesserklärungen und andere Texte, Hamburg 1978
Manfred Grötemaker, Geschichte der Bundesrepublik, Von der Gründung bis zur Gegenwart, München 1999
Heinrich Hannover, Die Republik vor Gericht 1975–1995, Erinnerungen eines unbequemen Rechtsanwaltes, Berlin 1999
Winfried Hassemer, Zum Spannungsverhältnis von Freiheit und Sicherheit, in: Vorgänge, Zeitschrift für Bürgerrechte und Gesellschaftspolitik 159, Opladen 2002
Dorothea Hauser, Baader und Herold, Beschreibung eines Kampfes, Berlin 1997
Ulrich Herbert, Geschichte der Ausländerpolitik in Deutschland, München 2001
Burkhard Hirsch, Der attackierte Rechtsstaat, in: Vorgänge, Zeitschrift für Bürgerrechte und Gesellschaftspolitik 159, Opladen 2002
Gunter Hofmann, Abschiede, Anfänge, Die Bundesrepublik – eine Anatomie, München 2001
Rudolf van Hüllen, Ideologie und Machtkampf bei den Grünen, Bonn 1990
Tahar Ben Jalloun, Papa, was ist ein Fremder?, mit einem Nachwort von Daniel Cohn-Bendit, Reinbek 1999
Axel Jeschke, Wolfgang Malanowski (Hg.), Der Minister und der Terrorist, Gespräche zwischen Gerhard Baum und Horst Mahler, Reinbek 1980
Dietmar Keller (Hg.), Nachdenken über Deutschland, Berlin 1990
Hans Werner Kilz, Joachim Preuss, Flick, Die gekaufte Republik, Reinbek 1983
Hubert Kleinert, Aufstieg und Fall der Grünen, Bonn 1992
Hubertus Knabe, Die unterwanderte Republik, Berlin 1999
Alfred Klaus, Aktivitäten und Verhalten inhaftierter Terroristen, Bonn 1983 (Hg. Bundesministerium des Inneren)
Martin W. Kloke, Israel und die deutsche Linke, Frankfurt 1984
Harald Knitter, Basisdemokratie und Medienelite, Die Parteiprominenz der Grünen in der Presse, Münster 1988
Egmont R. Koch, Das geheime Kartell, BND, Schalck, Stasi & Co, Hamburg 1992
Gerd Koenen, Das rote Jahrzehnt, 1967 bis 1977, Köln 2001
Ders., Vesper, Ensslin, Baader. Urszenen des deutschen Terrorismus, Köln 2003
Wolfgang Kraushaar, 1968 als Mythos, Chiffre und Zäsur, Hamburg 2000
Ders., Fischer in Frankfurt, Karriere eines Außenseiters, Hamburg 2001

Mario Krebs, Ulrike Meinhof, Reinbek 1987
Erich Kuby, Deutsche Schattenspiele, Interviews zur nationalen Frage, München 1988
Kursbuch 32, Folter in der BRD, Zur Situation der politischen Gefangenen, Berlin 1973
Kursbuch 57, Der Mythos des Internationalismus, Berlin 1979
Jörg Lau, Hans Magnus Enzensberger, Ein öffentliches Leben, Berlin 1999
Ders., Auf der Suche nach der verlorenen Normalität, Helmut Kohl und Hans Magnus Enzensberger als Generationsgenossen, in: Mittelweg 36, Zeitschrift des Instituts für Sozialforschung, Hamburg 2001
Claus Leggewie/Horst Meier (Hg.), Verbot der NPD oder Mit Rechtsradikalen leben?, Frankfurt 2002
Christoph Lindenberg, Rudolf Steiner, Reinbek 1992
Hans Leyendecker (Hg.), Das Lambsdorff-Urteil, Göttingen 1988
Hans Leyendecker, Michael Stiller, Heribert Prantl, Helmut Kohl, die Macht und das Geld, Göttingen 2000
Horst Mahler (Hg.), Die Verstrickungen des meineidigen Kronzeugen Ruhland und der Berliner Justiz, Berlin 1977
Horst Mahler/Ulrich K. Preuß, Big Lift oder Freiheit für die Deserteure, Voltaire Flugschrift, 1969, Westberlin
Horst Mahler, Ausbruch aus einem Missverständnis, in: Kursbuch 48, Berlin 1977
Ulrike Meinhof, Die Würde des Menschen ist unantastbar, Aufsätze und Polemiken, Berlin 1992
Richard Meng, Was bleibt vom System Schröder?, Frankfurt 2002
Reinhold Michels, Otto Schily, Stuttgart 2001
Peter Mosler, Was wir wollten, was wir wurden, Studentenrevolte zehn Jahre danach, Reinbek 1978
Oskar Negt, Achtundsechzig, Politische Intellektuelle und die Macht, Göttingen 2001
Butz Peters, RAF, Terrorismus in Deutschland, Stuttgart 1991
Heribert Prantl, Verdächtig, Der starke Staat und die Politik der inneren Unsicherheit, Hamburg 2002
Ders. (Hg.), Wehrmachtsverbrechen, Eine deutsche Kontroverse, Hamburg 1997
Thorwald Proll, Mein 68, Hamburg o.J.
Joachim Raschke, Die Grünen, Wie sie wurden, was sie sind, Köln 1993
Jan Phillip Reemtsma, Deutsche Linke 91, Sozialpsychologische Gedanken zur Architektur einer Ruine, in: Der Vorgang des Ertaubens nach dem Urknall, Zürich 1995
Frank Rühmann, Anwaltverfolgung in der Bundesrepublik 1971 bis 1976, Hamburg 1977
Bertrand Russell, Appell an das Gewissen Amerikas, übersetzt von Gudrun Ensslin, Voltaire Flugschrift, Berlin 1967
Russell-Tribunal (Hg.), Das 3. Internationale Russell-Tribunal, Band 4, Berlin 1979
Helmut Schelsky, Die skeptische Generation, Eine Soziologie der deutschen Jugend, Düsseldorf 1957
Axel Schildt, Ankunft im Westen, Ein Essay zur Erfolgsgeschichte der Bundesrepublik, Frankfurt 1999
Otto Schily, (mit Christian Ströbele) Plädoyers einer politischen Verteidigung, Reden und Mitschriften aus dem Mahler-Prozess, Berlin 1973
Klaus Croissant, Kurt Gronewold, Ulrich K. Preuß, Otto Schily, Christian Ströbele (Hg.), Politische Prozesse ohne Verteidigung? Mit einem Vorwort von Gerhard Mauz, Berlin 1976
Heinrich Böll, Rudi Dutschke, Otto Schily u. a. (Hg.), Die Erschießung des Georg von Rauch, Eine Dokumentation anlässlich der Prozesse gegen Klaus Wagenbach, Berlin 1976

Politik in bar, Flick und die Verfassung unserer Republik, Mitarbeit Dietmar Hüsemann, München 1986
Otto Schily, Flora, Fauna und Finanzen, Über die Wechselbeziehung von Natur und Geld, Hamburg 1994
Ders., Vom Zustand der Republik, Beiträge zur politischen Kultur, Reden im Bundestag, mit einem Gespräch mit Klaus Wagenbach, Berlin 1986
Ders., Abitur-Aufsatz, Ostern 1952, in: Jahrbuch der Graf-Engelbert-Schule, Bochum 2002
Ders., Gedanken eines Deutschen zum jüdisch-arabischen Dialog, in: Andreas Wojak, a.a.O.
Ders., Die Bundesrepublik in ihrer ersten Krise, in: Ulrich Wank, a.a.O.
Ders., Personen und Mentalitäten. Von der APO bis zur RAF, in: Venanz Schubert, 1968, a.a.O.
Ders., Einführung in: Joschka Fischer, Ausstieg aus der Atomenergie, a.a.O.
Ders., Wenden sie sich an die Öffentlichkeit, Brief an Bahros Verteidiger, in: Hannes Schwenger, a.a.O.
Ders., Rede in München, in: Augstein u. a., Reden über das eigene Land, a.a.O.
Ders., Deutsch-Stunde, in: Dietmar Keller, a.a.O
Ders., Vorwort in Frank Beckenbach u. a., Grüne Wirtschaftspolitik, a.a.O.
Ders., Not kennt kein Gebot, in: Hans Leyendecker, Das Lambsdorff-Urteil, a.a.O.
Ders., Die soziale Frage, Nachwort zu Rudolf Steiner, Die Kernpunkte der sozialen Frage, Dornach 1996
Ders., Über Gombrowicz, in: Gombrowicz en Europe, a.a.O.
Ders., Islam in Deutschland, Islam in Europa, in: Loccumer Protokolle, Islam in Deutschland, Loccum 2000
Karlheinz Schneider/Nikolaus Simon (Hg.), Solidarität und deutsche Geschichte, die Linke zwischen Antisemitismus und Israelkritik, Berlin 1987
Michael Schoeren (Hg.), Die Grünen. Zehn bewegte Jahre, Wien 1990
Venanz Schubert (Hg.), 1968: 30 Jahre danach, St.Otilien 1999
Jacques Schuster, Heinrich Albertz, Eine Biographie, Berlin 1997
Pieter Bakker Schut, Stammheim, Notwendige Korrekturen der herrschenden Meinung, Köln 1997
Ders. (Hrg.), Das Info, Briefe der Gefangenen aus der RAF 1973 bis 1977, Hamburg 1987
Michael Schwelien, Joschka Fischer, Hamburg 2000
Hannes Schwenger, (Hg.), Solidarität mit Rudolf Bahro, Reinbek 1978
Hubert Seipel, Der Mann, der Flick jagte, Hamburg 1985
Kai Sichtermann, Jens Johler, Christian Stahl, Keine Macht für niemand – Ton, Steine, Scherben, Berlin 2000
Michael Sontheimer/Otto Kallscheuer, Einschüsse, Besichtigungen eines Frontverlaufes zehn Jahre nach dem deutschen Herbst, Berlin 1987
Richard Stöss, Parteienhandbuch, Opladen 1983
Ulf Stuberger (Hg.), In der Strafsache gegen Andreas Baader, Ulrike Meinhof, Jan-Carl Raspe, Gudrun Ensslin wegen Mordes u. a. Dokumente aus dem Prozess. Frankfurt/M. 1978
Klaus Theweleit, Ghosts, Bemerkungen zum RAF-Gespenst, Frankfurt/Basel 1988
Bernward Vesper, Die Reise, Hamburg 1983
Ludger Volmer, Die Grünen und die Außenpolitik, Münster 1988
Antje Vollmer, … und wehret euch täglich! Bonn – ein grünes Tagebuch, Gütersloh 1984
Diese., Die schöne Macht der Vernunft, Auskünfte über eine Generation, Berlin 1991
Ulrich Wank (Hg.), Der neue alte Rechtsradikalismus, München 1993
Hans-Ulrich Wehler, Deutsches Bürgertum nach 1945, Exitus oder Phönix aus der Asche?, Bochum 2001

Gerhard Wehr, Rudolf Steiner zur Einführung, Hamburg 1994
Uwe Werner, Anthroposophen in der Zeit des Nationalsozialismus, München 1999
Uwe Wesel, Die verspielte Revolution. 1968 und die Folgen, München 2002
Ders. Vom Wirken des Juristen auf die Gesellschaft, in: Kursbuch 40, Berlin 1975
Heinrich August Winkler, Der lange Weg nach Westen, München 2000
Hans-Jürgen Wirth (Hg.), Hitlers Enkel – oder Kinder der Demokratie? Die 68er-Generation, die RAF und die Fischer-Debatte, Gießen 2001
Andreas Wojak, Schatten der Vergangenheit, Deutsche und Juden heute, Gütersloh 1985
Michael Würthle, Paris Bar, Berlin 2000
Carina Zacharias, Wo liegt Utopia? Nur wer träumt, ist Realist, München 1985

Zeitschriften, Broschüren, Zeitungen, Dokumente

Heinrich Albertz, Heinrich Böll, Helmut Gollwitzer, Kurt Scharf, Stellungnahme zu den Angriffen auf Vollmer und Nickels, Pressemitteilung, Die Grünen im Bundestag, 135/85
Franziska Augstein, Tücken des Wechsels, Otto Schily will das Innenministerium, FAZ, 31. 8. 1998
Dies., Italien: Was ein Herr ist, Der Prozess der Zivilisation und die Arbeit des Bundesinnenministers, Süddeutsche Zeitung, 26. 1. 2002
Dies., Otto, jetzt werden Sie berühmt, Süddeutsche Zeitung, 17. 10. 2002
Rudolf Augstein, Der Wanzen-Staat, Spiegel, 21. 1. 1998
Sigrid Averesch u. a., Hoch qualifizierte Fehleinschätzung, Otto Schily will als Letzter von der Spitzeltätigkeit eines Zeugen erfahren haben, Berliner Zeitung, 24. 1. 2002
Günter Bannas, Die Grünen und die Terroristen der RAF, Schily auf verlorenem Posten, FAZ, 14. 3. 1985
Gerd Bauer (VisdP), Das Urteil gegen Horst Mahler – Meilenstein im Abbau demokratischer Rechte, Berlin 1973
Bommi Baumann, Personenporträts für die Stasi, Spiegel, 19. 1. 1998
Albrecht Bechthold, Tumulte und Schlägereien im Prozess gegen die Frankfurter Brandstifter, Kölner Stadtanzeiger, 1. 11. 1968
Hans Bilger, Pfarrerstochter und revolutionäre Brandstifterin, Gudrun Ensslin und der Frankfurter Prozess, FR, 31. 10. 1968
Hans-Erich Bilges, Portrait des Angeklagten Mahler, Die Welt, 9. 7. 1970
Werner Birkenmaier, Jeder widerspricht jedem im Kurras-Prozess, Stuttgarter Zeitung, 11. 11. 1967
Ders., Der Fall Gudrun Ensslin, StZ, 28. 10. 1968
Ders., Der Baader-Meinhof-Prozess, Stuttgarter Zeitung, 20. 5. 1975
Ders. Selbst Pfefferminzbonbons wurden abgenommen, St.Z. 22. 5. 1975
Ders. Der angeschlagenen Prozess, St.Z.23. 5. 1975
Ders. Der lange Prozess, St.Z. 29. 7. 1975
Karl Heinz Bohrer, Die Aufklärer von Berlin, Die Studenten nach dem 2. Juni, FAZ, 11. 6. 1967
Ders., Die linke Minderheit, Theorie und Praxis der Rebellen von Berlin, FAZ, 22. 6. 1967
Ders., Aufklärung mit Gewalt? FAZ, 3. 11. 1967
Peter P. Born, Wir sind nichts als Ratten für sie, Pflichtverteidiger im RAF-Prozess, Stern, 5. 6. 1975
Ada Brandes, Grüne suchen Dialog mit einsichtigen RAF-Häftlingen, Stuttgarter Zeitung, 15. 10. 1987
Dies., Kanthers blauer Himmel, Schily und der große Lauschangriff, Berliner Zeitung, 14. 2. 1998
Peter Brügge, Zum Kaufen geboren, Die Lifestyle-Bewegung, Spiegel, 31. 12. 1990

Gerd Bucerius, Baader-Meinhof-Prozess, Unberechtigte Kritik aus dem Ausland, Die Zeit, 25. 7. 1975
Christine Burscheidt, »Ich will kein Gewürge mehr«, Schily vor der Listenplatzaufstellung, SZ, 3. 7. 1997
Jürgen Busche, Kalkulationen im Baader-Meinhof-Prozess, FAZ, 10. 2. 1975
Ders., Politische Lehren, aber kein politischer Prozess, FAZ, 20. 5. 1975
Ders., Baader ist der Boss auf der Anklagebank, FAZ, 22. 5. 1975
Ders., Ist der Vorsitzende Richter ein Prozess-Hindernis? FAZ, 6. 6. 1975
Ders., Radikal und einseitig, Schily-Portrait, FAZ, 11. 6. 1975
Ders., Streit um Verteidigung Baaders und über Verhandlungsfähigkeit, FAZ, 12. 6. 1975
Ders., Heute Entscheidung über Schilys Ablehnungsantrag?, FAZ, 20. 6. 1975
Ders., Ein Gericht setzt sich Zweifeln aus, FAZ, 7. 7. 1975
Ders., Verwirrung und Wirrwarr in Stammheim, FAZ, 25. 7. 1975
Ders., Ein Berliner aus Bochum, Schily-Portrait, FAZ, 6. 11. 1984
Thomas Darnstädt, Die Laus in der Redaktion, Spiegel, 22. 11. 1999
Friedrich Christian Delius, Die Dialektik des deutschen Herbstes, Drei Thesen über das Terrorjahr 1977 und dessen Folgen, Die Zeit, 25. 6. 1997
Erhard Denninger, Staatsschutz hat immer funktioniert, Das NPD-Verbot, Berliner Zeitung, 29. 8. 2000
Ders., NPD hat den »Kampf um die Parlamente« verloren, Berliner Zeitung, 29. 10. 2000
Ulrich Deupmann u. a., »Das Reich ist unser Ziel«, Das NPD-Verbot, Spiegel, 16. 10. 2000
Christiane Ensslin/Klaus Jünschke, RAF-Aussteiger in der DDR und die Heuchel-Orgie der Medien, Offener Brief an Hans-Jochen Vogel und Otto Schily, taz, 22. 6. 1990
Evangelische Studentengemeinde Bochum (Hg.), Kampagne gegen das Modell Deutschland, Bochum 1977
Karl-Hermann Flach, Kinderkrankheiten der Linksradikalen, Die Zeit, 5. 1. 1968
Renate Faerber, Unter der Prominenz müssen die anderen leiden, FR, 27. 6. 1975
Dies., Das Karussell von Stammheim, FR, 9. 8. 1975
Dies., In Stammheim hatte nur Prinzing das Wort, FR, 1. 10. 1975
Dies., Einsam saßen die Wahlverteidiger in Stammheim auf der früher vollbesetzten Bank, FR, 21. 11. 1975
Susanne Fischer, Mister Gnadenlos, Die Woche, 5. 10. 2001
Andreas Förster, Die Millionen-Spende der Stasi wurde ihm zum Verhängnis, Der Sowjet-Agent und Technologieschmuggler Richard Müller ist jetzt verhaftet worden, Berliner Zeitung, 22. 5. 1995
Ders., »Moneten-Müller« schweigt sich weiter aus, Berliner Zeitung, 19. 1. 1998
Ders., Millionentransfer der Stasi war rechtens, Gericht bestätigt Freispruch, Berliner Zeitung, 14. 7. 1999
Ders., Anwalt Schilys Dienste für den Top-Agenten, Berliner Zeitung, 16. 12. 2000
Ders., Herr Müller und die Moneten, Berliner Zeitung, 24. 1. 2002
Ders., Ein Jahr nach dem 11. September zieht Schily eine positive Bilanz, Berliner Zeitung, 5. 9. 2002
Gisela Friederichsen, Zahlen in Hülle und Fülle, Berghofer vor Gericht, Spiegel, 13. 1. 1992
Vera Gaserow, Otto Schily – ein Innenminister will Kosmos sein, FR, 6. 1. 2000
Bettina Gaus, Großer Lauschangriff rührt zu Tränen, Zur Bundestagdebatte, taz 10. 10. 1997
Günter Gaus, Interview mit Jutta Limbach, Kein Ohr für Otto Schily, Freitag, 19. 4. 2002
Matthias Gebauer, Mahler zeigt Schilys Abteilungsleiter an, NPD-Verbot, Spiegel online, 29. 1. 2002
Heiner Geißler, Zwiespältige Eindrücke, Gastkommentar zur Wahl, taz, 21. 3. 1990
Matthias Geis, Fremd, und das mit Lust, Otto Schily kann es nicht lassen, alte Freunde zu provozieren, Die Zeit, 12. 7. 2001

Manfred Geist, »Herr Baader ... Herr Baader ... Herr Baader«, Die Welt, 6. 6. 1975
Rudolf Gerhardt, Ein Verteidiger wehrt sich, Schily und das Kassiber, FAZ, 24. 10. 1972
Peter Glotz, Keiner Linie verpflichtet, Schily-Portrait, Die Woche, 27. 11. 1998
Helmut Gollwitzer, Gegen falsche Solidarisierung, links, Juli 1977
Ludwig Greven, Der Staats-Anwalt, Schily-Portrait, Die Woche, 19. 11. 1999
Sebastian Haffner, Stammheim und kein Ende, Stern, 21. 8. 1975
Kai Hermann, Die Polizei-Schlacht von Berlin, Die Zeit, 9. 6. 1967
Ders., Der vielstimmige Chor vom Umsturz, Wohin will die radikale Linke?, Die Zeit, 7. 7. 1967
Ders., Freispruch für Kurras, Die Zeit, 24. 11. 1967
Ders., Die Agonie der APO, Die Zeit, 24. 1. 1969
Eckhart Jesse, Biographisches Portrait: Horst Mahler, in: Jahrbuch Extremismus und Demokratie, Band 13, Baden-Baden 2001
Hellmuth Karasek, Mit Kanonen auf Bananen? Spiegel, 26. 3. 1990
Thomas Kleine-Brockhoff, Ein Kreuzzügler als Justizminister, Über John Ashcroft, Die Zeit, Nr. 49, 2001
Martin Klingst, Die Gebrüder Eisenherz, Über Schily und Beckstein, Die Zeit, 1. 8. 2002
Detlef Krell, Von 95 auf 96 auf 97 auf 98 Prozent, Berghofer-Prozess, taz, 8. 1. 1992
Ders., Wahlen waren Teil des Lügenstaates, taz, 31. 1. 1992
Ders., Dresdener Wahlschwindel harrt eines Urteils, taz, 7. 2. 1992
Karl-Heinz Krumm, Spürhunde, Maschinenpistolen und ein Suchgerät, Die Sicherheitsvorkehrungen beim Mahler-Prozess, FR, 5. 3. 1971
Ders., Fairer Prozess oder Flucht ins Formale?, FR, 21. 5. 1975
Ders., Als Bundesanwalt Wunder den Kopf schüttelte, FR, 22. 5. 1975
Ders., Der Konflikt beginnt an der Stammheimer Haustür, FR, 5. 6. 1975
Ders., Baader-Meinhof und das Recht, FR, 16. 6. 1975
Ders., Fleißarbeit voll vieler offener Fragen, Die Grünen und der Terrorismus, FR, 15. 10. 1987
Ders., Grüner Protest reicht ihm nicht, FR, 24. 1. 1984
Kuno Kruse, Otto, der Distanzierer, Schilys Kritik an Vollmer, taz, 11. 3. 1985
Erich Kuby, Dreiteilige Serie über Ensslin und Baader, Stern, 23 .5. 1975,
Ders., Faust und Kopf, Stern, 5. 6. 1975
Ders., Das Paar der Gewalt, 12. 6. 1975
Hanno Kühnert, Demonstrationskluft, Advokatenrobe und Silberschlips, Das Ehrengerichtsverfahren gegen Mahler, FAZ, 19. 11. 1968
Ders., Ein Gesetz irritiert den Richter, SZ, 22. 5. 1975
Ders., Polizei beschlagnahmt Prozessunterlagen, SZ, 25. 6. 1975
Ders., Das Vorspiel wird zum Fall der Rechtsgeschichte, SZ, 28. 6. 1975
Ders., Auch zweiter Ablehnungsantrag erfolglos, SZ, 3. 7. 1975
Ders., Ablehnungsantrag hat in Karlsruhe Erfolg, SZ, 22. 7. 1975
Ders., Verteidiger wieder im Sitzungssaal, SZ, 21. 8. 1975
Ders., Schily: Kein fairer Prozess mehr, SZ, 22. 8. 1975
Ders., Turbulente Szenen im Stammheimer Prozess, SZ, 22. 10. 1975
Ders., In Stammheim zeichnen sich neue Konflikte ab, SZ, 2. 12. 1975
Ders., Das Risiko einer Strafanzeige, Gegen Schily soll wegen Beleidigung verhandelt werden, SZ, 11. 9. 1987
Karl-Heinz Kunckel, Diese Argumentation ist instinktlos, Sachsens SPD-Fraktionschef über Otto Schily als Berghofer-Verteidiger, taz, 16. 1. 1992
Dirk Kurbjuweit, Ganz links, ganz rechts, ganz oben, Über Schily, Mahler, Ströbele, Spiegel, 9. 2. 2002
Reinhard Lampe, Offener Brief an Otto Schily wegen der Berghofer-Verteidigung, taz, 15. 1. 1992

Robert Leicht, Das Dilemma des Vorsitzenden Theodor Prinzing, Süddeutsche Zeitung, 23. 5. 1975
Jürgen Leinemann, »Eigentlich weiß er nicht, wo er hingehört«, Schily-Portrait, Spiegel, 20. 5. 1985
Johannes Leithäuser, Recht des Individuums, Pflicht des Herzens, Der Lebens-Wandel des Otto Schily, FAZ, 14. 2. 2000
Hans Leyendecker, Portrait von Konrad Schily, Spiegel, 6. 3. 1989
Rudolf Walter Leonhardt, Rebellen als Brandstifter, Die Zeit, 8. 11. 1968
Helmut Lohhöffel, Auch politische Rechnungen wurden beglichen, Die RAF-Deabtte der Grünen, FR, 14. 3. 1985
Ders., Scharfes Auge auf Schily, Elf Jahre lang beobachtet der Verfassungsschutz Otto Schily, FR, 25. 4. 1986
Andreas Lorenz, Wer ist das – Otto Schily?, Der Abend, 27. 4. 1977
Horst Mahler, Zu einigen Aspekten der internen Auseinandersetzung, die Gewaltdebatte, RC-Bulletin, 19. 12. 1968
Ders., Der Foltervorwurf – eine Propagandalüge, Spiegel, 11. 12. 1978
Jürgen Maisel, Die Riege der Verteidiger lässt nicht locker, Stuttgarter Nachrichten, 12. 6. 1975
Georg Mascolo, Schilys anonyme Zeugen, NPD-Verbot, Spiegel, 6. 11. 2000
Ders. u. a., »Ab ein Uhr hört man nur Stöhnen«, Die Praxis des großen Lauschangriffs, Spiegel, 2. 6. 2001
Ders. u. a., Schmaler Grat, NPD-Verbot, Spiegel, 9. 7. 2001
Ders. u. a., Blamiert bis auf die Knochen, NPD:Schily unter Druck, Spiegel, 29. 1. 2002
Ders., »Katastrophale Pannen«, Spiegel, 4. 2. 2002
Ders., Rabulistik für die Richter, Spiegel, 9. 2. 2002
Gerhard Mauz, »Bitte, bitte, nicht schießen«, Im Prozess gegen Kriminalobermeister Kurras, Spiegel, 12. 11. 1967
Ders., »Mit voller Geisteskraft in ernster Sache«, Die Studentenprozesse in Frankfurt und Köln, Spiegel, Spiegel, 21. 10. 1968
Ders., »Gibt es jetzt Schläge?« Der Kaufhausbrandstifter-Prozess, 28. 10. 1968
Ders., »Ich war nicht im Dienst«, Über den Verleger Axel Springer als Zeuge im Mahler-Prozess, Spiegel, 9. 3. 1970
Ders., »Eine Fülle von ausgewachsenen Männern«, Strafantrag im ersten Mahler-Prozess, 16. 3. 1970
Ders., »Wenn Sie es nicht anders haben wollen«, Der zweite Mahler-Prozess Spiegel, 8. 3. 1971
Ders., Sagen wir doch einfach Erdbeertörtchen, Strafantrag im Mahler-Prozess, Spiegel,17. 5. 1971
Ders., »Heimweh nach Paul«, Der Mahler-Prozess, 11. 12. 1972
Ders., »Ich glaube, Frau Meinhof ist Manns genug« – Der erste Tag in Stammheim, Spiegel, Nr. 22/1975
Ders., »Die Sprache der Guerilla ist die Aktion« – Der zweite Tag in Stammheim, Spiegel, Nr. 24/1975
Ders., »Das gesamte relevante Material?« Über Stammheim und die Erklärungen zur Sache, Spiegel, 19. 1. 1976
Ders., »Herr Schily, zu welchem Behufe?«, Über Stammheim, Spiegel, 2. 2. 1976
Ders., »Das kommt alles von Rechtsanwalt Schily«, Zum Ausscheiden des Richters Prinzing, Spiegel, 24. 1. 1977
Ders., »Das verlangt das Recht von ihm«, Über die Verteidigung in Stammheim, Spiegel, 2. 5. 1977
Ulrike Meinhof, »Natürlich kann geschossen werden«, Über die Baader Befreiung, Spiegel, 15. 6. 1970

Claus Menzel, Das Ende des Republikanischen Clubs in Berlin, Rundfunkbeitrag, Hessischer Rundfunk, 12. 3. 1969

Benedict Maria Mülder, Sie und ich – wir haben eine gemeinsame Ideologie, Die Grünen bei Gaddafi, taz, 22. 7. 1982

Ernst Müller-Meiningen jr., Wie sich der Rechtsstaat wehrt, Süddeutsche Zeitung, 12. 6. 1975

Ders., Verfilzung zwischen Klient und Anwalt, SZ, 25. 6. 1975

Ders., Das Alptraum von Stammheim, 12. 8. 1975

Joachim Neander, Sechs Jahre Zuchthaus beantragt, Der Prozess in Frankfurt, Die Welt, 30. 10. 1968

Bernd Nellesen, Herr Kommilitone, Sie machen es sich zu leicht, Der SDS in Berlin, Die Welt, 10. 2. 1968

Karin Nink, Tina Stadelmayer, Der rosarote Kanther, Financial Times Deutschland, 24. 9. 2001

Hans-Joachim Noack, Rauchbomben und Prügeleien im Gericht, Der Frankfurter Prozess, Süddeutsche Zeitung, 2. 11. 1968

Ders., Der ewige Desperado, Portrait von Horst Mahler, Spiegel, 5. 2. 2001

Kurt Oesterle, »Nur für Stammheim spreche ich«, Portrait von Horst Bubeck, taz, 27. 4. 2002

Heribert Prantl, Die große Koalition der Weichmacher, Kompromiss zum Lauschangriff, SZ, 29. 8. 1997

Ders., Erfahrung wehrt Großen Lauschangriff ab, SZ, 5. 12. 1997

Ders., Schily klappt das Visier herunter, Süddeutsche Zeitung, 17. 11. 1998

Ders., Macht hoch die Tür, Schily und die Migranten, SZ, 24. 11. 1998

Ders., Schily, warum? SZ, 3. 11. 1999

Ders., Aufruhr gegen den Abwesenden, SZ, 10. 12. 1999

Ders., Otto Schilys Denkmal, SZ, 4. 8. 2001

Ders., Otto Schily, oder: Der Staat bin ich, Vom Verteidiger der Terroristen zum verteidiger gegen den Terror, Schily-Portrait, SZ, 19. 10. 2001

Ders., Rote Hilfe, Vorbereitung der RAF-Prozesse durch Presse, Polizei und Justiz, Dokumentation 1972

Ralf Georg Reuth, Was die Stasi über Schily notierte, Die Welt, 15. 7. 2001 (in dieser Ausgabe auch: Stasi-Akte setzt Schily unter Druck, ohne Autor)

Manfred Rexin, Brief an den Vorstand des RC in Berlin, 20. 5. 1968, unveröffentlicht

Herbert Riehl-Heyse, Schily: Gericht von Presse beeinflusst, Süddeutsche Zeitung, 6. 8. 1975

Ders., Absurdes – routiniert in Szene gesetzt, SZ, 7. 8. 1975

Klaus Ritter, Club als Parteiersatz, Der RC in Berlin, Rheinischer Merkur, 24. 12. 1967

Sabine Rückert, Der doppelte Otto, Portrait, Die Zeit, 48/2001

Bertrand Russell, Plädoyer für einen Kriegsverbrecherprozess, Berlin 1967, Voltaire Flugschrift Nr. 5, (aus dem Englischen von Gudrun Ensslin)

Jürgen Saupe, Strategie des Unrechts, Konkret, Juni 1975

Thorsten Scharnhorst, Schilys Paragraphen-Munition reicht noch für sieben Wochen, NRZ, 4. 6. 1975

Rüdiger Scheidges, Im Schützengraben der Demokratie, Schily-Portrait, Handelsblatt, 25. 3. 2003

Marie-Luise Scherer, »Hütet Euch überall und immer«, Schily-Portrait, Spiegel 24. 4. 1978

Thomas Scheuer, Otto Schilys Ärger mit Mister Müller, Ein brisantes Anwaltsmandat schmälert Schilys Chancen für den Vorsitz des Treuhand-Untersuchungsausschusses, taz, 28. 9. 1993 (Schilys Leserbrief dazu am 4. 10. 1993)

Franz Schily, Brüderlichkeit in der Wirtschaft, FAZ, 3. 9. 1955

Otto Schily, Revisionsantrag in der Strafsache Gudrun Ensslin u. a. – 4 Kls 1/68 –

Ders., Schriftsatz in Sachen Axel Springer & Sohn gegen Mahler, – 11 0121/68, 16. 9. 1968 (Replik auf den Schriftsatz von Hans-Joachim Rust vom 1. 7. 1968)
»Das ist Zynismus«, Auszug aus Schilys Plädoyer im Mahler-Prozess, Spiegel, 26. 2. 1973
»Verwesung bei lebendigem Leibe« – Baader-Meinhof-Verteidiger Otto Schily über die Isolierhaft, Spiegel, 18. 11. 1974
Ders., mit Hans-Heinz Heldmann, Jenseits des Rechts, BM-Anwälte klagen an, Konkret, August 1975
Ders., Beitrag auf der Pressekonferenz in Stuttgart am 18. 3. 1977 mit den RAs Criossant, Oberwinder, Weidenhammer anlässlich des Abhörskandals
Ders., »Da wird erbarmungslos gelogen«, Schily über die Spenden-Amnestie, Spiegel, 14. 5. 1984
Ders., Ein Glas Wasser, Staatliches Gewaltmonopol und Gemeinwesen, Eine Antwort auf Ulrich K. Preuß, in: Freibeuter 27, Berlin 1986
Ders., Die Bonner Angst vor der Geheimdienstkontrolle – zum Celler Sprengstoffanschlag von Amts wegen, taz, 28. 4. 1986
Ders., Rede bei der Debatte der grünen Fraktion am 2. Juni 1987 zur Gewaltfrage
Ders., Warum ist Pippi Langstrumpf bei Kindern so populär? Individualität ist ein Wesensmerkmal des Menschen, Verlagsbeilage der Augsburger Zeitung 26. 10. 1988 (Porsche Reklame)
Ders., Kräftig eingetunkt, Leserbrief zu Karaseks Text, Spiegel, 9. 4. 1990
Ders., Deutsche oder sozialdemokratische Politik?, Die SPD und die innere Einheit, taz, 30. 5. 1991
Ders., Leserbrief zu »Schily beim Asylrecht auf Abwegen«, taz, 9. 10. 1992
Ders., Leserbrief zu »Schilys Ärger mit Mister Müller« von Thomas Scheuer, taz, 4. 10. 1993
Ders., Eröffnungsrede zur Konferenz »Einwanderungskonzeption für die Bundesrepublik Deutschland« der Friedrich-Ebert-Stiftung in Bonn am 23. Mai 1995
Hans-Jürgen Schlamp, Rotes Gold, Über die Toskana, Spiegel, 26. 6. 2000
Christiane Schlötzer, Die Kaltpressung des Ministers, Otto Schily würde viel lieber in Italien Olivenöl verkaufen – stattdessen muss er Dienst am Vaterland tun, SZ, 14. 10. 2000
Richard Schmid, Im Rechtsstaat sind Gesinnungen und Gefühle frei, Stuttgarter Zeitung, 8. 7. 1975
Martin Schmidt, Brief an Heinz Galinski, 12. 11. 1969, abgedruckt im RC-Bulletin, 20. 11. 1969 (darin auch der Text »Der Club und die Bombe« und die »Erklärung des Republikanischen Clubs« vom 11. 11. 1969)
Stefan Schmitz, Letzte Dienstfahrt, Portrait des Bundesinnenministers, Stern, 2. 11. 2000
Christina Scheider, Denkzettel für DGB-Chef Schlösser, Schily auf Platz 29, SZ, 15. 12. 1997
Jürgen Schreiber, Star auf der Reservebank, Schily-Portrait, Süddeutsche Zeitung Magazin, 16. 10. 1992
Ders., Was hat Otto Schily so verändert?, Tagesspiegel, 28. 10. 2001
Hans Schueler, Ein Stück Weimar in Karlsruhe, Die Zeit, 29. 9. 1972
Ders., Das Fehlurteil von Moabit, Die Zeit, 2. 4. 1973
Ders., Finale in der Festung Stammheim, Die Zeit, 22. 5. 1975
Ders., Kurzer Prozess – In Stammheim leidet der Rechtsstaat, Die Zeit, 4. 7. 1975
Ders., Stellungskrieg in Stuttgart-Stammheim, Die Zeit, 15. 8. 1975
Ders., Kämpfer für eine sanfte Republik, Schily-Portrait, Die Zeit, 18. 3. 1983
Hans-Peter Schütz, Otto Schily: Ich bin für Gesetz und Ordnung, Portrait, stern 31. 3. 1999
Ders., Schröders roter Sheriff, Schily-Portrait, stern, 19. 9. 2001
Christoph Schwennicke, »Demutsgesten liegen mir nicht«, Warum Schily von Bayerns SPD keinen sicheren Listenplatz erhält, SZ, 29. 10. 1997
Ders., Das Herz der Partei ist Otto Schily fremd geblieben, SZ, 7. 2. 1998

Eberhard Seidel, Jenseits des Alarmismus, Schily präsentiert den Kriminalitätsbericht, taz, 3. 5. 2002
Christian Semler, Schilys schwarze Utopie, taz, 11. 10. 2001
Jürgen Serke, Der Staatsfeind, Wie Horst Mahler in Berlin der Prozess gemacht wird, stern, 1971
Der Einzelgänger, Otto Schily: Ein linken Anwalt, der an den Rechtsstaat glaubt, stern, 25. 1. 1974
Ders., Linker Mann, was nun, Portrait des Anwalts Heinrich Hannover, stern, 4. 4. 1974
Ders., Wenn sich der Rechtsstaat mit der Brechstange Recht verschafft, stern, 5. 12. 1974
Ders., Der Rechtsstaat, der sein Recht missbraucht, Stern 3. 7. 1975
Peter Sellin, Drei strategische Schnittpunkte politischen Zusammenwirkens, in: Von Lehrte zum Lehrter Bahnhof, Schrift zu Helmut Lippelts 70. Geburtstag
Anne Siemens, Interview mit Christiane Ensslin, Süddeutsche Zeitung, 12. 10. 2002
Alexander Smoltczyk, Der Staats-Anwalt, Schily-Portrait, Spiegel, 1. 3. 1999
Solidaritätskomitee für RA Otto Schily, Presseerklärung, 28. 8. 1972
Ernst Spandau, Die Horst-Mahler-Story, Konkret, Oktober 1970
Bernd Stadelmann, Man muss nicht immer bis 1933 warten, Schily zum NPD-Verbot, Böblinger Zeitung, 9. 11. 2000
Toralf Staudt, Wir sind ja so antifaschistisch, Zum NPD-Verbotverfahren, Die Zeit, Nr. 13, 2003
Stefan Stremel, Ein grüner Scheinriese, Unmut über »Otto Superstar«, stern, 20. 9. 1989
Wolfgang Thierse, Bittere Lehre, Zum Berghofer-Prozess, taz, 8. 1. 1992
Axel Thorer, Schlimm, dieser BM-Prozess. Aber es wird noch schlimmer, Quick, September 1975
Oliver Tolmein, Turbo-Grün, Schily wirbt für Porsche, taz, 4. 11. 1988
Sibylle Tönnies, Lehrjahre des Ministers, FAZ, 4. 12. 1998
Will Tremper, Aufstieg und Fall des Rechtsanwalts Horst Mahler, Jasmin, März 1971
Bernward Vesper, Vorwort in Baader u. a., Schlusswort, a.a.O.
Klaus Völker, Der Waitzkeller 1960–1963, unveröffentlicht
Antje Vollmer/Christa Nickels, Protokoll der Pressekonferenz zur RAF-Debatte, 8. 3. 1985
D.W., So manövrieren die Anwälte das Gericht in Stammheim aus, Die Welt, 23. 5. 1975
Gudrun Wais, »Herr der Mikrophone«, Vierter Prozesstag in Stammheim, Stuttgarter Nachrichten, 12. 6. 1975
Diess., Die Terroristen: »Entweder diese Schweine oder wir!«, Stuttgarter Nachrichten, 11. 6. 1975
Diess., Attacken gegen Gefängnisarzt, Stuttgarter Nachrichten, 3. 7. 1975
Eva Weisweiler, Gar keine Frage, Offener Brief an Otto Schily, SZ, 15. 12. 2001
Willi Winkler, Gepräch mit Horst Mahler über die RAF, Die Zeit, 2. 5. 1997
Peter Jochen Winters, Zerreißprobe der Berliner Alternativen, Gewaltdebatte nach Reagan-Krawallen, FAZ, 10. 7. 1982
Hans Wüllenweber, Peinliche »Sympathisanten«-Liste beim WDR, Stuttgarter Nachrichten, 9. 4. 1975
Matthias Ziegert, Bericht über das Verfahren gegen Rechtsanwalt Ströbele, Presseerklärung der Vereinigung Berliner Strafverteidiger, o.J.

Texte ohne Autorennennung

Blutiger Krawall: Ein Toter, Bild-Zeitung, 3. 6. 1967
Straßenschlacht, BZ, 3. 6. 1967
Der Todesschuss fiel während der Zauberflöte, Süddeutsche Zeitung, 5. 6. 1967
Feuer gelegt und die Ausgänge verschlossen, Peter Tautfests Bericht über den 2. Juni 1967, FAZ, 8. 6. 1967
Knüppel frei, Spiegel, 12. 6. 1967
Eine Dokumentation der Studenten, FAZ, 30. 6. 1967

Zwischenfall beim Gottesdienst, Dutschke in der Gedächtniskirche, Süddeutsche Zeitung, 27. 12. 1967
Stück im Schrank, Über Mahler, Spiegel, 25. 3. 1968
Nach dem Attentat Steine gegen das Glashaus, Süddeutsche Zeitung, 12. 4. 1968
Im Auge, Über Mahler, Spiegel, 29. 4. 1968
Zuchthaus für Kaufhausbrandstifter gefordert, Stuttgarter Zeitung, 30. 10. 1968
Wenn die Innenstadt gebrannt hätte, Frankfurter Neue Presse, 30. 10. 1968
Drei Jahre Zuchthaus für die Kaufhausbrandstifter, FR, 1. 11. 1968
Rauchbomben im Frankfurter Gerichtssaal, Die Welt, 1. 11. 1968
Drei Jahre Zuchthaus für Kaufhausbrandstifter, Stuttgarter Zeitung, 2. 11. 1968
Sturm aufs Berliner Landgericht, FAZ, 5. 11. 1968
Erben, Prozess gegen Semler und Christa Schily, Spiegel, 20. 1. 1969
Polizei her, Über den Kaufhausbrand, Spiegel, Nr. 45, 1968
Unten durch, Über den Mahler-Prozess, Spiegel, Nr.12 /1969
Ohne Robe nichts zu sagen, Kurras-Prozess: Mahler Mandat entzogen, Tagespiegel, 23. 4. 1969
Folge des Robenstreits, Kurras-Prozess vertagt, Tagespiegel, 25. 4. 1969
Die Bombe und die Linke, Über den 9. 11. 1969, Extradienst (ED), 15. 11. 1969
Springer und die Juden, ED, 18. 2. 1970
Zeuge Springer, ED, 7. 3. 1970
Im Zeugenstand als Deutscher schlechthin, Springer im Mahler-Prozess, Süddeutsche Zeitung, 10. 3. 1970
Einmal Springer mit Salat, ED, 11. 3. 1970
Schily fordert Freispruch für Mahler, Die Welt, 17. 3. 1970
Vor dem Urteil im Mahler-Prozess, ED 18. 3. 1970
In Dubio pro Springer, ED, 21. 3. 1970
In die Spree, Der erste Mahler-Prozess, Spiegel, 24. 3. 1970
Kompliment, meine Herren, Mahler verhaftet, Spiegel,12. 8. 1970
Mahler in Berlin verhaftet, Berliner Morgenpost, 9. 10. 1970
Herr der Lage, Mahler-Prozess, Spiegel, 2. 11. 1970
Löwe los, Über Baader-Meinhof, Spiegel, 22. 2. 1971
Wiedersehens-Feier in Handschellen, Beginn des Mahler-Prozesses, Bild, 2. 3. 1971
Mahler Prozess begann mit Misstrauensantrag der Anwälte, Der Abend, 1. 3. 1971
Der Angeklagte wird schweigen, Der erste Tag im Mahler-Prozess, Der Abend, 2. 3. 1971
Die Geheimwaffe des Anklägers, Der zweite Tag des Mahler-Prozesses, Der Abend, 5. 3. 1971
Küsschen für die Zeugin, Der dritte Tag im Mahler-Prozess, Der Abend, 9. 3. 1971
Hände hoch, Der Mahler-Prozess, Spiegel, 9. 8. 1971
»In die Bank gegangen und durchgeladen«, Serie über die RAF, Spiegel, 24. 1. 1972 – Fortsetzungen am 31. 1. und 7. 2.
Alles ist paletti, Über den Prozess gegen Boxpromoter, Willy Zeller, Spiegel, 17. 4. 1972
»Kommen Sie raus, Ihre Chance ist Null« – Baader-Verhaftung, Spiegel, 5. 6. 1972
Ein Seitenweg, Über Gudrun Ensslin, Spiegel, 12. 6. 1972
Alles neu hier, Ensslin in Haft, Spiegel, 24. 7. 1972
Wie schlampig, Schily und der Ensslin-Kassiber, Spiegel, 31. 7. 1972
Das schockiert, Die Kassiber-Affäre, Spiegel, 28. 8. 1972
FDP-Politiker kritisiert Entscheidung gegen Schily, Tagesspiegel, 31. 8. 1972
Richtige Richtung, Mahler-Prozess und Kassiber-Affäre, Spiegel, 4. 9. 1972
Schily bleibt Mahlers Verteidiger, Richter Jericke lehnt Antrag des Generalbundesanwalts ab, Tagesspiegel, 23. 9. 1972
Der Musterprozess gegen Mahler, Nennt die Namen, Langer Marsch, November 1972
Verteidiger sprachen vier Stunden von der Unglaubwürdigkeit Ruhlands, Tagesspiegel, 22. 2. 1973
Ablehnungsantrag zurückgewiesen, Der 37. Tag im Mahler-Prozess, Tagesspiegel, 26. 1. 1973

Mahler: »Auf die Büttel des Kapitalismus schießt man«, Tagesspiegel, 23. 2. 1973
Bloße Gewissheit, Das Urteil gegen Mahler, Spiegel, 5. 3. 1973
Linke Hand, Die RAF-Rechtsanwälte, Spiegel, 11. 3. 1974
Bericht über ein Hammerschmidt-Teach-in, Langer Marsch, Februar 1974
Auf der Kippe, RAF-Hungerstreik, Spiegel, 4. 11. 1974
»Es werden Typen dabei kaputtgehen«, Nach dem Tod von Holger Meins, Spiegel, 18. 11. 1974
Baader-Meinhof: »Finster schaut es aus«, Spiegel, 2. 12. 1974
Anwälte: Angeklagte wollen den Prozess, Süddeutsche Zeitung, 14. 12. 1974
Anwalt Schily beklagt »Aufruf zur Lynchjustiz«, FR, 14. 12. 1974
Berichte aus Stammheim, ID – Informationsdienst zur Verbreitung unterdrückter Nachrichten, Frankfurt, »Der erste Prozesstag«, Ausgabe 82, »Stammheim und die Rechtsstaatlichkeit«, Nr. 86, »Notizen aus Stammheim«, Nr. 90, 91, 92, »Ein Nachtrag«, Nr. 97, »Notizen aus Stammheim, 2. Teil«, Nr. 98, 99, 100, 102, 103, Protokoll der Pressekonferenz der Rechtsanwälte nach Meinhofs Tod und »Zynische Behauptung von Normalität«, Nr. 125, »Brief einer politischen Gefangenen«, Nr. 126, Beleidigungsprozess gegen Rechtsanwalt Schily, Nr. 146
Achtung Garage, Interview mit Siegfried Buback, stern, 5. 6. 1975
Schily: »Faschismus«, Tagesspiegel, 25. 6. 1975
Müdes Auge, Über den Fall Hammerschmidt, Spiegel, 7. 7. 1975
Täglich zwei, Spiegel, 11. 8. 1975
Roos tritt bei Berliner Strafverteidigern aus, Tagesspiegel, 8. 10. 1975
»Der Rechtsstaat auf dem Hackklotz«, Gespräch mit Siegfried Buback, Spiegel, 28. 2. 1976
Radikalen-Suche, Mc Carthy auf deutsch?, Spiegel, 12. 4. 1976
Sprengstoff brühwarm, Spiegel 30/1976
Rätselhafter Tumor, Der Beleidigungsprozess der Hammerschmidt-Ärzte gegen Schily, Tagesspiegel, 14. 10. 1976
Unter Brüdern, Die Prinzing-Mayer-Affäre, Spiegel, 10. 1. 1977
Da fehlt einer, Spiegel, 17. 1. 1977
Anwälte fordern Einstellung des Stammheim-Prozesses, Tagesspiegel, 19. 3. 1977
Abhör-Affäre: Die Koalition schlingert, Spiegel, 21. 3. 1977
»Akten zu, Fall aus« Interview mit Anwalt Manfred Künzel, Spiegel, 25. 4. 1977
Diskussion der Linken über Studentenbewegung, Tagesspiegel, 5. 6. 1977
»Mord beginnt beim bösen Wort«, Artikel-Serie über RAF-Sympathisanten, Spiegel 3., 10., 17. 10., 24. 10., 7. 11. 1977
Kronzeuge mit Zacken in der Krone, Mahler und Ruhland, stern, 26. 5. 1977
Schily sagt Nein zur AL, Der Abend, 6. 10. 1978
»Heute diene ich mit der reinen Wahrheit«, Über den Kronzeugen Müller, Spiegel, 14. 5. 1979
Gefasst machen, Der Dum-Dum-Geschoss-Prozess gegen Heldmann und Schily, Spiegel, 17. 5. 1982
Wie eine Maus, Schily und die Grünen in Libyen, Spiegel, 26. 7. 1982
Besuch bei Gaddafi bedenklich, taz, 27. 7. 1982
Anwälte sprechen Anwälte frei, Im Ehrengerichtsverfahren gegen Schily fordert jetzt der Generalstaatsanwalt Sanktionen, Süddeutsche Zeitung, 27. 8. 1984
Schily bekräftigt: Präambel ändern, Für Aufgabe des Wiedervereinigungsgebotes, Süddeutsche Zeitung, 22. 9. 1984
Mit Schily nicht gerechnet, RAF-Debatte der Grünen, taz, 14. 3. 1985
Die grünen Realos akzeptieren das staatliche Gewaltmonopol, FAZ, 3. 6. 1987
Koalition und SPD kritisieren Jutta Ditfurth, Süddeutsche Zeitung, 15. 10. 1987
Enttäuschte Gefühle, Schily wechselt das Lager, Spiegel, 6. 11. 1989
So eine Kapazität, Schily in Bayern, Spiegel, 4. 12. 1989
Regenmacher in Sahel, Schilys Wahlkampf in München, Spiegel, 5. 11. 1990

Thüringer SPD empört über Verteidiger Schily, taz, 13. 1. 1992
Otto Schily beim Asylrecht auf Stolperpfaden, taz, 28. 9. 1992
Urteil im Retzke-Prozess, Spiegel, 28. 6. 1993
Stützpunkte der Spione, Mykonos-Prozess, Spiegel, 10. 10. 1994
SPD-Fraktion billigt großen Lauschangriff, SZ, 5. 9. 1997
Kein Hilfe für Schily von Renate Schmidt, SZ, 27. 10. 1997
Schily lässt Kandidatur offen, SZ, 4. 12. 1997
»Hab ich das so gesagt?«, Schily und der große Lauschangriff, Spiegel, 2. 2. 1998
Di-Mi-Do in Berlin, Beamte im BMI, Spiegel, 22. 11. 1999
Schily droht Castor-Blockierern mit der Härte des Gesetzes, SZ, 30. 3. 2001
Berlin und Rom wollen »Anti-Krawall-Polizei« ausbilden, SZ, 6. 8. 2001

Debatten

Panorama, NDR-TV-Magazin, Diskussion über die Rolle der Verteidiger mit Josef Augstein, Carl-Dietrich Spranger, Otto Schily, Andreas von Schoeler, Lutz Lehmann u.a., gesendet am 12. 6. 1975
Was bedeutet dieser Tote für uns? Gespräch über den Tod von Sigurd Debus mit Otto Schily, Peter Stolz, Uwe Wesel und Alexander von Stahl, taz, 21. 4. 1981, gesendet im SFB 16. 4. 1981
»Wir sind ein schöner Unkrautgarten«, Joschka Fischer und Otto Schily über die Grünen, Spiegel, 13. 6. 1983
Ein harter Staat – oder eine andere Republik? Streitgespräch mit Antje Vollmer über Terror und Gewalt, Spiegel, 25. 3. 1985
Ist dieser Staat unser Staat, Diskussion mit Günther Amendt, Thomas Ebermann, Susanne von Paczensky, Otto Schily, Konkret Dezember 1985
Otto Schily /Ulrich K. Preuß, Ein Gespräch über Gewaltmonopol, Selbstbestimmung und Demokratie, Freibeuter 28, Berlin 1986

Interviews mit Otto Schily

»Der Stein wird auf ihre eigenen Füße fallen«, über das Ensslin-Kassiber und Schilys Ausschluss aus dem Prozess, Spiegel, 26. 6. 1972
Eher eine Art Schauprozess, Interview mit RAF-Anwalt Schily, Konkret Januar 1975
»Ich bin eine zäher Westfale«, Zitty, März 1977
»Wir dürfen nicht die Krankenhäuser füllen«, Über Hausbesetzung, die AL und Autonome, Spiegel,21. 6. 1982
»Ich war ein absoluter Außenseiter«, Kölner Stadtanzeiger, 29. 10. 1983
»Das kann nur ich«, Interview mit Otto Schily über die Rotation und die SPD, von Andreas Borchers und Josef-Otto Freudenreich, Karlsruher Rundschau, 15. 3. 1984
Die Grünen und die Utopie in: Carina Zacharias, Wo liegt Utopia? a.a.O.
Otto. Das Interview, Wiener, Juli 1986
Schily-Interview, Wiener, März 1987
Bilanz einer Israel-Reise, Gespräch mit Otto Schily und Waltraud Schoppe, taz, 3. 11. 1987
Damals hat man vor uns ausgespuckt, Otto Schily über die Grünen, die RAF und seine Israel-Rede, Die Zeit, 30. 9. 1988
Die SPD soll bei den drei Essentials ganz hart bleiben, Schily zu Rot-Grün in Berlin, taz, 13. 2. 1989
»Irgendwann reißt halt der Geduldsfaden«, in: Michael Schoeren (Hg.), Die Grünen, a.a.O.
»Erlaubnis, Geld zu drucken«, Schilys Bilanz des Treuhandausschusses, taz, 2. 7. 1994
»Die SPD hat die Verfassungsfrage tabuisiert«, Zur Asylrechtsänderung, taz, 13. 10. 1992
Innere Sicherheit: »New York ist kein Vorbild«, SZ, 13. 10. 1997
»Ich erwarte Respekt«, Spiegel, 27. 10. 1997

»Die Deutschen neigen zur Hysterie«, Schily verteidigt den Kompromiss zum Lauschangriff, Spiegel, 19. 1. 1998
Nicht von der Politik abhängig, Über Recht, Politik und den Anwaltsberuf, Der kleine Advokat, Juni 1998
»Der Rechtsextremismus ist die größte Gefahr«, Tagesspiegel, 15. 11. 1998 – dazu der Text: Schily: Zuwanderung geht bereits über die Grenzen der Belastbarkeit hinaus
»Ich will aus dem Asylrecht kein Gnadenrecht machen«, SZ, 11. 3. 2000
»Ich bin nicht so ein Spaßmensch«, Interview mit Christoph Amendt und Stefan Lebert, Tagesspiegel, 12. 3. 2000
»Nicht alles der Polizei überlassen«, Zum NPD-Verbot, Spiegel, 7. 8. 2000
Verbot der NPD, ARD-Morgenmagazin, 18. 8. 2000
Wir sind nicht die Sozialarbeiter der Gesellschaft, NPD-Verbot, Stuttgarter Zeitung, 21. 9. 2000
Die Materie ist leicht entflammbar, Zur Zuwanderungsdebatte, Süddeutsche Zeitung, 20. 10. 2000
Stolz, stolzer, am stolzesten – Was ist deutsch?, Die Zeit, 2. 11. 2000
Diabolische Logik, Streit um die Stasi-Akte von Kohl, Spiegel, 8. 1. 2001
»Mit der Altersweisheit scheint es nicht so weit her zu sein«, Tagesspiegel, 6. 8. 2001
»Ich will nicht nur Sicherheit«, Die Zeit, 20. 9. 2001
»Otto Schily ist Otto Schily – das ist gar nicht so schlecht«, SZ, 29. 10. 2001
Schily über den K-Kandidaten und das hohe A, taz, 21. 2. 2002
Herr Schily, sind Sie gerne zur Schule gegangen?, Spiegel, 13. 5. 2002
Fühlen Sie sich sicher, Herr Schily, Über Anthroposophie und die Chancen der SPD, Tagesspiegel, 12. 5. 2002
»Die Rasterfahndung in ganz Europa ist unser Ziel«, Welt am Sonntag, 21. 7. 2002
»Der Schock sitzt sehr tief«, Frankfurter Rundschau, 7. 9. 2002

TV-Sendungen

Rechtsanwälte-Linksanwälte, Die Baader-Meinhof-Gruppe und ihre Verteidiger, NDR, 9. 5. 1974
Tagesschau, Stammheim, 18. 3. 1977
Tagesschau, Die Grünen in Washington, 7. 7. 1983
Lust und Frust, Die Grünen im Bundestag, Film von Gerhard Bott, ARD, 30. 8. 1983
Tagesschau, Nachrüstungsdebatte, 22. 11. 1983
Günter Gaus im Gespräch mit Otto Schily, WDR, 1. 4. 1984
Ein Mann mit Eigenschaften, Treffen mit Heiner Hepper, WDR, 3. 6. 1986
Vis-a-vis, Otto Schily und Renate Daimler, NDR, 5. 6. 1993
Boulevard Bio, mit Jenny und Otto Schily, 8. 12. 1998
Schily. Macht. Ordnung., Feature von Jürgen Thebrath, Robin Lautenbach und Marcel Kolvenbach, ARD, 27. 5. 2002

Personenregister

A
Adenauer, Konrad 31, 37, 46f., 94, 126, 289, 292
Adorno, Theodor W. 61
Adriano, Alberto 340
Agnoli, Johannes 65, 200, 213
Albertz, Heinrich 78, 249
Albrecht, Susanne 157
Altvater, Elmar 200
Appelt, Roland 231
Arafat, Jassir 121, 359
Arendt, Hannah 224
Arndt, Adolf 46, 321
Ashcroft, John 349, 366f.
Atta, Mohammed 358, 365, 372
Augstein, Josef 105
Augstein, Rudolf 64, 69, 224, 277
Augustinus (Pater) 27
Avnery, Uri 277, 280
Azzola, Axel 182f.

B
Baader, Andreas 55, 87f., 91, 93, 95–97, 101, 113f., 124, 127f., 132, 135, 147, 149, 151f., 154, 156–158, 161–164, 169, 171, 174, 176, 178, 181, 187, 192–194
Bach, Johann Sebastian 223, 368
Bachmann, Josef Erwin 103f.
Bahr, Egon 367
Bahro, Rudolf 200, 236, 239, 377
Barthel, Klaus 311, 324
Barthel, Walter 64, 74
Barzel, Rainer 260
Basso, Lelio 240
Bastian, Gerd 298
Bauer, Fritz 92
Bauer, Lissa 14, 51f., 56, 58
Baum, Gerhard 259
Baumann, Bommi 70f., 73, 89, 198
Beck, Volker 360
Beck-Oberdorf, Marieluise 214–216, 220, 242, 244, 286, 327f.
Becker, Boris 333
Becker, Eberhard 158
Becker, Marieluise (s. Becker-Busche, Marieluise)
Becker, Nicolas 146, 222, 302, 312
Becker-Busche, Marieluise 161, 168, 172, 178
Beckett, Samuel 56
Beckmann, Lucas 239f., 289
Beckstein, Günther 327, 332, 340f.
Begin, Menachem 359
Bender, Traugott 190, 193
Benjamin, Walter 70
Berberich, Monika 127
Berghofer, Wolfgang 302–304
Bernhard, Thomas 299
Berlusconi, Silvio 370f.
Bernstein, Eduard 235
Beuys, Josef 241
Biermann, Wolf 236
Bin Laden, Osama 365f.
Birkenmaier, Werner 173
Birthler, Marianne 240, 328
Bloch, Dora 252
Bloch, Ernst 57f.
Blücher, Franz 37
Bobrowski, Johannes 52
Bock, Thea 300
Bockenförde, Ernst 196
Böll, Heinrich 90, 109, 249
Bölling, Klaus 198
Börner, Holger 243
Bohl, Friedrich 258
Bohrer, Karl-Heinz 65, 79
Born, William 64
Bossi, Rolf 303
Bott, Gerhard 216
Brandt, Peter 74
Brandt, Willy 64, 89f., 151, 179, 200, 253, 259, 262, 289, 291f., 295, 326, 375
Brauchitsch, Eberhard von 258, 260f.
Braun, Otto 19
Braunmühl, Gerold von 252
Brecht, Berthold 322
Brenner, Otto 64
Breuel, Birgit 313
Brückner, Peter 64f., 119, 200
Buback, Siegfried 170, 186, 191, 252
Bubeck, Horst 172, 175f., 187, 190f., 193

Bucerius, Gerd 64
Burgmann, Dieter 206, 227
Busche, Jürgen 36, 171, 173, 183, 189, 210
Bush, George W. 366

C
Campbell, Stella Patrick 15
Camus, Albert 61
Carson, Rachel 208
Cervantes, Miguel de 27
Chajmovic, Jindrich 13f.
Chajmovic, Linda Tatjana 13f., 222
Christie, Julie 60
Chruschtschow, Nikita 51
Cicero, Marcus Tullius 307
Cleaver, Eldrige 69
Clement, Wolfgang 36, 373
Cohn-Bendit, Daniel 101, 155, 164, 201, 234
Croissant, Klaus 137f., 148, 155, 157, 164, 168–170, 177

D
Däubler-Gmelin, Herta 65, 328
Dahs, Hans 142
Dahrendorf, Ralf 110
Danton, Georges 9, 257
Danzeisen, Peter 198
Dayan, Moshe 120f.
Debus, Sigurd 245f., 250
Dehler, Thomas 38, 46f., 61
Delius, F. C. 144
Denninger, Erhard 343
Dickens, Charles 42
Dirks, Walter 38, 44
Ditfurth, Jutta 243, 285, 295
Dregger, Alfred 248f.
Drenkmann, Günther von 169
Duensing, Erich 80
Dutschke, Hosea Che 103
Dutschke, Rudi 53, 62, 68f., 74, 81f., 103f., 110f., 149, 156, 200, 290, 294, 361
Dyck, Elisabeth von 157

E
Ebermann, Thomas 241, 243f., 263, 280, 284f., 289
Eden, Robert Anthony 48
Einsele, Helga 91–93
Einstein, Albert 56, 58
Elias, Norbert 71
Engelhardt, Hans 247f.
Engels, Friedrich 61, 91
Engholm, Björn 314
Ensslin, Christiane 94
Ensslin, Gudrun 49f., 69, 87–102, 113, 127, 135f., 138f., 141, 143, 148f., 151, 155–158, 161–165, 168f., 171f., 174f., 178, 181, 183f., 186f., 190–194, 197, 224, 253, 255, 263, 271, 294, 366
Ensslin, Helmut 94, 161
Ensslin, Ilse 161
Enzensberger, Hans Magnus 32, 65, 260
Enzensberger, Ulrich 216
Eppelmann, Rainer 239
Eppler, Erhard 289–292, 298
Erler, Fritz 94
Eschen, Klaus 73, 86, 96–98, 100, 102, 110, 141, 143f., 157, 287

F
Faerber, Renate 173f.
Falin, Valentin 238
Fantl, Thomas 301
Farocki, Harun 52, 60
Fichte, Johann Gottlieb 39
Fichter, Tilman 90f., 115f., 118f.
Fischer, Fritz 62
Fischer, Joseph (Joschka) 10, 20, 33, 184, 208, 214, 216, 218–221, 223f., 227, 233–235, 241–243, 247, 260, 276, 279f., 284f., 289–291, 326, 329, 342, 373–375, 377
Flick, Friedrich 218, 260, 262, 265
Förster, Klaus 257
Folkerts, Knut 247
Foth, Eberhard 189, 193
Fouché, Joseph 9
Franck, Walter 52f.
Franco, Francisco 358
Fridrichs, Hans 256
Frings, Klaus 88
Fromm, Heinz 329
Fuchs, Günter Bruno 12
Fücks, Ralf 233

G
Gaddafi, Omar Muammar al- 212f., 367
Gaißmayer, Michel 9, 367
Galinski, Heinz 117
Gansel, Norbert 275
Garski, Dietrich 209
Gaserow, Vera 337
Gaus, Günter 209, 276
Gedmin, Jeffrey 364
Geier, Horst 83
Geißler, Heiner 218, 264, 298, 326
Genscher, Hans-Dietrich 127, 262, 320
Gerhardt, Rudolf 173
Gerkan, Meinhard von 46f.,
Gerl, Peter 115
Gesell, Silvio 270
Geulen, Reiner 222, 312
Geus, Friedrich 128f.
Giuliani, Carlo 370
Glotz, Peter 209, 288
Goebbels, Josef 183f.
Göbel, Wolfgang 191
Goergens, Irene 127
Goethe, Johann Wolfgang von 41
Gollwitzer, Helmut 109, 151, 192, 249

Golzem, Armin 157, 200
Gombrowicz, Rita 58
Gombrowicz, Witold 56–58, 367
Gorbatschow, Michail 266, 300
Gottschalk, Thomas 333
Gottwald, Gaby 278, 280
Grams, Wolfgang 253
Grass, Günter 52, 90
Gray, Collin S. 224
Gronewold, Kurt 66, 110, 112, 137, 149, 155, 159–162, 168f.
Großmann, Hermann 23
Gruhl, Herbert 204, 207
Guardini, Romano 44f., 271

H
Haag, Siegfried 149, 158
Habermas, Jürgen 62, 293, 361
Haetzni, Elyakim 280f.
Haffner, Sebastian 63
Hamm-Brücher, Hildegard 275, 288
Hammerschmidt, Katharina 148, 149, 153f., 198
Hannover, Heinrich 137, 182
Harich, Wolfgang 200
Hassemer, Winfried 363
Hauff, Reinhard 197
Haussmann, Helmut 254
Hausner, Siegfried 157
Haußleiter, August 205f.
Hegel, Georg Wilhelm Friedrich 45, 76
Heinemann, Gustav 46f., 63, 94, 151, 197, 230, 289, 292, 365
Heinitz, Ernst 92f., 95, 97, 160
Heinitz, Maria Pia 92
Heißler, Rolf 358
Heldmann, Hans-Heinz 168, 171, 183, 188, 195
Hellwag, Christine 14, 60f., 68f., 70, 72, 76, 81, 94, 106
Henck, Helmut 171f.
Herold, Horst 151, 358
Herzog, Chaim 279
Herzog, Roman 326f.
Heß, Rudolf 22
Heuss, Theodor 38
Heydrich, Reinhard 274
Hirsch, Burkhard 218, 318, 358
Hirsch, Martin 304
Hitler, Adolf 22, 27, 32, 38, 54, 71, 80, 180, 341f.
Hobbes, Thomas 364
Hochhuth, Rolf 56
Hölderlin, Friedrich 197
Höllerer, Walter 52, 56
Hölscher, Maria 19, 26, 29, 34f., 42
Hoffmann, Sieglinde 248
Hogarth, William 133
Hogefeld, Birgit 253
Honecker, Erich 226, 238f., 302
Horkheimer, Max 61
Hoss, Willy 249
Hüsemann, Dietmar 258
Humboldt, Wilhelm von 338
Humphrey, Hubert 87

I
Ionesco, Eugène 56

J
Jensch, Joachim 347
Jeschke, Axel 173, 301
Johler, Jens 73
Johnson, Uwe 52, 61
Jünschke, Klaus 250
Jung, Franz 60

K
Kanther, Manfred 10, 323, 326, 330, 336f., 361
Karry, Heinz-Herbert 261
Karsunke, Yaak 144
Kelly, Petra 214f., 218–221, 227–230, 232, 237, 239, 242, 260, 289, 298
Kennedy, John F. 54, 61, 71, 91, 121
Kerssenbrock, Trutz Graf 306
Kiesinger, Kurt Georg 64, 74, 125
Kissinger, Henry 224
Klar, Christian 248, 253
Klarsfeld, Beate 74, 125
Kleihus, Josef Paul 133
Kleinert, Hubert 221, 242, 244, 279, 284, 286
Klier, Freya 240
Klose, Hans-Ulrich 312, 314
Knapp, Udo 70f., 109, 144
Koch, Roland 332f.
Koenen, Gerd 95
Königs,Tom 61
Körper, Fritz Rudolf 329
Kogon, Eugen 38
Kohl, Helmut 198, 217, 219f., 223, 227, 243, 260–264, 272, 276, 279, 284, 288, 297, 308, 314f., 326, 339
Kollwitz, Käthe 124, 133
Kottwitz, Almut 289
Kracauer, Siegfried 52
Krieger, Verena 288
Krippendorf, Ekkehard 200, 213
Krumm, Karl-Heinz 173
Krüger, Hanspeter 51
Krüger, Wolfgang 76, 85, 129
Kuby, Erich 292
Kühn, Heinz 124
Kühnert, Hanno 173
Künast, Renate 328
Künzel, Manfred 168, 172, 185, 188f.
Kunkel, Karl-Heinz 304
Kunzelmann, Dieter 66, 82, 116, 118, 206
Kurras, Karl-Heinz 78–86, 126

L
Lambsdorff, Otto Graf 256, 259, 261, 319f.
Lang, Fritz 52
Lang, Jörg 148, 158
Langhans, Rainer 74
Langner, Eugen 259
Lafontaine, Oskar 291, 295, 297, 313–315, 324
Leonhardt, Rudolf Walter 101
Lenin, Wladimir I. 12, 156
Lilienthal, Peter 57
Limbach, Jutta 345f.
Linke, Georg 114, 127, 129
Lippelt, Helmut 206, 229, 260, 286
Lon Nol 253
Lummer, Heinrich 211, 337, 339
Luxemburg, Rosa 61
Lüpertz, Markus 133
Lüthje, Uwe 265

M
Madonna 374
Mahler, Horst 64f., 67, 73–76, 82, 84–86, 88, 92, 94–96, 100, 102–110, 113f., 117, 127–132, 140f., 143f., 148, 155, 158, 173, 181, 238, 329, 347f., 350–355, 375
Maier-Witt, Silke 157
Maihofer, Werner 189
Mandel, Ernest 67
Mandela, Nelson 359
Mann, Golo 9, 109, 257
Mao Tse-tung 156, 161, 254
Marcuse, Herbert 60f., 69, 92
Marx, Karl 20, 61, 64, 71, 161, 352
Maschke, Günther 350
Matthäus, Lothar 324
Matthäus-Maier, Ingrid 288, 299
Mauz, Gerhard 83, 96, 112, 145
Mayer, Albrecht 136, 187f.
Mayer, Roland 248
McNamara, Robert 224
Mechtersheimer, Alfred 212, 292
Meinhof, Ulrike 92, 114, 118–120, 124, 136, 139f., 151, 157, 161, 163f., 174–176, 182, 185, 192, 194, 240, 249
Meins, Holger 73, 135, 149f., 152, 155f., 163, 165, 170, 172, 176, 185, 253, 296, 370f.
Meysel, Inge 295
Mohnhaupt, Brigitte 157, 248
Müller, Arndt 158
Müller, Gerhard 186f.
Müller, Kerstin 318
Müller, Peter 334
Müller, Richard 304–307
Müller-Plantenberg, Urs 213f.
Müller-Westernhagen, Marius 333

N
Nagel, Hans-Dieter 129
Nagy, Imre 47
Napoléon I. (Bonaparte) 9
Negt, Oskar 115, 200
Neubauer, Kurt 104
Neuberger, Josef 138
Neufeldt, Hans-Günther 55, 102
Newerla, Armin 158
Nickels, Christa 215, 242, 247–250, 252f., 255
Niemöller, Martin 38
Nixon, Richard 49, 54, 179f.
Nolte, Ernst 196
Novalis 271

O
Ohnesorg, Benno 77–79, 82–86, 89, 120, 195, 200
Ohnesorg, Christa 85

P
Papen, Franz von 19
Parchent, Herta 222, 226
Peck, Winslow 182
Peres, Shimon 277
Peymann, Claus 295
Pinkall, Lothar 64
Piwitt, Hermann P. 52
Plottnitz, Rupert von 155, 168, 177f., 197f.
Pol Pot 254
Pompidou, Georges 316
Ponto, Jürgen 191
Prantl, Heribert 307
Preuß Ulrich K. 129, 146, 166, 231, 362
Prinzing, Theodor 149, 167–173, 176–178, 182f., 186–189, 224
Prokop (Professor) 185
Proll, Astrid 163
Proll, Thorwald 87, 93, 95f., 158
Proust, Marcel 58
Puzo, Mario 319

R
Rabehl, Bernd 72, 81f., 104, 109
Raspé, Gerhard 69
Raspe, Jan-Carl 135, 149, 158, 164, 187, 193f.
Rattay, Klaus 211
Rau, Johannes 314
Rauch, Georg von 70f.
Reagan, Ronald 207, 210, 224f.
Reents, Jürgen 204, 216, 220, 230, 237, 260, 277–280
Regler, Gustav 350
Rehhagel, Otto 9
Rehse, Hans-Joachim 102, 130, 276
Reiche, Anne 73
Reinhard, Wolf-Dieter 137
Reinig, Christa 52

Reiser, Rio 73
Reuter, Ernst 350
Rexin, Manfred 66
Rieder, Hans Peter 166, 193
Riedl, Helmut 168
Ringo Starr 374
Robespierre, Maximilien de 257
Roloff-Momin, Ulrich 134
Rommel, Erwin 120
Roos, Gerd Joachim 86, 145
Roth, Claudia 328, 368
Ruhland, Karl-Heinz 130f., 186
Russell, Bertrand 97f., 109, 174
Rust, Hans-Joachim 108

S
Sagladin, Wadim 238
Saibold, Halo 227
Salomon, Ernst von 38, 49
Sanden, Gerhard 43
Sarstedt, Werner 144
Sartre, Jean-Paul 61, 164
Scajola, Claudio 371
Schalck-Golodkowski, Alexander 304
Schapper, Claus-Henning 329, 344, 346
Scharf, Kurt 151, 249
Scharon, Ariel 281
Scharping, Rudolf 314f., 317, 323, 359
Scheel, Walter 262
Scheerbart, Paul 52
Scheid, Dietrich 112
Schelsky, Helmut 44
Scherf, Henning 320
Schewardnadse, Eduard 238
Schiess, Karl 190
Schiller, Friedrich 91
Schiller, Karl 90
Schilling, Gertrud 212
Schily, Anna 222f., 269, 369
Schily Christine (s. Hellwag, Christine)
Schily, Elisabeth 20–22, 26, 30, 33
Schily, Franz 19–23, 30f., 33–35, 38, 40, 42, 45, 171
Schily, Fritz 13, 35
Schily, Jenny 15f., 61, 73, 269
Schily, Konrad 19, 22, 35, 38, 42, 45, 269, 286
Schily, Linda (s. Chajmovic, Linda Tatjana)
Schily, Maria, (s. Hölscher, Maria)
Schily, Michael 19, 24, 42
Schily, Peter 13, 19, 28f., 42
Schily, Peter Cornelius 19
Schily, Victor 19. 61
Schily-Koppers, Julia 20
Schleyer, Hanns-Martin 192
Schlotterer, Jörg 72f., 90
Schmid, Norbert 186
Schmid, Richard 170
Schmidt, Helmut 151f., 183f., 187, 194, 201, 206f., 214, 235, 321, 363, 375
Schmidt, Martin 117
Schmidt, Renate 311, 324
Schmude, Jürgen 329
Schmuz-Baudiß, Elisabeth (s. Schily, Elisabeth)
Schmuz-Baudiß, Theodor 20, 26, 28
Schnappauf, Klaus-Dieter 344, 346
Schneider, Dirk 116, 237, 240
Schneider, Peter 65, 144
Schnell, Robert Wolfgang 52
Scholz, Rupert 318, 333
Schoppe, Waltraud 227, 242, 279, 281
Schreck, Rüdiger 88
Schröder, Gerhard 9, 12, 33, 133, 221, 261, 269, 289, 300, 323f., 326, 328, 335, 341, 349, 359, 366, 374
Schröder, Hillu 12
Schröder-Köpf, Doris 12
Schubert, Franz 274
Schubert, Ingrid 127, 149
Schueler, Hans 173
Schütz, Klaus 104
Schulz, Adelheid 248
Schumacher, Kurt 38
Schuman, Robert 37
Schwarz-Schilling, Christian 339
Schweitzer, Albert 224
Seidel, Hanns 45
Seiters, Rudolf 248
Sell, Friedrich Wilhelm von 52
Semler, Christian 58, 60, 67, 72, 81, 204
Severing, Carl 19
Shaw, George Bernard 15
Sichtermann, Kai 73
Smura, Günter 130
Söhnlein, Horst 87, 93, 95f., 101
Sonnenberg, Günter 246f.
Sonntag-Wollgast, Cornelie 329
Sontag, Susan 366
Spöri, Gerhard 259
Spielberg, Steven 14
Springer, Axel Cäsar 87, 104–106, 108, 110–113, 329
Springmann, Baldur 204
Staeck, Klaus 124, 133
Stahl, Christian 73
Stalin, Josef 254
Staritz, Dietrich
Stauffenberg, Claus Graf Schenk von 351
Steiner, Rudolf 12, 21, 37, 39–41, 208, 267f., 272, 282f., 316
Steinhäuser, Robert 267
Stirner, Max 39
Stoiber, Edmund 198
Stolpe, Manfred 304
Stratmann, Eckhard 230
Strauß, Franz Josef 196, 205f., 243, 251, 261, 299
Strittmater, Erwin 52

Ströbele, Hans-Christian 53, 62, 67, 73, 104, 131, 141, 143f., 147, 149, 158–160, 162, 168f., 173, 202f., 222, 287
Ströbele-Gregor, Juliana 104
Struck, Peter 259
Sturm, Dieter 55
Stücklen, Richard von 218, 260
Süssmuth, Rita 334
Szondi, Peter 52

T
Tabori, George 11
Taut, Bruno 60
Tautfest, Peter 77
Teufel, Fritz 66, 74, 80–82
Thierse, Wolfgang 302
Tilgner, Ulrich 277
Traube, Klaus 189
Trampert, Rainer 285
Treulieb, Jürgen 117, 144, 217
Trittin, Jürgen 285, 326
Trotta, Margarethe von 240
Trotzki, Leo D. 254
Tschechow, Anton 9

U
Ulbricht, Walter 121
Ulrich, Peter 115
Urbach, Peter 105, 109, 113, 115f., 127, 344

V
Vahlberg, Jürgen 288
Verheugen, Günter 288, 299, 314
Vesper, Bernward 89–91, 94f., 118
Vesper, Will 89f.
Violante, Luciano 319
Völker, Klaus 51f., 55f.
Vogel, Hans-Jochen 160, 184, 217f., 288, 314, 319f.
Vogt, Roland 209, 212, 227, 289
Vollmer, Antje 124, 216, 231–234, 241f., 244, 247–255, 288
Volmer, Ludger 285, 289

W
Wagenbach, Klaus 10, 368
Waigel, Theo 251, 313
Weber, Juliane 265
Wecker, Konstantin 295
Wehner, Herbert 189, 350
Weiss, Peter 56, 61, 69
Weiß, Egbert 130
Weizsäcker, Richard von 284
Wemhoff 75
Wesel, Uwe 46, 48, 50, 57, 67, 69, 136f., 139, 141, 146f., 201, 213f., 245
Wetzel, Dietrich 244, 279
Weyrauch, Horst 265
Wiefelspütz, Dieter 329, 370
Wilson, Woodrow 282f.
Winkler, Heinrich August 125
Wörner, Manfred 224
Wunder, Heinrich 170, 199, 326
Wurster, Georg 191

Y
y Gasset, Ortega 44

Z
Zeis, Peter 167f., 174, 177, 189, 199
Zeller, Willy 135
Zimmermann, Ernst 248
Zimmermann, Friedrich 11
Zoebe, Gerhard 95f., 100f.
Zypries, Brigitte 329

Bildnachweis

Anders/STERN/Picture Press: 17, 59, 63, 83; AP: 96, 330, 365; Frank Darchinger: 214, 221, 327; Jupp Darchinger: 225, 236, 251; dpa: 93, 128, 142, 205, 274, 303, 358, 378; Klaus Mehner/BerlinPressServices.de: 99, 111, 134; Privatbesitz: 24 l., 24 r., 25, 27, 28, 39, 49; Sven Simon: 181; ullstein bild/Camejo: 150; ullstein bild/dpa: 106, 167; ullstein bild/Kucharz: 258